UTB FÜR WISSENSCHAFT

UTB **2071**

Eine Arbeitsgemeinschaft der Verlage

Wilhelm Fink Verlag München
A. Francke Verlag Tübingen und Basel
Paul Haupt Verlag Bern · Stuttgart · Wien
Hüthig Fachverlage Heidelberg
Verlag Leske + Budrich GmbH Opladen
Lucius & Lucius Verlagsgesellschaft Stuttgart
Mohr Siebeck Tübingen
Quelle & Meyer Verlag Wiesbaden
Ernst Reinhardt Verlag München und Basel
Schäffer-Poeschel Verlag Stuttgart
Ferdinand Schöningh Verlag Paderborn · München · Wien · Zürich
Eugen Ulmer Verlag Stuttgart
Vandenhoeck & Ruprecht Göttingen und Zürich
WUV Wien

Studienbücher Literatur und Medien

herausgegeben von Jochen Vogt

Rüdiger Brandt

Grundkurs germanistische Mediävistik/ Literaturwissenschaft

Eine Einführung

Wilhelm Fink Verlag

Die Deutsche Bibliothek – CIP-Einheitsaufnahme

Brandt, Rüdiger:
Grundkurs germanistische Mediävistik, Literaturwissenschaft /
Rüdiger Brandt. – München: Fink, 1999
(UTB für Wissenschaft: Uni-Taschenbücher; 2071) (Studienbücher Literatur und Medien)
ISBN 3-8252-2071-0 (UTB)
ISBN 3-7705-3362-3 (Fink)

Gedruckt auf umweltfreundlichem, chlorfrei gebleichtem
und alterungsbeständigem Papier ♾ ISO 9706

Ohmstraße 5, 80802 München
ISBN 3-7705-3362-3

Printed in Germany
Herstellung: Ferdinand Schöningh, Paderborn
Einbandgestaltung: Atelier Reichert, Stuttgart

UTB-Bestellnummer: ISBN 3-8252-2071-0

Inhalt

I. Zu Beginn: Einmal quer durch den Gemüsegarten 9

1. Altgermanistik? Germanische Philologie? Deutsche Philologie? Ältere deutsche Sprache und Literatur? 10
2. Die Stellung der Altgermanistik im Rahmen des Gesamtfachs; Aspekte der Fachgeschichte; Gegenstandsbereiche 17
3. Mediävistik im Grundstudium 19
4. Mediävistik im Hauptstudium 22
5. Was verlangt das Fach von denen, die es studieren? 24
6. Von der Handschrift zum 'Sinn' und zum Quellenwert eines Textes 26
   - Materielle und kommunikative Vorbedingungen (Edition; Edition und Textkritik; Identifikation des Textes, Bewertung der Überlieferung; Weitere Befunde aus Handschriften) 28
   - Der einzelne Text als Untersuchungsobjekt: Sprache, Form, Inhalt (Das Verstehen des Textes in sprachlicher Hinsicht; Die Analyse der Textform; Analyse und Interpretation von Textinhalt und Textaussage) 32
   - Verwertung der Einzelbefunde in übergeordneten Erkenntniszusammenhängen (Sprachgeschichte; Ereignisgeschichte; Kulturgeschichte; Mediengeschichte) 36

II. Das Fach Mediävistik: Funktionen und Inhalte 45

III. Einlösbarkeit mittelalterlicher Erkenntnispotentiale durch mittelalterliche Literatur (am Beispiel des *Hausratbüchleins* von Hans Folz) 55

Vier Thesen (Zum sprachwissenschaftlichen Anteil der Mediävistik; Sachkultur: Literatur und andere Überlieferungsträger; Literatur als Überlieferungsträger von 'Denkkultur'; Literatur als kritikbedürftige Auskunftsinstanz) 57

IV. Perspektiven und Methoden 75

V. Themenbereiche der germanistischen Mediävistik 85

X 1. Mündlichkeit und Schriftlichkeit 85
2. Der mittelalterliche Autor und die mittelalterliche Poetik (Kunst und Künstler; *ars* und *artes*; Rhetorik; Metrik; Topik) 101

3. Adel und Klerus 125
4. Natur und Kosmologie 149

- Die Natur als Zeichenträger
- Die Zweibücherlehre
- Außen und Innen
- Allegorie
- Mikrokosmos und Makrokosmos
- Gewinne und Verluste

X 5. Weltliche Großepik: Poetologie, Didaxe, Heilsgeschichte

- X Einleitung 175
- Ritter 180
- 'Ehre' 183
- Strukturen 190 Gattung
- Pflichtenkollisionen: *mâze* 193
- *âventiure* 194
- 'Mühsal': Der Weg des Ritters - der Weg des Christen 196
- Zwei Thesen zur Funktion der Artusepik 199
- Aspekte von Gesellschaftsutopie im Artusroman 201
- Eine metafiktionale Ausdeutung des Erzählens 202

Anhang:

I. Zwei Formen der mittelalterlichen Großepik in Deutschland: *Höfische Epik* und *Heldenepik* 204
II. Inhaltsangaben deutscher Epen des Mittelalters 205

X 6. Minnelyrik - Liebeslyrik - Adelslyrik

- X Einleitung 231
- X Zur Terminologie 232
- '*Hohe* Minne' - '*niedere* Minne' - '*ebene* Minne' 236
- Minnesang als *Adels*kunst 237
- Zum 'Erlebnisgehalt' des Minnesangs 239
- Historische Erklärungsversuche des Minnesangs außerhalb individualbiographischer Ansätze (Literatursoziologische Deutungen; Psychologische Erklärungen; Theorien zu möglichen

literarischen Traditionen des deutschen Minnesangs; Das Erklärungsmodell von Norbert Elias) 244

- Die Entwicklung des deutschen Minnesangs: 1150/1160 bis um 1300 254
- Exkurs: Lied und Spruch 258
- Abschließender Überblick 259

7. Literatur in der Stadt des Spätmittelalters und der frühen Neuzeit

X
- Einleitung 265
- Schriftlichkeit in der Stadt: Allgemeines 265
- Die deutsche Stadt im Spätmittelalter 268
- Konstituentien von Literatur in der Stadt; Traditionen und innovative Tendenzen städtischer Literatur 271
- Eigenschaften und Themen städtischer Literatur (Religiöse Literatur; Frauen, Ehe, Liebe, Ehebruch; Klugheit, List, Intellektualität, Rationalität; Der Adel als literarisches Thema; Soziales Zusammenleben; Reichtum und Armut; Persönliche und soziale Identität; Belehrung und 'Lebenshilfe') 274

Anhang: Märendichtung

- Die Gattung 'Märe' 282
- Inhaltsangaben von Mären 284

VI Literaturhinweise 314

Vorwort

In geisteswissenschaftlichen Fächern ist es anscheinend nicht möglich, so etwas wie ein Curriculum für die Lehre festzuschreiben. In der Praxis stellen sich zwar curriculare Tendenzen her, die aber oft nicht ausreichen, um Studierende beim Wechsel der Universität vor Problemen zu schützen. Einen gewissen Ersatz für einen 'Wissenskanon' bieten die inhaltlichen Überschneidungen verschiedener Einführungen in ein Fach, wobei die *Unterschiede* zwischen solchen Einführungen dann auf Spannweite und Facetten des jeweiligen Fachs aufmerksam machen: Jede Einführung verbindet sich also mit dem Appell an die Benutzer/innen, sich auch anderwärts umzusehen. Im Fall der germanistischen Mediävistik ist hier zu verweisen auf die qualitätvollen Darstellungen von Meissburger,[1] Weddige,[1] Ebenbauer/Birkhan[2] und Bein.[3]

Mein eigenes Hauptziel bei diesem Grundkurs war, die Rolle der germanistischen Mediävistik als einer Lieferantin von 'Kontrastwissen' zu verdeutlichen, von historischem Wissen, das Spezifika heutiger Standards prägnanter hervortreten läßt. Allerdings sollte auch deutlich werden, daß ein solches Wissen zu seiner Erarbeitung philologischer *basics* bedarf. Als didaktisch heikel wird man dabei mein Verfahren betrachten können, die besprochenen Texte oft nur in Auszügen oder in Form von Paraphrasierungen vorzustellen - könnte damit doch der Trend zur Kaprizierung auf die Sekundärliteratur zuungunsten der Primärtexte verstärkt werden. Intendiert ist Gegenteiliges: Es soll ein Anreiz geboten werden, sich die Texte selbst zu besorgen und in Augenschein zu nehmen (in der Bibliothek oder etwa auch im Internet über unsere Essener Homepage http://www.mediae.uni-essen.de). Ob diese 'Initiation' in selbständige wissenschaftliche Recherche gelingt, bleibt abzuwarten; einen Versuch ist sie wert.

---

1 HILKERT WEDDIGE: *Einführung in die germanistische Mediävistik*. 3., durchges. u. erg. Aufl. München 1997.

2 ALFRED EBENBAUER / HELMUT BIRKHAN (Hg.): *Ältere deutsche Literatur. Eine Einführung*. 2., korr. u. bibliogr. erg. Aufl. Wien 1990.

3 THOMAS BEIN: *Germanistische Mediävistik. Eine Einführung*. Berlin 1998.

Ganz andere Funktion haben die gesammelten Inhaltsangaben zur Großepik und zur Märendichtung: Mit ihnen soll Material bereitgestellt werden, mit dessen Hilfe die in den Abschnitten V.5 und V.7 dargestellten Tendenzen nachvollzogen, überprüft oder erweitert werden können; außerdem wird dadurch die Fixierung auf einen Textkanon relativiert, und vielleicht lassen sich auch hier Leserinnen und Leser von der einen oder anderen Inhaltsangabe zur Lektüre des Ganztextes verführen.

Da Studierende in Einführungsveranstaltungen erfahrungsgemäß überreich mit Literaturhinweisen versorgt werden, glaube ich mich in dieser Beziehung kurz fassen zu können: Sekundärliteratur nenne ich nur in den Anmerkungen; das Literaturverzeichnis beschränkt sich auf Textausgaben, die in den Anmerkungen noch nicht genannt wurden. Oft werden in den Anmerkungen statt grundlegender und umfänglicherer Darstellungen knappe Überblicke bevorzugt.

Zu danken habe ich: Jochen Vogt, dem *spiritus rector* des ganzen Unternehmens; Kurt Otto Seidel für sachkundige Hilfestellung; Raimar Zons für die Aufnahme des Grundkurses in die UTB-Reihe; Karl Dieter Bünting, der mich während meines Dekanats uneigennützig entlastet hat; Angelika Behnke, Christel Carlin und Hiltburg Sanders für die hervorragende Sekretariatsbetreuung; Mira Arora, Cornelia Daheim, Jürgen Fröhlich, Frank Hegmann, Manuela Vogel für vielfältige Zuarbeit; Katherine Pappas für profunde Hilfe beim Abschnitt über Natur und Kosmologie; Dagmar Spooren für die geduldige und akkurate Layout-Arbeit. Einen besonderen Dank aber, für den die Ursache etwas weiter zurückliegt, schulde ich Edith und Horst Wenzel, die hier noch manches von dem wiederfinden werden, wofür sie in ihren Aachener Grundkursen Interesse zu wecken verstanden haben!

Essen, im Frühjahr 1999 R.B.

I. Zu Beginn: Einmal quer durch den Gemüsegarten ...

Vorbemerkung

Dieses Kapitel meiner Einführung hat zum Ziel, verschiedene Aspekte und Themen, von denen Sie einige später noch genauer kennenlernen werden, im Zusammenhang zu durchlaufen. Sogar (pfui Deibel!) von 'Anforderungen' ist die Rede - aber Sie sollten schon wissen, was auf Sie zukommt:

Der Historiker und Staatswissenschaftler RUDOLF VON RAUMER († 1873) hat 1860, also in der Zeit, in der sich die Germanistik an den deutschen Hochschulen etablierte, über dieses Fach und seine Organisation folgendes geäußert:

> *Selbst wenn man, was vieles für sich hätte, eine zwiefache Lehrstelle für deutsche Philologie gründen wollte, die eine für die ältere, die andere für die neuere, würde man dennoch von jedem der beiden Vertreter eine gewisse Kenntnis der ihm nicht zugewiesenen Hälfte verlangen müssen.*[1]

Was hier gefordert wurde, ist in organisatorischer Hinsicht längst erreicht: An allen deutschen und den meisten ausländischen Universitäten wird das Fach Germanistik heute von mehr als einem oder einer Lehrenden repräsentiert, wobei die Aufgabenverteilung u.a. danach vorgenommen wird, welcher Zeitraum der deutschen Literaturgeschichte in der Lehre jeweils vertreten wird. Inhaltlich ist die Forderung VON RAUMERS angesichts der fortschreitenden und nicht mehr aufzuhaltenden Spezialisierung schwerer denn je zu erfüllen - sie schwebt aber zumindest idealiter immer noch über dem Forschungs- und Lehrbetrieb des Gesamtfachs Germanistik: Um erkennen zu können, ob etwas 'neu', 'unerhört', 'noch nie dagewesen' ist, um beurteilen zu können, ob die Gegenwart durch Fort- oder Rückschritte gekennzeichnet ist, muß man wissen, was es früher gegeben hat. In der Praxis scheitert die umfassende Realisierung dieses Erkenntnisprogramms an der Quantität des zu verarbeitenden Materials, kann also oft nur exemplarisch vorgenommen werden. Wer studiert, ist von diesen Schwierigkeiten von Anfang an und in besonderem Ausmaß betroffen: Er oder sie hat sehr schnell das Gefühl, im Material zu ertrinken. Das Problem regelt sich im Verlauf des späteren Berufslebens eher pragmatisch, als daß es grundsätzlich gelöst würde. Man sollte während des Studiums diese unmittelbare Betroffenheit also auch als Chance nutzen, sich ohne professionelle Abgebrühtheit direkt mit einem der wichtigsten wissenschaftlichen Probleme eines jeden Fachs auseinandersetzen und für sich selbst eine Lösung finden zu können.

1. *Altgermanistik? Germanische Philologie? Mediävistik? Deutsche Philologie? Ältere deutsche Sprache und Literatur?*

Alle in der Abschnittsüberschrift genannten Bezeichnungen fungieren einzeln oder in Kombination heute an verschiedenen Universitäten als Namen für das Teilfach, das hier vorgestellt wird. Auch wenn gerade Fachbezeichnungen oft eher historische als sachliche Gründe für ihre Existenz besitzen, so spiegeln doch terminologische Differenzen immer auch sachliche Unklarheiten. Offenbar existieren also verschiedene Meinungen darüber, wie man ein (Teil-)Fach benennen soll, dessen Arbeitsbereich zumindest auf einer ersten Verständigungsebene doch so klar zu sein scheint: es soll sich mit 'älterer deutscher Sprache und Literatur' beschäftigen. Natürlich kann man Sachprobleme allein auf dem Weg über die Terminologie nicht lösen. Umgekehrt kann man aber divergierenden Fachbezeichnungen sehr gut entnehmen, welche Akzente dem betreffenden Fach von verschiedenen Vertretern verliehen wurden und werden:

Altgermanistik: 'Altgermanistik' klingt zunächst wie eine sehr neutrale Bezeichnung - wenn klar ist, was 'Germanistik' bedeutet, dann ist auch klar, was 'Altgermanistik' meint: ein Teilfach der Germanistik, das sich mit 'älteren' sprachlichen und literarischen Objekten sowie mit anderen zu deren Verständnis nötigen kulturellen, geschichtlichen usw. Gegenständen beschäftigt. Was Germanistik ist, ist aber anscheinend doch nicht so klar. Ist es die Wissenschaft von 'den' *germanischen* Kulturen, Sprachen und Literaturen etc.? Dann hätte sie niemand je guten Gewissens betreiben, lehren oder lernen können. Überschaubarer wäre da schon eine Begrenzung auf *deutsche* Kultur, Sprache und Literatur. Da aber der Kulturbegriff sehr umstritten ist und unüberschaubar zu werden droht, da sich überdies einzelne Philologien immer mehr darum bemühen, ihre je eigenen Gegenstände im Rahmen einer gesonderten 'Über-Kulturwissenschaft' zu betreiben, wäre es das Pragmatischste, Germanistik als Wissenschaft von *deutscher Sprache und Literatur* zu beschreiben - und als eine solche existiert sie in der Praxis auch an den Universitäten;[2] dies schließt natürlich nicht aus, daß eine solchermaßen definierte Germanistik (und also auch ihr Teilfach Altgermanistik) über den Tellerrand von Sprache und Literatur hinaus schaut.- Diskussionsbedürftig sind auf jeden Fall die zeitlichen Grenzen für 'alt': Ist der Anfang wegen der Überlieferungslage noch relativ klar (die ersten Texte, die nach sprachlichen Kriterien als 'deutsch' klassifizierbar sind, tauchen um die Mitte des 8. Jahrhunderts auf), so ist die vordere Grenze immer wieder neu diskussions- und differenzierungsbedürftig: Die häufig genannte Marke 'um 1500' ist Resultat einer Anlehnung an die Grenzbildung der Geschichtswissenschaft zwischen 'Mittelalter' und 'Neuzeit', ist aber schon in dieser Geschichtswissenschaft selbst nicht unumstritten und den Gegenständen von Sprache und Literatur zum Teil sachfremd.[3] "Natürlich bestätigt jeder neue Abgrenzungsvorschlag implizit den Glauben daran, daß es möglich sei, Epochen zu definieren. Erreichbar ist dies in der Regel jedoch nur durch Aussonderung und Verabsolutierung eines Paradigmas oder Paradigmenbündels aus der historischen Totalität [...]."[4] Aber aus diesen Schwierigkeiten kann man auch kein *grundsätzliches* Verdikt gegen Epochenbildungen herleiten, sondern nur die Forderung nach immer neuer kritischer Reflexion der Kriterien für Epochenbildungen und nach dem Offenhalten dieser Kriterien. Das prinzipielle Denken in Epochen ist einerseits unvermeidlich, andererseits schon in sich ein Erkenntnisakt - und die Revision von Erkenntnissen bei veränderter Perspektive ist ein Spezifikum geisteswissenschaftlichen Arbeitens.[5] Man wird vor allen Dingen nicht damit rechnen dürfen, daß Epochengrenzen statisch sind; denn sie werden ja aus einer nur jeweiligen Gegenwart heraus gesetzt; das 'Alte' wird irgendwann 'uralt', das Neue 'alt' usw. (So gibt es etwa ein germanistisches Periodikum, das den Untertitel "Zeitschrift für Mittlere deutsche Literatur" trägt[6] und dem Zeit-

Erste deutsche Schrifttexte: ab Mitte des 8. Jahrhunderts

Epochen können nie nur abstrakt zeitlich abgegrenzt werden. Die *Kriterien* für Abgrenzungen können sich innerhalb eines Zeitraums widersprechen raum vom Spätmittelalter bis zum Barock einschließlich gilt.) Und auch hier sorgt die Praxis oft für Selbstregulierungen: Für das 16. Jahrhundert wäre gemäß obiger Grenzbildung eigentlich die Neugermanistik zuständig; sie 'bedient' diesen Zeitraum aber meist nur an solchen Universitäten, an denen entsprechende Spezialisten-Professuren eingerichtet sind - an allen anderen deckt die Altgermanistik ihn ab; und so wird das, was ehedem als 'Naht' oder 'Schwelle' galt, ganz von selbst zu einer Herausforderung an inhaltliche und methodische Interdisziplinarität (s.u.).- Die Bezeichnung 'Altgermanistik' kann also zunächst als Verständigungssigle funktionieren, suggeriert bei einem pragmatisch engen Begriff von 'Germanistik' keine uneinlösbaren Arbeitsfelder, zwingt aber dazu, von Fall zu Fall ihren Gegenstandsbereich in chronologischer Hinsicht zu überprüfen, gegebenenfalls neu abzustecken, und ihn inhaltlich über das durch die Felder 'Sprache' und 'Literatur' Angedeutete hinaus zu füllen. Dabei ergeben sich dann jedoch - ebenso wie bei der nächsten hier vorgestellten Bezeichnung - eine Reihe weiterer wichtiger Fragen:

Gegenstände der germanistischen Mediävistik: Literatur *und* Sprache

Ältere deutsche Sprache und Literatur: Eine auf der ersten Verständigungsebene ebenfalls sehr neutrale und rein deskriptive Fachbezeichnung - aber das summierende 'und' bewirkt, daß jeder der beiden damit aneinander gekoppelten Bereiche seine Probleme in die wissenschaftliche 'Beziehungskiste' mit einbringt: Wie bemißt sich innerhalb eines Fachs das Verhältnis zweier Bestandteile, die in einem anderen Fall (Literaturwissenschaft vs. Sprachwissenschaft) zu *differentiae specificae* geworden sind?[7] Kann ein Fach, das Sprache und Literatur eines bestimmten Zeitraums bearbeitet, eine reine Sprach- und Literaturwissenschaft bleiben, wenn offensichtlich eine ganze Reihe kultureller, medialer, politischer, sozialer usw. Faktoren das Verhältnis von Sprache und Literatur zueinander bestimmt? Was heißt schließlich überhaupt 'deutsch'? Die altgermanistische Sprachgeschichte behandelt u.a. Sprachstufen und Sprachen (Gotisch, Altnordisch), die weder zeitlich noch geographisch unter diesem Begriff zusammenfaßbar sind; auch zur Zeit der sog. althochdeutschen Literatur (ca. 750 bis ca. 1050) wurde nirgendwo ein einheitliches Deutsch gesprochen und geschrieben, sondern nur regionale Varianten (Altbairisch,[8] Altfränkisch etc.), die allenfalls auf Grund bestimmter Gemeinsamkeiten einer noch rein fiktiven Obergröße 'Deutsch' zugeordnet werden können. Als der Mönch Otfrid von Weißenburg im 9. Jahrhundert begründet, weshalb er sein Evangelienbuch nicht mehr in einer der sakralen Sprachen Latein, Griechisch, Hebräisch abfaßt, sondern *theodisce*, da bedeutet dieses Wort noch nicht 'deutsch', sondern 'in der Volkssprache' (s. V.1). Oder: Die mediävistische Literaturwissenschaft behandelt mit Texten aus der Zeit zwischen ca. 1170 und ca. 1250 Literatur, die größtenteils Adelsliteratur ist, von ihren Produzenten und Rezipienten nicht mit nationalen, sondern mit sozialen und kulturellen Implikationen ausgestattet wird. Inwiefern ist also der Begriff 'deutsch' überhaupt geeignet, 'sinnstiftend' für eine Wissenschaft wirken zu können, die sich mit literarischen und sprachlichen Hervorbringungen dieser Epochen beschäftigt? Die Bedenklichkeit der Fachbezeichnung zeigt sich ferner nicht zuletzt daran, daß 'ältere deutsche Sprache und Literatur' ja eigentlich kein Fach ist, sondern *Gegenstand* eines Fachs (analog müßte die Zoologie sich als 'Tiere' bezeichnen ...).

'deutsch' < *theodiscus* = 'zum Volk gehörig'

Germanische Philologie: 'Philologie' meint 'Sprach- und Literaturwissenschaft'[9] - aber was meint 'germanisch'? Versteht man darunter ein Adjektiv, das eine ursprünglich wohl aus Südschweden, Dänemark, Schleswig-Holstein und Ostniedersachsen stammende, sich später in verschiedene Stammesgruppen und Stämme gliedernde Volksgruppe bezeichnet, dann würde 'germanische Philologie' im weitesten Sinn eine Wissenschaft meinen, die Sprachen und Literaturen all dieser Stämme und ihrer politisch-nationalen Nachfolgegebilde bis zum Ende des Mittelalters zu behandeln hat. Eine solche Wissenschaft kann es schon aus Gründen der zu bewältigenden Stoffmenge heute nicht mehr geben - und auch früher war dergleichen eigentlich nur möglich, solange eine zwangsläufig noch (*vergleichsweise*!) dürre Faktenlage es erlaubte, wenigstens noch relativ vieles aus diesem Arbeitsbereich zu wissen, zu erforschen, zu lehren und zu lernen. Wenn dies aber heute nicht einmal mehr in Ansätzen geleistet werden kann - wie und nach welchen Kriterien grenzt man dann ab? In der Fachbezeichnung 'Germanische Philologie' werden jedenfalls solche Abgrenzungen nicht deutlich, und daher wird dieser Name heute nicht mehr oft verwendet. Der einzige Grund für seine Beibehaltung dürfte in der Ehrwürdigkeit seines Alters liegen, und dieser Grund ist schon deshalb nicht besonders stichhaltig, weil gerade das 'germanische' Element dieser Wissenschaft sich in Deutschland wegen seiner Ideologisierung gründlich diskreditiert hat.[10] Als inhaltlich berechtigt (auch wenn der terminologische Generalvertretungsanspruch nicht einlösbar ist) kann diese Fachbezeichnung nur dann gelten, wenn unter einem entsprechenden Fach andere Fächer wie Germanistik, Skandinavistik, Niederlandistik organisatorisch subsumiert werden. In Deutschland ist dies selten geworden (s.o.) und dann eben eine rein technisch-organisatorische Lösung, bei der die genannten Einzelfächer weitgehend selbständig nebeneinander her existieren. Anders im Ausland: Es kann etwa sinnvoll sein, einen Fachbereich 'Germanic Philology' zu nennen und mit entsprechenden Einzelfächern auszustatten; und auch eine Fachbezeichnung 'German Philology' macht sich sinnvoller aus als das deutsche 'Germanistik', weil im Englischen keine Verwechslung zwischen deutschen (*German*) und germanischen (*germanic*) Fachinhalten möglich ist.

Deutsche Philologie: Hier handelt es sich ebenfalls um eine traditionelle Bezeichnung, die aber - anders als 'Germanische Philologie' - lange Zeit mit handhabbaren Inhalten gefüllt werden konnte. Möglich war dies, solange das Fach seine Gegenstände beschränkte auf die Zeit zwischen den Anfängen der deutschen Sprache und Literatur und der 'Nachklassik' des 19. Jahrhunderts. Neueste oder gar zeitgenössische Literatur wurde offiziell erst sehr spät, inoffiziell vorher nur in Privatinitiative einzelner Wissenschaftler an den Hochschulen erforscht und gelehrt.[11] Dabei gehörten zum Inhalt der 'Deutschen Philologie' konstitutiv auf jeden Fall ältere deutsche Sprache und Literatur; und nur mit den an diesen erprobten Methoden und Perspektiven näherte man sich dann auch neuerer Literatur. 'Deutsche Philologie' meinte die ursprünglichen, traditionellen und engen literaturwissenschaftlichen Arbeitsbereiche wie Textkritik, Edition, Metrik und Verslehre, Gattungspoetik, Sprachanalyse, Rhetorik und grenzte sich damit ab von der vorwiegend auf Ästhetik bezogenen *Literaturkritik* einerseits, von der reinen *Literaturgeschichte* andererseits. Nur auf diese Weise ließ sich eine relative methodische und inhaltliche Einheitlichkeit praktizieren, die das Fach übersichtlich machte - gleichzeitig aber auch lange gegenüber Innovationen immunisierte. Dies ist wohl der Grund dafür,

Traditionelle Inhalte der 'Deutschen Philologie':
• *Textkritik* • *Edition* • *Verslehre* • *Metrik* • *Gattungspoetik* • *Sprachanalyse* • *Rhetorik*

Bereiche der Literaturwissenschaft:
• *Philologie* • *Literaturkritik*
• *Literaturgeschichte*

daß 'Deutsche Philologie' zum Synonym für 'Altgermanistik' wurde und an einigen Universitäten bis heute geblieben ist (manchmal allerdings mit erläuternden Zusätzen versehen und heute durchweg ohne Beschränkung auf den alten inhaltlichen und methodischen Kanon). Die Altgermanistik ist aus der Deutschen Philologie hervorgegangen oder wurde von dieser 'mitbesorgt' - dann weitgehend reduziert auf Arbeitsbereiche wie Textkritik und Sprachgeschichte. Je umfassender die Mediävistik ihren Gegenstand auffaßt und gestaltet, desto ungeeigneter wird mithin die Bezeichnung 'Deutsche Philologie'. Wenn RUDOLF VON RAUMER (s. das Eingangszitat) implizit das Gegensatzpaar 'Ältere' und 'Neuere Deutsche Philologie' aufstellt und eine Trennung in entsprechende Teilfächer für seine Zeit erst als Möglichkeit ansieht, dann zeigt das die ehemalige Fast-Identität von 'Deutscher Philologie' und 'Altgermanistik'.

*Mediä*vistik = Lehre vom *medium aevum*, vom 'mittleren Zeitalter'.

Mediävistik; Germanistische Mediävistik/Mediävistische Germanistik: Die Bezeichnung 'Mediävistik' ist zunächst ähnlich hochstaplerisch wie 'Germanistik'; wörtlich bedeutet sie nämlich 'Wissenschaft vom *medium aevum*', vom 'Mittel-Alter'; und dieses Mittelalter besteht nicht nur aus Sprache und Literatur - und schon gar nicht nur aus *deutscher* Sprache und Literatur. Zudem ist die Bezeichnung in bezug auf ein germanistisches Teilfach irreführend, weil es an manchen Universitäten Lehrstühle oder Institute für 'Mediävistik' gibt, die sich mit mittel*lateinischer* Sprache und Literatur beschäftigen. Diese beiden Nachteile der Fachbezeichnung 'Mediävistik' im Sinn von 'Altgermanistik' sind gleichwohl Resultate eines durchaus honorigen Bemühens um perspektivische Erweiterung und können zudem durch Zusätze leicht vermieden werden ('Mediävistische Germanistik' oder 'Germanistische Mediävistik'[12]). Im Kontext der Germanistik ist der Teilfachname 'Mediävistik' relativ neu und immer noch selten.[13] Wenn die Altgermanistik sich 'Mediävistik' nennt und damit als eine Wissenschaft vom Mittelalter begreift, dann zeigt sie damit, daß eine bestimmte Sprache und die in dieser Sprache verfaßte Literatur kein isoliertes Leben geführt, sondern im Kontext einer ganzen Epoche mit ihrer Kultur und Zivilisation gestanden haben und letztlich nur aus diesem Kontext heraus zutreffend erfaßt werden können. Daß eine solche germanistische Mediävistik angesichts der oft hinderlichen, aber irreversiblen und notgedrungen noch fort-

Sprache und Literatur sind nur im kulturellen Gesamtkontext einer Epoche zu erfassen.

schreitenden Spezialisierung der Einzelwissenschaften ihre Gegenstände speziell in den von ihr unter anderen Namen seit jeher vertretenen Bereichen - deutsche Sprache und Literatur des Mittelalters - behandelt, versteht sich dabei von selbst. Aber immerhin kann erst die Selbsteinordnung eines Einzel(teil)fachs unter einen größeren Horizont einen Zugewinn an Erkenntnis bewirken. Und damit hat die germanistische Mediävistik, ausnahmsweise einmal mit bemerkenswert geringer zeitlicher Verzögerung, einen Trend nachvollzogen, dem sich die meisten Geisteswissenschaften, die traditionellen Philologien ebenso wie eine Reihe von Sozialwissenschaften oder auch die Geschichtswissenschaft, etwa seit Ende der sechziger Jahre unseres Jahrhunderts untergeordnet haben: Das je eigene Fach bringt sich ein in eine nirgendwo in dieser Form institutionell existierende, aber horizontgebende übergeordnete Kulturwissenschaft. Und ebenfalls wie die meisten anderen Geisteswissenschaften hat die germanistische Mediävistik damit seit der gleichen Zeit eine fachinterne Veränderung mitgemacht, nämlich die "Entdeckung des Allgemeinen im Besonderen", die dann gleichzeitig zu einer "Theoretisierung der [fachlichen] Gegenstände"[14] geführt hat; man 'macht' nicht mehr einfach etwas, sondern fragt, warum und wie man etwas 'machen' kann/muß. Aus der Kulturwissenschaft bezieht das Einzelfach einen gewichtigen Teil seiner Fragestellungen; an der Lösung allgemein vorgegebener Fragen[15] wirkt es in seinem Bereich mit. Dies ist nicht zu verwechseln mit einer Interdisziplinarität, die primär in den Dienst der Erhellung der traditionellen eigenen Arbeitsgegenstände tritt; hierbei hat sich (zum Beispiel) die Mediävistik immer schon der Ergebnisse anderer Fächer bedient,[16] um 'ihre' Untersuchungsobjekte besser verstehen zu können - so wie umgekehrt Historiker oder Religionswissenschaftler altgermanistische Schützenhilfe in Anspruch nehmen können und genommen haben.[17] Allerdings fördert eine solche detailhaft-praktische Interdisziplinarität Kenntnis und Verständnis verschiedener Fächer untereinander und schafft damit wichtige Ausgangsbedingungen für eine weitergehende Interdisziplinarität der oben beschriebenen Art. Bei der gegenseitigen Nutzung als Hilfswissenschaften entdecken die einzelnen Fächer leichter, daß und wo sie gemeinsame Interessen und Gegenstände besitzen - jedenfalls in der Theorie; in der Praxis stößt man ab und an auf von Eitelkeiten geprägte Allein-

'Kulturwissenschaft' als übergeordneter Horizont der einzelnen Geisteswissenschaften

Theoretisierung der Geisteswissenschaften

Wechselseitige und gegenseitige Funktion einzelner Wissenschaften als 'Hilfswissenschaften' für andere Wissenschaften vertretungsansprüche (nicht nur zwischen verschiedenen Fächern, sondern auch innerhalb eines Fachs).

2. *Die Stellung der Mediävistik im Rahmen des Gesamtfachs; Aspekte der Fachgeschichte; Gegenstandsbereiche*

Teilfächer der Germanistik: • *Sprachwissenschaft* • *Neuere Literaturwissenschaft / Literaturgeschichte* • *Altgermanistik/ Germanistische Mediävistik*

An den meisten deutschen Hochschulen ist die germanistische Mediävistik heute einer von drei mehr oder weniger selbständigen Teilbereichen der Germanistik - neben der neueren deutschen Literaturgeschichte/Literaturwissenschaft und der (germanistischen) Sprachwissenschaft/Linguistik.[18] Diese Dreiergliederung spiegelt sich in den Studien- und Prüfungsordnungen in der Form wider, daß alle Studierenden der Promotions-, Magister- und Lehramtsstudiengänge[19] altgermanistische Studienanteile absolvieren müssen, oft auch im Examen eine entsprechende Teilprüfung abzulegen haben. In der Regel werden im Grundstudium alle drei oben genannten Teilfächer gleichgewichtig studiert; nach der Zwischenprüfung (meist Ende des 4. Semesters) ist die Abwahl eines Teilfachs möglich. An manchen Universitäten ist die Kombination der beiden verbleibenden Teilfächer allerdings nicht beliebig.

Spezialisierung auf zwei germanistische Teilfächer nach der Zwischenprüfung

Diese institutionelle Gleichrangigkeit der Mediävistik scheint zur Zeit ihrem Stellenwert etwa in der Schule auf den ersten Blick nicht zu entsprechen. War früher ein ganzes Schulhalbjahr (meist in Klasse 11/Obersekunda) für die Behandlung der älteren deutschen Sprache und Literatur reserviert, so fristen diese Gegenstände heute ihre Existenz oft nur noch in den berühmt-berüchtigten 'Längsschnitten', d.h. Unterrichtsreihen, deren Gegenstände chronologisch geordnet sind ('Deutsche Liebesdichtung von den Anfängen bis zur Gegenwart', 'Politische Lyrik vom Mittelalter bis heute' usw.). Allerdings tauchen auf diese Weise mittelalterliche Texte vereinzelt schon in der gymnasialen Unter- und Mittelstufe auf; sogar in einigen Grundschullesebüchern findet sich mittlerweile das eine oder andere mittelhochdeutsche Gedicht. Diese Veränderungen verweisen auf eine wesentliche neue Interessenbestimmung: Mittelalterliche deutsche Texte gelten nicht mehr als unhinterfragbares 'nationales Kulturgut', Kenntnis von ihnen zu haben ist kein Selbstzweck mehr, sondern dient der Vermittlung von 'Kontrastwissen': historisch voneinander entfernte Ob-

Historisches Wissen als 'Kontrastwissen'

jekte verdeutlichen sich gegenseitig, weil erst die Unterschiede das jeweils Spezifische an ihnen heraustreten lassen.

Auf universitärer Ebene sieht es so aus, daß die Mediävistik, in den Anfängen des Fachs als 'Deutsche Philologie' klar dominierend,[20] in der Nachkriegszeit zunächst an Gewicht verloren hatte - und zwar nicht nur gegenüber der neueren deutschen Literaturwissenschaft,[21] sondern auch gegenüber der Linguistik. Im Fall der Literaturwissenschaft hat zu diesem 'Gewichtsverlust' die eher banale, aber handfeste Tatsache geführt, daß ja immer weiter und immer mehr geschrieben wird. Manchen schien es daher sinnvoll, in der Vergangenheit, bei den 'älteren' Texten zu kürzen. Wenn man Neuigkeit mit Aktualität schlechthin verwechselt, hat das einiges für sich - aber dann stellt sich natürlich immer noch die Frage nach den Grenzen: Nicht nur Literaturgeschichte, sondern auch Geschichte allgemein verläuft immer weiter - kann deshalb etwa das Fach Geschichte seinen Gegenstandsbereich immer weiter kürzen? Das Verhältnis zur Linguistik hatte sich zeitweise dadurch zuungunsten der Altgermanistik verschoben, daß der Trend zur synchronen Sprachwissenschaft die klassische diachrone Sprachwissenschaft zurücktreten ließ - und gerade diese war und ist naturgemäß Gegenstand des sprachwissenschaftlichen Teils der germanistischen Mediävistik. Mittlerweile hat sich diese Situation in zweierlei Hinsicht entschärft: Erstens läßt sich natürlich auch mit älteren Sprachstufen synchron arbeiten; zweitens ist im Bereich der Linguistik der Vorrang der Synchronie vor der Diachronie bei weitem nicht mehr so groß wie etwa in den siebziger Jahren unseres Jahrhunderts.

Institutionelle Gefährdungen wie historisch gewachsene und aktuelle Chancen der Mediävistik im Kultur- und Wissenschaftssystem resultieren aus der im Verhältnis zu den beiden anderen germanistischen Teilfächern theoretisch weiteren, in der Praxis dadurch z.T. diffuser wirkenden Aufgabenstellung: Teilen sich Neuere Literaturwissenschaft und Linguistik ihre Gegenstände nach dem Prinzip 'Literatur vs. Sprache',[22] wobei die Grenze der Gegenstände in die Zukunft hinein offen ist, so weist der Inhalt der Mediävistik zwar relativ klare zeitliche Grenzen auf ('von den Anfängen bis um 1500'), umfaßt aber eben Sprache *und* Literatur dieses Zeitraums. In der praktischen Arbeit ist diese Totalität auch in der Mediävistik meist aufgelöst zugunsten einer Spezialisierung auf einen der beiden Bereiche; aber zumindest in einem Rest des jeweils anderen Bereiches, oder, wie RUDOLF VON RAUMER (s.o.) gesagt hätte, in "der ihm nicht zugewiesenen Hälfte" muß sich jeder Mediävist, jede Mediävistin auskennen.

Durchaus förderlich für die Mediävistik war und ist ein nun schon seit mindestens zwanzig Jahren andauernder, sozusagen 'gesamtgesellschaftlicher' Mittelalterboom, der sich in so verschiedenen Formen artikuliert wie Mittelalter-Ausstellungen, Mittelalter-Filmen und Mittelalter-Videos, Mittelalter-Spielen für den PC, Mittelalter-Romanen u.v.a.m. - alles jeweils in der gesamten Spannbreite zwischen 'intelligent gemacht' und 'trivial'. Dieser Boom deutet auf ein verbreitetes Interesse am Mittelalter; dieses Interesse mag oft wissenschaftlichen Maßstäben nicht gerecht werden, hält aber das Thema 'Mittelalter' präsent.

"Wenn Du ins Mittelalter gehst, vergiß die Kettensäge nicht!" (Deutsche Werbung für den Film *Army of Darkness*)

So ist denn die Stellung der Mediävistik - unter welchem Namen auch immer - an den deutschen Hochschulen heute prinzipiell unangefochten, zumal das Teilfach mit beträchtlichem Erfolg hat demonstrieren können, daß sein Gegenstandsbereich nicht nur durch das Verhältnis zu den beiden anderen Teilfächern definiert wird, sondern auch durch einen allgemein kulturgeschichtlichen Anspruch. Was jedoch die konkrete Ausstattung mit personellen und finanziellen Mitteln betrifft, so sieht sie sich in dem Augenblick bedroht, in dem sie von fest installierten Studiengängen abgekoppelt wird: Germanistik ist dadurch ein Massenfach geworden, daß das Lehramtsfach Deutsch so beliebt wurde; und sie ist dadurch ein Massenfach geblieben, daß sie auch in den Magisterstudiengängen als Fach bis heute 'angenommen' wird. So lange in solchen Studiengängen altgermanistische Teile institutionalisiert sind, ist die Mediävistik in ihrem gegenwärtigen universitären Bestand wenig gefährdet; aber niemand wird sagen können, wie lange das so bleibt - denn die Entscheidungen in diesem Bereich werden zunehmend von Finanz- und nicht mehr von Bildungspolitikern gefällt.

3. *Mediävistik im Grundstudium*

Die Terminologie, die Sie im letzten Abschnitt kennengelernt haben, dominiert nicht zwangsläufig die Praxis: Nicht überall, wo sich unser Teilfach 'Mediävistik' nennt, ist es innovativ; umgekehrt wird an vielen Universitäten, an denen man im Rahmen der Germanistik 'Deutsche' oder 'Germanische Philologie' lehrt und lernt, der interdisziplinäre und kulturwissenschaftliche Ansatz besonders ernst genommen. Dieses Buch ist für Studienanfängerinnen und -anfänger geschrieben; und im Grundstudium unterscheiden sich die mediävistischen Inhalte zwischen den verschiedenen Universitäten nicht so gravierend: Als Wissenschaft von älterer deutscher Sprache und Literatur verlangt die Mediävistik Anfängern in der Regel die Absolvierung von Einführungskursen in beiden Bereichen ab. Man besucht eine *Einführung in ältere Sprachstufen* des Deutschen - wobei sich der Trend durchzusetzen scheint, nur noch das Mittelhochdeutsche obligatorisch zu machen. An einigen Universitäten wird daneben eine Einführung in das Althochdeutsche verlangt; selten geworden ist die Obligatorik einer weiteren germanischen Sprache (Altnordisch, Gotisch). Sowohl für den, der hier Schwierigkeiten befürchtet, als auch für den, der Spaß am Erlernen von Sprachen hat, könnten diese verschiedenen Konzeptionen also durchaus zum Kriterium der Universitätswahl werden. Daneben ist eine *Einführung in die ältere deutsche Literatur* verbindlich. Auch hier kommt es zu Akzentunterschieden: An einigen Universitäten liegt der Schwerpunkt auf eher 'traditionellen' Inhalten wie Textkritik, Poetik, Rhetorik, Gattungsgeschichte etc. - was durchaus kein Nachteil sein muß, weil damit z.B. auch Grundlagenwissen geschaffen wird, das für die Kenntnis neuerer Literatur Relevanz besitzt; an anderen Universitäten dominieren schon im Grundstudium die beschriebenen kulturwissenschaftlichen und interdisziplinären Ansätze oder neuere literaturwissenschaftliche Paradigmen und Methoden. Genauso wie bei den anderen Teilfächern der Germanistik ist es hier kompliziert, genauere Informationen zu erhalten und zur Grundlage für die Wahl des Studienortes zu machen: Sowohl Informationen durch Studierende als auch solche durch Lehrende sind leicht zu individuell und abstrakt, können inhaltlich also noch nicht recht eingeschätzt werden; und der Weg über Veranstaltungsverzeichnisse der verschiedenen Universitäten ist recht aufwendig, zudem manchmal irreführend, weil das Angebot sich (z.B. durch personellen Wechsel unter den Lehrenden) oft schnell ändert. Dieser Nachteil relativiert sich in der Praxis dadurch, daß die Universitätswahl meist nach anderen Kriterien erfolgt (Kosten; Nähe

Kriterien für die Wahl einer Universität

zum Wohnort bzw. Wohnsituation am Studienort; Prestigegründe: Universitäten mit allgemein oder fachspezifisch gutem Renommee; kulturelles Umfeld einer Universität). Wichtiger ist es daher, sich auf einige allgemeinere Anforderungen eines Fachs oder Teilfachs einzustellen, mit denen man überall rechnen muß, um dann zu versuchen, sich mit diesen Anforderungen im Grundstudium zu arrangieren und soviel Überblick zu gewinnen, daß man sich *danach* aufgrund soliderer inhaltlicher Kriterien evtl. auf die Suche nach der für einen selbst (!) und fachbezogen (!) 'idealen' Universität machen kann.

Arbeit im Studium:
- *selbstständig*
- *gezielt*
- *methodisch*

Das Grundstudium ist von Pflichtveranstaltungen geprägt - was natürlich 'nervt', aber auch seinen Sinn hat. Entscheidend für den weiteren Verlauf des Studiums ist es, daß man sich schon in dieser ersten Phase daran gewöhnt, *selbständig*, *gezielt* und *methodisch* zu arbeiten. *Selbständig*: man sollte sich Zeit verschaffen, seine Kenntnisse über den institutionalisierten Rahmen hinaus zu verbreitern, um auch andere Perspektiven als die seiner Lehrenden kennenzulernen; *gezielt*: man sollte zunächst bei konkreten Projekten eng am Thema bleiben und sich vom Kern aus vorarbeiten, statt völlig perspektivenlos mal hier, mal da am Nektar der Wissenschaft zu nippen; *methodisch*: man sollte nach nicht zu flexibel gestalteten Zeitplänen arbeiten, sich eine eigene Handbibliothek aufbauen, die bibliographischen Hilfsmittel des Fachs kennenlernen und benutzen, sich eine Kartei anlegen, sich im Internet nach fachrelevanten Homepages und sonstigen Informationsangeboten umtun.

Zu all dem gibt es Literatur mit guten Ratschlägen in Hülle und Fülle. Es kommt darauf an, sich durch diese Menge an Vorschlägen nicht verwirren oder zu einer nie endenden Suche nach dem 'idealen Arbeitssystem' verführen zu lassen. Erstes Ziel ist, *überhaupt* ein System zu finden, es einerseits konsequent anzuwenden und andererseits offenzuhalten für (zunächst vorsichtige) Modifikationen. Ähnliches gilt für den Zeitaufwand der Arbeit: Wichtig ist *regelmäßige* Arbeit - also lieber jeden Tag eine begrenzte Zeit und nicht ein dauernder Wechsel von Pausen und 24-Stunden-Schichten. Analog schließlich die Beantwortung der oft gestellten und verständlichen Frage, was man denn überhaupt lesen solle, wo doch gerade in der Germanistik so unendlich viel geschrieben werde; auch hier ist es gerade im Studium eher entscheidend, daß man *überhaupt* (leider kein überflüssiger Hinweis mehr!), *kontinuierlich, verwertbar* und *thematisch strukturiert* liest: lieber jeden Tag vierzig Seiten als nur einmal in der Woche 500 hintereinander; kurze Notizen über das Gelesene anfertigen und auffindbar aufbewahren; regelmäßig Fachzeitschriften durchsehen und Themen auf Karteikarten festhalten; den Schwerpunkt der Lektüre auf Primärtexte legen, aber auf kontinuierliche begleitende Lektüre von Sekundärliteratur achten (fast alle germanistischen Institute bieten zur Orientierung Lektürelisten an).

> Solche Hinweise haben nichts mit Verschulung oder dergleichen zu tun, sondern mit der Schaffung von Arbeitsbedingungen, die einem ein effektives Vorgehen und damit die Vermeidung von unnötigen Frustrationen[23] ermöglichen. Inwieweit und ab welchem Grad eine solche selbstgeschaffene 'Effektivierung' dann umschlägt in ein Verhindern eigener Kreativität, merkt man ohnehin sehr schnell selbst.

4. *Mediävistik im Hauptstudium*

Hauptstudium:

- *Verbreiterung des Fachwissens*
- *eigene Schwerpunktbildung*

Will man sich (was die Regel ist) nach der Zwischenprüfung auf zwei der drei germanistischen Teilfächer spezialisieren und gehört dazu dann die Mediävistik, dann ist die Gestaltung eines mediävistischen Hauptstudiums zunächst im wesentlichen durch die gleichen Grundzüge gekennzeichnet wie in allen anderen Hauptstudiengängen auch: Verbreiterung und Vertiefung des Fachwissens bei gleichzeitiger (vorsichtiger!) eigener Schwerpunktbildung. Es bietet sich zunächst an, sich zu entscheiden zwischen einer primär sprach- und einer primär literaturwissenschaftlichen Ausrichtung des Studiums. Der Zusatz 'primär' ist sehr ernst zu nehmen: Wer Texte nicht nur aus Übersetzungen kennenlernen will, muß seine Übersetzungsfertigkeiten durch kontinuierliche Lektüre erhalten und verbessern; der Gebrauch der einschlägigen Wörterbücher und Grammatiken sollte einen also sein ganzes Studium lang begleiten. Bei literaturwissenschaftlicher Ausrichtung in der Regel nicht nötig ist dagegen ein systematisches Sprachstudium. Wer sich umgekehrt auf den sprachwissenschaftlichen und sprachgeschichtlichen Teil der Mediävistik spezialisiert, wird auf literaturgeschichtliche Kenntnisse schon deswegen nicht verzichten können, weil (auch) mittelalterliche Literatur sich häufig mit dem Gegenstand Sprache beschäftigt (vom rein sprachphilosophischen Räsonnement bis hin zur Diskussion grammatischer Phänomene). Außerdem hängen Sprach- und Literaturgeschichte gerade im Mittelalter, das noch keine übergreifenden sprachregelnden Institutionen und Instrumente besitzt, insofern immer sehr eng zusammen, als Art, Intensität und Zusammensetzung der Literaturproduktion einerseits, die Entwicklung der Sprache andererseits sich gegenseitig stark beeinflussen: Schriftlichkeit, zunächst nur ein Randbereich der mittelalterlichen Gesellschaft, gewinnt gegenüber der mündlichen Kultur zunehmend an Prestige und Umfang; die Literaturproduktion vergrößert sich schon seit dem 14. Jahrhundert, also rund 150 Jahre vor Erfindung des Buchdrucks, explosionsartig. Je mehr gelesen wird, je mehr sich eine Gesellschaft an Vorhandensein, Autorität und schließlich Unverzichtbarkeit von Schriftlichem gewöhnt, desto mehr wirkt sich auf Dauer die sprachnormierende Fähigkeit von Literatur aus: Literatur vergrößert den Alltagswortschatz, macht mit Laut- und Formphänomenen bekannt, verdrängt alte Begriffe zugunsten neuer Modewörter, weil sie immer auf dem neuesten Stand der Entwicklung sein kann, usw.

Zusammenhänge zwischen Sprach- und Literaturgeschichte

Mehr noch als im Grundstudium gilt also im Hauptstudium, daß man sich eher etwas zuviel als etwas zuwenig an Themen und Veranstaltungen zumuten sollte. Ein Seminar in der Semestermitte zu verlassen, ist ja immer noch möglich[24] - aber ein verpaßtes Seminar nachzuholen, ist oft gerade bei übergreifenden und daher besonders wichtigen Themen schwierig.[25]

Zunehmende Bedeutung erhält im Hauptstudium die selbständige Lektüre von Primär- und Sekundärtexten,[26] d.h. eine studienbegleitende Lektüre unabhängig von speziellen Verwertungszwecken in Seminaren. In diesem Zusammenhang ist auch die mediengeschichtlich eigentlich überholte Lehrform der Vorlesung nicht zu unterschätzen, solange dort nicht nur bereits auf dem Buchmarkt Vorhandenes paraphrasierend referiert wird, sondern Erkenntnisse oder Thesen vorgetragen werden, die in schriftlicher Form noch nicht greifbar sind.

Im Hauptstudium: *selbständige* und *ergänzende* Lektüre von Primär- und Sekundärliteratur

Kennzeichen für ein erfolgreich und in die richtige Richtung verlaufendes Studium ist, wenn sich irgendwann und dann immer wieder das Gefühl einstellt, daß 'alles mit allem zusammenhängt' - und daß dieses Gefühl einen nicht mehr ängstigt, d.h. wenn man bei allen Themen, mit denen man sich gerade beschäftigt, an andere Themen erinnert wird und fähig ist, solche Themen in Zusammenhänge zu stellen.

5. *Was verlangt das Fach von denen, die es studieren?*

Wissenschaften leben von Diskussions- und Innovationsfähigkeit. Aber wer ein Studium beginnt, begibt sich in bereits existierende Strukturen und ist diesen für einen gewissen Zeitraum unterworfen. Inhalte und Methoden eines Fachs sind den Studierenden zunächst vorgegeben, und daher ist es wichtig, sich auf entsprechende Anforderungen einzustellen.- Wissen kann man aus mindestens drei Gründen erwerben: einfach weil es fasziniert (Selbstzweckwissen); weil man es ohne konkreten Verwendungszweck aufbewahren und vor dem Vergessen retten will (museales Wissen); weil man es zu ganz bestimmten Zwecken einsetzen will (verwertungsorientiertes Wissen). Die Institution Wissenschaft sieht letzteres als das eigentlich Erstrebenswerte an, aber die verschiedenen Gründe können ineinander übergehen; und nicht nur, aber gerade Studierende sehen sich nicht selten der Situation ausgesetzt, Wissen anhäufen zu müssen, ohne immer etwas über konkrete Verwendungszwecke zu erfahren (oder, was die gleichen Folgen hat: die vorgebrachten Gründe sind ihnen - noch - zu abstrakt und daher nicht nachvollziehbar). Man könnte also vielleicht eine gewisse 'Frustrationsphase' bewußt einkalkulieren.

Arten / Funktionen des Wissens:
• *Selbstzweckwissen* • *museales Wissen* • *verwertungsorientiertes Wissen*

Studierende der germanistischen Mediävistik sollten natürlich bei Studienbeginn zunächst das mitbringen, worüber alle Germanistikstudentinnen und -studenten verfügen sollten: ein prinzipielles Interesse an Sprache und Literatur. Dieses Interesse kann und sollte vielleicht sogar anfangs noch etwas unspezifisch sein, sich aber bereits gründen auf einige Erfahrung mit den Gegenständen - und das heißt vor allem: Leseerfahrung. Darüber hinaus sollte man zu systematischer Arbeit und zur Verwertung seiner 'Lesefrüchte' bereit sein: Viele, die ein Germanistikstudium aus der Motivation heraus begonnen haben, gern zu lesen, sind schnell enttäuscht, wenn sie merken, daß es an der Universität nicht mehr um den individuellen Genuß oder den ebenso genießerischen Austausch subjektiver Empfindun-

Grundvoraussetzung für ein Germanistikstudium

gen zwischen Gleichgesinnten geht. (Dies ist keineswegs ironisch gemeint: Solche Reaktionen auf Texte sind nichts 'Böses' oder 'Verbotenes' - sie haben aber wenig oder nichts mit Wissenschaft zu tun; und um Wissenschaft geht es hier, eine Wissenschaft, die von der Gesellschaft finanziert wird und von der die Gesellschaft daher etwas erwartet.)

Wer mediävistisch arbeitet, sollte darüber hinaus wie jede/r Germanist/in über Merk-, Einordnungs- und Kombinationsfähigkeit verfügen: Literatur stellt einen riesigen Fundus an Material dar, und je mehr Einzeltexte man hier kennt, desto eher ist man in der Lage, andere Texte zutreffend einordnen zu können - vorausgesetzt man ist fähig, auf den ersten Blick Disparates zueinander in Beziehung zu setzen. Unabdingbar sind ferner Diskussions- und Fragebereitschaft: die Zeiten wissenschaftlichen Einzelkämpfertums sind auch in den Geisteswissenschaften vorbei, und zwar nicht aus ideologischen, sondern aus ganz handfest-praktischen Gründen. Die beschriebene fortschreitende Spezialisierung läßt einen in die Irre laufen, wenn man nicht den Kontakt zu anderen Spezialist/inn/en zu suchen und zu finden in der Lage ist. Auf der anderen Seite kann es aber auch nötig sein, sich zeitweise zur Einzelarbeit in das sprichwörtliche 'stille Kämmerlein' zurückzuziehen. Dieser Wechsel zwischen 'Privatgelehrtendasein' und *workshop*-Existenz hat etwas durchaus Faszinierendes. Ähnlich kontrovers zwei weitere nützliche Fähigkeiten, nämlich die zu gleichermaßen extensiver wie intensiver Arbeit: Es ist fallweise nötig, sich ins Detail zu verbeißen, man muß aber manchmal auch in kurzer Zeit große Stoffmengen verdauen können, wenn man etwa gezielt Einzelbelege für ein Motiv sucht. Wie gesagt: All das betrifft die germanistische Tätigkeit insgesamt - und darüber hinaus noch viele andere Wissenschaften. Für den Mediävisten und die Mediävistin speziell käme noch die Bereitschaft hinzu, die Vergangenheit als Vorläuferin der eigenen Gegenwart zu empfinden und Fremdheitsgefühle gegenüber dem 'Alten' zumindest in dem Sinn zu überwinden, daß man nicht wegen der rein äußerlichen Inaktualität entsprechender Gegenstände von einer Beschäftigung abgehalten wird.

Teamwork und Einzelarbeit

Nun ist das natürlich alles ziemlich abstrakt und theoretisch; daher soll an einem - gar nicht einmal so sehr konstruierten - Beispiel verdeutlicht werden, welche Aufgaben auf einen in der Praxis zukommen können.

6. *Von der Handschrift zum 'Sinn' und zum Quellenwert eines Textes*

Bei Aufräumarbeiten auf dem Dachboden eines Schlosses wird unter anderem ein altes Buch entdeckt. Auf die Tatsache, daß es *sehr* alt sein muß, deuten u.a. die Befunde, daß es nicht gedruckt, sondern handgeschrieben ist, daß es sich beim Beschreibstoff um Pergament und nicht um Papier handelt, daß die Schrift 'ungewöhnlich' wirkt und daß die Sprache zwar deutsch zu sein scheint, aber für einen Laien größtenteils unverständlich ist. Wir setzen einmal voraus, daß der Eigentümer von Schloß, Dachboden und Buch so viel kulturhistorisches Interesse besitzt, das Fundstück nicht zu verheizen, sondern einer nahegelegenen Universität zugänglich zu machen - und sei es auch nur, um feststellen zu lassen, ob sein Fund so viel Wert besitzt, daß man von seinem Erlös im Schloßkeller die Bar renovieren lassen kann. Nach einigen Umwegen landet der gefundene Text bei der germanistischen Mediävistik.[27] Solche Umwege resultieren daraus, daß die verschiedenen Eigenschaften des Textes und die Fragen, die er aufgibt, in verschiedene Zuständigkeitsbereiche fallen können: Wenn man zunächst sein Alter bestimmen will, dann benötigt man einen Paläographen, und die Paläographie ist eine (oft recht selbständige, weil sehr spezialisierte) Disziplin der *Geschichtswissenschaft*. Ist die gefundene Handschrift illuminiert, d.h. mit Bildern versehen, oder hat sie einen kostbar verzierten Einband, wird sie vielleicht zunächst den Weg zu den *Kunstgeschichtlern* finden.[28] Geben Kurzanalysen Hinweise auf bestimmte Themen, könnten sich etwa die *Historiker* oder *Theologen* bzw. *Religionsgeschichtler* für eine solche Handschrift interessieren.

Welche Wissenschaften sind für einen Text zuständig?

Nehmen wir also an, der Text ist schließlich in die Finger einer Mediävistin oder eines Mediävisten gelangt. Die paläographische Untersuchung hat die ungefähre Entstehungszeit der Handschrift geliefert; weiter weiß man noch nichts. Man will aber mehr wissen - dafür wird man in der Wissenschaft bezahlt, und darauf, in der Lage zu sein, Neues herauszufinden, gründet sich schließlich das Prestige eines Wissenschaftlers (oder sollte es doch zumindest ...). Bei weitem nicht alles, was hier nun im folgenden an Arbeiten aufgeführt wird, kann von einem allein erledigt werden; ich fasse die verschiedenen Tätigkeiten also wieder nur der Einfachheit halber zusammen. Fachwissen-

Mittelalterliche Texte sind für eine Altersbestimmung mit physikalisch-chemischen Methoden in der Regel zu jung; eine Alterbestimmung wird bei ihnen etwa vorgenommen auf Grund des Schrifttyps, des Sprachstandes (alt-, mittel- frühneuhochdeutsch; hier ist dann natürlich schon der Sprachwissenschaftler gefragt), der Beschaffenheit des Schreibmaterials (Pergament oder Papier; bei Papierhandschriften evtl. Wasserzeichen).

schaftlerinnen und Fachwissenschaftler müssen sich aber zumindest im Ansatz mit den in ihrem Fach gängigen Themen, Techniken und Methoden auskennen, um bei Bedarf Verbindung zu Spezialisten aufnehmen zu können. Das entsprechende Spektrum der germanistischen Mediävistik wird meist auch schon im Grundstudium vermittelt und im Hauptstudium vertieft - aus einsehbaren Gründen allerdings eben nicht mit dem Anspruch, allround-Mediävist/inn/en heranzuzüchten, sondern um möglichst viele Arbeitsbereiche zur Auswahl anzubieten.- Was macht man also mit einem neu aufgefundenen Text? Alle in Frage kommenden Arbeiten lassen sich drei Bereichen zuordnen:

1. Abklärung der Vorbedingungen der sprachlichen und inhaltlichen Wirkung eines speziellen Textes (materielle und kommunikative Aspekte);

2. Arbeiten, durch die Sprache und Inhalt des speziellen Textes analysiert und gedeutet werden sollen (Perspektive: von bereits bekannten Texten auf einen neuen Text);

3. Arbeiten, die den unter 2. analysierten und gedeuteten Text zu Zwecken verwerten, die außerhalb dieses speziellen Textes liegen (Perspektive: vom speziellen Text auf andere Texte, sprachliche oder literarische Gesamtkomplexe, außersprachliche und außerliterarische Bereiche etc.).

Im Einzelfall wird man über die Zuordnung streiten können, und sicher sind auch andere Klassifikationen möglich. Hier kommt es nur darauf an, aus Gründen der Verständlichkeit überhaupt zu einer gewissen Systematik zu gelangen. Insofern das Verhältnis zwischen einem einzelnen Text und einer Gesamtheit von Texten etc. auch immer ein Verhältnis von Teil und Ganzem ist, lassen sich die Arbeitsbereiche 2. und 3. sicher auch als sich abwechselnde Schritte einer hermeneutischen Vorgehensweise verstehen und unter diesem Aspekt dann methodisch als Ganzes sehen. (Zur Hermeneutik s. Kap. IV.)

Materielle und kommunikative Vorbedingungen

Möglichkeiten der Textedition: • *Kopie/Faksimile* • *diplomatischer Abdruck* • *kritische Edition*

Edition: Zunächst einmal sollte der Text dem gesamten Fach zugänglich gemacht werden.[29] Die Herstellung von Kopien für alle Fachkolleg/inn/en wäre zu aufwendig;[30] der Text muß also in einer anerkannten und verbreiteten Fachzeitschrift oder im für eine schnelle Verbreitung bestens geeigneten Internet ediert werden. Für diese Erstedition wird der/die Herausgeber/in auf Eingriffe in den Wortlaut des Textes verzichten, um die Diskussion in diesem Anfangsstadium nicht voreilig zu prädisponieren. Man wird also den Text weitestgehend so wiedergeben, wie man ihn vorgefunden hat, ihn also nur für den Druck transskribieren (sog. *diplomatischer Abdruck*). Wo aus drucktechnischen Gründen eine Wiedergabe aller Buchstabenzeichen des Originals nicht möglich ist, wird man darauf hinweisen.[31] Zur Leseerleichterung wird dann bei Versdichtung der Text im Druck versweise abgesetzt,[32] vielleicht auch mit Interpunktion versehen - eine solche ist nämlich im Mittelalter meist ungebräuchlich.

Spezifika der Überlieferungssituation mittelalterlicher Texte

Edition und Textkritik:[33] Die ausdrückliche Bemerkung, daß jemand bei der Herausgabe eines Textes nicht in dessen Wortlaut eingreift, könnte verwundern. In bezug auf moderne Texte ist es eine Selbstverständlichkeit, daß der Text eines Autors für den Herausgeber sozusagen sakrosankt ist. Aber wir haben es im Mittelalter mit einer völlig anderen Überlieferungslage zu tun (vgl. Kap. V.): Heute produziert ein Autor für einen anonymen Markt, d.h. er hat zwar evtl. ein bestimmtes Zielpublikum im Sinn, aber wenn er seinen Text publiziert, also im Wortsinn 'öffentlich' macht, dann kann im Prinzip jeder diesen Text kaufen. Ein Autor hat also heute ein Interesse daran, daß seine Texte alle möglichen Rezipienten in identischer Form erreicht. Mittelalterliche Texte dagegen entstehen in der Regel als sog. Unikate, als Einzelstücke, die nur für einen Adressaten gedacht sind (häufigster Fall: direkte Auftragsliteratur).

Literaturrezeption im Mittelalter: Vorlese- (Hör-) Rezeption statt Privatlektüre

Zwar wird ein solcher Text meist nicht in Privatlektüre rezipiert, sondern einer Gruppe von Zuhörern vorgelesen; aber wem dieser Text dann so gefällt, daß er ihn auch besitzen möchte, der muß dafür sorgen, daß er abgeschrieben wird. Beim Abschreiben entstehen bekanntlich oft Fehler; auch haben mittelalterliche Schreiber oft die Eigenschaft, einen Text, der nicht von ihnen stammt, beim Ab-

Bei aus dem Mittelalter überlieferten Texten handelt es sich meist nicht um die Originalfassungen, sondern um gegenüber dem Original mehr oder minder zeitnahe *Abschriften*.

schreiben nach eigenem Gusto zu ver(schlimm)bessern - durch Auslassungen, inhaltliche Ergänzungen, Kommentare, andere Wortwahl usw. Da im Lauf der Zeit natürlich viele mittelalterliche Texte verloren gegangen sind,[34] verfügen wir heute meist nicht mehr über die Originale, sondern eben nur über Abschriften. Auch wenn - was durchaus nicht immer der Fall ist - eine Abschrift den Autornamen überliefert, wissen wir also im Grunde nie, ob all das, was unter diesem Autornamen überliefert ist, überhaupt von dem betreffenden Autor stammt. Die verschiedenen Philologien, nicht nur die Mediävistik, haben eine Reihe von Techniken entwickelt,[35] um einen Text von Schreiberfehlern und Zusätzen zu 'reinigen' (den Text zu 'emendieren', zu verbessern). Die Editionswissenschaft bleibt also nicht bei dem oben beschriebenen sog. diplomatischen (i.S.v.: 'vorsichtigen') Textabdruck stehen, sondern will einen sog. 'kritischen Text' edieren: offensichtliche Fehler werden verbessert, vermutliche Interpolationen (Einschübe) der Abschreiber beseitigt, Lücken und Textverderbnisse aus anderen Handschriften des gleichen Textes oder durch Konjekturen (eigene Vermutungen des Herausgebers) ergänzt bzw. beseitigt. Sollte die neu aufgefundene Handschrift nicht der einzige Überlieferungsträger des Textes sein, existieren also noch andere Textzeugen, wird der Herausgeber diese in seine kritische Bewertung des neuen Textes einbeziehen, Fehler also z.B. nach anderen Handschriften korrigieren und Lücken nach ihnen ergänzen. Mit Korrekturen und Ergänzungen überlieferter Texte (nach eigener Entscheidung oder unter Berufung auf andere Textzeugen) ist man heute allerdings vorsichtiger geworden: Ziel der Textkritik war es ursprünglich, aus dem Überlieferten das (nicht mehr vorhandene) Original zu rekonstruieren. Aber gerade weil das Original nicht mehr überliefert ist, bietet eine rekonstruierte kritische Ausgabe nie die Gewähr, daß die Editoren mit ihm das Richtige getroffen haben; es entsteht damit meist ein durchaus künstlicher Text, der in dieser Form im Mittelalter nie existiert haben wird. Heute ist man mehr an dem interessiert, was tatsächlich überliefert ist: Eine Abschrift mag gegenüber dem Original Fehler aufweisen, dem Original einiges hinzugefügt oder anderes an ihm weggelassen haben usw. - aber *eins* weiß man mit Sicherheit: Diese Abschrift hat wirklich existiert und ist in ihrer Zeit rezipiert worden; mit ihr kann man also arbeiten, wenn man etwa an den Denkgewohnheiten der betreffenden Zeit interessiert ist, auf ihre Kunstprinzipien schließen will u.a.m.

Identifikation des Textes; Bewertung der Überlieferung: Auch ein vorsichtiger Herausgeber, der unseren Text weitgehend so ediert, wie er ihn in der Handschrift vorfindet, wird aber bei Vorliegen weiterer Textzeugen versuchen, den neu entdeckten Text in die bisher bekannte Überlieferung einzuordnen. Das setzt natürlich zunächst voraus, daß man überhaupt festgestellt hat, daß es solche anderen Textzeugen gibt. Und wenn auch die Literaturproduktion des Mittelalters im Vergleich zur heutigen unvergleichbar weniger umfangreich gewesen ist, so kann doch ein/e Mediävist/in die Literatur, die in ihren/seinen Gegenstandsbereich fällt, nicht durch eigene Lektüre abdecken (das wäre allenfalls für die Epoche von ca. 750 bis 1200 noch möglich). Man muß sich also mit Hilfe von Handschriftenregistern darüber orientieren, ob von dem 'neuen' Text noch andere, bereits bekannte Fassungen existieren - und daher muß man wissen, daß es solche Register gibt und wie man sie benutzt. Handschriftenbeschreibungen enthalten z.B. für die in ihnen registrierten Texte nicht nur kurze Inhaltsangaben, sondern oft zu jedem Text auch ein Implicit und ein Explicit, d.h. Anfang und Ende des Textes werden zitiert; es gibt auch spezielle Implicit- und Explicit-Register. Hat man alle bekannten Textzeugen zusammengestellt, wird man versuchen, sie in ein Stemma einzuordnen - man bildet einen 'Stammbaum' aller Überlieferungsträger, indem man die Textzeugen nach Alter und gegenseitiger Abhängigkeit sortiert. Auf diese Weise kristallisieren sich z.B. sog. Handschriftenfamilien heraus, also Gruppen von Handschriften, die (etwa auf Grund gemeinsamer Fehler, Lücken etc.) als zusammengehörig identifiziert werden können. So gewinnt man eventuell einen Überblick über Art und Intensität der Rezeption von Texten, über ihre Beliebtheit beim Publikum, über zeitliche Schwerpunkte und Pausen in der Rezeption.

Das *Stemma*, der 'Stammbaum' aller Handschriften eines Textes.

Weitere Befunde aus Handschriften: Manche Handschriften enthalten Besitzervermerke, eventuell auch mehrere, woraus man also auf Besitzerwechsel schließen kann. Lassen die Besitzernamen sich historisch identifizieren, liefern solche Vermerke Aufschlüsse über die Verbreitung eines Textes an bestimmten Orten oder in bestimmten Regionen bzw. umgekehrt über Wanderungsbewegungen. Auch literatursoziologische Folgerungen sind möglich, wenn etwa nachweisbar ist, daß ein bestimmter Text schwerpunktmäßig in bestimmten sozialen Schichten gelesen wurde - oder aber eben auch mehrere Schichten übergreifend. Natürlich setzt Buchbesitz nicht automatisch Lektüre voraus (das gilt ja heute auch noch ...); aber die Lektüre läßt sich anhand von Gebrauchsspuren manchmal nachweisen: Fingerspuren vom Umblättern, eventuell besonders häufig auf einzelnen Seiten, handschriftliche Randbemerkungen, Radierungen oder Einschwärzungen von Stellen, die aus ideologischen, moralischen oder sonstigen Gründen späteren Besitzern nicht mehr gepaßt haben. Die Art des Einbandes dokumentiert je nach Kostbarkeit den Grad der Wertschätzung, den der oder die Besitzer dem betreffenden Text entgegengebracht haben. Ist der Text in einer Sammelhandschrift überliefert, also mit anderen Texten zu einem Codex zusammengefaßt worden, führt diese Mitüberlieferung etwa zu Fragen nach dem zeitgenössischen Gattungsbewußtsein oder dem speziellen Verwendungszweck der Handschrift: Das mittelalterliche Gattungsbewußtsein ist im allgemeinen weniger abstrakt als das heutige, sondern von konkreten Gebrauchsbedürfnissen bestimmt; so gibt es etwa Sammlungen lokalen oder regionalen Zuschnitts, autorbezogene Sammlungen, Zusammenstellungen von Querschnitten durch Literatur, die für einen Hof, eine Adelsfamilie, eine Stadt, ein Kloster usw. aus verschiedenen Gründen von besonderer Relevanz gewesen sind.

... woran man auch bei mittelalterlichen Texten erkennen kann, daß sie gelesen worden sind ...

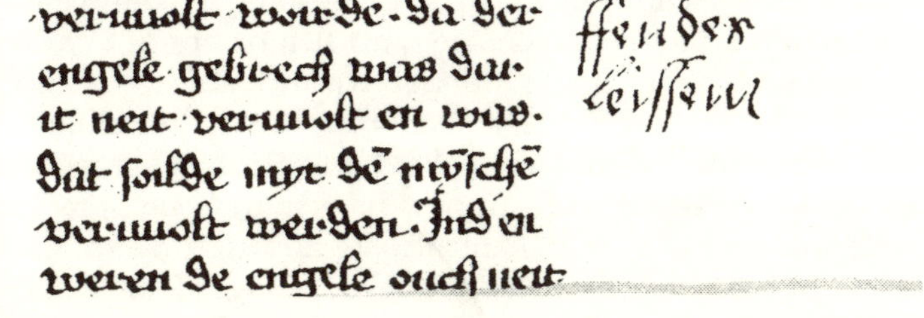

Beispiel für einen nachträglichen Randeintrag in einem Text, der Hinweise auf die Rezeption gibt.
Wortlaut: *dit soll men in dem Reiffender lesen* = 'dies (diese Textstelle) soll man im Reventer (im Refektorium, dem gemeinsamen Speisesaal der Mönche) lesen/vorlesen.' Der Randeintrag beweist also, daß der Text rezipiert wurde, und verweist ihn auch in einen speziellen Rezeptionskontext

Der einzelne Text als Untersuchungsobjekt: Sprache, Form, Inhalt

Bei den bisher beschriebenen Arbeiten ging es um die materielle Sicherung des Textes, seine überlieferungsmäßige Einordnung, die Auswertung der Überlieferungsform und das kommunikative Umfeld. Dies kann durchaus schon, muß aber noch nichts mit dem sprachlichen und gedanklichen Inhalt des Textes zu tun haben. Dieser rückt nun in das Zentrum der Arbeit: Ich will *diesen* speziellen Text verstehen, durchschauen - in sprachlicher, formaler und inhaltlicher Hinsicht. Dazu gehe ich notwendig zunächst immer von mir bereits bekannten festen Systemen, Schemata usw. aus, in die ich den Text aufgrund der bei ihm festgestellten Merkmale einordne. Natürlich hat der Text diese Schemata nicht unbedingt zu bestätigen. Ich muß und werde also auf Abweichungen achten und versuchen, diese ihrerseits zu klassifizieren (absichtliche oder versehentliche, seltene oder häufige Abweichungen) und zu systematisieren (Suche nach Bedingungen, unter denen Abweichungen auftreten; Verteilung der Abweichungen auf verschiedene Bereiche). Ab einer bestimmten Häufigkeit oder Intensität kann man dann vielleicht gar nicht mehr von Abweichungen sprechen, sondern nur noch von Varianten eines Systems. Ich muß also gegebenenfalls die o.a. Systeme und Schemata, in die ich den Text einordnen wollte, modifizieren, vielleicht um komplette andere Systeme und Schemata ergänzen; dann allerdings bin ich schon bei der 'Verwertung der Einzelbefunde in übergeordneten Zusammenhängen' (s.u.).

Das Verstehen des Textes in sprachlicher Hinsicht: Die erste Beschäftigung mit dem sprachlichen Aspekt eines Textes ist natürlich seine Übersetzung (partiell oder vollständig, 'ins Grobe' oder systematisch, spontan oder schon reflektierend hinsichtlich einzelner Phänomene in den Bereichen Phonologie, Graphie, Morphologie, Syntax, Semantik usw.). Die sprachliche Analyse kann ich dann ausbauen und systematisieren. Sie wird sich nicht nur auf die o.a. Bereiche erstrecken, sondern etwa auch auf sprachgeographische Fragen. Angesichts der im Mittelalter anfänglich noch untergeordneten Rolle der Schriftlichkeit in der Gesamtgesellschaft ist nicht nur die gesprochene Sprache sehr uneinheitlich - man kann also Texte aufgrund sprachlicher Merkmale eventuell regional oder sogar lokal festlegen. Es gibt aber auch Fälle, in denen ein Text, der aufgrund anderer Informationen genau lokalisierbar ist, ganz andere sprachliche Eigenheiten zeigt, als sie am Ort seiner Entstehung eigentlich zu erwarten wären; in diesen Fällen ist er dann vielleicht von einem Schreiber verfaßt worden, der seine heimischen Sprachgewohnheiten auch an seinem neuen Wirkungsort beibehalten hat.

Die Analyse der Textform: Auch bei der Formanalyse wird man den Text anhand bereits gängiger Muster klassifizieren: Ist er prosaisch oder in einer Form der gebundenen Rede abgefaßt? In welchem Maß entspricht er metrischen Mustern, die zu seiner Zeit gängig waren? Zur Form gehört gerade im Mittelalter die Rhetorik hinzu; die Regelhaftigkeit und das Spektrum der Verwendung rhetorischer Muster durch einen Autor verraten uns heute viel über seine Bildung. Bei einer metrischen und einer rhetorischen Analyse steht man vor zwei völlig verschiedenen Aufgaben: Aus dem Mittelalter sind eine ganze Reihe von Rhetoriklehrbüchern überliefert; wir können also einen Text danach klassifizieren, inwieweit er sich an gängige Regeln gehalten hat oder nicht. Wir haben aber keine deutschen Metriken aus dem Mittelalter; hier führt also unsere Analyse über eine weitere Station: Aus den Texten des Mittelalters ist durch reine Statistik ein System abgeleitet worden, und nur auf dieses rekonstruierte System bezieht man sich, wenn man einen Text auf seine metrische Regelhaftigkeit oder Freiheit hin untersucht.

Formanalysen sind nicht selbstzweckhaft

Formale Analysen sind im Studium oft nicht sehr beliebt, weil sie sehr selbstzweckhaft aussehen. Dem wäre gerade wieder für das Mittelalter als Rechtfertigung entgegenzuhalten, daß die Form eine sehr große Bedeutung hatte, die nicht nur ästhetische, sondern sogar theologische Aspekte umgreift: Gemäß mittelalterlicher Kunst- und Literaturtheorie kann es keine Schönheit ohne Ordnung geben (s. Kap. V.1 und 2) - Formung bedeutet aber eben immer, ein Ordnungssystem herzustellen. So sind denn Metrik, Reim, Rhetorik usw. durchaus nichts Äußerliches und auch keineswegs selbstzweckhaft; daher muß man ihre Anwendung in Texten durchschauen, um sie richtig beurteilen zu können.

Analyse und Interpretation von Textinhalt und Textaussage: Auch eine Interpretation unter der (heute oft diskreditierten, aber zumindest als heuristischer Ansatzpunkt nicht zu unterschätzenden) Frage: 'Was bedeutet der Text, was ist sein Sinn?', schöpft allemal aus einem bereits vorhandenen Wissensvorrat:[36] Was ein einzelnes Wort im Text bedeutet, weiß ich, wenn ich aus anderen Texten diese Bedeutung bereits kenne (dies gilt natürlich auch für kontextuelle Spezialbedeutungen); welche Textelemente *Strukturen* signalisieren, weiß ich nur aus Erfahrung;[37] ob ein Erzählmotiv o.ä. häufig war oder nicht, sagt mir meine bereits vorhandene Kenntnis von diesem Motiv in anderen Texten. Es kann aber hier nicht nur um ein Verstehen eines Textes auf der Oberfläche gehen - und zwar aus einem doppelten Grund nicht: 1. Mittelalterliche Autoren sind vermittels ihrer Stellung im zeitgenössischen Bildungs- und Ausbildungssystem daran gewöhnt, 'uneigentlich' zu schreiben; d.h. sehr viele Texte bedeuten etwas anderes, als wörtlich in ihnen steht. Dies muß man wissen, um nicht von vornherein bei einer Interpretation in die Irre zu gehen. Das

Ein Text - viele Bedeutungen

Mittelalter kennt Systeme mit 3-7 Bedeutungsebenen ('Schriftsinnen'); man kann ihnen auf die Spur kommen durch die Benutzung allegorischer Wörterbücher, durch Vergleich mit ähnlichen Texten, in denen die 'richtige' Bedeutung durch explizite Auslegung des Autors entschlüsselt worden ist, durch neuzeitliche, aus systematischen Quellenauswertungen entstandene Nachschlagewerke, die über die allegorische Bedeutung von Tieren, Zahlen,[38] Pflanzen u.a.m. unterrichten. 2. Die neuzeitliche Literaturwissenschaft ist zunehmend mißtrauischer geworden gegenüber der Vorannahme, ein Text habe nur *einen* Sinn, und dieser könne, wenn man nur geschickt genug sei, auch herausgefunden werden. Man ist also als Interpretin oder Interpret dazu verpflichtet, nie nur *eine* Textaussage, *einen* Textsinn zu plausibilisieren, sondern zumindest modellhaft, als Probe aufs Exempel oder zur Offenhaltung zusätzlicher Perspektiven andere, nicht nur variierende, sondern eventuell sogar konkurrierende Interpretationen aufzubauen und durchzuspielen. Das hat überhaupt nichts mit Beliebigkeit literaturwissenschaftlicher Interpretation zu tun - ein Eindruck, der besonders im Grundstudium oft entsteht, wenn in Veranstaltungen gegensätzliche Deutungen eines Textes vorgestellt werden. Da Geisteswissenschaften keine Beweise im naturwissenschaftlichen Sinn liefern können, da ihnen die Möglichkeiten empirischen und experimentellen Arbeitens bei ihren Gegenständen meist abgehen, gibt es nur eine Alternative: völliger Verzicht auf Aussagen - *oder* eben Aussagen mit Thesencharakter plus alternativer Thesen zwecks Offenhaltung zusätzlicher Perspektiven und Vermeidung von Dogmatismus. Eben dies ist auch der Grund, weshalb ich hier nicht literaturwissenschaftliche Methoden und Perspektiven im speziellen Kontext der Mediävistik bewerte: Es gibt zwar, wie in anderen Wissenschaften auch, ab und an Alleinvertretungsansprüche einzelner Wissenschaftler oder 'Schulen', aber keine Methode und keinen Ansatz, der *allgemein* in der Mediävistik als der einzig richtige oder auch nur erfolgversprechendste akzeptiert würde; und gegenüber dem früher häufig anzutreffenden Methodenpurismus, also der Option für nur eine Methode, hat sich heute eher die Tendenz durchgesetzt, bei Bedarf verschiedene Methoden nebeneinander zu verwenden, also ein Methoden*pluralismus.*

!!! Lassen Sie sich von niemandem erzählen, es gebe nur eine richtige Methode in der Literaturwissenschaft !!!

Verwertung der Einzelbefunde in übergeordneten Erkenntniszusammenhängen

Bei allen hier vorgestellten Arbeiten und noch bei vielen anderen mehr kann ein Text bzw. das, was man bei den beiden ersten Arbeitskomplexen über ihn herausgefunden hat, schließlich als Quelle und Material in Erkenntniszusammenhängen verwertet werden, die über diesen einzelnen Text hinausgehen. Ich bin dann nicht mehr primär an diesem Text interessiert; vielmehr dient er mir dazu, weiße Flecken auf der sprachlichen, literarischen, kulturellen, anthropologischen Landkarte zu schließen. Ein Text kann zu diesem Zweck etwa verwertet werden als Quelle der Sprachgeschichte, Ereignisgeschichte, Kulturgeschichte, Sozialgeschichte, Mediengeschichte. In jedem dieser Bereiche dient ein einzelner Text nun nicht mehr dazu, mit den aus anderen Texten gewonnenen Erkenntnissen erklärt und erläutert zu werden, sondern umgekehrt dazu, diese vorgängigen Erkenntnisse zu bestätigen, zu ergänzen, zu relativieren oder ganz bzw. teilweise auch zu widerlegen. Dies könnte etwa wie folgt aussehen:[39]

Ein Text kann für verschiedene Wissenschaften Erkenntnismaterial bieten.

Sprachgeschichte: Die Entwicklung vom Mittelhochdeutschen (ca. 1050 - ca. 1350) zum Neuhochdeutschen ist in der Phonologie u.a. durch die sog. 'neuhochdeutsche Diphthongierung' gekennzeichnet: die mhd. Langvokale î, iu [:ü], û werden zu den Diphthongen ei, eu, au (*mîn niuwes*

Die sog. 'neuhochdeutsche Diphthongierung'

hûs - mein neues Haus). Nehmen wir an, unser Text läßt sich auf ungefähr 1400 datieren und einem bestimmten geographischen Gebiet zuordnen. Wenn sich nun in ihm zeigt, daß î und iu zwar zu ei und eu geworden sind, û aber erhalten geblieben ist, dann könnte das sprachgeschichtliche Ergebnis etwa so aussehen: 'In der Region x ist um 1400 die neuhochdeutsche Diphthongierung bei /û/ noch nicht durchgeführt worden.' Sollte sich das dann im heutigen Dialekt der entsprechenden Region gehalten haben, könnte man also vielleicht folgern, daß der Wandel von û zu au in dieser Region allein ein Ergebnis *schrift*sprachlichen Einflusses gewesen ist.

Ereignisgeschichte: Im Mittelalter gab es oft keine so scharfe Trennung zwischen 'fiktionalen' und 'nicht fiktionalen' Texten wie heute; was für uns fabulös ist, konnte im Mittelalter als historisch gelten, und dieser Sachverhalt hatte eine weniger scharfe Gattungsdifferenzierung zur Folge. Während die Geschichtswissenschaft natürlich daran interessiert ist, welche tatsächlich historischen Fakten ein Text überliefert, können Texte für die Literaturwissenschaft auch in anderer Beziehung Quellenwert besitzen (s.u.). Aber auch für die Literaturwissenschaft ist es unter Umständen nach wie vor von Bedeutung festzustellen, inwiefern als historisch deklarierte Sachverhalte in einem mittelalterlichen Text tatsächlich 'wahr' sind. Dies kann nämlich in spezifisch literaturwissenschaftlichen Zusammenhängen durchaus eine Rolle spielen. Wenn etwa ein Autor einen historisch belegbaren Adligen als Auftraggeber für seinen Text nennt, dann verdichtet dieser Einzelbefund unser Bild, das wir von der Rolle der Mäzene und Auftraggeber für den mittelalterlichen Literaturbetrieb haben. Umgekehrt kann auch die Geschichtswissenschaft auf (nach heutigen Begriffen) eher 'literarische' Texte angewiesen sein, wenn bestimmte historische Ereignisse nur oder überwiegend in literarischen Gattungen dokumentiert sind. Und schließlich läßt sich der Erkenntniswert eines Textes auch ganz von der Frage abkoppeln, ob das, was da steht, auch 'wirklich passiert' ist: Interessant kann nicht nur sein, was es tatsächlich gegeben hat, sondern auch, was in bestimmten Zeiten schon oder noch *denkbar* gewesen ist; die Möglichkeit von Literatur, Trägerin von *Utopien* zu sein, darf man auch in bezug auf das Mittelalter nicht übersehen.

Etwas erst einmal zu *denken*, ist oft der erste Schritt. Und daher ist es auch wichtig zu wissen, was früher gedacht werden *konnte*.

Literatur in ihren verschiedenen Umfeldern

Kulturgeschichte: Texte sind nicht nur spezifisch literarische Dokumente, sondern haben Anteil an einer Gesamtkultur; es ergeben sich Wechselbeziehungen mit anderen Künsten ebenso wie mit der Sphäre der Wissenschaften, der Religion, der Politik oder etwa auch der Wirtschaft. Da das Fachschrifttum des Mittelalters nicht immer, aber doch häufig nur die von weltlicher und geistlicher Obrigkeit festgelegten Denklinien verfolgt, bietet 'fiktionale' Literatur oft ein wertvolles Korrektiv unserer Vorstellungen von dem, was im Mittelalter sonst noch denkbar war. Damit ergeben sich dann auch Verbindungen zur sog. *Mentalitätsgeschichte*, einer Richtung der Geschichtswissenschaft, die auf die Literaturwissenschaft übergegriffen hat; diese Richtung ist nicht an der äußeren Ereignisgeschichte interessiert und auch nicht an den Vorstellungen einer Zeit darüber, wie es sein sollte, sondern daran, wie Menschen in der betreffenden Zeit 'tatsächlich' gedacht und gefühlt haben.[40] (Dabei ist allerdings darauf hinzuweisen, daß solche Vorstellungen bei ihrer Umsetzung in Literatur immer schon einen mehr oder minder feinen 'Filter' des Bewußtseins passieren; Literatur kann nie ein direktes Abbild des 'Lebens' sein.)

Sozialgeschichte: Eine sozialgeschichtliche Ausrichtung der Mediävistik kann unter mindestens zwei Perspektiven erfolgen: Zum einen kann man fragen, inwiefern bestimmte soziale Gegebenheiten Einfluß auf Art und Beschaffenheit von Literatur genommen haben; zu denken wäre etwa hier an die bereits erwähnte Auftragssituation mittelalterlicher Autoren, die nur dem Gebildeten zugängliche Sphäre der Literatur, den sozialen Stand diverser Autoren usw. (Literatursoziologie der Auftraggeber, Rezipienten, Autoren, Distributoren). Zum anderen wird Literatur zur Quelle für die Geschichte der allgemeinen sozialen Verhältnisse des Mittelalters - oft auch und gerade wieder dann, wenn es sich um fiktionale Literatur handelt. Nur wenige Schichten sind im Mittelalter zunächst fähig, Literatur zu produzieren und zu konsumieren; die Bauern bleiben bis weit über das Mittelalter hinaus illiterat, haben uns also keine direkten schriftlichen Zeugnisse über ihr Leben hinterlassen. Bauern im Mittelalter schreiben nicht - über sie wird geschrieben; solche indirekten Zeugnisse sind dann natürlich vor einer Auswertung zu gewichten hinsichtlich der speziellen Interessen, die ein Angehöriger eines anderen sozialen Standes an einer bestimmten Darstellung von Bauern hat.

Mediengeschichte: Es war bereits die Rede davon, daß Schriftlichkeit während des gesamten Mittelalters nur einen geringen Teil der Bevölkerung erfaßte und daß rein quantitativ mündliche Kommunikation, aber auch mündliche Wissensüberlieferung dominierte. Eine ganze Reihe von Texten der Zeit thematisieren das Nebeneinander von Mündlichkeit und Schriftlichkeit, ein Nebeneinander, das oft zu einem Konkurrenzverhältnis geworden ist; über die Vor- und Nachteile von Mündlichkeit und Schriftlichkeit wird z.T. erbittert gestritten. Ziel einer mediengeschichtlichen Textanalyse wäre letzten Endes eine Antwort auf die Frage, wie die Entwicklung der Schriftlichkeit Denk- und Lebensgewohnheiten beeinflußt hat. So ist es etwa einleuchtend, daß das Lernen aus Büchern ein höheres Maß an Abstraktionsvermögen erfordert als ein Lernen durch Beobachtung und Nachahmung; wird nun die Ausbildung größerer Bevölkerungsteile immer mehr auf Schriftlichkeit umgestellt, dann wäre zu untersuchen, wie das neue Medium das Denken der Gesellschaft verändert. Aber auch das Medium selbst verändert sich unter den neuen Gebrauchsanforderungen; so verkleinert sich etwa das Format der Bücher - das Buch wird im wahrsten Sinne des Wortes zum Vademecum,[41] das den Menschen durch den Alltag begleitet. Der Buchdruck mit beweglichen Lettern schließlich eröffnet die Möglichkeit flächendeckender Literaturproduktion; diese Möglichkeit wird zwar zunächst nur in Ansätzen genutzt, und die ersten Bücher sind auch noch teurer als Handschriften. Aber schon in diesem Anfangsstadium kann man erkennen, daß nun wieder neue Gesetze für die Produktion von Literatur entstehen, indem nämlich jetzt schon deutlich marktwirtschaftliche Prinzipien und das Zusammenspiel von Angebot und Nachfrage die Literaturproduktion zu regeln beginnen: es entstehen die ersten *Bestseller*, und Bücher verdrängen sich gegenseitig. Und schließlich bietet es sich auch in mediengeschichtlicher Hinsicht für die germanistische Mediävistik an, interkulturell und interdisziplinär zu arbeiten: Beobachtungen an heute noch existierenden mündlichen Gesellschaften eröffnen die Möglichkeit, das Eindringen von Schriftlichkeit in die mittelalterliche Gesellschaft in seinen Auswirkungen besser zu verstehen.

Die Kenntnis davon, daß schon in früheren Zeiten neue Medien mit Kritik und Mißtrauen betrachtet worden sind, relativiert vielleicht einige heutige Klagen mit kulturkritischem Unterton über die neuen Medien *unserer* Zeit.

Anmerkungen

1 Zitiert nach KLAUS WEIMAR: *Geschichte der deutschen Literaturwissenschaft bis zum Ende des 19. Jahrhunderts*. München 1989, S. 430, Anm. 114.

2 Bezeichnenderweise gibt es in der Fachgeschichte durchaus gegenläufige Trends, was die Ausweitung oder Einengung des Gegenstandsbereiches der Germanistik betrifft: 'Germanisten' waren im Hochschuljargon der ersten Hälfte des 19. Jahrhunderts ursprünglich nur Fachleute für deutsches Recht; s. WEIMAR 1989 (wie Anm. 1), S. 248 und Anm. 191; dann fühlten sich die Germanisten für alles 'Germanische' zuständig, was heute inhaltlich überholt ist, aber in bestimmten Organisationsformen fortlebt oder sogar neu evoziert wird: An der Universität Leipzig etwa besitzt das Institut für Germanistik eine Abteilung Niederlandistik/Nordistik. Und der damalige Vorsitzende des deutschen Germanistenverbandes benutzte 1994 ein extensives Fachverständnis als Argument, um Verdächtigungen gegenüber der Germanistik hinsichtlich ideologischer Verengung auf 'Deutsches' abzuwehren; er wies nämlich darauf hin, daß auch die Erforscher des Niederländischen und des Jiddischen Germanisten seien (Aachener Nachrichten, Nr. 204, 2.9.1994, S.6). Der Grund ist honorig - aber das Argument falsch (immer vorausgesetzt, die Zeitung hat korrekt zitiert) bzw. zu eng auf Aachener Verhältnisse zugeschnitten: In Deutschland gibt es sehr viele germanistische Institute, aber nur ganz wenige von ihnen verfügen über niederländische, skandinavische, jiddische etc. Abteilungen; in das Aachener Germanistische Institut integriert sind ein Lektorat für Niederländisch und eine Professur für deutsch-jüdische Literaturgeschichte.

3 Die Sprachwissenschaft etwa datiert den Beginn des Frühneuhochdeutschen heute meist auf 'um 1350'; für die Literaturwissenschaft stellt sicher die Erfindung des Buchdrucks mit beweglichen Lettern um 1450 ein entscheidendes mediales Ereignis dar - aber Ansätze zur Massenproduktion von Literatur gibt es bereits seit dem 14. Jahrhundert, und auch sie haben Inhalt und Form der Literatur beeinflußt.

4 THOMAS CRAMER: Vorwort zu (ders., Hg.): *Wege in die Neuzeit*. München 1989, S. 7-8, hier S. 7.

5 Zum Epochenproblem und seiner Bedeutung in den Geisteswissenschaften allgemein s. die verschiedenen Beiträge in: HANS-ULRICH GUMBRECHT/URSULA LINK-HEER (Hgg.): *Epochenschwellen und Epochenstrukturen im Diskurs der Literatur- und Sprachtheorie*. Frankfurt/Main 1985. Spezieller RAINER ROSENBERG: "Epochengliederung. Zur Geschichte des Periodisierungsproblems in der deutschen Literaturgeschichtsschreibung." In: DVjs 1987, Sonderheft, S. 216-235.

6 DAPHNIS. [Ursprünglich] hrsg. von LEONARD FORSTER, FERDINAND VAN INGEN, JOHN D. LINDBERG, EBERHARD MANNACK, HANS-GERT ROLOFF, MARIAN SZYROCKI. Berlin, New York, Bd. 1, 1972 ff.

7 Es gibt auch tatsächlich Studienführer, die das Fach Germanistik als in Literaturgeschichte, Sprachgeschichte und Literaturwissenschaft gegliedert aufführen. Dies ließe sich inhaltlich noch annähernd rechtfertigen, entspricht aber an keiner deutschen Universität den tatsächlichen Strukturen.

8 Wenn das Wort im sprachwissenschaftlichen Sinn gebraucht wird, schreibt man nicht 'ba*y*risch', sondern 'ba*i*risch'.

9 Obwohl auch hier in Handbüchern manche Inkonsequenzen von Unsicherheiten zeugen: Im neuesten Fremdwörterduden etwa wird die Philologie zwar als "Sprach- u. Literaturwissenschaft" definiert, der Philologe dagegen als "Sprach-, Geschichtsforscher"!

10 Zur Germanistik, zur 'Germanischen Philologie' und zum Germanenkult zur Zeit des Nationalsozialismus s. etwa KARL OTTO CONRADY: "Deutsche Literaturwissenschaft und Drittes Reich." In: *Germanistik - eine deutsche Wissenschaft*. Frankfurt/M. 1967, S. 71-109.

11 WEIMAR 1989 (wie Anm. 1), S. 429-442 (Teilung des Faches), 442-468 (Neudeutsche Philologie).

12 Dazu WEDDIGE (wie Vorwort, Anm. 2), S. 13, der ebd. allerdings auch auf mit diesen Alternativen implizierte Akzentunterschiede hinweist: *Worin die Eigenart der mittelalterlichen deutschen Literatur bestehen könnte, wie es dazu kam und was daraus geworden ist, wird sichtbar erst im vertikal-diachronischen Zusammenhang: wenn rückschreitend Kontinuitäten und Diskontinuitäten zwischen dem Hier und Jetzt und der Vergangenheit aufgedeckt werden. Darum versteht sich die germanistische Mediävistik nicht nur als Teildisziplin der Mediävistik als einer synchron vergleichenden Querschnittswissenschaft, sondern auch als Teildisziplin der Germanistik als einer Wissenschaft von der deutschen Sprache und Literatur von den Anfängen bis zur Gegenwart. Unter diesem Aspekt hieße die germanistische Mediävistik eigentlich besser mediävistische Germanistik.*

13 An der RWTH Aachen existierte, nachdem es vorher nur Lehrstühle für Linguistik und Neuere Deutsche Literaturwissenschaft gegeben hatte, zwischen 1973 und 1985 eine Professorenstelle mit der Bezeichnung "Lehrstuhl für Ältere Deutsche Literatur *und mediävistisches Institut*"; der Zusatz wurde nach personellem Wechsel gestrichen. An der Universität GH Essen heißt der dritte germanistische Teilbereich erst seit Anfang der achtziger Jahre 'Germanistik/Mediävistik' - mit der Folge, daß die 1992 besetzte zweite Professur in diesem Bereich bei annähernd gleicher Aufgabenstellung eine andere Bezeichnung führt als die erste ("für Mediävistik" vs. "für deutsche Sprache und Literatur des Mittelalters").

14 Siehe WOLFGANG PRINZ/PETER WEINGART: "Innenansichten geisteswissenschaftlicher Forschung: Einleitende Bemerkungen." In (dies., [Hgg.]): *Die sog. Geisteswissenschaften. Innenansichten.* Frankfurt/M. 1990, S. 9-23, hier S. 16 f.

15 Beispiele: Wann und wie entsteht neuzeitliche Individualität? Welche gesellschaftliche Rolle spielt Literatur unter verschiedenen Bedingungen in verschiedenen Epochen und Kulturen? Welche Rolle spielt Literatur in verschiedenen Bildungssystemen? In welcher Weise beeinflussen Medienwechsel (Mündlichkeit - Schriftlichkeit; Handschrift - Druck; Printmedien - elektronische Medien) Textproduktion und -rezeption?

16 Traditionelle 'Hilfswissenschaften' der Altgermanistik sind etwa Kunstgeschichte, mittellateinische Philologie, mittlere Geschichte, Kirchengeschichte, Rechtsgeschichte, Volkskunde, Philosophiegeschichte. Seit den sechziger Jahren unseres Jahrhunderts sind vor allem die Sozialwissenschaften oder etwa auch die Psychologie hinzugekommen.

17 Zur Interdisziplinarität, in einzelnen Beiträgen auch durchaus kritisch, s. JÜRGEN KOCKA (Hg.): *Interdisziplinarität. Praxis - Herausforderung - Ideologie.* Frankfurt/M. 1987.

18 Es gibt natürlich Abweichungen und Sonderfälle. An der Universität Bielefeld etwa figuriert die Altgermanistik als "Älteres Deutsch" innerhalb einer "Fakultät für Linguistik und Literaturwissenschaft", ohne wie diese beiden Fächer organisatorisch selbständig zu sein. Das ergibt einen Sinn, wenn man daran denkt, daß die Altgermanistik eigentlich eine Sprach- und Literaturwissenschaft ist; in einer solchen Konstruktion lebt also - wohl ohne daß dies den Organisatoren bewußt war - die alte Facheinheit weiter.

19 Mit Ausnahme meist, aber nicht immer, der Lehramtsstudiengänge des Primarbereichs und der Sekundarstufe I.

20 WEIMAR (wie Anm. 1), S. 429 ff.- Andere Überblicke: Sigmund von Lempicki: *Geschichte der deutschen Literaturwissenschaft bis zum Ende des 18. Jahrhunderts.* 1920. 2., durchgesehene, um ein Sach- und Personenregister sowie ein chronologisches Werkverzeichnis vermehrte Auflage. Göttingen 1968.- HERMANN PAUL: "Geschichte der germanischen Philologie". In: *Grundriß der germanischen Philologie.* Hrsg. von HERMANN PAUL. Bd. I. Straßburg, München 1891, S. 9-158.- JOSEF DÜNNINGER: "Geschichte der deutschen Philologie". In: *Deutsche Philologie im Aufriß.* Hrsg. von WOLFGANG STAMMLER. Bd. I. 2., überarb. Aufl. Unveränd. Nachdruck. Berlin 1966, S. 82-221.- JOST HERMAND: *Geschichte der Germanistik.* Reinbek 1994.- Forschungsbericht: KLAUS WEIMAR: "Zur Geschichte der Literaturwissenschaft". In: DVjs 50, 1976, S. 298-364.

21 HILKERT WEDDIGE: *Einführung in die germanistische Mediävistik.* München 1987, S. 9.

22 Unbeschadet vieler theoretischer wie praktischer Überschneidungen! Wesentliche neue Literaturtheorien wie Strukturalismus und Dekonstruktivismus stellen Folgerungen aus der Sprachtheorie SAUSSUREs dar; die Textsortendiskussion der Linguistik hat der literaturwissenschaftlichen Gattungsdiskussion neue Impulse gegeben usw.

23 Es gibt durchaus auch *nötige* Frustrationen: Man muß die Erfahrung machen, daß nicht immer alles glatt geht, um zu lernen, wie man dann trotzdem weiterarbeiten und ein Projekt zufriedenstellend beenden kann.

24 Seminarabbrüche sollten natürlich nicht zur Regel werden; man sollte also möglichst schon bei der Semesterplanung überlegen, welche Seminare man auf jeden Fall 'durchziehen' will und welche notfalls abgebrochen werden können.

25 Das betrifft vor allem sog. thematische Seminare, also nicht primär autor- oder textbezogene. Letztere sind natürlich ebenfalls relevant und interessant; aber über die Werke Hartmanns von Aue oder über das *Nibelungenlied* kann man sich notfalls anhand eigener Primärlektüre und unter Anleitung durch gute Sekundärliteratur auch allein orientieren. Bei Themen wie etwa 'Tod und Sterben im Mittelalter', 'Das Verhältnis von Mündlichkeit und Schriftlichkeit in der deutschen Literatur des 12. Jahrhunderts', 'Literatur und Reformation' u.ä. fehlt dagegen im Studium meist zwangsläufig noch der Überblick, der nötig wäre, um überhaupt eine repräsentative Textbasis zusammenzustellen. Thematische Seminare sind deshalb besonders wichtig, weil in ihnen die Probe aufs Exempel gemacht wird - d.h. hier geht es darum, den Anspruch des Fachs einzulösen, über Literatur zu anderen Themen vorzustoßen, Literatur als geschichtliche, mentalitätsgeschichtliche, sozialgeschichtliche etc. Quelle zu verwerten und/oder ältere Literatur als kontrastives Mittel zum Gewinn von Erkenntnissen über die eigene Gegenwart zu nutzen.

26 Dabei macht es sich auf Dauer bezahlt, den Anteil an Primärtexten bei der Eigenlektüre bei 70-80% zu halten: Man bekommt dann vielleicht nicht immer die letzten Wissenschaftsmoden mit (aber dazu gibt es ja auch noch Seminare und Vorlesungen), verfügt aber schließlich über einen beträchtlichen Fundus an Beispielen, mit denen man in den verschiedensten Bereichen, unter den verschiedensten Perspektiven und mit den verschiedensten Methoden arbeiten kann.

27 Da ich hier nur ein Beispiel präsentiere, nehme ich einmal den günstigen Fall an, daß das Untersuchungsobjekt bei solchen Umwegen nirgendwo 'hängenbleibt'. Wissenschaften (resp. ihre Vertreter) haben manchmal die unangenehme Eigenschaft, Fundstücke in ihrem eigenen Bereich festzuhalten - nicht immer nur dann, wenn man sich davon konkret etwas

verspricht, sondern oft auch nur einfach prinzipiell 'vorbeugend' ...

28 Mittelalterliche Handschriften haben oft nach ihrer Entstehung neue Einbände erhalten. Die Art des Einbandes läßt sich ebenfalls als Datierungshilfe verwenden und verweist z.T. sogar auf die Herkunft aus bestimmten Bibliotheken; berühmt sind z.B. die sog. Ottheinrich-Einbände, benannt nach Pfalzgraf Ottheinrich († 1559), dem Gründer der Heidelberger Bibliothek.

29 In der Praxis besteht allerdings auch bei einzelnen Wissenschaftler/inne/n ab und an die Tendenz, ein Forschungsobjekt für sich allein zu reklamieren - selbst wenn, was die Regel sein dürfte, die Kompetenz für eine Bearbeitung aller Aspekte nicht ausreicht. Aber das sind natürlich Erscheinungen des Wissenschaftsbetriebs, die nicht auf die germanistische Mediävistik beschränkt sind.

30 Falls der Text überhaupt in einem kopierfähigen Zustand ist; eventuell muß er vor der Untersuchung erst konserviert werden - dies ist Aufgabe speziell ausgebildeter Buchrestauratoren und -konservatoren. Als Faustregel gilt: Die alten Pergamenthandschriften sind besser erhalten und widerstandsfähiger als Papierhandschriften; Papier aus der Zeit vor ca. 1850 ist besser erhalten als das nach der Erfindung des Natronzellstoffs.- Die erste nachweisbare Verwendung von Papier in Deutschland läßt sich auf 1302 datieren; die erste nachweisbare deutsche Papiermühle ist die Gleismühle bei Nürnberg (1389/90).

31 So kennen etwa die meisten für deutsche Texte verwendeten mittelalterlichen Schriften noch zwei Zeichen für das 's' - wie ja etwa auch die bis in unser Jahrhundert hinein gebräuchliche sog. 'deutsche Schrift' oder die Sütterlin-Schrift.

32 'Vers' meint in der Altgermanistik immer 'Vers*zeile*', also in einem gereimten Text immer den Textbestandteil zwischen zwei Reimworten. Dies ist ein kleines Beispiel dafür, daß innerhalb eines scheinbar einheitlichen Fachs die Terminologie auseinanderlaufen kann; dergleichen ist sogar auf der Ebene eines einzelnen Teilfachs durchaus möglich; noch nicht einmal zwei Sachwörterbücher präsentieren zu einem einzigen Terminus einheitliche Definitionen. Prinzipiell ist dies in den Geisteswissenschaften eigentlich nicht tragisch; es impliziert auf der anderen Seite aber auch, daß ein Grundstudium, das auf dem Auswendiglernen von Definitionen aufgebaut ist, heute seine Berechtigung verloren hat. Definitionen in der Mediävistik (wie in allen Geisteswissenschaften) haben nur den Zweck, bei Aufnahme der Kommunikation über einen wissenschaftlichen Gegenstand einen Deckungsbereich des Verständnisses herzustellen; über alles weitere muß dann diskutiert werden.

33 Einführung in den Themenbereich: THOMAS BEIN (Hg.): *Altgermanistische Editionswissenschaft.* Frankfurt/M. [u.a.] 1995. JOACHIM KIRCHNER: *Germanistische Handschriftenpraxis. Ein Lehrbuch für Studierende der Deutschen Philologie.* 2., erg. Aufl. München 1967.

34 Durch unabsichtliche, aber nicht selten auch durch absichtliche Zerstörung; gegenüber Handschriften, die inhaltlich nicht mehr aktuell sind oder nicht mehr dem literarischen Geschmack entsprechen, zeigt das Mittelalter selten großen Respekt. Das Interesse am teuren Pergament überwiegt also oft das Interesse am alten Text; dieser wird vom Pergament radiert und neu überschrieben (Palimpsest), zu Leim zerkocht oder in Streifen geschnitten, um damit Buchrücken zu verstärken.

35 Nicht alle in einer Philologie gebräuchlichen Methoden der Textwissenschaft sind auch in anderen verwendbar - das hat man im Lauf der Wissenschaftsgeschichte gemerkt. Die altgermanistische Textphilologie etwa stand lange unter dem Einfluß von KARL LACHMANN, der eigentlich Altphilologe war und dessen Editionsmethoden sehr stark von dem Bild geprägt waren, das man sich von der Überlieferung antiker griechischer und lateinischer Texte gemacht hatte.

36 Auch wenn im folgenden oft die Rede davon ist, daß "ich" etwas weiß, bereits kenne usw.: unter "Wissensvorrat" ist natürlich stets etwas Überindividuelles zu verstehen. Vom Wissenschaftler wird also zunächst nicht nur und nicht einmal primär verlangt, neue Gegenstände mit seinem privaten Wissensfundus abzugleichen - er soll vor allem über die verschiedenen Wissens'speicher'seines Fachs verfügen können (Handbücher, Monographien, Bibliographien, Register etc. pp.).

37 Beispiele: materielle Strukturelemente: Initialen, Absätze; rhetorische Strukturelemente: Wortwiederholungen, Einleitungsformeln; logische Strukturelemente: Schlußverfahren, Argumentationsschemata.

38 HEINZ MEYER / RUDOLF SUNTRUP: *Lexikon der mittelalterlichen Zahlenbedeutungen.* München 1987.

39 Für alle folgenden Beispiele gilt: Es handelt sich um einfache, d.h. nicht durch Zusatzfaktoren verkomplizierte Schlüsse.

40 Zur Mentalitätsgeschichte vgl. etwa PETER DINZELBACHER (Hg.): *Europäische Mentalitätsgeschichte. Hauptthemen in Einzeldarstellungen.* Stuttgart 1993. SABINE TANZ/ERNST WERNER: *Spätmittelalterliche Laienmentalitäten im Spiegel von Visionen, Offenbarungen und Prophezeiungen.* Frankfurt/M. [u.a.] 1993

41 Lat. *vade mecum* = 'geh mit mir!'

II. Das Fach 'Mediävistik' - Funktionen und Inhalte

Vorbemerkung

Daß man *Sprach-* und *Literatur*wissenschaft organisatorisch voneinander trennt, hat sachliche und inhaltliche Gründe - obwohl es natürlich eine Reihe wichtiger Überschneidungen gerade auch im theoretischen Bereich gibt. Daß man *ältere* und *neuere* Literatur organisatorisch trennt, leuchtet sachlich zunächst nicht ein: Literatur ist in gewissem Sinn immer Literatur - gleichgültig, aus welcher Zeit sie stammt. Literatur aus allen Epochen versammelt Sprachmaterial zu *Texten*. Texte vermitteln einen *Sinn*, eine oder mehrere (unter Umständen auch widersprüchliche) *Aussagen*; und das *Auffinden* oder die (möglicherweise auch nur thesenhafte) *Rekonstruktion* dieser Aussagen ist Aufgabe der Literaturwissenschaft. Eine organisatorische Trennung von älterer und neuerer Literaturwissenschaft im Wissenschaftsbetrieb hat also zunächst allein praktische Gründe: Literatur ist in der Regel nur verständlich auf dem Hintergrund allgemeinerer Kenntnisse über die Zeit, in der sie entstanden ist. Dies verlangt Einarbeitung; und da bekanntlich kein Mensch alles wissen kann, haben sich für die verschiedenen Epochen Spezialisten herausgebildet. Das ist im Bereich der neueren deutschen Literatur zunächst nicht anders: Es gibt Spezialisten für Barockliteratur, für die Aufklärung, den Sturm und Drang, die Klassik, die Romantik, Biedermeier und Vormärz, Realismus etc. pp. Man kann jedoch feststellen, daß sich im 16. Jh. (auch) im Bereich der Literatur einige wesentliche Änderungen vollzogen haben; und diese Änderungen lassen es sinnvoll erscheinen, um ca. 1500 in der Literaturgeschichte einen besonders prägnanten Schnitt anzusetzen. Solche Änderungen betreffen etwa das Selbstverständnis der Autoren, Existenz und Beschaffenheit eines Büchermarktes, das Entstehen einer literarischen Öffentlichkeit und anderes mehr. Allerdings kann man darauf hinweisen, daß die Bezeichnung 'älter' ja nur eine relative ist. Mitte der 70er Jahre unseres Jahrhunderts, als die germanistische Mediävistik verzweifelt um ihren Stellenwert in der Lehrerausbildung gekämpft hat,

hat man mit Recht darauf hingewiesen, daß Goethes *Werther* heutigen Studierenden (falls sie nicht gerade unglücklich verliebt sind ...) kaum näher stehen dürfte als der *Tristan* Gottfrieds von Straßburg, nur weil jener 'erst' im 18. Jahrhundert entstanden ist, dieser aber 'schon' Anfang des 13. Jahrhunderts. Geschichte verläuft mit der *Zeit*, also immer weiter; und irgendwann ist dann ein Stadium erreicht, in dem das aus der Vergangenheit, was bisher noch einigermaßen vertraut und durchschaubar war, fremd und alt geworden ist. Dies aber ist in den meisten Fällen schon jenseits einer 50-Jahres-Grenze so, manchmal bereits früher - denken Sie nur daran, wie skurril auf Sie Filmaufnahmen von Rockkonzerten der 60er Jahre wirken! Es kann also sein, daß irgendwann einmal das Germanistikstudium anders aufgebaut sein wird - entweder indem die Literaturgeschichte nicht mehr zwei, sondern drei Teile enthält oder indem die 'ältere' Literatur nun nicht mehr die Zeit bis rund 1500, sondern die bis 1600, 1700 oder 1800 umfaßt.

1. *Mediävistik*

Das Kind muß einen Namen haben - aber Namen versprechen oft mehr, als sie halten.

Das, was im Rahmen der Germanistik an manchen Universitäten den Namen 'Mediävistik' führt, hat, wie erwähnt, an anderen Universitäten andere Namen. Die Namensdivergenzen spiegeln Divergenzen um den Inhalt des Faches. Aber allein über die Namensgebung läßt sich inhaltliche Sicherheit nicht herstellen; in der Regel führt nicht der Name zu einem Inhalt, sondern umgekehrt. Das Wort 'Mediävistik' als Fachbezeichnung für das, was unter dieser Bezeichnung im Rahmen des Germanistikstudiums an einigen Universitäten betrieben wird, ist eigentlich Hochstapelei. 'Mediävistik' heißt (s.o.) 'Wissenschaft vom *medium aevum*, vom 'mittleren Zeitalter', also vom Mittelalter. Ein solches Fach müßte aber neben der deutschen Sprach- und Literaturgeschichte des Mittelalters natürlich auch noch die englische, französische, italienische etc. Literatur- und Sprachgeschichte umfassen - denn ein Mittelalter hat es ja nicht nur in Deutschland gegeben. Und da das Mittelalter nicht nur aus Sprache und Literatur bestanden hat, müßten zu einer Mediävistik im Wortsinn auch noch die allgemeine Geschichte, die Kunstgeschichte, die Musikgeschichte, die Technik- und Wissenschaftsgeschichte, die Philosophiegeschichte, die Religionsgeschichte und noch manches andere dazugehören. Auch das alles zusammen kann kein Mensch studieren, geschweige denn beherrschen. 'Mediävistik' umfaßt also inhaltlich dasselbe wie anderwärts die 'Altgermanistik' oder die 'Germanistische Mediävistik' oder die 'Mediävistische Germanistik': Das Teilfach hat zum Gegenstand die **deutsche Sprache und Literatur des Mittelalters**. Jedenfalls überwiegend. Einiges kommt doch noch hinzu. Denn man müßte ja jetzt die Frage stellen, weshalb man Bezeichnungen wie 'Germanistik' oder 'Mediävistik' wählt, wenn sie doch mehr zu versprechen scheinen, als sie halten können, bzw. umgekehrt: weshalb man nicht präzise Begriffe wählt, die genau das bezeichnen, was sie umfassen. Weshalb heißt also an manchen Universitäten die Altgermanistik 'Mediävistik' und begnügt sich nicht mit einem bescheideneren Namen? Antwort: Die Geisteswissenschaften haben in Deutschland seit Ende der 60er Jahre, in anderen Ländern z.T. schon 10 - 20 Jahre früher eine bestimmte neue Entwicklung durchgemacht. Diese Entwicklung ist vor allem durch zweierlei gekennzeichnet:

1. durch die Ausweitung der Perspektive vom jeweils eigenen, engeren Fach auf eine allgemeine Kulturwissenschaft;

2. im Gefolge davon durch ein Bemühen um *Interdisziplinarität*, um das Überschreiten von Fachgrenzen nicht nur hinsichtlich erweiterter Interessen, sondern auch in bezug auf die praktische Arbeit; möglichst viele Wissenschaften sollen sich gegenseitig als Hilfswissenschaften benutzen. Daraus folgt der Anspruch: Das jeweils spezifische Objekt *einer* Wissenschaft soll von möglichst vielen Aspekten aus beleuchtet werden; es soll umgekehrt als Erkenntnisgegenstand eingebracht werden in einen *allgemeinen* Erkennungshorizont.

Die Geschichte der Kultur umfaßt viele Aspekte: Sprache, Psychologie, Sachkultur, Philosophie, Religion, Ästhetik allgemein und Ästhetik der verschiedenen Künste, Mentalität (schon vor Lothar Matthäus ...), Medien. *Ein* Gegenstand wissenschaftlichen Interesses hat immer Teil an mehreren dieser Aspekte. Nehmen wir das Beispiel eines Textes: Er ist zunächst einmal ein *sprachliches* Produkt und als solches den Methoden der Sprachwissenschaft zugänglich. In ihm sind aber einzelne Elemente der Sprache - Phoneme, Morpheme, Wörter, syntaktische Einheiten - geordnet zu etwas, das mehr ist als die Summe dieser sprachlichen Einheiten: er ist eben ein *Text* (lat. *textus* = 'Gewebe'), der nicht nur im Detail, sondern auch im Ganzen eine oder mehrere Aussagen transportiert; damit kann und muß er verschiedenen Instrumenten der Literaturinterpretation ausgesetzt werden. Texte stehen nie allein, sondern in einem größeren Bezugsfeld; sie *schaffen* nicht nur Sinn, sondern *beziehen* auch selbst Sinn aus anderen schriftlichen oder mündlichen Quellen. Damit wäre ein Text also einzuordnen etwa in die Mentalität, die Psyche, die Philosophie, die politischen, sozialen, religiösen Anschauungen einer Zeit und einer Kultur. Auch dabei hat der Text dann zwei Dimensionen: Man kann ihn eben *einordnen* in andere Informationen über eine solche Zeit oder Kultur; dann beurteilt man den Text nach dem, was man sonst weiß. Oder aber umgekehrt: Man beurteilt Zeit und Kultur nach dem Text und den Informationen, die man ihm entnimmt: der Text *schafft* Wissen. Und in der Regel wird man natürlich beides verbinden: Man trägt bereits vorhandenes Wissen an einen Text heran, um ihn zu verstehen; man benutzt den Text aber auch, um dieses vorhandene Wissen zu überprüfen und zu ergänzen. Diese Vorgehensweise ist die, die man mit dem Bild des sog. *hermeneutischen Zirkels* belegt hat (vgl. Kap. IV.): man bewegt sich beim Erklären zwischen dem Einzelfall und dem Allgemeinen; beides erhellt sich gegenseitig; die Erklärung von etwas bisher Unerklärtem bezieht sich immer auf ein bereits vorhandenes Wissen über andere Fälle.

Wenn also die Altgermanistik sich als 'Mediävistik' oder 'germanistische Mediävistik' bezeichnet, dann will sie darauf aufmerksam machen, daß ihr Interesse nicht nur auf die deutsche Sprache und Literatur des Mittelalters gerichtet ist, sondern daß sie ihre Spezialkenntnisse und diese beiden Gegenstände - Sprache und Literatur - zwei Prozeduren unterwirft:

1. Die germanistische Mediävistik verschafft sich ihre Kenntnisse über Sprache und Literatur auch aus außersprachlichen und außerliterarischen Bereichen.
2. Sie ordnet ihre Erkenntnisse über deutsche Sprache und Literatur des Mittelalters ein in Aussagen über das Mittelalter und seine Kultur insgesamt.

Damit sind - zumindest abstrakt - die *Inhalte* des Faches angegeben; selbstverständlich soll sich das im weiteren Verlauf dieser Einführung noch konkretisieren. Wenn man die Frage nach den Inhalten beantwortet hat, hat man aber natürlich noch nicht die Frage beantwortet, *wozu* man sich mit solchen Inhalten beschäftigt - in der Regel ist es ja wünschenswert, daß man sich über den Sinn dessen, was man tut, Rechenschaft ablegt. Wozu also ein Fach wie Germanistische Mediävistik?

Ich gebe zu, daß diese Frage auf die meisten Leserinnen und Leser dieses Buches etwas künstlich wirken könnte: Sie haben sich - aus welchen Gründen auch immer - entschieden, 'Deutsch' respektive 'Germanistik' zu studieren. Sie machen das nicht, um die Zeit totzuschlagen - da gäbe es mit Sicherheit angenehmere und unaufwendigere Methoden. Sie sind also zunächst an irgendwelchen Abschlüssen mit den damit verbundenen Scheinen interessiert. Und da nun wieder sieht es so aus, daß die inhaltliche Strukturierung des Faches Ihnen vorgegeben ist. Sie *müssen* zumindest im Grundstudium auch mediävistische Veranstaltungen absolvieren. Aber ganz so künstlich ist die Frage nach dem Sinn der Mediävistik natürlich damit noch nicht. Wenn mehreren Generationen von Studierenden der Sinn eines Faches oder Teilfaches nicht mehr vermittelt werden kann, dann sind die Positionen derjenigen, die kultur- und wissenschaftspolitische Entscheidungen fällen, irgendwann einmal von Angehörigen dieser Studierendengenerationen besetzt - und selbst der älteste Fächerkanon ist revidierbar. Selbst wenn Sie persönlich im Moment institutionell noch nicht in der Lage sind, an meinem Stuhl oder den Stühlen potentieller Nachfolgerinnen und Nachfolger zu sägen, so ist es vielleicht doch ganz nett, wenn das, was man tun *muß* - nämlich im Fach Germanistik zumindest im Grundstudium Mediävistik zu studieren - einen Sinn hat. Wie könnte ein solcher Sinn aussehen?

Wissenschaften haben direkt oder indirekt immer *Menschen* zum Gegenstand. Das hört sich emphatisch an, ist aber eigentlich ganz banal. Während die Naturwissenschaften primär ihr Ziel darin finden, diesen Menschen materiell auf die Sprünge zu helfen oder sie biologisch-mechanisch zu *erklären*, ist es Ziel der meisten Geisteswissenschaften, Menschen zu *verstehen*. Da Wissenschaftler selbst Menschen sind - in der Regel jedenfalls -, heißt 'Menschen zu verstehen' immer auch, *sich selbst* zu verstehen. Sich zu verstehen heißt auch zu erkennen, wie man zu dem, was man ist, geworden ist. Erst wenn man weiß, wie etwas geworden und entstanden ist, weiß man auch, wie und unter welchen Bedingungen es hätte anders werden können, wie es also gegebenenfalls auch zu ändern wäre.[1]

Wie Menschen 'sind', wie die uns geläufigen Standards menschlicher Verhaltensweisen und Bedürfnisse entstanden sind, könnte man natürlich auf einer Beobachtungsbasis von rund 100 - 200 Jahren festzustellen versuchen. Diese Spanne ist quellenmäßig gut erschließbar, die schriftlichen Quellen dieses Zeitraums sind sprachlich recht verständlich; innerhalb der letzten 100 - 200 Jahre sind diejenigen technischen und wissenschaftlichen Entdeckungen und Erfindungen getätigt worden, die uns heute am meisten beeinflussen. Und tatsächlich hat man Mitte der 70er Jahre im Zusammenhang mit der Revidierung der schulischen Curricula u.a. gegen die Existenz der Altgermanistik den Satz formuliert: "Die Auseinandersetzung mit Dichtung ist besonders dann völlig überflüssig, wenn es sich um veraltete Dichtung handelt." (H. J. GRÜNWALDT) Dieser Angriff hat zwei Stoßrichtungen: Zum einen wendet er sich gegen die damals an den Universitäten noch praktizierte Reduktion literaturwissenschaftlicher Gegenstände auf 'Dichtung' - diese dann definiert als ästhetisch und gehaltlich besonders hochstehende Literatur von angeblich überzeitlicher Qualität und überzeitlichem Wert. Gegen eine solche einseitige Bevorzugung hat man ins Feld geführt, daß Dichtung nur eine Existenz in luftleeren, gesellschaftsenthobenen Räumen spiele und über die wirklichen gesellschaftlichen Ansprüche, Befindlichkeiten und Bedürfnisse nichts aussage. Daran ist Richtiges und Falsches. Richtig ist, daß Dichtung meist eine Kulturform selbsternannter gesellschaftlicher Eliten gewesen ist; die Analyse von Dichtung gibt also oft nicht Aufschluß über *allgemein* Menschliches, sondern nur über Standards einzelner gesellschaftlicher Gruppen, die quantitativ außerdem nicht besonders ins Gewicht fallen. Falsch an dieser Verbannung der Dichtung aus dem Gegenstandsbereich der Literaturwissenschaft ist, daß man aus dem oben Gesagten die Konsequenz gezogen hat, solche Dichtung biete *überhaupt* keinen wesentlichen Erkenntnisgewinn. Denn: Ob uns das paßt oder nicht - unsere heutigen gesellschaftlichen Standards sind in einem sehr hohen Maß gerade von den Standards dieser Eliten geprägt worden. Gerade *weil* diese Eliten die Möglichkeit hatten, ihre Standards durchzusetzen, haben sie uns beeinflußt. Das ist uns aber in vielen Bereichen nicht mehr bewußt, so daß wir vieles von dem, was wir tun, sagen, denken, als selbstverständlich und allein sinnvoll ansehen. Wenn man aber etwas als selbstverständlich ansieht, dann ergibt sich kaum die Chance, es zu ändern. Und solche Standards und Normen wurden früher oft viel unverhohlener in Dichtung als in anderen Textsorten geäußert; sie wurden außerdem in Dichtung sehr oft mit expliziten Funktionalisierungen ausgestattet, während andere Textsorten sich häufig auf die Vermittlung der reinen Norm an sich beschränken. In mittelalterlichen Rechtstexten etwa findet man die Bestimmung, daß ein Adliger nur von einem Gericht aus Standesgleichen verurteilt werden kann (in England ist dies in einigen Fällen noch heute so - vielleicht kennen Sie ja den Film "Adel vernichtet"). Dies könnte mehrere Gründe haben; den eigentlichen Grund findet man aber nicht in den Rechtstexten selbst, sondern in fiktionalen Texten, in denen der Adel sein Selbstbild vermittelt: Andere Stände sind nach seiner Ansicht nicht in der Lage, Adlige adäquat zu beurteilen, weil nur ein adlig Geborener wie ein Adliger fühlen könne. Im übrigen ist gerade die mittelalterliche Literatur von dem ersten Teil des eben zitierten Verdikts, Dichtung sei irrelevant, nicht betroffen, weil der uns geläufige Unterschied zwischen 'schöner' Literatur, 'Trivialliteratur' und 'Sachliteratur' dem Mittelalter fremd war, genauso wie etwa der zwischen 'U'- und 'E'-Musik. Schönheit ist für das MA nie zweckfrei, die Ästhetik eines Zweckfrei-Schönen stammt erst aus dem 18. Jh. (vgl. ALEXANDER GOTTLIEB BAUMGARTEN, † 1762: *Aestetica*). Klammert man also die mittelalterliche Literatur aus, dann ist das zumindest in diesem Punkt gerade kein emanzipatorisches Abstoßen von kulturellem Ballast, sondern der Verzicht auf den Beweis dafür, daß es das, was man heute fordert, in der Realität schon einmal gegeben hat. Das führt uns zum zweiten Teil des Urteils, die "Auseinandersetzung mit Dichtung" sei "besonders dann völlig überflüssig, wenn es sich um veraltete Dichtung handelt."

Ist alles, was alt ist, veraltet?

Was ist veraltet? Das zitierte Urteil selbst läßt nur zwei Antworten zu, die m.E. beide falsch sind: Entweder ist gemeint, man könne ein für allemal feststellen, ob eine Ansicht veraltet sei, und sie dann aus dem Fundus des überlieferten Wissens ausscheiden. Eine solche Einstellung ist aus zwei Gründen bedenklich: Zum einen wird vorausgesetzt, daß es Leute gibt, die in der Lage sind zu beurteilen, was veraltet ist. Auf deren Urteil müßte man sich dann womöglich in alle Ewigkeit verlassen; denn wenn etwas erst einmal aus dem Wissensfundus entfernt worden ist, ist seine erneute Herbeiziehung zu Überprüfungszwecken schwierig bis unmöglich geworden. Zum anderen setzt das Urteil über einen Gegenstand, hier also einen Text, dieser sei überflüssig, ja erst einmal eine gründliche Beschäftigung mit ihm voraus. Das Urteil macht also den zweiten Schritt vor dem ersten. Die Formulierung des zitierten Urteils könnte natürlich auch nahelegen, daß hier eine direkte proportionale Beziehung zwischen Alter und Veraltung konstruiert wird - und eine solche Beziehung ist einfach unsinnig. Auf der einen Seite lassen sich Beispiele dafür finden, daß sehr Altes plötzlich wieder aktuell wird; in bezug auf das Mittelalter meine ich damit nicht so dubiose Fälle wie die *New Age*-Bewegung mit ihren Pilgereien zu angeblichen oder tatsächlichen Kultstätten, sondern so handfest-pragmatische und in durchaus verschiedenen Bereichen angesiedelte Beispiele wie die Wiederentdeckung mittelalterlicher Erkenntnisse über den Sinn von Trennkost oder das Neuauftauchen mittelalterlicher Grammatiktheorien etwa bei GOTTLOB FREGE († 1925).

Sie werden sich wundern – aber machmal ist das Mittelalter plötzlich wieder da!

Die Anwendbarkeit von Kenntnissen über das Mittelalter erschöpft sich aber nicht darin, mit ihrer Hilfe feststellen zu können, wo das Mittelalter weiterlebt, wo wir also selbst noch sozusagen mittelalterlich sind. Es gibt ja nun wirklich und auch glücklicherweise zahlreiche Fälle, wo uns mittelalterliche Denk- und Verhaltensweisen fremd geworden sind, wo wir anders denken und wo wir uns anders verhalten, als wir es in mittelalterlichen Quellen als Standard vorgeführt bekommen. Wenn wir nur unsere eigene Welt kennen, halten wir sie leicht für den Normalfall, für das Selbstverständliche und einzig Vorstellbare; es besteht also wenig Gelegenheit, darüber zu reflektieren, nachzudenken.

Alterität und *Modernität* des Mittelalters

Es gibt zwei grundsätzliche Eigenschaften des Mittelalters und der mittelalterlichen Literatur, die einen Einfluß auf das Erkenntnispotential des Mittelalters haben: **Alterität** und **Modernität**.[2] Alterität, 'Andersheit' des Mittelalters bedeutet: Diese Zeit zeigt eine ganze Reihe von gesellschaftlichen Verhältnissen und abstrakten Konzepten, die uns völlig fremd geworden sind. Wenn ich solche Konzepte und Verhältnisse in Literatur wiederentdecke, dann weiß ich, daß es neben den mir geläufigen Verhältnissen und Vorstellungen noch andere gegeben hat - und diesen Kontrast kann ich benutzen, um mich selbst und meine eigene

Zeit besser zu verstehen. Aus dieser Alterität entsteht eine Modernität besonderer Art: Wenn ich etwas noch nicht kenne, ist es für mich, wenn ich es kennen*lerne*, unbeschadet seines objektiven Alters *modern*. Aus dieser Art von Modernität kann dann eventuell eine *Aktualität* resultieren, wenn es mir gelingt, das neu Kennengelernte zu meinem eigenen Leben, meiner eigenen Zeit, zu der Gesellschaft, in der ich lebe, in irgendeiner Form in Beziehung zu setzen (was ja nicht heißt, daß ich es billigen muß). Zu Alterität und Modernität des Mittelalters kommt noch etwas Drittes: Nicht alles, was alt ist, ist verlorengegangen; es lebt z.T. in Institutionen, Vorstellungen, Regeln weiter. Nur ist den in der Jetztzeit lebenden Menschen meist nicht mehr bewußt, daß manches von dem, was sie tun oder denken, sehr alte Ursprünge hat. Diesen Wurzeln auf die Spur zu kommen, ist ebenfalls Aufgabe eines Faches wie der Mediävistik; und das Erkenntispotential dieser Wurzelgraberei liegt in der Feststellung, wie sehr man manchmal durch die Vergangenheit determiniert wird. Diese Erkenntnis relativiert ebenfalls den scheinbar dominanten Stellenwert der Gegenwart als Objekt wissenschaftlichen Interesses.

War man im Mittelalter doof oder glücklich?

Es gibt zwei entgegengesetzte Vorurteile über das Mittelalter, die aber nur zwei Seiten einer Münze darstellen. Das erste Vorurteil: Man denkt an Aberglauben, Massenreligiosität, Hexenwahn etc. und konstatiert: 'Die waren damals ganz schön dämlich.' Das zweite Vorurteil: Man denkt an das, was man so aus Romanen, Filmen etc. über das Mittelalter im Kopf hat - Männlein und Weiblein nackt zusammen im Bad, heile Natur, romantische Städtchen etc. - und kommt zu der Ansicht: 'Die waren damals doch glücklicher.' Beides kann schon deshalb nicht stimmen, weil es sich gegenseitig ausschließt. Diese Einstellungen werden deshalb zum Vorurteil, weil in beiden Fällen unreflektierte *Teil*bilder des Mittelalters zu einem Gesamtbild hochgerechnet und ihrerseits Teilbildern kontrastiert werden, die man sich von seiner eigenen Zeit macht. Wer behauptet, daß der mittelalterliche Mensch dämlicher war als der heutige, vergißt zweierlei: 1. Mittelalterliche Menschen waren, wie man der Literatur entnehmen kann, z.B. durchaus zu hochabstraktem Denken in der Lage; und in manchen Bereichen ist man heute mühsam dabei, sich verlorengegangene Kenntnisse des Mittelalters wieder anzueignen - etwa im Bereich der Pharmakologie. 2. Es gibt auch heute noch viele Menschen, denen man das Beiwort 'dämlich' zugesellen kann; und selbst intellektuelle Eliten handeln mitunter irrational. Mindestens zweierlei vergißt aber auch der, der meint, man sei im Mittelalter durchweg 'glücklicher' gewesen als heute: 1. Die Unberührtheit von Natur und Umwelt im Mittelalter bedingen eine große Unterworfenheit der mittelalterlichen Menschen unter eben diese Natur; selbst auf den schönsten Ritterburgen war es z.B. im Winter lausig kalt; in den romantischsten Städten stand auch nach nur durchschnittlichen Regenfällen in den Straßen das Wasser; viele Krankheiten waren nicht heilbar usw. usf. 2. Auf die Frage, was Glück ist, gibt es ohnehin keine sichere und verallgemeinerungsfähige Antwort. Für die meisten Menschen heißt 'glücklich' etwa so viel wie sich mit seinen Lebensumständen soweit arrangiert zu haben, daß der Emotionspegel zumindest in etwas mehr als 50% der Fälle in den positiven Bereich schwappt. Es gibt keinen Grund, dies für das Mittelalter anders zu sehen als für neuere Epochen. Der mittelalterliche Mensch wird im Schnitt nicht glücklicher oder unglücklicher gewesen sein als der neuzeitliche - nur werden beide wahrscheinlich oft aus unterschiedlichen *Gründen* und in unterschiedlichen *Bereichen* so etwas wie 'Glücksgefühle' erlebt haben.

Was hat das alles mit Literatur und Sprache des Mittelalters zu tun, also mit den Gegenständen des Fachs Altgermanistik/Mediävistik? Um das herauszufinden, werden wir uns zunächst einmal an die praktische Arbeit machen müssen. Wir wollen uns anhand eines Textes mit der Frage beschäftigen, wie die Mediävistik konkret das einlösen könnte, was sie theoretisch verspricht - nämlich aus der Kenntnis des Vergangenen Rückschlüsse auf die Spezifika der eigenen Gegenwart zu ermöglichen.

Anmerkungen

1 Siehe KARL BERTAU: *Deutsche Literatur im europäischen Mittelalter*. Bd. 1: 800-1197. München 1972, S. 21ff.

2 Vgl. dazu und zum Folgenden den gleichnamigen Aufsatz von HANS ROBERT JAUSS in (ders.): *Alterität und Modernität der mittelalterlichen Literatur*. Gesammelte Aufsätze 1956-1976. München 1977.

III. Einlösbarkeit mittelalterlicher Erkenntnispotentiale (am Beispiel des *Hausratbüchleins* von Hans Folz)

Vorbemerkung

Jetzt geht's ans Lesen ...

Literatur ist der hauptsächlichste Träger von Informationen über die Vergangenheit; das ist auch in bezug auf das Mittelalter so. Zwar gibt es andere Träger von Überlieferung, und gar nicht einmal in so geringer Zahl: kirchliche und weltliche Bauten, Produkte von Malerei und Bildhauerei, Luxusgegenstände und Gegenstände des täglichen Gebrauchs; die Museen sind mit derlei Dingen vollgestopft. Aber viele dieser nicht-textlichen Überlieferungsträger sind, sofern ihre Funktion nicht andauert, für uns heute unverständlich geworden, tragen also zur Kenntnis über das Mittelalter nicht nur nichts bei, sondern vergrößern noch die Zahl der Fragen. Antworten auf diese Fragen erhält man - jedenfalls wenn man Glück hat - nur durch Literatur. Wir sehen etwa eine mittelalterliche Kirche und können sie rein phänomenologisch, von der äußeren Erscheinung her, beurteilen. Was bestimmte einzelne Gegebenheiten, die Plazierung von Altar und Kanzel, die Zahl der Türme und Glocken, die Einteilung bestimmter Bezirke im Inneren einer Kirche usw. *bedeuten*, erfaßt man nur aus Literatur: aus Texten über die Symbolik des Kirchengebäudes, aus Aufzeichnungen mittelalterlicher Baumeister, aus städtischen Rechnungsbüchern etc. Mit profanen Bauten ist das nicht viel anders, und mit einzelnen Gegenständen auch nicht. Es gibt zwar aus dem Mittelalter noch Möbel, Kleidungsstücke, Tafelgeschirr - aber es gibt keinen komplett überlieferten Haushalt, so daß man sich aufgrund der sog. *Sachüberlieferung* überhaupt kein Bild davon machen kann, wie so ein Haushalt ausgestattet war. Es gibt aber *Texte*, die solch einen Haushalt schildern, z.B. das sog. *Hausratbüchlein* von Hans Folz.

So könnte Folz ausgesehen haben. Aber leider ist die Authentizität der Unterschrift (*Magister Hans Volcz Parbierer*) zu diesem Bild aus dem Anfang des 16. Jahrhunderts umstritten. Solche Probleme gibt es in der Mediävistik häufig.

HANS FOLZ († 1513) war ein Nürnberger 'Wundarzt' oder 'Barbierer' (= nicht akademisch ausgebildeter Arzt), der neben seinem Beruf in sehr breitem Ausmaß literarisch tätig war. Zu seinem Œuvre gehören sowohl Sach- und

Fachtexte im Zusammenhang mit seinem eigentlichen Beruf (Schriften über Pest, Diätetik, Heilbäder) als auch Erzähldichtung, Lieder und Spiele.

Das *Hausratbüchlein* hat insgesamt 308 Verse; die ersten Verse zitiere ich im Original;[1] das folgende wird auszugsweise nur in Übersetzung vorgestellt:

Welch arm sich zu der ee well lencken,	Ein 'Armer'[2], der den Weg zur Ehe einschlagen
Solt sich albeg vor wol bedencken,	will, sollte vorher immer daran denken,
Was man als haben muß ins haus,	was man alles im Haus braucht.
Des ich ein teil will ecken aus.	Einen Teil davon will ich aufzählen.[3]
Von erst zirt man die stuben gern	Als erstes schmückt man gerne das Wohnzimmer,
Peyd zu der notturft und zu ern,	sowohl nach Notwendigkeit als auch unter repräsen-
Darin man nit geraten kan.	tativen Gesichtspunkten; das ist unverzichtbar.
Stül, penck und sidel muß man han,	Man muß Stühle, Bänke, Sessel haben,
Dischtuch, zwehel und fazilet,	Tischtücher, Tischdecken und Servietten,
Gießfas, hantpeck und kandelpret,	Gießgefäße, Fingerschalen, Tabletts für Kannen,
Flaschen, kandeln zu pier und wein,	Flaschen, Kannen für Bier und Wein,
Kopf, kraus und glas zu schencken ein,	runde und geschweifte Trinkgefäße, Gläser zum
Stücz, pierglas, ein pecher darpey,	Einschenken, Stutzgläser, Biergläser, dazu Becher,
welchs man bedarf, das es do sey ...	damit da ist, was immer man braucht ...

15 *Weinkühler, Mischgefäße, Becken, Untersätze für Schüsseln, Spülbürsten, Glasdeckel, Löffel, Salzschälchen, Fliegenwedel, Aderlaßzettel*[4] [...]. 27 *Wenn man dann in die Küche kommt, sollte darin folgendes sein: Schalen, Deckel, Kessel, Pfannen, wenn man nicht jeden Tag deswegen Streit haben will. Auch einen Dreifuß, einen Blasebalg, Bratspieß und Rost muß man haben - egal was es kostet* [...] 59 *Jetzt komme ich zur Speisekammer, um nach anderem Ausschau zu halten, was man zum Essen benötigt: Zunächst Brot, Käse, Salz, Schmalz; dann verschiedene Sorten Fisch und Fleisch sowie Alltagskost - Erbsen, Reis, Hirse, Linsen, mit denen man dem Bauch Steuern zahlt.* [...] 85 *Dann gehe ich auf Zehenspitzen weiter ins Schlafzimmer: Wer ein sanftes, weiches Bett hat, der schläft nachts besser, wenn ihn nicht gerade etwas anderes stört. Ein Strohsack mit Bezug, worin oft die Mäuse wohnen, Kissen, Polster, Laken, Decken, Feder- und Pelzoberbetten* [...]. 111 *Was ins Bad gehört: Ein Krug mit Seifenlauge schadet nicht, ein 'Badesack', Schwamm, Badetuch* [...] 117 *Ich steige in den Keller - vielleicht gibt's da ja später was zu trinken. Im Keller muß vieles sein: Wein, Bier, Kraut, Rüben, Äpfel, Nüsse, Birnen* [...]. 126 *An Gerätschaften gehören in den Keller Faßbohrer, Saugheber, Zapfen, Faßhähne, Trichter, Flaschen, Kannen* [...] [Weitere Einrichtungsgegenstände bis Vers 180].

Vier Thesen

Ich will nun am *Hausratbüchlein* viererlei zeigen und damit die Behauptungen einlösen, die ich vorher in abstrakter Form gemacht habe. Dabei kommt es mir weniger darauf an, Ihnen hier schon spezielle Faktenkenntnisse zu vermitteln, sondern vor allem darauf, Ihnen zu zeigen, wie die mediävistische Literatur- und Sprachwissenschaft arbeitet. Zeigen will ich im einzelnen Folgendes:

1. Sprachwissenschaft ist integraler Bestandteil der Mediävistik.
2. Mittelalterliche Literatur vermittelt Kenntnisse, die kein anderer Überlieferungsträger bietet.
3. Diese Kenntnisse betreffen nicht nur die Sachkultur, sondern auch mittelalterliches Denken.
4. Texte, die solche Informationen liefern, sind keine neutralen Auskunftsinstanzen, die eindeutige Auskunft auf Fragen geben, sondern müssen selbst wieder mit verschiedenen Methoden und unter verschiedenen Aspekten interpretiert - und das heißt ursprünglich: 'verdolmetscht' - werden, damit man sie in ihrer Aussage einschätzen kann.

Zu 1) Zur Mediävistik gehört Sprachwissenschaft unverzichtbar dazu.

Diese Äußerung ist eigentlich banal: Die deutsche Sprache hat sich zwischen ca. 700 (seitdem gibt es die ersten 'deutschen' Worte in schriftlicher Form - und schriftlich müssen wir sie ja haben, sonst könnten wir nichts darüber sagen) und unserer eigenen Zeit mehrfach entscheidend verändert. Um einen Text inhaltlich zu verstehen, muß ich ihn sprachlich verstehen - auch diese Erkenntnis bestürzt nicht unbedingt durch Originalität. Ich will diesen Zusammenhang hier nur konkret an einem Text vorführen. Im übrigen allerdings brauchen Sie jetzt keine Angst zu bekommen: Nicht jede/r Mediävist/in muß voll ausgebildete/r Sprachwissenschaftler/in sein; es gibt auch hier natürlich Arbeitsteilung. Da Sie aber zum jetzigen Zeitpunkt noch nicht wissen, ob Sie eher die sprach- oder die literaturwissenschaftliche Richtung einschlagen, sollen Ihnen erst einmal möglichst viele Bereiche vorgestellt werden. Zur Bedeutung der Sprachgeschichte für den Zweck der Mediävistik, aus vergangenen Zeiten Kontrastwissen bereitzustellen, um den eigenen Standard deutlicher zu erkennen, einige kurze Beispiele:

Laut und Schreibung (Phonologie und Graphie): In Vers 1 finden wir das Wort *ee* = 'Ehe' [:e]. Auch heute noch ist Doppelschreibung eine Möglichkeit, die Vokallänge auszudrücken. Im Neuhochdeutschen wird aus dem einsilbigen Wort ein zweisilbiges (E - he). Man kann auch sonst in der deutschen Sprachgeschichte (etwa im Gegensatz zur englischen) beobachten, daß einsilbige Worte, die nur aus einem Laut bestehen,[5] verdrängt oder zweisilbig gemacht worden sind. Mit Ausnahme von Interjektionen gibt es heute nur noch ein einziges gebräuchliches Wort im Deutschen, das einsilbig und einlautig ist: das Wort 'Ei'.- Die Verdrängung einlautiger und einsilbiger Wörter aus dem Deutschen ist ein rein sprachgeschichtlicher Befund. Man kann aber versuchen, daraus Schlüsse zu ziehen, welche die nur sprachgeschichtlichen Befunde überschreiten. Man kann nämlich fragen, was der *Grund* für diese Erscheinung gewesen ist. Mögliche Erklärung: Einsilbige und gleichzeitig einlautige Wörter können leichter falsch verstanden werden. Ihr Ersatz durch andere Wörter oder ihre Verlängerung um eine Silbe dient also der besseren Kommunikation. Daraus würde die **These** folgen:

Menschen setzen Sprache funktional ein und ändern Sprache unter funktionalen Gesichtspunkten.

Nun kann man aber feststellen, daß der Prozeß der Verdrängung einsilbig-einlautiger Worte aus der deutschen Sprache erst relativ spät beginnt, nämlich in einem mediengeschichtlichen Stadium, als die Schriftlichkeit schon längere Zeit in die ursprünglich schriftlose Gesellschaft eingedrungen ist. In *Schrift*literatur ist eine Verdrängung solcher Worte aber eigentlich gar nicht nötig - denn man *hört* ja nicht, sondern man *liest*, und die *Schriftzeichen* sind eindeutig. Auf diesem Hintergrund stellt sich also diese phonologische Veränderung gar nicht mehr als so funktional heraus, sondern eher als ein verspätetes Eingehen auf

Probleme, die in der ursprünglichen Form gar nicht mehr existieren. Dann müßte man zu einer ganz **anderen These** gelangen:

> *Menschen sind konservativ und reagieren auf Probleme nur sehr vorsichtig und oft mit Verspätung.*

Gleichgültig, welche These nun richtig ist oder ob man nicht vielleicht noch ganz andere Thesen auf dieser sprachlichen Beobachtung aufbauen könnte: Wichtig ist, daß *überhaupt* die sprachliche Analyse Anregung geben kann, über Sachverhalte, die jenseits der Sprache selbst liegen, nachzudenken.

Formenlehre (Morphologie): In Vers 8 steht das Wort ***han*** (mit langem /a/) = 'haben'. Früher gab es zwei Infinitivformen dieses Verbs, die uns geläufige Form 'haben' und eben die kontrahierte (zusammengezogene) Form 'han' (standardisierte mittelhochdeutsche Schreibweise: *hân*[6]). Beide Infinitivformen haben dann auch verschiedene Flexionsformen hervorgebracht:

haben	***han***
ich habe	ich han
wir haben	wir han

Heute ist die kontrahierte Infinitivform verschwunden - wir besitzen nur noch das Verb *haben*. Daraus könnte man den Schluß ziehen:

> *Menschen sind darum bemüht, zu vereinheitlichen und Unnötiges abzuschaffen.*

Auch diese These ist aber zweifelhaft - denn in der heutigen Flexion des unkontrahierten Verbs 'haben' treffen wir auf Formen, die nur aus dem *kontrahierten* Infinitiv stammen können. Zwar: 'ich *habe*' - aber 'du *hast*', 'er/sie/es *hat*' - und die beiden letzten Formen müßten eigentlich lauten 'du **hab(e)st*', 'er/sie/es **habet*'.[7] Die Folgerung wäre dann also etwa:

> *Menschen sind in ihrem Verhalten oft nicht konsequent.*

Auch dieses Beispiel zeigt mithin, daß es bei der Sprachwissenschaft nicht nur um abstrakte Grammatik geht: Sprache und ihre Bestandteile liefern oft Informationen oder zumindest Anreize zur Reflexion über menschliches Denken.

Bedeutungslehre (Semantik): Für diesen Bereich können wir erneut auf das Substantiv *ee* in Vers 1 zurückgreifen. Zieht man etymologische Wörterbücher zu Rate, wird man darüber informiert, daß dieses Wort ursprünglich die Bedeutung 'Gesetz' hatte; im Althochdeutschen (bis ca. 1050) dominiert diese Bedeutung noch; im Mittelhochdeutschen und Frühneuhochdeutschen entsteht dann als Spezialbedeutung daneben 'Ehevertrag' und 'Ehe', wobei das Wort *ee* (standardisierte mhd. Schreibweise: *ê*) aber auch immer noch 'Gesetz', 'Vertrag' bedeuten kann. Die Bedeutungsentwicklung belehrt also darüber, daß die Institution der Ehe früher einmal unter rein juristischem Aspekt betrachtet worden ist. Natürlich ist die Ehe auch heute noch von anderen Beziehungen vorwiegend durch ihren Rechtsstatus unterscheidbar; aber im allgemeinen Bewußtsein verbindet sie sich doch heute weniger mit Paragraphen als mit emotionalen Aspekten. Erneut führt Sprachbetrachtung also zu der Erkenntnis, daß man Kontraste braucht, um etwas beschreiben und beurteilen zu können. Zweck aller Sprachen ist Kommunikation, trotz dieses gemeinsamen Zwecks können Sprachen sehr verschieden aussehen. Die jeweils eigene Sprache handhabt man mehr oder weniger problemlos, weil man sie im *Gebrauch* gelernt hat; dadurch wirkt sie selbstverständlich, und man merkt gar nicht, welche anderen sprachlichen Möglichkeiten potentiell eigentlich noch zur Verfügung stehen. Merken kann man es erst, wenn man andere Sprachen oder ältere Entwicklungsstufen der eigenen Sprache kennengelernt hat.

Zu 2) Mittelalterliche Literatur vermittelt Kenntnisse, die kein anderer Überlieferungsträger bietet.

Dafür, daß *Literatur* Kenntnisse vermittelt, die kein anderer Informationsträger vermitteln kann, hatte ich eben schon ein Beispiel erwähnt, auf das der Text von Folz natürlich zugeschnitten ist: Aus dem Mittelalter sind viele Gebrauchsgegenstände erhalten, aber kein ganzer Haushalt; Folz stellt uns einen solchen kompletten Haushalt vor - und für einiges von dem Inventar, das er anspricht, gibt es keine materiellen Zeugnisse mehr. So weiß etwa heute niemand mehr, was der in V. 113 genannte *padsack* ist; zwar scheint die Übersetzung leicht - 'Badesack' -, aber was man sich darunter vorzustellen hat, bleibt unklar: Sack für Badebekleidung? Oder umgekehrt Sack, in den man seine Anziehsachen packt, wenn man sich zum Baden aus- bzw. umzieht? Sack für Badezubehör (Schwamm, Seife, Öl)? Jedenfalls präsentiert der gesamte Text ein höchst eindrucksvolles Ensemble von Gegenständen, das unsere Kenntnis von mittelalterlicher Sachkultur unter der Maxime 'Wat et nich all jibt!' auf eine breite Basis stellt.- Wir erfahren aber nicht nur etwas über die Existenz von *Einzel*gegenständen; die *große Zahl* dieser Einzelgegenstände dokumentiert, daß diese Sachkultur um 1500 schon sehr differenziert ausgesehen hat. Und damit zu meiner nächsten Behauptung:

Zu 3) Von mittelalterlichen Texten vermittelte Kenntnisse betreffen mehr als die bloße Sachkultur.

Alkoholismus im Mittelalter – Fluch oder Segen?

In den Versen 12 und 13 nennt Folz sechs Gebrauchsgegenstände - *kopf, kraus, glas, stücz, pierglas, pecher* - die alle eins gemeinsam haben: es handelt sich um Trinkgefäße. Sie sind differenziert nach dem *Material* (vgl. den Wortbestandteil *-glas* in *pierglas*, ein *pecher* ist dagegen aus Holz oder Metall), differenziert nach der *Form* (*kopf* ist ein rundes Trinkgefäß, *kraus* ein geschweiftes Glas), differenziert nach der *Funktionsweise* (ein *stücz* ist ein Trinkgefäß ohne Fuß - man kann es nicht hinstellen, ohne daß es umkippt, muß also permanent 'Ex' trinken ...).- Nun gibt es solche Differenzierungen heute natürlich auch noch - meistens nach dem für das Gefäß bestimmten Inhalt, der aber dann auf die Form Einfluß nehmen kann (Wasser-, Weißwein-, Rotwein-, Sekt-, Bier-, Sherry-, Portwein-, Whisky-, Schnaps-Gläser etc.). Differenzierung - gleich in welchem Bereich - gilt im allgemeinen als Kennzeichen zivilisatorisch und kulturell fortgeschrittener Gesellschaften; umgekehrt wird zivilisatorischer oder kultureller Fortschritt oft als zunehmende Differenzierung definiert. Das betrifft die Sachkultur genauso wie andere Gebiete. Bei der **Sprache** können wir zur Neuzeit hin immer mehr Bedeutungs*verengungen* feststellen; mhd. *sleht* kann etwa 'schlicht' oder 'schlecht' bedeuten, heute nur noch letzteres. Oder ein Beispiel aus dem Bereich der Verwandschaftsbezeichnungen: Was heute 'Onkel' *oder* 'Neffe' *oder* 'Vetter' genannt wird, konnte bis zum 14. Jh. alles mit dem Wort *neve* bezeichnet werden. Für die **Sachkultur** und die soziale Differenzierung nach **Berufen** gilt: Während bis zum 12. Jh. schichtenübergreifend noch viele Gebrauchsgegenstände des täglichen Lebens in Eigenproduktion hergestellt wurden, entstehen ab dieser Zeit immer mehr spezialisierte Handwerke; diese Spezialisierung führt zu einer Ausdifferenzierung von Produkten - zum Beispiel eben im Bereich der Gebrauchsgegenstände für den Haushalt. Der Haushalt selbst eines Adligen sah im 11. Jh. gegenüber dem, was Folz für das 15./16. Jahrhundert schildert, mehr als ärmlich aus.

Ordnet man also die durch Folz dokumentierte Differenzierung im Bereich der Sachkultur in ein *Gesamt*spektrum von Differenzierungen ein, dann betrifft der Erkenntniswert dieses Textes eben nicht mehr nur die Sachkultur, sondern die Entwicklung der ganzen Gesellschaft. Die große Zahl der im Text aufgeführten Haushaltsgegenstände verweist auf einen fortgeschrittenen Standard der Differenzierung im Bereich der Sachkultur. Diesen Befund muß und kann man aber noch ausweiten. Ich habe eben gesagt, daß der gesellschaftliche Fortschritt ganz allgemein durch zunehmende Differenzierung gekennzeichnet ist. Da man nicht annehmen kann, daß dafür einfach der Spaß verantwortlich ist, alles möglichst kompliziert zu machen, muß man also nach den dahinterstehenden Bedürfnissen fragen. Auf diese Frage wird man auch durch das Phänomen gebracht, daß der Prozeß zunehmender Differenzierung zwar *generell* gilt, daß es aber einige Bereiche gibt, die sich dem allgemeinen Trend widersetzen. Während etwa die meisten mhd. Verwandtschaftsbezeichnungen ähnlich undeutlich sind wie das eben erwähnte Wort *neve*, gibt es einen Bereich, in dem im Mittelalter streng differenziert wird, während wir heute diese Differenzierung terminologisch so gut wie aufgegeben haben. Differenziert wurde nämlich früher strikt zwischen ONKEL und OHEIM. Der 'Oheim' war der Bruder der Mutter, der 'Onkel' der Bruder des Vaters. Der Grund für diese Differenzierung: Onkel und Oheim hatten früher verschiedene Funktionen im Sterbefall; die

Onkel und Oheim – who is who?

Vormundschaft für eine Waise übernahm der *Oheim* - und so lange der Unterschied zwischen Oheim und Onkel rechtliche Folgen hatte, hat er sich eben auch terminologisch niedergeschlagen. Da andererseits der Unterschied heute irrelevant geworden ist, besteht nach einer terminologischen Differenzierung kein Bedürfnis mehr. Oder der Bereich des Handwerks. Eben habe ich gesagt, daß sich seit dem 12. Jh. die Zahl der Handwerke und Berufe vervielfacht. Dieser Differenzierungsprozeß setzt sich aber nicht kontinuierlich weiter fort, sondern ist seit dem 18. Jh. wieder rückläufig. Die extreme Differenzierung im Handwerksbereich in Mittelalter und früher Neuzeit hatte den Sinn, allen Handwerksmeistern ein ausreichendes Einkommen zu sichern - sie ist hier eine der zahlreichen Maßnahmen, die das gleiche Ziel haben (Zugangsbeschränkung, Begrenzung der Meisterstellen, Zuwanderungs- und Betätigungsverbot für auswärtige Handwerker). Dieses starre Zunftsystem sollte verhindern, daß Konkurrenz das Einkommen der einzelnen Meister gefährdete. Der Produktbereich für die einzelnen Handwerke wird recht eng begrenzt; im lederverarbeitenden Gewerbe gibt es etwa Schuhmacher *und* Stiefelmacher *und* Gürtelmacher *und* Taschenmacher *und* Beutelmacher usw. Also muß man nicht befürchten, daß ein Handwerker aus einem verwandten Bereich die eigenen Produkte anbietet. Demgegenüber verlangt das expandierende Wirtschaftsystem der Neuzeit nach Gewerbefreiheit. Um zu expandieren, benötigt man Kapital; um Konkurrenten um Absatz und Kapital kleinzuhalten, muß man ihre Marktposition schwächen - und dazu muß man in ihr Produktfeld eindringen. Entsprechend geht dann in der Neuzeit die Zahl der Handwerke wieder zurück: Man versucht, sein Angebot an Produkten möglichst breit zu gestalten, um möglichst viel zu verkaufen bzw. um Absatzrückgänge in einem Bereich durch andere Bereiche auszugleichen.

Der Text von Hans Folz bestätigt also unsere vorhandenen Kenntnisse über einen generellen Trend in der kulturellen und zivilisatorischen Entwicklung - den Trend zu Differenzierungen; er stellt aber nur einen *Ausschnitt* des Gesamtbereichs dar und ist daher auch wieder gesondert zu bewerten. Und das betrifft nicht nur das Verhältnis des Textes zu seinem gesellschaftlichen Umfeld, sondern auch das Verhältnis der einzelnen Textbestandteile zueinander:

Zu 4) Texte informieren nicht neutral, sondern müssen mit verschiedenen Methoden und unter verschiedenen Aspekten analysiert werden, damit man sie in ihren Aussagen einschätzen kann.

Es gibt Texte, über die man scheinbar leicht etwas sagen kann, und es gibt Texte, über die man scheinbar schwer etwas sagen kann. Als schwer kommentierbar gelten meist Texte, die keine 'Sachaussagen' machen, sondern nur schildern oder Emotionen artikulieren, also etwa Liebesgedichte. Als leicht zu kommentieren gelten Texte, die selbst ankündigen, was sie tun wollen, und dies dann auch durchführen. Dieser Unterschied ist aber wirklich nur ein scheinbarer: Die Fähigkeit, einen Text interpretativ verstehen zu können, setzt voraus, daß man ihn in übergeordnete Verständnishorizonte einordnet; und diese Verständnishorizonte decken sich weder bei 'leichten' noch bei 'schweren' Texten im eben erläuterten Sinn mit dem Textinhalt. Denn sonst würde eine Interpretation ja immer auf eine Nacherzählung hinauslaufen. Nehmen wir also unseren Folz-Text als Beispiel:

Wer ist arm – wer ist reich?

In den ersten vier Versen erläutert der Autor sein Programm für diesen speziellen Text; übersetzt man wörtlich, kommt dabei nur heraus: "Ein 'Armer', der heiraten will/[8] sollte vorher immer gut überlegen,/ was man alles im Haus haben muß./ Einen Teil davon will ich darlegen". Der Prolog enthält also eine Warnung vor unüberlegter Heirat ohne Planung der finanziellen Anforderungen; der folgende Text soll laut Vers 4 diese finanziellen Anforderungen verdeutlichen, indem ein Katalog von Sachen präsentiert wird, die anzuschaffen sind - also eine Art Ikea-Katalog der Zeit um 1500. Schon die nächsten 17 Verse zeigen, daß *arm* nicht 'arm' im heutigen Sinn bedeuten kann: An Möbeln werden verlangt Stühle *und* Bänke *und* Sessel; über die verschiedenen Trinkgefäße haben wir schon gesprochen; Spielbrett, Würfel, Spielkarten (V. 21), eine Sanduhr (*reisend or*, V. 20) und vieles andere deutet ebenfalls darauf hin, daß Folz von Leuten redet, die zu seiner Zeit nicht finanziell 'arm' sein können. Ein Strukturierungsprinzip des Textes ist es, daß der Autor nacheinander die Einrichtung einzelner *Räume* des Hauses vorstellt; er beginnt V. 5 mit der *stube* = Wohnzimmer, geht V. 27 auf die Küche über, V. 59 auf die Speisekammer, V. 85 ins Schlafzimmer, V. 111 ins Badezimmer, V. 117 in den Keller. Ausdrücklich ausgespart bleibt der Dachboden (V. 171), ebenso das, was man für Pferde und im Garten braucht (173 f.). Pferde und Gärten werden nun deshalb ausgespart, weil sie nach Auskunft des Autors den *reichen* zugehören - hier haben wir also den Gegenbegriff zu 'arm' in Vers 1. Folz redet aber von Leuten, die ein mehrzimmeriges Haus bewohnen und die über Gesinde verfügen - Knecht und Magd in V. 164 finden sich übrigens in die Ausstattung des Hauses einbezogen, also quasi ebenfalls als Einrichtungsgegenstände betrachtet. Leute, die über all dies verfügen, sind auch im 15./16. Jh. nicht pekuniär 'arm'. 'Arm' und 'reich' haben in diesem Text also zunächst keine finanzielle, sondern eine *soziale* Bedeutung: 'arm' sind nach dem Sprachgebrauch der Zeit Leute, die über keinen gesellschaftlichen und politischen Einfluß verfügen, 'reich' sind die, die einen solchen Einfluß haben. In der damaligen Zeit heißt das: Adlige werden als *reich*, Nichtadlige als *arm* bezeichnet.

Aber das war bis jetzt noch keine kritische Überprüfung des Textes; wir haben lediglich mit Hilfe des Kontextes und des Textinhaltes eine semantische Störstelle - das Wort 'arm' - beseitigt, die Textaussage also wieder *konvergent* gemacht. In zumindest einem Punkt aber gelingt das nicht; es kommt nämlich zu einem Widerspruch, der sich nicht durch Hinweise auf Wortbedeutungsentwicklung beseitigen läßt: Der Autor verspricht, einen Einrichtungskatalog zu liefern, der Heiratswilligen Anlaß zum Nachdenken geben soll. Das macht er dann auch - aber nur bis Vers 180. Ab Vers 181 fängt ein ganz neues Thema an, und bis zum letzten Vers, Vers 308, kommt Folz auf das angekündigte Thema überhaupt nicht mehr zurück. 128 von 308 Versen (kleiner Service für Statistik-Fetischisten: über 40% des gesamten Textes) laufen mithin am angekündigten Thema vorbei. Nach Vers 180 wird zunächst geschildert, welche finanziellen und nervlichen Belastungen der Nachwuchs mit sich bringt - geschildert allerdings immer aus der Perspektive des *Mannes*. Das bedeutet eine erste Verengung der Sichtweise: vom Ehe*paar* auf den Ehe*mann*. Die evozierten finanziellen Probleme werden dann weiter zugespitzt: Der arme gestreßte Mann muß sich Geld leihen - und dies macht er (Vers 237) bei den *ungetaufften*, worunter, wie Vers 247 zeigt, die Juden zu verstehen sind. Diese Juden nun nehmen im gesamten literarischen Œuvre von Hans Folz eine besondere Stellung ein: In Fachliteratur medizinischer und religiöser Art, in Fastnachtspielen, in Erzählungen, in

Liedern und Traktaten, also in sämtlichen von ihm benutzten Textsorten, polemisiert er gegen sie. Dies ist eigentlich im Mittelalter nichts Ungewöhnliches; aber im speziellen Rezeptionsumfeld dieses Autors, nämlich in der Stadt Nürnberg, ergeben sich bei diesem Thema weitere Besonderheiten: Seit 1473 bemüht sich der Nürnberger Rat, die Juden aus Nürnberg zu vertreiben. Dazu hätte es kaiserlicher Zustimmung bedurft, und die wurde zunächst verweigert - allerdings nicht aus humanitären Gründen, sondern weil der Kaiser nach alter Tradition von den Juden Schutzgelder kassierte und an diesem Geschäft auch weiter interessiert war. Aus der Perspektive der Stadt verbinden sich die Juden also mit der adligen Sphäre; und tatsächlich beschwert sich Folz in unserem Text in V. 247ff. über beide, Juden und Adel: Er habe drei Jahre hintereinander jährlich drei *losungen* (Steuer- und Zinsabgaben) leisten müssen, zwei an die Juden und eine an den '*herrn*'; Stadtherr der freien Reichsstadt Nürnberg aber war der deutsche König und Kaiser. Daß Folz also seinen angeblichen 'Einrichtungskatalog' unter der Hand umfunktioniert zu einem gleichermaßen antijüdischen wie antikaiserlichen und antiadligen Propagandainstrument, wird noch plausibler durch einen Blick in einen anderen Text von ihm, der eine fingierte Rechnung darüber aufmacht, daß ein Kredit über 30 Pfennig bei einem Juden den Darlehensnehmer nach 20 Jahren 60.849.403 Pfennige gekostet habe; darin äußert Folz: "Ach Gott, was sind die Fürsten doch blind, daß sie den angeblichen Vorteil nicht kritischer sehen, wenn ein Jude ihnen Abgaben leistet./ Wenn sie ihnen 1 Gulden ge-

Judenverbrennung. Holzschnitt vom Ende des 15. Jhs.

ben, dann stehlen sie ihnen an anderer Stelle dafür 100. Durch ihren Wucher ziehen sie nämlich den Untertanen das Geld aus der Tasche, das diese sonst den Fürsten als Steuern geben könnten."[9]

Aber auch dieses Thema verläßt Folz dann wieder. Ab Vers 276 folgt ein neuer Katalog - aber diesmal kein materieller, sondern eine Art von Tugend- und Voraussetzungskatalog unter der Fragestellung: 'Wie sollen potentielle Heiratskandidatinnen und Heiratskandidaten ihr Leben aufbauen, wie sollen sie sich aufführen, wenn sie eine spätere Ehe erfolgreich bestehen wollen?' Allerdings ist der Adressatenbereich wieder sozial spezifiziert; vorher war von den 'Armen' die Rede, jetzt von den *arm gsel*[*n*] (276) bzw. den *diern* (291) *gsel* heißt 'Geselle', *diern* ungefähr so viel wie 'Mädchen aus niederem Stand', speziell auch 'Magd', 'Bedienstete'. In der Verbindung *arm gsel* meint also 'arm' diesmal das gleiche wie heute: besitzlos, mittellos, finanziell arm.

Was also sollen solche Leute tun, bevor sie heiraten? Ich resümiere den Text kurz in seinen wesentlichen Teilen: Der **Mann** soll schreiben und lesen lernen, ein Handwerk lernen, seinem Meister treu dienen, auf Wanderschaft gehen, ein neues Produkt wieder mit nach Hause bringen, das in seiner Heimat noch unbekannt ist. Die **Frau** soll schamhaft und züchtig sein - was zwar auch, aber nicht unbedingt nur sexuell zu verstehen ist; sie soll sich also in einem engeren und weiteren Sinn immer 'anständig' gemäß den geltenden Konventionen aufführen. Sie soll keinen Wein trinken und nicht genäschig sein. Sie soll nicht faul sein und keine bösen Worte führen, nicht klatschen und niemanden verleumden und umgekehrt dafür sorgen, daß über sie nicht schlecht geredet wird. Sie soll täglich kochen, damit es keinen Krach mit dem Ehemann gibt. Sie soll billig einkaufen, aber in reichlichen Portionen kochen. Sie soll den Haushalt in Ordnung halten und schließlich keine *merlin* ('Geschichtchen') aus dem Haushalt herein- oder heraustragen, d.h. weder Familiengeheimnisse ausplaudern noch die Geheimnisse anderer in Erfahrung bringen und bekanntmachen. Wer all dies beherzigt, so die Schlußzeile, wird Hans Folz Dank sagen - was also eine Erfolgsgarantie impliziert.

Männer sind Schweine ...

Daß die letzten Anweisungen erneut aus der Perspektive des Mannes geschrieben sind, liegt auf der Hand. Aber dabei kann man es nicht bewenden lassen - sonst kommt man nur zu so banalen Statements wie: 'Männer durften im

Aus dem Katalog "Die moderne Hausfrau" (1998): *Gleichberechtigung beginnt in der Küche. Beste Voraussetzung dafür schaffen Sie mit dem Deckelöffner. [...] Deckelöffner – ein kleiner Beitrag für die Gleichberechtigung in der Küche.*

Mittelalter mehr als Frauen' und dann zu dem voreiligen Schluß, daß sich die Zustände seither enorm gebessert haben; Motto: 'Folz ist konservativ, und ich bin progressiv, weil ich auch schon mal koche und meine Frau dann ausgehen darf!' Zu fragen ist also, wie das entwickelte Konzept in die Zeit paßt - und die Antwort würde dann ungefähr folgendermaßen aussehen: Was Folz hier vorstellt, ist die typische arbeitsteilige Handwerkerfamilie. Die Frau ist für den inneren Betrieb der Familie zuständig, sorgt hier für einen reibungslosen Ablauf des Alltagslebens und schafft damit für den Mann die Voraussetzungen, das Geld verdienen zu können, von dem die Familie lebt. Und dies ist nun historisch gesehen gerade *nicht* konservativ, sondern entspricht genau dem damaligen gesellschaftlichen und ökonomischen Entwicklungsstand. Mit seinen aus heutiger Sicht konservativen Lebensrezepten bewegt sich Folz in den Bahnen seiner Zeit; und gerade das Konzept ehelicher Arbeitsteilung hat dazu geführt, daß sich die gesellschaftliche und rechtliche Stellung der Frau in der spätmittelalterlichen Stadt teilweise verbessert hat. Das Prinzip der Arbeitsteilung impliziert nämlich z.B., daß die Frau bei Ausfall des Mannes diesen *vertreten* kann. War die Frau vorher kein eigenes Rechtssubjekt, konnte sie also z.B. vorher nicht ohne Vormund vor Gericht auftreten, so werden ihr jetzt solche Rechte zunehmend zugestanden - allerdings nicht aus abstrakt humanitären und ethischen Gründen, sondern weil die ökonomischen Verhältnisse es verlangen. Denn die spätmittelalterliche Wirtschaftseinheit 'Stadt' ist selbst zunehmend arbeitsteilig angelegt; und sie funktioniert nur, wenn ihre kleineren Einheiten funktionieren, also zum Beispiel die Familien. *Konservativ* wird ein solches Konzept erst dann, wenn man es beibehalten will in Zeiten, in denen sich die Rahmenbedingungen geändert haben.

Der Text von Folz ist aber nicht nur aus der Perspektive des *Mannes* und des *Städters* geschrieben, sondern noch aus einer dritten speziellen Perspektive, die man ebenfalls berücksichtigen muß, wenn man die Oberflächenaussage richtig einordnen will: Folz ist, wie Sie inzwischen ja wissen, Wundarzt gewesen; als solcher gehört er in Nürnberg der Gruppe der *Handwerker* an, und in seinem Handwerk ist er *Meister*. Die Personengruppe, von der er im letzten Teil seines 'Hausratbüchleins' redet, *gseln* und *diern*, ist für ihn keine abstrakte Größe - anders etwa als für Schriftsteller der Aufklärung oder anderer Epochen, die aus der Elfenbeinsituation eines Künstler- oder Gelehrtenlebens heraus Erziehungsliteratur für Schichten verfassen, mit denen in tatsächlichen Kontakt zu kommen sie sich im Alltag gehütet hätten. Gesellen und weibliche Bedienstete gehören zum Haushalt eines Handwerksmeisters, sie gehören auch zum Haushalt des Handwerksmeisters Folz. Die Lebensweise, die Folz Gesellen und Mägden abverlangt, gilt nicht den verheirateten Personen dieses Standes (obwohl diese Lebensweise, wie wir gesehen haben, durchaus auch in diesem Sinn zu funktionalisieren ist!); sie gilt im Text dem Lebensabschnitt *vor* der Heirat, dem Lebensabschnitt, in dem *gseln* und *diern* für einen *Meister* tätig sind. Man kann also fragen, ob die verlangten Eigenschaften nicht auch im Interesse eines solchen Meisters liegen - und wenn man erst einmal auf diese Frage gekommen ist, läßt sie sich auch recht gut beantworten:

Das, was Folz von den Gesellen verlangt, kommt ausnahmslos einem Meister zugute, der einen solchen Gesellen beschäftigt: Ein Geselle, der schreiben und lesen kann, ist intellektuell flexibel und daher selbständiger einsetzbar (in den Worten von Folz V. 278f.: *wer das kan,/Dem get vil sach dest leichter an* - 'wer das kann, dem fällt vieles leichter'). Dann soll er ein Handwerk lernen. Ein Handwerk zu lernen heißt zunächst, eine Lehrzeit zu absolvieren. Eine Lehrzeit absolvieren kann man nur bei einem Meister, dem man in dieser Zeit noch ein Lehrgeld zu zahlen hat und als billige Arbeitskraft zur Verfügung steht. Auch die Tatsache, daß *überhaupt* dazu aufgefordert wird, man solle, bevor man heirate, ein *Handwerk* lernen, ist bezeichnend. Damit wird nämlich versucht, die Gruppe der Handwerker gesellschaftlich zu stärken - und zur Zeit von Folz ist die Handwerkerschaft in dieser Beziehung schon von Konkurrenz bedroht: Ist es nämlich in Nürnberg (im Gegensatz zu den meisten anderen Städten) der Handwerkschaft ohnehin nicht gelungen, politischen Einfluß zu gewinnen, so sieht sich das Nürnberger Handwerk nun auch noch einer ökonomischen Bedrohung dadurch ausgesetzt, daß es frühkapitalistische Produktionsformen gibt, sog. *Manufakturbetriebe*[10], in denen auch Unausgebildete bei zunehmender Arbeitsteilung für einen Unternehmer in Stücklohn Massenprodukte herstellen. Neuaspiranten auf dem Arbeitsmarkt haben hier also eine Alternative; zwar geht es ihnen in solchen Betrieben auch nicht rosig, aber immerhin können sie jetzt wählen zwischen der Möglichkeit, eine lange, kostenintensive Ausbildung durchzumachen mit der vagen Aussicht, *vielleicht* einmal in eine der künstlich knapp gehaltenen Meisterstellen zu gelangen, oder eben zwar wenig, aber von vornherein Geld zu verdienen. Folz versucht natürlich als Handwerksmeister, Entscheidungshilfebedürftigen die erste Möglichkeit schmackhaft zu machen - und er macht das durch eine direkte Lüge: Mit einem Handwerk, so sagt er Vers 281f., könne man auf jeden Fall Frau und Kind ernähren; daß dies in der Realität oft genug *nicht* so war, zeigt gerade zu dieser Zeit in Nürnberg die recht hohe Zahl bankrott gegangener Handwerksmeister, die gezwungen waren, sich in den oben erwähnten Manufakturen zu verdingen und mithin ihre Selbständigkeit aufgeben mußten.- Auch der Hinweis an Gesellen, sie sollten 'treu dienen, wo immer sie seien' (Vers 283), liest sich jetzt natürlich anders: vom 'treuen Dienen', egal unter welchen Umständen, profitiert natürlich als erstes der Meister. Raffinierter und schwerer zu entschlüsseln ist die Empfehlung, von seiner Gesellenwanderschaft ein neues, unbekanntes Produkt mitzubringen; kennt man die Hintergründe nicht, hört sich das tatsächlich wie ein väterlicher Ratschlag an, der ganz altruistisch ist. Aber sozialgeschichtliche Quellen und Bestimmungen der Stadt Nürnberg zeigen, daß dies nicht so gewesen sein kann: 1. Ein *Geselle* kann mit einem neuen Produkt überhaupt nichts anfangen; *verkaufen* dürfen handwerkliche Produkte nur Meister; der Nutzen eines solchen Produktes kommt also auch in erster Linie dem *Meister* des betreffenden Gesellen zugute. 2. Handwerksmeister waren mit zunehmender Strenge auf die Wahrung von Betriebsgeheimnissen bedacht. Ein Mittel dazu war etwa das Verbot der traditionellen Gesellenwanderzeit; nur noch wenige Handwerke lassen es zu, daß ihre Gesellen auf Wanderschaft ziehen und bei dieser Gelegenheit auswärts dann eventuell Betriebsgeheimnisse zum Schaden der einheimischen Wirtschaft ausplaudern können. Angesichts dieser Situation liest sich umgekehrt der wohlmeinende Ratschlag von Hans Folz dann zutreffender wie eine mehr oder minder ungenierte Aufforderung zur 'Industriespionage'!

Kommen wir zu den Ratschlägen an die Mägde. Eine Aufforderung zu zuchtvollem, schamhaften Verhalten kann im Mittelalter natürlich anscheinend nie schaden; man muß aber zusätzlich daran denken, daß diese Bevölkerungsgruppe oft nur sehr spät oder nie die Möglichkeit hatte, zu heiraten. Denn eine Heirat hing natürlich von den finanziellen Möglichkeiten ab, und potentielle Heiratskandidaten aus der eigenen Schicht waren finanziell auch nicht besser gestellt als die Mägde selbst. Eine zahlenmäßig nicht unbeträchtliche Gruppe der Gesamtbevölkerung hatte also im Mittelalter angesichts der damaligen Moralvorstellungen überhaupt nicht die Chance, ihre Sexualität in legitimen Formen auszuleben. Was die illegitimen Formen betrifft, so fanden sie - Kirche hin, weltliche Moraltheorie her - natürlich auch in dieser Zeit statt; wurde ein entsprechendes Verhältnis aber entdeckt, kam gar unehelicher Nachwuchs zur Welt, hatte das nicht nur erhebliche Sanktionen für die direkt Betroffenen zur Folge - in erster Linie also für die Frau, da Männer ja mangels Überprüfungsmöglichkeit oft einfach alles abstreiten konnten; vielmehr brachte ein solcher Skandal auch Schande über den ganzen Haushalt, in dem dergleichen passieren konnte, über den Haushalt, in dem Mägde tätig waren.- Platter sind die Warnungen vor Weingenuß und Genäschigkeit; da wegen mangelnder Finanzen die angesprochene Gruppe wohl kaum aus eigenen Mitteln der Prasserei verfallen konnte, haben wir es hier mit einer nur etwas geschickt kaschierten Warnung davor zu tun, die Herrschaft des Hauses zu bestehlen. 'Nicht faul zu sein' erklärt sich nun ebenfalls von selbst - wer als Bediensteter faul ist, schadet in erster Linie seiner Herrschaft, indem er ihr die verkaufte Arbeitskraft zumindest teilweise vorenthält. Billig einzukaufen und gut und reichlich zu kochen wird gleichfalls aus der neuen Verständnisperspektive heraus verständlich; keine Interna des eigenen Haushalts zu verbreiten, schützt den guten Ruf der Herrschaft. Und auch hier läßt sich auf einen weiteren Text von Folz verweisen, der die neue, zusätzliche Interpretation stützt: Unter seinen Texten befindet sich auch ein Streitgespräch zwischen einem Knecht und einer Magd,[11] die sich gegenseitig fast all das vorwerfen, wovor hier in unserem Text gewarnt wird.

Bleibt noch ein Problem zu klären, das die eigentliche Tendenz des Textes vielleicht weiter verdeutlicht: Es kommt nämlich über die divergente und von der Ankündigung am Textanfang abweichende Thematik hinaus zu einem zusätzlichen Widerspruch: In seinen Empfehlungen an die Gesellen sagt Folz, man solle auf jeden Fall ein Handwerk lernen, und verspricht, damit könne man eine Familie ernähren. Einleitend dagegen hatte er empfohlen, es sich reichlich zu überlegen, ob man heiraten wolle, denn ein Hausstand sei ja so furchtbar teuer. Und dieser Widerspruch ist *nicht* zu klären: Entweder Folz meint das eine - oder er meint das andere. Man kann aber versuchen zu erklären, wie es zu diesem Widerspruch kommt. Meine Interpretation: Es kommt dazu, weil Folz im jeweiligen Kontext, in dem er die widersprüchlichen Aussagen macht, im Detail verschiedene Ziele verfolgt. Gesetzt der Fall, daß Folz mit dem gesamten Text eine identische Zielgruppe anpeilt, nämlich Gesellen und Mägde, dann ist das Insistieren darauf, daß Heiraten so furchtbar teuer sei, gerade angesichts der äußerst geringen finanziellen Möglichkeiten dieser Gruppe nichts anderes als eine *Warnung* vor der Heirat. Weshalb Folz als Handwerksmeister (oder aber als jemand, der anderen Handwerksmeistern Argumentationshilfe leisten will) etwas gegen Heiraten von Gesellen und Mägden hat, läßt sich plausibel machen: Verheiratete Personen sind selbständiger und zumindest *etwas* weniger abhängig von ihrer Herrschaft. Verheiratete Gesellen werden es darauf anlegen, Meister zu werden, und stellen dadurch potentielle Konkurrenten für Handwerksmeister desselben Berufes dar. Verheiratete Mägde sind nicht mehr uneingeschränkt von ihrer Dienstherrschaft abhängig, sondern unter der Vormundschaft ihres Ehemannes. Weshalb aber dann die Versicherung an die Gesellen, ein Handwerk könne eine Familie ernähren? In dem Kontext, in dem *diese* Äußerung fällt, geht es darum, den Gesellen ihren Stand schmackhaft zu machen bzw. Unentschlossene dazu zu bringen, die Laufbahn eines Gesellen einzuschlagen. Das Versprechen eines Auskommens, das für die Ernährung einer Familie reiche, ist von hier an bis zum Schluß die einzige Äußerung des Autors, die keine *Forderung* enthält. Und dies ließe sich so erklären, daß Folz in diesem Versprechen zwei Ziele zusammenpackt, die offenbar sehr erstrebenswert gewesen sein müssen, um als Lockargument tauglich zu sein: finanzielle Sicherheit *und* die Aussicht darauf, eine Familie gründen zu können. Kontextuell lassen sich die divergenten Äußerungen also jeweils erklären - aber der Widerspruch bleibt unlösbar. Und dies könnte daran liegen, daß Folz keine andere Möglichkeit gesehen hat, um zwei verschiedene Ziele zu erreichen: Es sollen Gesellen gewonnen werden - aber diese Gesellen sollen ledig bleiben.

Dies also meine 'Ausschlachtung' des *Hausratbüchleins* - wobei man im Nachhinein auch noch sagen kann, daß der Titel mehr als irreführend ist: Es geht nur auf der Oberfläche und nur im ersten Teil um Hausrat. Wir haben auch keinen belehrenden Text vor uns, sondern einen agitatorischen.

Anmerkungen

1 **Ausgabe**: HANS FOLZ: *Die Reimpaarsprüche*. Hrsg. von HANNS FISCHER. München 1961, S. 358ff.
2 Zur genauen Bedeutung von *arm* siehe weiter unten!
3 *außecken* wörtlich ungefähr = 'von Ecke zu Ecke vermessen'.
4 Ein Aderlaßzettel ist ein gedruckter und bebilderter Text, auf dem die günstigen Tage zum Aderlassen und die für das Aderlassen geeigneten Stellen am menschlichen Körper bezeichnet sind. Die Aufnahme eines solchen Zettels in den Hausratkatalog ist insofern interessant, als er einen Hinweis auf das Vordringen der Schriftlichkeit bietet.
5 Im Unterschied zu einsilbigen Worten, die aus zwei oder mehr Lauten bestehen: *H-u-n-d, b-l-au, s-o* usw.
6 Der sog. Zirkumflex (^) ist der für mittelhochdeutsche Texte bevorzugte Apex (Längenzeichen); in althochdeutschen Texten setzt man den langen Vokalen einen Querstrich (-) über. (Eigentlich stammt der Zirkumflex aus der griechischen Schrift; er ist dort ebenfalls den langen Vokalen übergeschrieben und hat ungefähr die Form einer Tilde: ~)
7 Ein Asterisk ('Sternchen') vor einer Wortform bedeutet, daß diese lediglich konstruiert ist, also nicht anhand von Quellen nachweisbar.
8 Die Virgeln (Schrägstriche; Nominativ Singular: 'die Virgel', von lat. *virgula* = 'Stäbchen') bezeichnen die Versgrenzen im Originaltext.
9 "Jüdischer Wucher". In: HANS FOLZ: Die Reimpaarsprüche. Hrsg. von HANNS FISCHER. München 1961, Nr. 37, Vers 197ff.
10 'Manufaktur' aus mittellateinisch *manufactura* = 'mit der Hand gemacht'; seit dem 17. Jahrhundert aus frz. *manufacture* und engl. *manufacture* ins Deutsche übernommen als Bezeichnung für Großbetriebe, in denen Waren in hohen Stückzahlen produziert wurden. Manufakturen unterscheiden sich also von Fabriken dadurch, daß noch keine Maschinen eingesetzt wurden. Die Produktion hoher Stückzahlen wurde ermöglicht durch weitgehende Arbeitsteilung; da man wegen der Arbeitsteilung auch ungelernte Arbeiter einsetzen konnte, war es möglich, die Lohnkosten zu drücken.
11 HANS FOLZ: "Knecht und Magd". In: Folz/Reimpaarsprüche (wie Anm. 9), Nr. 18.

IV. Perspektiven und Methoden

Wenn wir uns noch einmal vergegenwärtigen, was wir mit dem *Hausratbüchlein* so alles angestellt haben, wenn wir die praktisch-konkrete Vorgehensweise übersetzen in abstrakte Formulierungen und den einzelnen Verfahren Namen geben, dann haben wir gleichzeitig auch schon einen recht umfangreichen Katalog literaturwissenschaftlicher Methoden und Perspektiven. Und dieser Katalog bietet Ihnen dann einen Fundus an Möglichkeiten, wie man an Texte herangehen kann. Dabei kommt es mir nicht darauf an, daß Sie meine speziellen Interpretationen dieses Beispieltextes auswendig lernen, übernehmen und für verbindlich halten. Mein Ziel ist es, Ihnen *sinnvolle* und *wissenschaftlich akzeptierte* Möglichkeiten literaturwissenschaftlichen Arbeitens vorzustellen, mit denen Sie *selbst* an anderen Texten weiterarbeiten können. Und ich möchte ausdrücklich darauf hinweisen, daß es sich bei den vorgestellten Methoden und Perspektiven nicht um speziell mediävistische handelt, sondern um solche, die auf Literatur aller Zeiten angewendet werden können und auch angewendet wurden und werden.- Was haben wir also gemacht?

Zu Beginn sind wir **philologisch** im engeren Sinn[1] vorgegangen: Wir haben den Text durch Übersetzung und Kommentar sprachlich für ein weitergehendes Verständnis vorbereitet; wir haben ihn datiert und lokalisiert; wir haben biographisch gearbeitet, indem wir uns über den Autor informiert haben; wir haben historisch gearbeitet, indem wir uns Faktenwissen über die Zeit angeeignet haben, in der der Text entstanden ist; und wir haben den Text gegliedert bzw. seine Gliederung rekonstruiert und die Teile quantitativ gewichtet. Bei dem allem handelt es sich um sogenanntes *positives* Wissen - 'positiv' nicht im Gegensatz zu 'negativ', sondern im Sinn von 'festgesetzt', 'feststehend'.[2] Wenn man sich auf dieses positive Wissen bewußt beschränkt, alle Spekulationen vermeidet und versucht, nur von solchen belegbaren Fakten aus einen Text zu interpretieren, ist man methodisch ein/e **Positivist/in**, man wendet die **positivistische Methode** an.[3] Diese Methode hatte ihren Höhepunkt kurz vor Ende des 19. Jhs. und gilt heute im allgemeinen als überholt - und das ist erklärungsbedürftig. Denn eigentlich könnte man ja sagen, daß es von besonderer Nüchternheit zeugt, sich alle Spekulationen zu verkneifen und nur von Fakten auszugehen. Diese Tugenden gelten oft sogar als spezifisch wissenschaftlich. Was kann daran verkehrt sein? 'Verkehrt' daran ist oder für verkehrt daran wird gehalten, daß es im Gegensatz zu den Naturwissenschaften im Bereich der Geisteswissenschaften nur sehr wenige wirklich 'positive', also feststehende, beweisbare Fakten gibt. Wenn man sich in den Geisteswissenschaften auf solche Fakten beschränken würde, käme man mit einem Verständnis von Texten oder auch sozialen Verhältnissen nie sehr weit, und dies vor allem auch bei Texten, die aus älterer Zeit stammen. Nehmen wir nur den Aspekt der Biographie: Von den meisten mittelalterlichen Autoren kennt man noch nicht einmal die Namen, über die Lebensverhältnisse, Herkunft, Wohnort, Beruf ist man ebenfalls meist nicht orientiert. Im Fall von Hans Folz wissen wir wenigstens *etwas* - aber auch das ist verschwindend gering, wenn man es etwa mit dem vergleicht, was die Forschung über Autoren wie Goethe oder Schiller biographisch ausgegraben hat. Und selbst in der Goethe- oder Schiller-Biographik ist das mit dem Begriff 'Faktum' so eine Sache: Wir scheinen über die beiden so gut orientiert zu sein, weil sie selbst ihr eigenes Leben dokumentiert haben - besonders Goethe, etwa durch seine Tagebuchaufzeichnungen oder die autobiographische Schrift mit dem bezeichnenden Titel *Dichtung und Wahrheit.* Aber wie will man einschätzen, ob man in solchen Autobiographien oder auch in Berichten von Zeitgenossen die reine Faktenwahrheit erfährt? Das ist nicht möglich, und daher gilt ein Insistieren auf 'puren Fakten' als sinnlos. In den Geisteswissenschaften gibt es keine Objektivität: jede Deutung, jede Erklärung eines Sachverhalts ist gewollt oder ungewollt von den Vorkenntnissen und Meinungen des Interpreten bzw. der Interpretin geprägt. Erklärung in den Geisteswissenschaften ist also immer *modellhaft*: Ich kenne nicht genügend Fakten, um einen Text oder einen Sachverhalt naturwissenschaftlich-kausal erklären zu können; ein einzelner Text verändert sich in seiner Aussage bei jeder Lektüre. Modellhaftes Erklären heißt also: Ich stelle die Frage "Wie liest sich der Text, wenn ich diese oder jene Voraussetzung mache?" - Die Methoden und Detailperspektiven des Positivismus haben sich gehalten; man kann sie als die im engeren Sinn *philologischen* Verfahren der Literaturwissenschaft bezeichnen. In dieser Hinsicht ist das Philologische heute immer noch gängiges Handwerkszeug; nur die alleinige *Beschränkung* darauf, die der Positivismus praktiziert hat, gilt meist als überholt.

Was haben wir weiter mit dem Text von Hans Folz gemacht? Wir haben diesen Text gedeutet auf dem Hintergrund der sozialen Zustände seiner Zeit (z.B. bezüglich der Lage von Handwerkern und Gesellen). Dies fällt in den Bereich der **sozialgeschichtlichen** oder **soziologischen Literaturinterpretation,**[4] die nicht unbedingt eine eigene Methode erfordert, sondern meist eher eine *Perspektive* der Textbetrachtung darstellt. Eine sozialgeschichtliche Betrachtungsweise kann sich aber enger an bestimmte politisch-philosophische Richtungen anschließen und wird dann gegebenenfalls doch auf speziellere, an diesen Richtungen orientierte Methoden zurückgreifen; dies ist etwa der Fall bei der marxistischen Literaturinterpretation.[5] Für letztere ergäbe sich im *Hausratbüchlein* ein Ansatzpunkt, wenn man die Attacken auf den Adel interpretiert als Indikatoren eines Klassenkampfes zwischen dem 'neuen Bürgertum' und der alten feudalen Klasse des Adels; das Bürgertum, ökonomisch fortgeschritten, will sich mit seiner politischen Inferiorität nicht mehr abfinden. Denn für den Marxismus führt Literatur kein Eigenleben, ist nicht selbständig, sondern - wie andere gesellschaftliche Produkte, Weltanschauungen und Institutionen - als sog. 'Überbauphänomen' abhängig von der 'Basis' der Ökonomie, vom Stand der wirtschaftlichen Entwicklung.

Einer weiteren Methode ist zuzuordnen unser Verfahren, den Text als *Ganzes* zu deuten, uns dann einzelnen *Teilen* dieses Textes zuzuwenden, von der Interpretation der Teile aus schließlich wieder das Textganze neu zu bewerten usw. Wir haben dieses Verfahren in anderem Zusammenhang schon kurz erwähnt: es handelt sich um die **Hermeneutik**.[6] 'Hermeneutik' heißt ursprünglich nichts anderes als 'Dolmetscherkunst', also dasselbe wie 'Interpretation'. Als spezielles Verfahren in der oben beschrieben Art - vom Ganzen zum Teil, von Teil wieder zum Ganzen usw. - wurde die Hermeneutik verwendet von WILHEM DILTHEY († 1911); dieser hat das hermeneutische Verfahren deshalb auch im Bild vom *hermeneutischen Zirkel* zu fassen versucht. Diese Auffassung ist ergänzt und kritisiert worden von dem Philosophen HANS-GEORG GADAMER (*1900); Gadamer hat gegen die Figur des hermeneutischen Zirkels eingewendet, daß sie den *Fortschritt* des Denkens nicht genügend kennzeichne: Wenn man vom Ganzen zum Einzelnen kommt und vom Einzelnen aus dann wieder den Blick aufs Ganze richtet, dann läuft die Erkenntnis nicht im Kreis, sondern kommt zu neuen Einsichten; daher führt Gadamer das Bild einer nach oben verlaufenden hermeneutischen *Spirale* ein.[7] Diese nach oben verlaufende Spirale soll eben verdeutlichen, daß die Erkenntnisse über das Ganze ein neues Licht auch auf die Details werfen und daß die Erkenntnisse über einzelne Details dann wieder neue Rückschlüsse auf das Ganze ermöglichen.

Während unserer Betrachtung des *Hausratbüchleins* haben wir uns zum Teil ganz von der Größe 'Autor' entfernt, den 'Sinn' des Textes nicht durch die Autorinteressen bestimmt gesehen, sondern aus dem Rückhall zu verstehen versucht, den bestimmte Themen zur Zeit der Entstehung des Textes in der Gesellschaft gefunden haben. Das ist das Verfahren der sog. **Diskursanalyse**, derzufolge ein Text sich sozusagen 'selbst schreibt' unter dem Einfluß kursierender gesellschaftlicher Themen und Meinungen.[8] Die Diskursanalyse versucht also, aus Texten solche Themen und Meinungen zu rekonstruieren. In unserem Fall haben wir das etwa praktiziert, indem wir die zunächst aufgesetzt wirkenden antijüdischen Attacken in Beziehung gesetzt haben zu einem in Nürnberg virulenten Thema von gesamtstädtischem Interesse.[9] Und auch die Frage, ob man heiraten soll oder nicht, ist während des gesamten Mittelalters Gegenstand gesellschaftlicher Diskurse gewesen.

Wenn man die sog. ***gender*-Forschung** als Teil der **feministischen Literaturwissenschaft** betrachtet (was heute nicht mehr allgemein gemacht wird), dann haben wir Teile des Folz-Textes auch unter feministischer Perspektive analysiert: Das englische Wort *gender* meint das gesellschaftlich anerzogene geschlechtsspezifische Rollenverhalten, das 'soziale Geschlecht' (im Unterschied zum *sex*, dem biologischen Geschlecht). Als wir über die Tugendkataloge für Gesellen und Mägde gesprochen haben, mußten wir uns auch mit der Frage auseinandersetzen, inwiefern die von Folz geforderten geschlechtsspezifischen Verhaltensweisen Produkte allgemeiner gesellschaftlicher Entwicklungen waren; diese Verhaltensweisen waren außerdem Anlaß, kontrastiv neuzeitliche Bilder und Konzepte von männlichem und weiblichem Verhalten anzusprechen.[10]

Schließlich haben wir noch einen Ansatz verfolgt, der in den fünfziger Jahren entstanden ist und im Bereich der Mediävistik noch nicht sehr viel Verbreitung gefunden hat: den Ansatz des **Dekonstruktivismus.**[11] Dabei arbeitet man ungefähr folgendermaßen: Man geht davon aus, daß sprachliche Zeichen nicht eindeutig, sondern immer mehrdeutig sind (vgl. auch unten zum Einfluß SAUSSUREs auf den Strukturalismus). Angesichts dieser Mehrdeutigkeit hält der Dekonstruktivismus es für anmaßend oder Betrug, wenn jemand behauptet, er könne den Sinn eines Textes erklären; für den Dekonstruktivismus gibt es einen solchen eindeutigen Sinn, der vom Interpreten rekonstruiert werden könnte, überhaupt nicht. Der Autor eines Textes *will* zwar immer einen Sinn vermitteln; aber das scheitert an zweierlei: Erstens kann dieser Autor, weil er mit Sprache arbeiten muß, Sprache aber eben nicht eindeutig ist, selbst gar nicht genau sagen, was er will; und zweitens können Leser und Interpreten wegen der gleichen Uneindeutigkeit diesen Sinn nicht herausfinden, weil sie die sprachlichen Zeichen nie genauso deuten wie der Autor. Zwar entsteht beim Abfassen eines Textes bzw. bei der Rezeption des Textes ein Sinn; aber dieser Sinn entsteht im Kopf des Autors und der Rezipienten, nicht durch den Text selbst. Der Text legt allerdings meist einen Sinn *nahe*. Und die Dekonstruktivist/inn/en betrachten es nun als ihre Aufgabe zu zeigen, daß dieser Sinn nicht der einzig mögliche ist, daß der Text sich auf ihn nicht festlegen läßt. Sie machen dies konkret, indem sie dem Text *Widersprüche* nachzuweisen versuchen. Genau dies nun haben wir auch gemacht: Der Text von Hans Folz suggeriert einen Sinn u.a. durch den Prolog, in dem ja versprochen wird, es solle ein Katalog nötiger Haushaltsgegenstände geliefert werden, damit Heiratswillige sich vorher überlegen, ob sie sich das leisten können. Daß dieser Sinn nicht der eigentliche und einzige sein konnte, ließ sich dann unter Hinweis auf sonstige Inhalte des Textes sowie auf die soziale Interessenlage des Autors nachweisen.

Soweit also meine Vorstellung einiger aus unserer Textinterpretation gewonnener literaturwissenschaftlicher Perspektiven und Methoden. Es gibt noch mehr: Man kann versuchen, aus einem Text Aufschlüsse über die Psyche des Autors oder der Autorin zu gewinnen oder über die kollektive Psyche einer Zeit - dann ist man bei der weitverzweigten Betrachtungsweise der **Literaturpsychologie.**[12] Man kann versuchen, den Text im Wesentlichen als eine *Struktur* anzusehen, die bestimmt ist von der Korrelation einzelner sprachlicher Zeichen zueinander - dann ist man bei der Methode des **Strukturalismus.**[13] 'Strukturalismus' zu betreiben heißt also nicht einfach, die Struktur, den Aufbau eines Textes zu beschreiben und ihn zu gliedern, sondern genauso wie der Dekonstruktivismus baut auch der Strukturalismus auf Theorien aus der Sprachwissenschaft auf, speziell auf der Linguistik FERDINAND DE SAUSSUREs († 1913). Saussure hat gelehrt, daß einzelne sprachliche Zeichen keine naturhafte Bedeutung haben, sondern daß sprachliche Zeichen beliebig sind, Konventionssache; und die Bedeutung eines sprachlichen Zeichens hängt deshalb allein vom Unterschied zu anderen sprachlichen Zeichen ab: Das Zeichen TIER bedeutet 'Tier', weil es nicht wie BIER oder VIER aussieht. Der literaturwissenschaftliche Strukturalismus nimmt das zum Anlaß, einen Text ganz aus dem Verhältnis seiner einzelnen Teile zueinander zu interpretieren. Der eben erwähnte Dekonstruktivismus gründet sich auch auf diese Ansichten Saussures, zieht aber eine andere Konsequenz: Der Unterschied eines sprachlichen Zeichens zu anderen Zeichen läßt sich immer weiter forttreiben, so daß die eigentliche Bedeutung eines einzelnen Zeichens nie genau festgelegt werden kann: die Bedeutung eines sprachlichen Zeichens ergibt sich immer auch daraus, was dieses Zeichen *nicht* bedeutet, mehr aus dem *Unterschied* zu anderen Zeichen als aus dem Zeichen selbst. Anders als für Saussure läßt sich für den Dekonstruktivismus durch die Unterschiede die Bedeutung eines sprachlichen Zeichens also auch nicht genau festlegen; welche Konsequenzen das für die Vorgehensweise des Dekonstruktivismus bei der Textinterpretation hat, habe ich eben kurz dargelegt.

Das waren jetzt alles Namen und Begriffe, von denen beim ersten Mal wenig bei Ihnen hängenbleiben wird - und das sollte Sie keineswegs frustrieren. Es gibt heute in der Literaturwissenschaft keine Methode und keine Betrachtungsweise, die als die allein seligmachende und richtige anerkannt wäre. Es gibt allenfalls bestimmte Interpretations'schulen', innerhalb derer die eine oder andere Methode bevorzugt wird. Es gibt aber eigentlich keine 'falschen' und daher 'verbotenen' Methoden, denn jede Methode bringt auf dem Gebiet, für das sie zuständig ist, Erkenntnisgewinne - vorausgesetzt, sie wird sauber durchgeführt, und man läßt sich nicht den Blick für eventuell abweichende Deutungsmöglichkeiten nehmen. Eine einzige Ausnahme möchte ich hier allerdings machen: Es ist im Bereich der *Wissenschaft* relativ sinnlos, einen Text assoziativ-geschmäcklerisch in dem Sinn zu 'interpretieren', daß man ihn von seinen eigenen Emotionen bei der Lektüre her danach bewertet, ob er einem 'gefällt' oder 'nicht gefällt'. Wenn man davon ausginge, würden etwa 93 % aller mittelalterlichen Texte zumindest bei der Erstlektüre nur mit dem Wort 'langweilig' zu interpretieren sein. Es ist auch funktionslos, fiktive Personen in Literatur daraufhin zu 'interpretieren', ob sie richtig oder falsch handeln - also nach Art der früher an der Schule so beliebten sog. Besinnungsaufsätze ('Ist Maria Stuart eine Verbrecherin?', 'Wie stehen Sie zur Weigerung des spanischen Königs, Wallenstein seine Luftpumpe zu borgen?' o.ä.). Natürlich lassen sich individuelle Emotionen und Assoziationen bei der Textlektüre nicht ausschalten; das *will* ich Ihnen nicht nur nicht verbieten, sondern das *kann* ich Ihnen gar nicht verbieten. Assoziatives Lesen kann ja auch, wie wir, glaube ich, alle wissen, sehr schön sein. Nur sind das zwei Paar Schuhe, und wenn man noch die Literatur*kritik* hinzunimmt, sogar drei Paar: Wenn ich assoziativ lese, um daran Spaß oder sonstwas zu haben, dann lese ich als Privatmensch für mich; wenn ein/e Literaturkritiker/in einen Text danach bewertet, ob er oder sie ihn schön findet oder nicht und weshalb jeweils, dann geht es ihr/ihm darum, ästhetische Normen und Empfindungen weiterzuvermitteln; wenn aber eine Literaturwissenschaftlerin oder ein Literaturwissenschaftler - **und das ist ja in dem Moment, in dem Sie das Fach zu studieren anfangen, schon Ihr Beruf -** Texte interpretiert, dann tun sie das, um aus dem Text wissenschaftliche Erkenntnisse zu gewinnen, die im Rahmen aller Geistes- und Kulturwissenschaften dazu dienen sollen, uns selbst besser kennenzulernen.

Willkommen im Club!

Anmerkungen

1 Wenn man (wie einige Wörterbücher) 'Philologie' definiert als 'Sprach- und Literaturwissenschaft', dann wäre natürlich jede Methode, die in der Sprach- und Literaturwissenschaft verwendet wird, 'philologisch'.

2 Von lat. *ponere* = 'setzen', 'stellen', 'legen' - wie etwa auch in der Zusammensetzung 'positives Recht' = von Menschen festgelegtes Recht im Gegensatz zum Naturrecht.

3 Dazu JOST HERMAND: *Synthetisches Interpretieren. Zur Methodik der Literaturwissenschaft*. 4., erw. Aufl. München 1973, S. 19ff. JÜRGEN HAUFF/ ALBERT HELLER/ BERND HÜPPAUF/ LOTHAR KÖHN/ KLAUS-PETER PHILIPPI: *Methodendiskussion*. 2 Bde. Durchges. und erg. Aufl. Frankfurt/M. 1972, Bd. 1, S. 4ff., 29ff. MANON MAREN-GRISEBACH: *Methoden der Literaturwissenschaft*. 2., veränd. und erw. Aufl. München 1972, S. 10ff.

4 Dazu MAREN-GRISEBACH (wie Anm. 3), S. 80ff.; HERMAND (wie Anm. 3), S. 100ff.; FLORIAN VAßEN: *Methoden der Literaturwissenschaft II: Marxistische Literaturtheorie und Literatursoziologie*. Düsseldorf 1972.

5 Dazu HERMAND (wie Anm. 3), S. 100ff.; PAUL GERHARD VÖLKER: "Skizze einer marxistischen Literaturwissenschaft." In: MARIE LUISE GANSBERG, PAUL GERHARD VÖLKER: *Methodenkritik der Germanistik*. Stuttgart 1973, S. 76-134, Anmerkungen S. 144-152; VAßEN (wie Anm. 71); HAUFF/ HELLER/ HÜPPAUF/KÖHN/PHILIPPI (wie Anm. 3), Bd. 1, S. 10ff., S. 17ff., Bd. 2, S. 83ff.

6 Dazu HAUFF/ HELLER/ HÜPPAUF/KÖHN/PHILIPPI (wie Anm. 3), Bd. 1, S. 7ff., S. 17ff., Bd. 2, S. 1ff.; ULRICH NASSEN (Hg.): *Texthermeneutik. Aktualität, Geschichte, Kritik*. Paderborn (u.a.) 1979.

7 Siehe HAUFF/ HELLER/ HÜPPAUF/KÖHN/PHILIPPI (wie Anm. 3), Bd. 2, S. 18ff.

8 Vgl. dazu vor allem die Theorien des 1984 verstorbenen französischen Philosophen MICHEL FOUCAULT, der, ausgehend von strukturalistischen Ansätzen, in den verschiedensten Bereichen von Kultur und Zivilisation die wechselseitige Beeinflussung von Weltanschauungen, gesellschaftlichen Institutionen, sozialen Einstellungen einerseits, Sprache (und Literatur) andererseits darzustellen versucht hat; s. vor allem ders.: *Die Ordnung des Diskurses*. München 1974 (Übers. einer 1971 gehaltenen Vorlesung).

9 Zur Diskursanalyse s. etwa SIEGFRIED JAEGER: *Kritische Diskursanalyse. Eine Einführung*. Duisburg 1993.

10 HADUMOD BUßMANN/RENATE HOF (Hg.): *Genus. Zur Geschlechterdifferenz in den Kulturwissenschaften*. Stuttgart 1995. JUTTA OSINSKI: *Einführung in die feministische Literaturwissenschaft*. Berlin 1998. LENA LINDHOFF: *Einführung in die feministische Literaturtheorie*. Stuttgart 1995. INGRID BENNEWITZ (Hg.): *Der frouwen buoch. Versuche zu einer feministischen Mediävistik*. Göppingen 1989.

11 Dazu JONATHAN CULLER: *Dekonstruktion. Derrida und die poststrukturalistische Literaturtheorie*. Reinbek 1988. PETER V. ZIMA: *Die Dekonstruktion. Einführung und Kritik*. Tübingen, Basel 1994.

12 Dazu WALTHER SCHÖNAU: *Einführung in die psychoanalytische Literaturwissenschaft*. Stuttgart 1991. JÜRGEN KÜHNEL/HANS-DIETER MÜCK/ULRICH MÜLLER (Hg.): *Psychologie in der Mediävistik*. Göppingen 1985.

13 Dazu HERMAND (wie Anm. 3), S. 164ff.; LEO POLLMANN: *Literaturwissenschaft und Methode*. 2. Aufl. Frankfurt/M. 1973, S. 203ff.; HAUFF/ HELLER u.a. (wie Anm. 3), Bd. 1, S. 11ff., S. 101ff.; WALTHER HAUG: "Strukturalistische Methoden und mediävistische Literaturwissenschaft." In: Wolfram-Studien 5, 1979, S. 8-21; RALF SIMON: *Einführung in die strukturalistische Poetik des mittelalterlichen Romans. Analysen zu deutschen Romanen der matiére de Bretagne*. Königshausen 1990.

V. Themenbereiche der germanistischen Mediävistik

Vorbemerkung

Im folgenden Kapitel - dem längsten dieser Einführung - möchte ich Ihnen nun *einige* Themenbereiche vorstellen, die *derzeit* in der germanistischen Mediävistik aktuell sind (und nehmen Sie die beiden kursiv gesetzten Wörter bitte ganz ernst!). Bei diesen Themenbereichen handelt es sich teils um solche, die schon des längerem wissenschaftliche Dignität besitzen, teils um solche, die *neu* oder *wieder* in den Mittelpunkt des wissenschaftlichen Interesses geraten sind. Es ist also sehr wahrscheinlich, daß eine Einführung in die Mediävistik, die in zwanzig Jahren geschrieben wird, zumindest teilweise ganz andere Inhalte präsentiert - so wie Sie ja auch, wenn Sie die im Vorwort erwähnten Einführungen vergleichen, sehr leicht feststellen können, daß ältere oder sogar annähernd gleichzeitig entstandene Einführungen in die Mediävistik inhaltlich keineswegs deckungsgleich ausfallen.

1. *Mündlichkeit und Schriftlichkeit*

In der zweiten Hälfte des 9. Jhs. hat der Mönch Otfrid von Weißenburg ein 'Evangelienbuch' verfaßt,[1] genauer: eine sog. 'Evangelienharmonie', eine kommentierende und zusammenfassende Übersetzung der vier kanonischen Evangelien (Matthäus, Markus, Lukas, Johannes). Diesem Text hat er eine Art Vorwort vorausgestellt mit der Überschrift *Cur scriptor hunc librum theodisce dictaverit* - 'Weshalb der Autor dieses Buch *theodisce* verfaßt hat'. Von dem Wort *theodisce* kommt unser Wort 'deutsch'. Es bedeutet aber, wie Sie der folgenden Übersetzung entnehmen können, hier noch nicht 'deutsch', sondern 'in der Volkssprache', ist also der Gegenbegriff zu den später (V. 53) als 'heilig' bezeichneten Sprachen Griechisch, Lateinisch, Hebräisch. Otfrids 'Volkssprache', sein einheimisches Idiom, war damals das Ostfränkische. Hier zunächst Auszüge aus dem insgesamt

126 Verse umfassenden Text mit einer kleinen 'Kostprobe' des Originals:

Otfrid von Weißenburg:
Evangelienharmonie
2. Hälfte 9. Jhd.

Was liuto filu in flize, in managemo agaleize,
Viele Leute haben eifrig und mit großem Fleiß
sie thaz in scrip gicleiptin, thaz sie iro namon breittin;
etwas schriftlich niedergelegt, um damit ihren Namen bekanntzumachen.
Sie thes in io gilicho flizzun guallicho,
Immer haben sie sich sorgfältig darum bemüht,
ir buachon man gimeinti thio iro chuanheiti.
daß man ihre Leistungen in Büchern dargestellt fände.

5 *Daran setzten sie ihre ganze Kraft. Sie gaben ihre Fähigkeiten zu erkennen und zeigten ihre Geschicklichkeit durch die Fehlerlosgkeit ihrer Dichtung. Es ist alles so ganz und gar kunstvoll dargestellt - der Inhalt ist nicht alltäglich und in gebundener Rede abgefaßt - damit auch Menschen angesprochen werden und an den Büchern Gefallen haben, die sich ihnen aus reiner Freude am Lesen zuwenden. In diesem Zusammenhang kann man auch viele Völker namentlich aufzählen und einzeln benennen. Vor allem Griechen und Römer machen ihre Literatur kunstvoll, gestalten sie so, wie es dir wohlgefällt.* [...] 31 *Wenn nun aber so viele es unternommen haben, in ihrer eigenen Sprache zu schreiben, und sich bemühen, sich dadurch auszuzeichnen: warum sollen es allein die Franken unterlassen, in ihrer Sprache Gottes Lob zu singen? Wenn auch die fränkische Sprache noch nicht dichterisch verwendet und in poetische Regeln gefaßt wurde, so hat sie doch eine gewisse Regelhaftigkeit in schöner Schlichtheit. Bemühe dich nur fest darum, daß es dennoch schön klingt, daß, was auf Fränkisch gesungen wird, schön ausgesprochen wird, so daß Gottes Gebot machtvoll daraus ertönt und wir fest im Verständnis der religiösen Wahrheit gehalten werden. Diese Wahrheit soll dir heilig sein! Wenn dann die Versfüße das Maß geben und die Regeln den Takt, dann ist es Gottes eigene Predigt.* [...] 51 *Was Christi Worte uns gesagt und seine Jünger uns berichtet haben, damit fange ich an; denn sie haben es verkündet in den heiligen Sprachen* [edilzungun]. [...]

Daß ein Autor Probleme damit hat, einen von ihm verfaßten Text in seiner eigenen Sprache und nicht in einer anderen zu verfassen, gibt es heute wohl nur noch in Ausnahmefällen - etwa dann, wenn eine ethnische Minorität in einem Staat entsprechenden Verboten unterliegt. Otfrids

Probleme sind dadurch bedingt, daß er keinen beliebigen Text verfaßt, sondern einen *religiösen*: So erklärt sich auch der Begriff *edilzungun* in Vers 35 (wörtl. 'edle/ vornehme/ adlige Sprachen'), dem althochdeutschen Äquivalent zum lat. Begriff der *sacrae linguae* ('heilige Sprachen'): Die Originalbibeltexte sind überwiegend in Hebräisch (Altes Testament) und Griechisch (Neues Testament) verfaßt und wurden vom Hl. Hieronymus ins Lateinische übersetzt. Gemäß mittelalterlicher Auffassung sind diese Texte durch *Verbalinspiration* zustande gekommen: Gott hat Verfasser und Übersetzer der Bibeltexte *verbal*, wörtlich, *inspiriert*, ihnen die Texte also eingegeben. Wenn das so ist, dann sind Latein, Griechisch, Hebräisch Sprachen, in denen Gott sich artikuliert hat - und *deshalb* werden sie als 'heilige Sprachen' bezeichnet. Daher hat das Mittelalter zunächst Skrupel, religiöse Texte in einer anderen Sprache als Griechisch, Lateinisch oder Hebräisch zu verfassen. Dieses Problem ist während des gesamten Mittelalters immer wieder aufgegriffen worden, hat sich aber in der Praxis rasch von selbst erledigt: ob man das 'durfte', blieb umstritten - aber gemacht hat man es immer.

Otfrid jedenfalls fühlt sich bemüßigt, sein Vorhaben zu rechtfertigen. Er macht das, indem er auf die Literatur anderer Völker hinweist. Und dann wechselt er plötzlich die Bezugsebene: er redet nicht mehr von *inhaltlichen* Problemen, also davon, ob man heilige Texte in der Volkssprache verfassen darf, sondern er redet von *ästhetischen* Problemen. Er sagt, daß Griechen und Römer sehr *schön* geschrieben haben - aber er spricht auch der fränkischen Sprache gewisse Qualitäten nicht ab. Die 'unheilige' Sprache Fränkisch wird also dadurch geadelt, daß sie in gewisser Beziehung *schön* ist. **Schönheit kann nach der mittelalterlichen Ästhetik Kennzeichen von moralischer Gutheit sein.**[2] Bezeichnend übrigens, daß Otfrid seine These von der Schönheit des Fränkischen herleitet davon, daß diese Sprache *Regelhaftigkeit* aufweist: Regeln sind Kennzeichen von Ordnung, und damit ist eine weitere Lehre der mittelalterlichen Ästhetik angesprochen: **Es kann keine Schönheit ohne Regeln geben.** Das ist auch ein Hauptgrund dafür, daß bis ins 14. Jh. hinein viele mittelalterliche Texte nicht in Prosa, sondern in Formen der durch Metrik und Reim *gebundenen* Rede abgefaßt sind. Das betrifft nicht etwa, wie wir das gewöhnt sind, nur lyrische Texte, noch nicht einmal nur fiktionale Literatur, sondern sogar Sach- und Fachliteratur.

Otfrid redet weiter davon, daß sein Versuch *erstmalig* sei - es gebe bisher noch keine fränkische Literatur. Das stimmt zwar nicht ganz; schon seit ca. 750 werden die Sprachen einiger deutscher Dialekte, darunter eben auch das Fränkische verschriftlicht; aber sehr zahlreich sind solche Texte nicht. Zur Zeit Otfrids und bis ins 17. Jahrhundert hinein stellt Schriftlichkeit in den meisten europäischen Gesellschaften die große Ausnahme dar: Nur wenige können lesen und schreiben; der überwiegende Teil der Bevölkerung ist analphabet. Die mittelalterlichen Gesellschaften haben also in mediengeschichtlicher Hinsicht einen Doppelcharakter: im Ganzen dominiert die mündliche, orale Kultur; aber es gibt schriftliche, literale Einsprengsel, die sich kontinuierlich vergrößern, aber - wie gesagt - bis ins 17. Jh. hinein der Oralität quantitativ unterlegen sind; man spricht deshalb auch von *semioralen* ('halbmündlichen') Gesellschaften. Alphabete hat es schon bei den germanischen Stämmen gegeben, die sog. Runenalphabete; größere Texte wurden damit jedoch nicht aufgezeichnet. Im 4. Jh. nach Christus hat der gotische Bischof Ulfilas den Versuch unternommen, die gotische Sprache zu verschriftlichen, wozu er sich einer Mischung aus Runen, lateinischen und griechischen Buchstaben bediente. Dieser Versuch hat aber zunächst keine Nachfolger gefunden - die Literarisierung germanischer Sprachen kommt bald wieder zum Erliegen. Sie setzt erst um die Mitte des 8. Jhs. wieder ein, zu einer Zeit, als es noch keine einheitliche deutsche Sprache gibt, wohl aber eine Reihe von Dialekten wie Bairisch, Sächsisch, Fränkisch, Thüringisch usw., die untereinander mittlerweile so viele Gemeinsamkeiten aufweisen, daß sie von der Forschung nicht mehr als eigene Sprachen aufgefaßt werden, sondern eben als Dialekte einer zu dieser Zeit noch hypothetischen 'Obersprache' Deutsch gelten können.

Epochen der deutschen Sprachgeschichte

In bezug auf die deutsche *Sprach*geschichte wird die Sprache der Zeit von ca. 750 bis ca. 1050 als **Althochdeutsch** bezeichnet; von 1050 bis 1350 schließt sich an das **Mittelhochdeutsche,** darauf folgt bis ca. 1650 das sog. **Frühneuhochdeutsche** und darauf dann - so lange der Laden eben hält - das **Neuhochdeutsche**; eine fünfte Epoche ist das sog. **Gegenwartsdeutsch** (ab 1945) - eine Epoche, die sich freilich angesichts ihrer Gebundenheit an den Begriff 'Gegenwart' stetig verschieben wird. Man kann nun beobachten, daß sich die deutsche Sprache in früheren Zeiten schneller verändert hat. Deutsche Autoren um 1100 etwa, die versucht haben, Texte aus der Zeit um 900 sprachlich zu modernisieren, weil sie am Inhalt Interesse hatten, verstanden diese 200 Jahre alten Texte oft nicht mehr - wie man an klaren Übersetzungsfehlern merken kann. Woran liegt das?

Es liegt an dem, was ich einleitend erwähnt habe: Schriftlichkeit spielt im Mittelalter zunächst noch eine untergeordnete Rolle; überwiegend gesprochene, nicht schriftlich fixierte Sprache aber verändert sich schneller. Das kann man z.B. heute noch in den Randbereichen sehen, wo nun umgekehrt Mündlichkeit in unserer Zeit der Schriftlichkeit überdauert hat, im Dialekt nämlich. Wenn man einen 70jährigen und einen 20jährigen aus dem gleichen Dorf in ihrem heimischen Dialekt reden hört, dann merkt man, daß und wie stark der gleiche Dialekt sich im Lauf von nur 50 Jahren verändert hat. **Schriftlichkeit dagegen bewirkt eine Konservierung sprachlicher Standards**.

Früher richtete sich die Schrift nach der Sprache. Sieht man sich althochdeutsche, mittelhochdeutsche oder auch noch frühneuhochdeutsche Texte an, dann stellt man fest, daß verschiedene Schreiber für gleiche Laute verschiedene Buchstabenzeichen verwendet haben; nicht selten sind Unterschiede in der Graphie sogar bei ein und demselben Schreiber zu beobachten. Im Fall der ersten deutschen Schriftliteratur wird dieses Phänomen noch dadurch verstärkt, daß das Deutsche mithilfe eines Alphabets verschriftlicht wurde, das für eine ganz andere Sprache geschaffen worden war - mithilfe des *lateinischen* Alphabets eben. Im Lateinischen gibt es Buchstaben, für die im damaligen Deutsch überhaupt keine Laute vorhanden waren - z.B. **h** oder **v**; andererseits gab es im Deutschen Laute, für die das lateinische Alphabet keine Zeichen bereithielt, z.B. das kurze und lange **ü** oder der damalige **w**-Laut. Weil der w-Laut im Althochdeutschen noch (wie heute im Englischen) mit einem leichten u-Vorschlag gesprochen wurde (vgl. engl. *was*), benutzten die deutschen Schreiber den lat. Buchstaben v, der im Lateinischen den u-Laut bezeichnet; sie benutzen z.T. aber auch zwei v nebeneinander - und so entsteht das heutige w = vv. In den Anfängen der deutschen Literaturgeschichte gilt also: "Schreibe, wie du sprichst"; und da noch nicht einmal zwei Menschen eine ganz identische Aussprache haben, ist es erklärlich, daß es zu Unterschieden in der Graphie kommt. Anders als heute gibt es im Mittelalter ja auch noch keine allgemein akzeptierten

"Schreibe, wie du sprichst!"

Institutionen, die die Schreibung regeln; es gibt kein allgemeines Schulsystem, das die Anwendung der vorgegebenen Regeln weiter vermitteln und kontrollieren könnte. Erst nachdem die Schriftlichkeit den überwiegenden Prozentsatz der Bevölkerung erreicht hat, als man also von einer *Schrift*gesellschaft reden kann, besteht Interesse an solchen Vereinheitlichungen. Seitdem dreht sich der Merksatz um: "Sprich, wie Du schreibst!" Wenn dieses Stadium erreicht ist, wird der natürliche Trend zur fortlaufenden Sprachveränderung gebremst. Wenn *wir* heute also einen Text lesen, der 200 Jahre alt ist, haben wir nur noch wenige Schwierigkeiten mit dem Verständnis.

"Sprich, wie du schreibst!"

Buchreligionen

Schriftlichkeit dringt in die mittelalterliche Gesellschaft ein durch die *Kirche*. Die christliche Religion ist - wie etwa auch das Judentum oder der Islam - eine sogenannte *Buchreligion*: Die Offenbarung dieser Religion ist *schriftlich* festgelegt (in der Bibel); und die Inhalte dieser Offenbarung werden von Anfang an *schriftlich* ausgelegt. Für diejenigen, die diese Religion verwalten, die Kleriker, gehören Schreib- und Lesefertigkeit zur Ausbildung dazu. Die Ursprünge dieser christlichen Religion liegen außerdem in Gesellschaften, die schon literarisiert waren - eben wieder in der jüdischen, griechischen und lateinisch-römischen. **Für Kleriker ist also von ihrer Ausbildung und von ihrem Beruf her Schriftlichkeit konstitutiv**.

Das Christentum als Buchreligion:

a) Christusdarstellung aus dem irischen Book of Kells (Ende 8. Jh.), im Bildmittelpunkt das 'Buch der Bücher', das von Christus gehalten wird und auf das er gleichzeitig verweist.

b) Das Bild aus dem sog. Gero-Codex (nach der Mitte des 10. Jhs.) stellt Johannes während der Aufzeichnung seines Evangeliums dar. Die von ihm berichtete und miterlebte Wahrheit, an die der Christ glauben soll, wird authentisch in Schriftlichkeit überführt.

c) Das Bild aus einer vatikanischen Handschrift des 11. Jhs. stellt den Hl. Benedikt dar, der Mönche aussendet. Er gibt ihnen ein Buch (die Bibel?) mit – Schriftlichkeit ist also ihr offizieller Begleiter.

Mit der Missionierung Westeuropas kommen diese Kleriker dann auch in Gebiete, in denen Schriftlichkeit so gut wie überhaupt noch keine Rolle spielte. Die gesellschaftlichen Orte, an denen Schriftlichkeit zuerst existiert, zeigen, welcher Art solche Bedürfnisse sein können. Im Fall des fränkischen Reiches, aus dem dann später das Deutsche Reich hervorgeht, sieht das ungefähr folgendermaßen aus:

Den Missionaren geht es darum, den germanischen Stämmen möglichst schnell und effizient die Lehren der christlichen Religion zu vermitteln. Diese Lehren liegen (s.o.) in einer für authentisch gehaltenen Form und schriftlich fixiert vor, aber nicht in einer den zu Missionierenden verständlichen Sprache, sondern eben meist in Latein. Diese Texte müssen also übersetzt werden; deutsche Literatur entsteht zunächst überwiegend als *Übersetzungsliteratur*. Dabei ergeben sich nun gewisse Schwierigkeiten: Natürlich gibt es für lateinische Begriffe des täglichen Lebens meist adäquate deutsche Begriffe - für Einrichtungsgegenstände, Gebäude, Waffen, Nahrungsmittel etc. pp. Die zu übersetzenden Texte sind aber *religiöser* Natur, und die christliche Religion ist überdies eine höchst *abstrakte*. Begriffe wie etwa 'Sünde', 'Gnade', 'Schuld', 'Vergebung' entstammen einem völlig anderen kulturellen Vorstellungskreis; und für *diese* Begriffe gibt es mithin im Deutschen auch zunächst keine adäquaten Bezeichnungen. Wer Inhalte des Christentums an Germanen vermitteln will, muß sich also einen entsprechenden Wortschatz erst einmal selbst verschaffen - und das ist schwierig. Als eine der ersten Gattungen deutscher Literatur entstehen daher sog. **Glossen**, Einwortübersetzungen. Solche Glossen treten in drei Formen auf:

Glossen:
- Kontextglossen
- Marginalglossen
- Interlinearglossen

KONTEXTGLOSSEN (Glossen im Textinneren)

Pater noster *t. unsar* qui es in caelis ...

Erläuterung: Mitten im lateinischen Text steht hinter dem zu glossierenden Wort ein kleines *t* (Abkürzung für *teutonice*); dahinter steht, oft in einer anderen Schriftart, die deutsche Übersetzung für das betreffende lateinische Wort.

MARGINALGLOSSEN (Glossen am Textrand)

Pater noster qui es in caelis *himilom*
sanctificetur nomen tuum.
Adveniat regnum tuum. Fiat ... *queme*

Erläuterung: Das zu glossierende lateinische Wort ist im Text unterstrichen; am Seitenrand der Zeile, in der das Wort steht, findet sich die deutsche Wortübersetzung.- *queme* = 'komme' (lat. *advenire*: 'herankommen').

INTERLINEARGLOSSEN (Glossen *inter lineas*, zwischen den Zeilen)

Pater noster qui es in caelis sanctificetur
queme
nomen tuum. Adveniat regnum tuum. Fiat
uuillo
voluntas tua, sicut in caelo et in terra.

Erläuterung: Die deutsche Wortübersetzung steht über dem zu übersetzenden lateinischen Wort, also zwischen den Zeilen des lateinischen Textes.

Durch Zusammenfassung solcher Einzelglossen entstehen **Glossare**, Wörterbücher. Diese sind zum Teil alphabetisch geordnet, teils nach Sachgruppen; nachweisbar sind auch gesonderte Sachglossare. Es gibt deutsch-lateinische und lateinisch-deutsche Glossare, sogar dreisprachige Glossare (unter Einbezug des Griechischen). Als ältestes deutsches Wörterbuch, vielleicht sogar als ältestes deutsches 'Buch' überhaupt gilt der *Abrogans*, benannt nach seinem ersten lateinischen Lemma[3]; *abrogans* wird althochdeutsch glossiert mit *dheomodi* = 'demütig'.

Texte, die durchgehend interlinear glossiert werden, nennt man **Interlinearversionen;** dabei handelt es sich um fortlaufende Wort-für-Wort-Übersetzungen, die auf die syntaktischen Strukturen der eigenen Sprache keine Rücksicht mehmen. Als Beispiel, an dem die Besonderheiten dieses 'Übersetzungs'verfahrens vielleicht besonders deutlich werden, wähle ich den Anfang eines Ihnen möglicherweise bekannten Textes, Caesars *De bello Gallico*:

Gallien ist ganze geteilte in Teile drei derer
Gallia est omnis divisa in partes tres, quarum
einen bewohnen Belgier anderen Aquitaner dritten
unam incolunt Belgae, aliam Aquitani, tertiam ...

Glossen, Wörterbücher, Interlinearversionen und auch Übersetzungen aus althochdeutscher Zeit sind nicht etwa für die lateinunkundigen Laien, für die Nichtkleriker gedacht - denn diese können ja überhaupt nicht lesen -, sondern von den Klerikern *für sich selbst* verfaßt worden, weil sie sich um die Entwicklung eines religiösen oder im religiösen Kontext anwendbaren deutschsprachigen Wortschatzes bemühen. Und weil diese Kleriker das so gewohnt sind, machen sie es eben schriftlich. Die neue deutsche Schriftliteratur ist also überwiegend nicht eigenständig, weil sie nur eine Durchgangsstation zur erneuten Mündlichkeit darstellt: Die Kleriker konzipieren *schriftlich* deutsche religiöse Texte; und diese Texte vermitteln sie dann *mündlich* an die Laien weiter.

Neben diesen religiösen Bedürfnissen nach Schriftlichkeit gibt es im weltlichen Bereich zunächst nur wenige andere Anwendungsgebiete, in denen Schriftlichkeit für nötig erachtet wird. Hier sind es im wesentlichen Verträge und Urkunden - die aber, wie man mittelalterlichen Gerichtsfällen entnehmen kann, für sich genommen zunächst wenig Beweiskraft haben: Wenn jemand gerichtlich einen Anspruch geltend machen will, dann kann er sich zwar auf Urkunden berufen; Aussicht auf Erfolg hat er aber nur, wenn er daneben Zeugen geltend machen kann, die *mündlich* bestätigen, daß die betreffenden Urkunden echt sind. Urkunden und Verträge sind zunächst ebenfalls lateinisch verfaßt, wozu die weltliche Obrigkeit sich der Kleriker als Schreiber bedienen muß, weil sie selbst nicht über das Mittel der Schrift verfügt. In solchen lateinischen Urkunden ab und an dt. Wörter -> geographische Namen

andere Gattungen und Textsorten in Schriftform (Epen, Lieder, Chroniken) -> zunächst lat.

findet man dann ab und an auch deutsche Wörter, z.B. geographische Namen, wenn Herrschaftsgebiete beschrieben werden, und in den Verzeichnissen derjenigen, welche die Urkunde beglaubigen,[4] auch deutsche Eigennamen. Neben solchen Rechtstexten gibt es noch jede Menge anderer Gattungen und Textsorten in Schriftform (Epen, Lieder, Chroniken) - aber auch diese sind zunächst (mittel)lateinisch abgefaßt. Ein gesamtgesellschaftliches Bedürfnis nach mehr volkssprachlicher Schriftlichkeit scheint also offenbar nicht bestanden zu haben. Daß die Entstehung deutschsprachiger Schriftliteratur primär an religiöse Zwecke gebunden war, zeigt sich dann ganz deutlich nach dem Tod Karls des Großen (814): Ein Jahr später wird auf einer Synode von den Bischöfen und dem Nachfolger Karls, Ludwig dem Frommen, beschlossen, daß keine weitere deutsche Schriftliteratur über das bereits Vorhandene heraus verfaßt werden solle. Begründung: Die Laien hätten jetzt alles, was sie benötigten. Und das war nicht eben viel: ein paar Gebete, die der Durchschnittschrist so im Alltag braucht, Glaubensbekenntnisse, Taufformeln. Dieser Beschluß scheint sich nach einer Übergangszeit weitgehend durchgesetzt zu haben; denn aus der Zeit zwischen 950 und 1050 ist mit einer großen Ausnahme so gut wie keine deutschsprachige Schriftliteratur mehr überliefert, also wahrscheinlich auch nicht produziert worden. Diese Ausnahme aber, ein St. Gallener Mönch namens Notker, verwendet die von ihm produzierten deutschen Übersetzungen nur innerhalb seines Klosters für den Ausbildungsbetrieb; er ist nämlich für die Klosterschule zuständig. Er will den Klosterschülern das Verständnis lateinischer Texte dadurch erleichtern, daß er diese übersetzt.

950-1050: vorläufiges Ende *deutsch*sprachiger *Schrift*kultur

Notker der Deutsche von St. Gallen († 1022)

Auch der zweite Versuch, eine volkssprachliche Literatur zu schaffen (der erste war ja die gotische Bibelübersetzung), ist also gescheitert; die althochdeutsche Literatur hat außerdem keine literarischen Traditionen ausbilden können, weil sie später kaum rezipiert wurde. Erst nachdem um 1050 der dritte Versuch gestartet wird, hat die Produktion deutscher Schrifttexte nie wieder aufgehört; erst seitdem kann man von einer *kontinuierlichen deutschen Literaturgeschichte* sprechen.

'Schriftliteratur' und 'mündliche Literatur' – ein weißer Schimmel und ein schwarzer Schimmel?

Ich habe in diesem Absatz schon mehrmals die Begriffe 'Schriftliteratur' und 'mündliche Literatur' verwendet. Das sieht im ersten Fall wie ein Pleonasmus aus bzw. im Fall von 'mündliche Literatur' wie ein Paradox. Die Begriffe sind in der Forschung zwar eingebürgert, aber tatsächlich etwas unglücklich, da im allgemeinen Sprachgebrauch das Wort 'Literatur' immer etwas Schriftliches meint - 'Literatur' kommt ja vom lateinischen Wort *littera*, und das bedeutet 'Buchstabe'. Die Begriffe 'mündliche Literatur' und 'Schriftliteratur' sollen aber darauf hinweisen, daß es neben dem **Alltagstext**, der seine mündliche Artikulation nicht lange überlebt ('Hallo, wie geht's?' - 'Na, wie soll's schon gehen!'), und dem potentiell unsterblichen **Schrifttext** noch etwas Drittes gibt - nämlich *gesprochene* **Texte, die weiter existieren, wenn sie über längere Zeiträume hinweg immer wieder verwendet werden, dadurch im Gedächtnis einer Gesellschaft überleben und dann bei Bedarf reproduziert werden können - nämlich ebenfalls wieder mündlich.** Dergleichen gibt es heute nur noch in Randbereichen, etwa im Fall von SPRICHWÖRTERN oder WITZEN. Zwar haben Bedeutung und Gebrauch von Sprichwörtern heute natürlich abgenommen, aber unter Garantie sind jedem von Ihnen zumindest *einige* Sprichwörter geläufig, die Sie noch nie in schriftlicher Form gesehen haben, die Sie aber kennen, weil Sie sie mehrmals gehört haben; und für Witze gilt gleiches (auch wenn es bei Witzen natürlich nicht so schön ist, wenn man sie mehrmals hört ...). Das sind die Reste eines Mediums, dem in schriftlosen Gesellschaften eine riesige Bedeutung zukommt.

Wenn's an Silvester
stürmt und schneit,
dann ist das Neujahr
nicht mehr weit!
(Uraltes deutsches Sprichwort)

"Kennen Sie den Witz von dem Fremdenführer, der einem Touristen zwei Köpfe Karls des Großen gezeigt hat – einen aus seiner Jugend und einen aus seinem Alter?" – "Nein, erzählen Sie mal!"

Wie unterscheidet sich das Medium der Schrift vom Medium mündlicher Sprache? Man hat einige idealtypische Kriterien aufgestellt - 'idealtypisch' soll heißen: es handelt sich um Kriterien, die nicht in jedem Einzelfall zutreffen müssen, sondern nur generell gelten:

Schriftgesellschaften sind u.a.:[5] X

1. traditionalistisch, d.h.: alles einmal Gewußte wird in der Schrift aufbewahrt - unabhängig davon, ob es noch einmal gebraucht wird.

2. Schriftgesellschaften sind autoritativ, d.h.: was schriftlich fixiert ist, kann jederzeit zugänglich gemacht werden und die 'Wahrheit' von irgend etwas dokumentieren.

3. Schriftgesellschaften sind kumulierend ('anhäufend'), d.h.: schriftlich Fixiertes sammelt sich, wenn es nicht künstlich zerstört wird, automatisch an - der Vorrat an

Wissen vergrößert sich ständig, weil nichts vergessen werden kann.

4. Schriftgesellschaften sind mittelbar, d.h.: das schriftlich konservierte Wissen bleibt unabhängig von personalen oder situationsbedingten Vermittlungsinstanzen.

Dreht man das ins Gegenteil, dann ergeben sich analog Eigenschaften von **oralen, mündlichen Kulturen**. Diese sind:

1. funktionalistisch: Weil Wissen, das nur mündlich transportiert wird, leichter in Vergessenheit gerät, kann sich nur das halten, was dauernd gebraucht wird, also aktuell ist.
2. orale Kulturen sind flexibel, weil mündlich Überliefertes diskussionsfähiger bleibt als schriftlich Überliefertes; in der Sphäre der Mündlichkeit treten sich nicht zwei Medien mit verschiedener Autorität gegenüber, sondern Auseinandersetzungen werden im gleichen Medium, nämlich in der mündlichen Sprache ausgetragen.
3. orale Kulturen sind umschichtend: Wissen wird nicht einfach angehäuft, sondern neues Wissen verdrängt altes Wissen;
4. orale Kulturen sind unmittelbar und personal; d.h. mündliches Wissen wird immer von einer Person vorgebracht und nicht von einem anonymen Medium wie einem Buch; die Person desjenigen, der mündlich etwas vorträgt, oder die Situation, in der mündlich etwas vorgetragen wird, nimmt starken Einfluß auf die Rezeption.

Semioralität der mittelalterlichen Gesellschaft

'halbmündlich'

Bei all dem gibt es sicher Zwischenstufen. Das gilt auch für die mittelalterliche Gesellschaft, die man als 'semioral' (s.o.) bezeichnet, weil zwar der überwiegende Teil der Gesellschaft illitererat ist, aber eben auch bereits eine schriftliche Kultur existiert. Als es z.B. seit der Mitte des 11. Jahrhunderts wieder üblich wird, deutsche Texte zu verfassen, da werden diese Texte meist *vorgelesen*, also nicht privat und stumm rezipiert; denn die meisten Rezipienten der neuen Texte können immer noch nicht selbst lesen. Wir haben also trotz Schriftlichkeit hier ein *personales* und immer auch ein *situatives* Element; es ist nicht belanglos, ob ein Schrifttext etwa in der Kirche oder in einem Palast, unter freiem Himmel oder in einem Gebäude, bei einem Fest oder einer Trauerfeier usw. vorgelesen wird.[6]

Wichtig ist:[7] Die Mediävistik sieht sich der Situation ausgesetzt, es von ihrem Gegenstand und ihrem zeitlichen Rahmen her mit einer Kultur zu tun zu haben, die noch in hohem Maß von Mündlichkeit geprägt ist; sie kann sich aber anhand *direkter* Quellen nur mit dem durch Schriftlichkeit überlieferten Teil dieser Kultur auseinandersetzen. Man hat also bei der Analyse eines Textes gegebenenfalls immer darauf zu achten, inwiefern sich die besondere mediale Situation des Mittelalters in dem betreffenden Text bemerkbar macht, bzw. ob unsere Interpretationen, die sich ja oft daraus ergeben, daß wir den Text *schriftlich* vor uns haben, also z.B. vor- und zurückblättern können, auch für die mündliche Rezeptionssituation der Zeitgenossen plausibel zu machen ist.

Mündliche Literatur: *Formelhaftigkeit* und *Improvisation*

Eine typisch mündliche Gattung, die im Mittelalter sicher eine größere Bedeutung gehabt hat als heute, habe ich schon erwähnt: das Sprichwort. Aber es gibt damals noch sehr viel mehr Gattungen, die rein mündlich produziert und rezipiert wurden - vom Rechtstext über Lyrik und Kurzerzählung bis hin zum Großepos. Untersuchungen in Afrika und auf dem Balkan haben gezeigt, daß Mitglieder oraler Kulturen eine für heutige Verhältnisse geradezu erstaunliche Fähigkeit des Memorierens besitzen: Der mündliche Vortrag eines Epos von mehreren tausend Versen 'aus dem Kopf' scheint keine Seltenheit zu sein, und dergleichen kann man also auch für das Mittelalter annehmen. Allerdings haben Tonbanddokumentationen auch gezeigt, daß es sich dabei dann um sehr *flexible* Textreproduktionen handelt: Ein Märchenerzähler oder Epenrezitator trägt ein und denselben mündlichen Text nie auch nur zweimal in völlig identischer Form vor. Das inhaltliche Grundgerüst ist immer gleich; formelhafte Wendungen ('da geschah es', 'nun aber hört weiter' etc.) stützen den Vortrag und treiben ihn von Episode zu Episode fort; die Zwischenräume aber werden mit mehr oder weniger großer Improvisation gefüllt. (Vergleichbar wäre hier im Bereich der Musik heute die Improvisation beim Jazz ohne Noten.) Auch diese Tatsache muß Einfluß haben auf unsere Einschätzung mittelalterlicher Texte: Gemäß den normativ gewordenen Ansichten vor allem des 19. Jahrhunderts kann es unter allen Varianten eines Textes immer nur *eine* Fassung geben, die den Intentionen seines Autors bzw. seiner Autorin entspricht. Seit der Einführung des Massendrucks haben Autor/inn/en auch die Möglichkeit, dies zumindest überwiegend durchzusetzen: Sie müssen gegenüber dem Drucker, *bevor* ihr Text in Druck geht, das sog. ***Imprimatur*** erteilen (wörtlich: 'es werde gedruckt'); und sie haben die Möglichkeit, in mehreren Korrekturgängen den ursprünglichen Text noch so zu verändern, wie es ihren Vorstellungen entspricht. Ein Begriff wie der der sog. ***Ausgabe letzter Hand*** trägt dem Rechnung: Eine 'Ausgabe letzter Hand' ist die letzte Druckausgabe eines Textes, an der die Autorin oder der Autor noch selbst mitgewirkt haben. Diese Fassung ist für die Neuzeit unantastbar - nur schwerlich würde es jemand wagen, an solchen Fassungen noch herumzuarbeiten. Im Mittelalter ist dies völlig anders:

Mittelalterliche Texte entstehen in aller Regel als *Unikate*, als Einzelexemplare für einen ganz bestimmten Adressaten, der oft auch der direkte Auftraggeber ist. Wenn jemand anderem dieser Text gefällt, muß er sich ihn abschreiben oder abschreiben lassen oder ihn etwa auch stehlen (solche Fälle sind aus dem Mittelalter auch in Adelskreisen belegbar und dokumentieren dann den hohen Wert, den ein Schrifttext besitzen konnte). Darauf, ob eine Abschrift sich mit dem Original deckte, hatte der Autor keinerlei Einfluß. Es gibt nicht unseren Begriff des 'geistigen Eigentums', und kein Rezipient fühlte sich dem Autor gegenüber in dem Sinn verpflichtet, daß er kontrolliert hätte, ob der abgeschriebene Text noch den ursprünglichen Intentionen des Autors entspricht. Die meisten Abschriften enthalten daher Kürzungen, Zusätze und sonstige mehr oder weniger große Eingriffe in die Vorlage, die auf die veränderten Interessen desjenigen Rücksicht nehmen, der die Abschrift in Auftrag gegeben hat.

Anmerkungen

1 **Ausgabe**: *Otfrids Evangelienbuch*. Hrsg. von OSKAR ERDMANN. 6. Aufl. bes. von LUDWIG WOLFF. Tübingen 1973.

2 Es gibt noch eine andere, negative Konzeption von Schönheit im Mittelalter: Das Schöne wird dann betrachtet als lediglich äußere und vergängliche Qualität, die unter Umständen das schlechte Innere verbirgt; vgl. dazu den Text von Heinrich von Melk im Kapitel V.3 "Adel und Klerus".

3 Lemma (von griech. *laemma* über lat. *lemma* = Epigramm): Stichwort in einem Nachschlagewerk.

4 Zeugen unterschreiben zunächst nicht (vor allem, weil sie das meist nicht können). Am Schluß einer Urkunde steht aber in der Regel ein Verzeichnis der Personen, in deren *Anwesenheit* die betr. Urkunde ausgefertigt worden ist. In dieser Beziehung fungiert Schriftlichkeit sozusagen als Hilfsmittel der Mündlichkeit und umgekehrt; das *schriftliche* Zeugenverzeichnis ermöglicht die Identifikation von Menschen, die notfalls *persönlich* und *mündlich* die Echtheit einer Urkunde bestätigen können. Zum personalen Element von Mündlichkeit siehe auch unten.

5 Nach KLAUS GRUBMÜLLER: "Mündlichkeit, Schriftlichkeit, Unterricht. Zur Erforschung ihrer Interferenzen in der Kultur des Mittelalters." In: DU 41 H.1, 1989, S. 41-54. Vgl. auch RÜDIGER BRANDT: "Phänomene 'struktureller Amnesie' in der Schriftkultur des Mittelalters". In: *Vergessen. Entdecken. Erhellen. Literaturwissenschaftliche Aufsätze*. Hg. v. JÖRG DREWS. Bielefeld 1993, S.31-56.

6 Wichtige mediengeschichtlich orientierte Darstellungen der mittelalterlichen Literatur: HORST WENZEL: *Hören und Sehen. Schrift und Bild. Kultur und Gedächtnis im Mittelalter*. München 1995. HAIKO WANDHOFF: *Der epische Blick. Eine mediengeschichtliche Studie zur höfischen Literatur*. Berlin 1996.

7 Zum Folgenden Brandt (wie Anm. 5), S. 36.

2. *Der mittelalterliche Autor und die mittelalterliche Poetik*

Kunst und Künstler

Spätestens seit dem 18. Jahrhundert, nämlich seit der Epoche des sog. 'Sturm und Drang', gilt ein Autor, ein 'Dichter' zumal, als etwas ganz Besonderes. Er steht über dem Durchschnittsmenschen; sein *Genie*[1] befähigt und berechtigt ihn dazu, sich seine eigenen künstlerischen Maßstäbe zu schaffen und die aufgrund dieser Maßstäbe geschaffenen Werke einem Publikum mit der expliziten oder impliziten Forderung zu präsentieren, daß es diese Werke anzuerkennen habe oder - falls es dies nicht mache - schweigen müsse. Seine Werke verfaßt der genialische Dichter aus eigenem Antrieb. Daß die gesellschaftliche Situation der Künstler und Literaten solch prätentiösen Selbstbildern meist nicht entsprochen hat, daß die meisten Künstler in mehr als einer Hinsicht 'arm dran' waren und von bürgerlichen Maßstäben her oft genug als verkrachte Existenzen galten, steht auf einem anderen Blatt. Entscheidend ist, daß es ein solches Selbstbild der Künstler überhaupt gegeben hat, daß es von nun an fast bis in unsere Zeit zur Regel wurde und daß sogar die *Gesellschaft* es in dem Sinn akzeptierte, daß sie die Künstler damit gewähren ließ. Hatte der Künstler Erfolg, gab dieser Erfolg ihm in den Augen der Öffentlichkeit Recht. Hatte der Künstler keinen Erfolg, schien dies umgekehrt nur zu bestätigen, daß er seinen eigenen Maßstäben nicht gerecht geworden war - wodurch aber diese Maßstäbe selbst weiter in Geltung blieben; außerdem war es einem erfolglosen Künstler immer unbenommen, seinen Mißerfolg damit zu erklären, daß das banausische Publikum seine Qualitäten einfach nicht erkenne, womit ein solcher Künstler also sein positives Selbst-

Diese Federzeichnung von ADAM ELSHEIMER (um 1600) zeigt den Typus des vom Alltagsleben in seiner Schaffenskraft bedrohten und behinderten Künstlers – für den also, anders als für den mittelalterlichen Künstler, eine vom Alltag isolierte Existenz das Erstrebenswerte ist.

Rechts: Karikatur von Honoré Daumier aus dem Jahr 1849, die den Schriftsteller Victor Hugo darstellt. Noch die Karikatur bewahrt das Konzept des modernen Künstlers: Die überdimensionierte Stirn weist ihn als reinen 'Geistmenschen' aus, der zugleich finstere und stechende Blick gilt der Gesellschaft, die kritisch-richtend gemustert wird, und Hugo steht auf einem Sockel aus Büchern – die also im Wortsinn seine 'Stellung' garantieren und ihn gleichsam zu seinem eigenen Denkmal machen.

bild behalten konnte. Das 18. Jh. führte auch den Begriff des 'geistigen Eigentums' ein; Autoren wie Klopstock oder Wieland kämpften darum, daß die Einkünfte von Schriftstellern nicht durch unautorisierte oder honorarfreie Nachdrucke geschmälert wurden. Ein Begriff wie 'geistiges Eigentum' aber macht nur Sinn, wenn man davon ausgeht, daß ein geistiges Produkt *unverwechselbar* ist bzw. daß man es für unverwechselbar halten kann: Künstlerische Produkte, die guten jedenfalls, müssen seit dem 18. Jh. unverwechselbar, einzigartig, originell und original sein.

Das deutsche *Rolandslied* des Pfaffen Konrad

Zurück ins Mittelalter: Wenn wir im Zusammenhang mit dem Thema von Mündlichkeit und Schriftlichkeit festgestellt haben, daß mittelalterliche Autoren nicht das Recht besaßen, die originale Gestalt ihrer Werke vor Veränderung zu schützen, dann zeigt sich jetzt nach dem Blick auf das 18. Jh., daß weitere Veränderungen stattgefunden haben. Das liegt aber nicht daran, daß das 18. Jh. in einem abstrakten Sinn 'fortschrittlicher' gewesen wäre; vielmehr ist der mittelalterliche Autor in ganz anderer Weise durch *soziale* und *poetologische* Vorgaben in das Verhältnis zwischen Autor, Text und Publikum eingebunden. Sehen wir uns, um das nachvollziehen zu können, den Epilog, sozusagen das 'Nachwort' eines Textes an, der in der Forschung den Titel *Deutsches Rolandslied* führt;[2] Autor ist jemand, der sich in V. 9079 selbst als der *phaffe* Konrad bezeichnet. Das reicht - und solche dürftigen biographischen Kenntnisse sind für uns in bezug auf mittelalterliche Literatur die Regel! - für eine Identifizierung nicht aus: *phaffe* bedeutet 'Weltgeistlicher' im Gegensatz zu 'Mönch'[3]; und in Regensburg, wo man sich den Text aus verschiedenen Gründen entstanden denkt, gab es zur vermutlichen Abfassungszeit (um 1170) mehrere Geistliche mit diesem Namen.- Im Epilog seines Rolandsliedes[4] sagt der Verfasser u. a. folgendes:

1. Er habe den Text nicht aus eigenem Antrieb verfaßt, sondern im Auftrag eines Herzogs;

2. gegenüber der Vorlage, dem frz. Rolandslied, habe er nichts hinzugefügt und nichts fortgelassen;

3. Rezipienten sollen für den Auftraggeber und alle Gläubigen beten.

Die erste Aussage bestätigt, was wir schon wissen: mittelalterliche Autoren verfassen Texte oft in *Auftragsarbeit*. Wir erfahren aber noch etwas weiteres: In V. 9020ff. sagt Konrad, daß man für diese lehrreiche, fromme Geschichte dem *Auftraggeber* zu Dank verpflichtet sei. Das bedeutet eine weitere Einschränkung der Autorposition: Für diesen Autor fällt laut Vers 9077ff. allenfalls ab, daß das Publikum sich seiner erinnert, falls ihm der Text gefallen hat. Und das ist für diese Zeit sogar schon etwas besonderes, weil viele Autoren noch nicht einmal ihren Namen nennen. Der Text, den ein Autor verfaßt hat, ist wichtiger als der Autor selbst. Wir können also festhalten: Die Person des mittelalterlichen Autors tritt zunächst hinter zweierlei zurück: hinter den *Auftraggeber* und hinter *Funktion und Qualität des Textes*. Daß der Auftraggeber im Mittelalter eine besondere Bedeutung hat, merkt man daran, daß viele Autoren ihn - ebenfalls wieder in den Werken selbst - nennen. Analog gibt es in der Malerei zahlreiche Beispiele dafür, daß sich Auftraggeber und Stifter religiöser Bilder von den Künstlern in den Bildern selbst haben darstellen lassen:

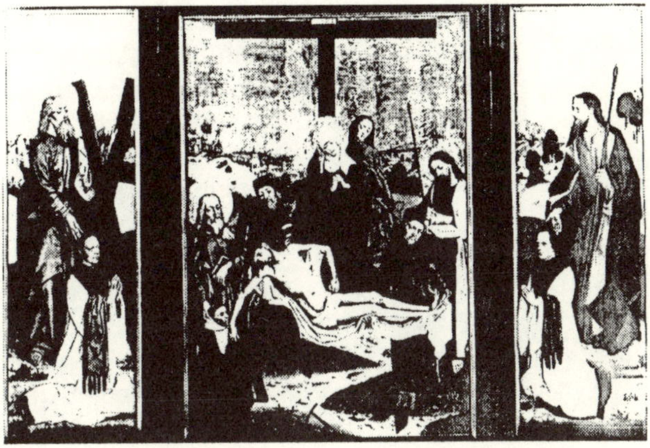

Links: Darstellung der Hl. Familie vom sog. MEISTER DER GEORGSLEGENDE (nach Mitte des 15. Jhs.). Unter dem Bild hat sich der Auftraggeber mit seiner Familie abbilden lassen. **Rechts:** Noch einen Schritt weiter macht dieses Altarbild mit Darstellung der Kreuzabnahme, ebenfalls vom MEISTER DER GEORGSLEGENDE: Hier ergreift der Stifter die rechte Hand Christi, ist also in das historische Geschehen integriert und wird selbst zum Bestandteil der Heilsgeschichte.

Das französische Rolandslied – die *Chanson de Roland*

Wenn Konrad behauptet, er habe gegenüber der von ihm übersetzen Vorlage nichts hinzugefügt und nichts weggelassen, dann ist dies von einem neuzeitlichen Standpunkt aus eine Lüge. Anhand eines Vergleichs mit den erhaltenen Fassungen des französischen Rolandsliedes, der *Chanson*[5] *de Roland*, kann man sehr schnell feststellen, daß er sowohl einiges weggelassen als auch vor allem jede Menge hinzugefügt hat. Wenn ein Autor von sich etwas behauptet, was nicht stimmt, dann muß es sich dabei um etwas handeln, das beim Publikum als positiv gilt. Und das ist hier, wie man wieder aus anderen Belegen erschließen kann, auch der Fall: Der mittelalterliche Autor soll kein *Er*finder sein, sondern *Finder* eines Stoffes. Vom Autor wird nicht verlangt, daß er etwas Neues, noch nie Dagewesenes, Unerhörtes, mit einem Wort: Originelles präsentiert, sondern er soll sein Publikum mit etwas Altem, per Tradition Bewährtem versehen. Das gute Alte, das seine Brauchbarkeit schon nachgewiesen hat, ist dem Neuen überlegen, das sich ja erst noch einem Praxistest unterziehen müßte. Die meisten mittelalterlichen Autoren beteuern also zumindest, daß sie für ihre Werke eine Quelle benutzt haben, und zwar in den Werken selbst. Diese Verpflichtung auf die Tradition scheint in einigen Fällen so weit gegangen zu sein, daß Autoren, wenn sie doch selbst einen Stoff neu geschaffen haben, eine Quelle *fingieren*.

Inwieweit diese theoretische Verpflichtung von Autoren immer respektiert worden ist, muß nicht nur angesichts vermutlicher Quellenfiktionen als unklar gelten, sondern auch deshalb, weil der Pfaffe Konrad nicht der einzige mittelalterliche Autor ist, der zu Unrecht mit der Behauptung hausiert, an seiner Quelle nichts geändert zu haben. Es ist auch unsicher, ob das *Publikum* stets so auf das 'gute Alte' fixiert gewesen ist, wie die Theorie und die zahlreichen Quellenberufungen das nahezulegen scheinen. Im 13. Jh. jedenfalls äußert ein Autor namens Der Stricker im Prolog zu einem Preisgedicht auf die adligen Frauen folgendes: *"Wie nahe mir auch der Geiz meines Publikums geht - näher geht mir noch, daß es so gierig nach Neuem ist. Wenn ich eine Geschichte gemacht habe, die es lohnt, angehört zu werden, und jemand sie zwei- oder dreimal gehört hat, dann sagt er, die kenne er ja schon. Für den ist sie sofort veraltet. Wozu habe ich mir dann Mühe gegeben, wenn meine Geschichte in so kurzer Zeit alt und unbeliebt wird?"*[6]

Trotzdem bleibt es dabei: In der *Theorie* sind die Autoren darauf verpflichtet, auf bewährte Stoffe zurückzugreifen, statt Neues zu erfinden. Wenn das so ist, treten Person und Rolle des Autors also ein drittes Mal zurück: nicht nur hinter Auftraggeber und Text, sondern auch hinter ihre *Quelle* bzw. hinter die *Tradition*. Es fragt sich also, wodurch ein mittelalterlicher Autor dann überhaupt noch seine künstlerische Qualität unter Beweis stellen kann, wenn der Stoff nicht von ihm stammt, wenn Funktion und Wirkung des Textes dem Auftraggeber gutgeschrieben werden und wenn das Publikum nicht am Autor, sondern am Text interessiert ist. Um diese Frage zu beantworten, muß man einen kleinen Umweg machen, nämlich über die Frage, wodurch man im Mittelalter *überhaupt* zum Künstler wird.

Wodurch wird man zum Künstler?

Für das 18. Jahrhundert ist die Antwort klar: Ein Künstler ist ein Genie, zum Genie wird man nicht gemacht, sondern geboren. Entweder man hat's oder man hat's nicht; und wenn man's nicht hat, dann kann man es auch nicht lernen. Sie kennen vielleicht den Spruch: "Kunst kommt von *können*, wenn es von *wollen* käme, hieße es Wulst." Bevor wir uns der Frage zuwenden, was den Künstler im Mittelalter ausmacht, untersuchen wir zunächst, was im Mittelalter als 'Kunst' (lat. *ars*, mhd. *kunst*) bezeichnet wird.

ars und *artes*

Die mittelalterliche Kunsttheorie stammt aus der Antike, wird im Mittelalter zunächst ausschließlich vom Klerus verwaltet und entsprechend seinen Verwertungszwecken angepaßt. Gemäß mittelalterlicher Systematik - die zu großen Teilen allerdings ebenfalls schon aus der Antike stammt - zerfällt der gesamte Bereich menschlichen Wissens in drei Teile; man unterscheidet *artes liberales* ('freie' *artes*[7]), *artes mechanicae* ('bewegliche' *artes*[8]) *und artes incertae* ('unsichere' *artes*, auch *prohibitae* - 'verbotene' - oder *magicae* - 'magische' - *artes* genannt). Unter diese Gruppen fallen die folgenden Fächer bzw. Tätigkeiten:

ARTES LIBERALES[9]	ARTES MECHANICAE	ARTES PROHIBITAE
Grammatik	Handwerke	Magie[10] und Mantik[11]
Dialektik	Landbau	"Gaunertum
Rhetorik	Seefahrt, Erdkunde, Handel	und Betrug in ehrlichen
Musik	Hofkünste[12]	Berufen"[13]
Astronomie	Tier- und Menschenheilkunde	
Geometrie	Kriegskunst	
Arithmetik	Malerei, Bildhauerei, Architektur	

Lat. *ars* / mhd. *kunst*
1. Kunst
2. Handwerk
3. Wissenschaft

Wir haben also drei verschiedene Kategorien, aber in jeder Kategorie finden wir zur Benennung den Begriff *ars*, in deutschen Übersetzungen aus dem Mittelalter *kunst*[14]. Alle in den Kategorien aufgeführten Tätigkeiten sind nach damaliger Begrifflichkeit *artes/künste*.[15] Stellt man also aus diesen drei Bereichen nebeneinander etwa die Fächer Malerei, Astronomie, Weberei und vergegenwärtigt sich noch einmal, daß sie sämtlich als *artes*/mhd. *künste* bezeichnet werden, dann ergibt sich daraus: lat. *ars*, mhd. *kunst* kann drei Bereiche bezeichnen, die heute terminologisch getrennt werden: Malerei gilt heute als **Kunst**, Weberei als **Handwerk**, Astronomie als **Wissenschaft**. Zwischen Kunst, Handwerk, Wissenschaft wird also noch kein begrifflicher Unterschied gemacht.[16]

Trotz der Mehrfachbedeutung von *ars* gibt es auch im Mittelalter schon Abgrenzungsversuche von 'Theoretikern' gegenüber 'Praktikern':

Musicorum et cantorum magna est distantia. /
Illi dicunt, isti sciunt, quae componit musica. /
nam qui facit, quod non sapit, definitur bestia.

"Zwischen Musikern und Sängern besteht ein großer Unterschied: Jene sagen, diese wissen, was die Musik ausmacht. Denn wer tut, was er nicht weiß, wird als Tier bezeichnet."

Guido von Arrezo († 1050)

Wenn diese drei Bereiche zusammenfaßbar sind, dann bietet es sich an, nach *Gemeinsamkeiten* zwischen Kunst, Wissenschaft und Handwerk im Mittelalter zu suchen. Die für unser Thema wohl wichtigste Gemeinsamkeit ist: Der *Erwerb von Qualifikation* in den Bereichen Kunst, Wissenschaft und Handwerk wird als gleich gedacht. Man kann und muß *lernen*, ein guter Handwerker zu sein; man kann und muß *lernen*, ein guter Wissenschaftler zu sein; und man kann und muß *lernen*, ein guter Künstler zu sein. Kunst setzt also nach mittelalterlicher Auffassung nicht Genie voraus, sondern Fleiß, Übung und die mustergültige Anwendung der gängigen **Regeln**.[17]

Wo findet ein Autor seine Regeln? Es gibt im mittelalterlichen Wissenssystem nirgendwo ein Fach 'Poetik'. Das, was darüber belehrt, wie man gute Texte macht, findet sich in den drei ersten Fächern der *septem artes liberales*, im sog. Trivium (lat. *trivium*: 'Ort, wo drei Weg zusammenstoßen';[18] die anderen vier Fächer werden entsprechend als *quadrivium* bezeichnet); es handelt sich beim Trivium um die Fächer Grammatik, Dialektik, Rhetorik, wobei für den Verfasser von *Texten* der Schwerpunkt auf der *Rhetorik* liegt. *Grammatik* lehrt sprachlich-formal richtiges Schreiben; *Dialektik* ist im Mittelalter eine Art Logik, sie belehrt darüber, wie man logisch überzeugend und erfolgreich argumentiert; die *Rhetorik* belehrt darüber, wie man Texte ästhetisch und inhaltlich so gestaltet, daß die *Schönheit* des Textes der *Wichtigkeit* des Inhalts entspricht bzw. sie unterstreicht. Und hier haben wir nun die Antwort auf die Frage, wie ein mittelalterlicher Autor seine Qualitäten unter Beweis stellen kann, wenn ihm inhaltliche Originalität verwehrt ist, wenn er seinen Stoff aus der Tradition beziehen muß und wenn der Nutzen seines Werkes nicht ihm, sondern dem Auftraggeber gutgeschrieben wird: Ein idealer Autor ist für mittelalterliche Begriffe jemand, der sich an die vorgegebenen Regeln hält und sie perfekt und möglichst vollzählig anwendet.

Rhetorik

Bleiben wir noch einen Moment bei der Rhetorik und sehen wir uns einige ihrer Bestimmungen an. Während wir nämlich in bezug auf Traditionalität und Regelpoetik des Mittelalters wieder ein Beispiel für seine *Alterität* haben, hat ja die Rhetorik seit einigen Jahren in unserer Gegenwart eine lebhafte Renaissance erfahren: Bücher über 'erfolgreiches Reden' und Rhetorikseminare für politische Führungskräfte oder solche, die sich dafür halten, schießen derzeit wie Pilze aus dem Boden. In dieser Hinsicht wäre dann das Mittelalter also modern: Es vertritt - wie viele Leute in unserer Zeit - die Vorstellung, daß schönes und überzeugendes Reden systematisierbar sei und also *gelehrt* und *gelernt* werden könne. Natürlich hat es zwischen mittelalterlicher und gegenwärtiger praktischer Rhetorik Umakzentuierungen gegeben, aber ein gewisser Grundbestand hat sich gehalten.

Die fünf Arbeitsschritte der Rhetorik

Die mittelalterliche Rhetorik unterteilt die Arbeit eines Autors nach antikem Vorbild in fünf Schritte:

1. ***inventio***	(= *Auf*findung des Stoffs)
2. ***dispositio***	(Anordnung, Gliederung des Stoffs)
3. ***elocutio***	(Ausformulierung des Textes)
4. ***memoria***	(Auswendiglernen des fertigen Textes)
5. ***actio***	(Vortrag des Textes)

Dabei entfällt für den mittelalterlichen Autor die *memoria*; denn anders als in Griechenland und Rom, woher dieses System stammt, bieten sich im Mittelalter sehr viel seltener Gelegenheiten für frei vorgetragene öffentliche Reden, die in den antiken Gesellschaften eine große Rolle im politischen und sozialen Leben gespielt hatten. Daß dieser Bestandteil trotzdem in mittelalterlichen Rhetoriklehrbüchern[19] weitertransportiert wird, demonstriert, was wir über den Unterschied zwischen mündlichen und schriftlichen Wissensvermittlungssystemen theoretisch bereits wissen: Im mündlichen System wird das, was man nicht mehr praktisch verwenden kann, einfach durch Vergessen abgestoßen (man spricht von sog. 'struktureller Amnesie'). In schriftlichen Kulturen oder Teilkulturen wird durch Verschriftlichung Wissen angehäuft ohne Rücksicht auf seine praktische Verwertbarkeit.

Gehen wir die einzelnen Arbeitsschritte bei der Herstellung eines Textes kurz durch:

INVENTIO: Die Ansicht, daß ein Autor bei Bedarf seinen Stoff irgenwo in einer Quelle 'auffinden' kann, zeigt ein besonderes Verständnis von der Welt. Man geht offenbar davon aus, daß menschliche Situationen, Bedürfnislagen und Themen im Großen und Ganzen im Verlauf der Geschichte statisch sind. Taucht irgendein Problem oder eine Situation auf, für deren schriftliche Behandlung man einen Stoff benötigt, muß man sich nur auf die Suche begeben - man wird schon etwas Passendes finden. Die Suche kann sich allenfalls mühevoll gestalten, aber das kann dann wieder als Leistung des Autors deklariert und von ihm betont werden. Sehen wir uns den Prolog eines Textes von Hartmann von Aue an, den Prolog des *Armen Heinrich*[20]; er liefert einige Informationen, die zu unseren bisherigen Themen passen:

Hartmann von Aue: *Der arme Heinrich*

Ein ritter sô gelêret was,	Ein Ritter war so gebildet,
daz er an den buochen las,	daß er in Büchern lesen konnte,
swaz er dar an geschriben vant.	was immer er darin geschrieben fand.
der was Hartman genant.	Der hieß Hartmann.
dienstman was er ze Ouwe.	Er war Ministeriale[21] zu Aue.
er nam im manige schouwe	Er sah sich
in mislîchen buochen.	verschiedene Bücher immer wieder durch.
dar an begunde er suochen,	Er suchte darin,
ob er iht des vunde,	ob er nicht etwas fände,
dâ mite er swaere stunde	womit er schwere Stunden
möhte senfter machen,	leichter machen könnte,
und von sô gewanten sachen,	und zwar einen Stoff,
daz gotes êren töhte	der geeignet sei, Gottes Ehre zu befördern,
und dâ mite er sich möhte	und mit dem er sich
gelieben den liuten.	bei den Leuten beliebt machen könnte.
nû beginnet er iu diuten	Jetzt beginnt er, euch eine Geschichte zu
ein rede, die er geschriben vant.	erzählen, die er aufgeschrieben gefunden hat.
dar umbe hât er sich genant,	Er hat seinen Namen deswegen genannt,
daz er sîner arbeit,	damit er für die Mühe,
die er dar an hât geleit,	die er darauf verwendet hat,
iht âne lôn belîbe	nicht ohne Lohn bleibe
und swer nâch sînem lîbe	und damit, wer nach dem Tod des Autors
si hoere sagen ode lese,	diese Geschichte erzählen hört oder liest,
daz er im bittende wese	für ihn bei Gott
der sêle heiles hin ze gote.	für sein Seelenheil bete.

Hartmann von Aue: *Der arme Heinrich*, Vers 1ff.

Hartmann von Aue (aus der Weingartner Liederhandschrift).

Dieser Autor bringt seine eigene Person schon etwas weniger wortkarg ein als der Pfaffe Konrad. Auch Hartmann nennt zunächst seinen Stand - *ritter* - und seinen Namen, schiebt zwischen beides aber die Bemerkung ein, daß er lesen könne. Wenn ich mich Ihnen im Vorwort zu diesem Buch mit der Bemerkung vorgestellt hätte: 'Ich heiße Rüdiger Brandt, bin Professor und kann schreiben und lesen', hätte das bei Ihnen sicher keinen sonderlich großen Eindruck gemacht - oder allenfalls einen, der mir nicht unbedingt angenehm gewesen wäre. Wenn also Hartmann betont, daß er lesen könne, muß das zu seiner Zeit für einen Ritter etwas besonderes gewesen sein. Ritter waren, wie fast alle Nicht-Kleriker, überwiegend illiterat. Es kann sein, daß hinter Hartmanns Betonung seiner Lesefähigkeit mehr steht als das Interesse an persönlichem Prestige: Er sagt ja später, daß er einen Text vorlegen wolle, der geeignet sei, das Ansehen Gottes zu befördern - und damit mischt er sich in Kompetenzen ein, die eigentlich dem Klerus zustehen. Wenn er mit diesem Klerus um die Akzeptanz des Publikums konkurrieren will, muß er dem Publikum anscheinend zunächst einmal seine *Bildung* unter Beweis stellen. Und Bildung in bezug auf religiöse Belange meint offenbar: *Schriftlichkeit*, Lesefähigkeit, Verfügbarkeit über schriftliche Quellen. Warum das so ist, zeigt sich im Folgenden: Hartmann beschreibt nämlich den Prozeß der *inventio*; er habe sich des öfteren in den verschiedensten Büchern umgesehen, um einen für die dann genannten Zwecke geeigneten Stoff zu finden. Literarizität garantiert nach diesem Verständnis also erst den Zugriff auf das kulturelle Erbe. Daß die Hervorhebung der Literarizität mit der religiösen Thematik in Zusammenhang stehen könnte, gewinnt an Wahrscheinlichkeit, wenn man den Prolog zu einem weiteren Text Hartmanns hinzuzieht, in dem es einige wörtliche Übereinstimmungen gibt, aber auch einen entscheidenden Akzentunterschied:

Hartmann von Aue:
Iwein

ein ritter, der gelêret was	Ein Ritter, der gebildet war
unde ez an den buochen las,	und in Büchern las,
swenne er sîne stunde	**wenn er seine Zeit**
niht baz bewenden kunde,	**nicht besser verwenden konnte**,
daz er ouch tihtennes pflac	so daß er auch dichtete
(daz man gerne hoeren mac,	(was man bereitwillig anhören kann,
dâ kêrt er sînen vlîz an;	darauf verwendete er seine Sorgfalt;
er was genant Hartman	er hieß Hartmann
und was ein Ouwaere),	und gehörte zur Herrschaft derer von Aue)
der tihte ditz maere.	der hat diese Geschichte gedichtet.

Hartmann von Aue: *Iwein*, Vers 21ff.[22]

Auch hier wird auf Bildung = Lesekenntnis hingewiesen, aber die Rezeption von Literatur erscheint doch lediglich als etwas *vergleichsweise* Akzeptables: man *kann* lesen, aber man liest nur, *wenn man nichts Besseres zu tun hat*. Und im *Iwein* geht es nicht um einen religiösen Stoff, sondern um einen weltlichen. Daher fällt hier auch die Anspielung auf die *inventio* sehr viel kürzer aus: Daß Hartmann seinen Stoff nicht erfunden, sondern sich angelesen hat, wird lediglich an dem *ez* im zweiten zitierten Vers deutlich, das sich sinnvollerweise nur auf *maere* im vorletzten Vers beziehen läßt.

DISPOSITIO: Hartmann illustriert im 'Armen Heinrich' für uns nicht nur die *inventio*, sondern auch einen Teil der *dispositio*: Ein Text muß nach Maßgabe der Rhetorik bestimmte Teile enthalten, und diese Teile sollten in bestimmter Weise angeordnet sein. So empfehlen die mittelalterlichen Lehrbücher etwa, nicht direkt mit der Erzählung anzufangen, sondern eine Einleitung vorauszustellen, den *Prolog* oder das *Prooemium*. Beim Prolog kann unterschieden werden zwischen dem *prologus praeter rem* ('Prolog außerhalb der Sache'; 'Sache' = eigentlicher und Hauptgegenstand des Textes) und dem *prologus ante rem* ('Prolog vor der Sache').[23] Der *prologus praeter rem* präsentiert Inhalte, die mit dem eigentlichen Textinhalt nichts zu tun haben - dergleichen haben wir in unserem Textausschnitt vor uns: Der Autor redet über sich selbst, die Eigenschaften seines Textes und seine Absichten. Der *prologus ante rem* pirscht sich näher an die Geschichte heran, indem etwas über den Text erzählt wird, aber noch nichts, was dessen zentralen Inhalt betrifft; zwischen *prologus ante rem* und *prologus praeter rem* kann es allerdings Übergänge geben, so daß beide nicht immer klar voneinander trennbar sind. (Zu den *Funktionen* des Prologs s.u.)

prologus praeter rem
prologus ante rem

MEMORIA: Entfällt für das Mittelalter (s.o.).

ACTIO: Die *actio*, der Vortrag selbst, läßt sich aus unserem Beispieltext nicht rekonstruieren; die Lehrbücher empfehlen hier Mittel, mit denen man den Text besonders eindrucksvoll vortragen kann; diese Mittel betreffen Gesten, Mimik, Stimmführung, den Einsatz von Pausen etc. Vorschriften zur *actio* sind nicht nur wie in der Antike für die frei gehaltene Rede von Bedeutung; vieles aus den entsprechenden Vorschriften kann natürlich auch beim *mündlichen Vorlesen* von Texten funktionalisiert werden.

ELOCUTIO: *Elocutio* heißt 'Ausformulierung' des bisher ja nur konzipierten und strukturierten Textes. Zu dieser Ausformulierung empfiehlt die Rhetorik eine ganze Reihe von Mitteln, die den Text mit seiner einfachen Aussage 'schön' machen sollen. Es geht hier um den sog. *ornatus*, den dichterischen *Schmuck*. Grob unterteilt wird zwischen **TROPEN** (Singular Tropus) und **FIGUREN**. Tropen sind Schmuckmittel, die mit übertragenem Sinn arbeiten, wo also das gewählte Wort eine andere Bedeutung hat als die 'normale', 'eigentliche'.[24] Zu diesen Tropen gehören u.a. Metapher,

Allegorie, Hyperbel (Übertreibung), Ironie und Personifikation. Bei den Figuren dagegen bleibt die Wortbedeutung erhalten; hier geht es nur um die Plazierung, das Wortmaterial oder den Laut. Figuren sind etwa Parallelismus, Chiasmus, Anapher, Alliteration, Reim, Lautmalerei oder rhythmisch-metrische Ordnungen. Einige Beispiele aus dem Prolog zum *Armen Heinrich*:
Er arbeitet zunächst durchgängig mit **Endreim**; jeweils zwei aufeinanderfolgende Verse reimen (sog. Reimpaarverse/ Paarreimverse); das ist überhaupt die bevorzugte Form der mhd. höfischen Groß- und Kleinepik, der Didaktik und der dramatischen Dichtung, während die Heldenepik[25] und die Lyrik in Strophen abgefaßt sind (variantenreichere Reimkombinationen; statt aa, bb, cc also etwa ab ab (Kreuzreim), abba [umschließender Reim], aab ccb [Schweifreim]). Bei Texten, die durchgängig mit Endreim versehen sind, ist es nicht mehr sinnvoll, diesen Reim als *rhetorische* Figur aufzufassen. Als Figur identifizierbar ist der Reim also in durchgängig endgereimten Texten eher dann, wenn er als Binnenreim oder Schlagreim[26] eingesetzt wird - oder natürlich in Prosatexten.- Mit **Alliteration** wird gearbeitet in V. 6/7 (*manige - mislîchen*), mit **Wortwiederholung** in V. 4/5 (*was - was*). **Metaphorisch** ist die Fügung 'schwere Stunde' (V. 10) usw. usf.[27] Dieser Text ist wie fast alle mittelalterlichen Texte voll von Tropen und Figuren.

Allerdings ist ein Hinweis zur Relativierung angebracht: Die rhetorischen Lehrbücher haben ein derart umfangreiches Repertoire an Schmuckmitteln, daß sich sehr vieles als 'rhetorisch' klassifizieren läßt - auch an heutigen Texten: Ich greife einige Äußerungen heraus, die ich weiter oben gemacht habe: "Es **geht** hier um den sog. *ornatus*. **Grob** unterteilt wird zwischen Tropen und Figuren. Tropen sind Schmuckmittel, die mit **übertragenem** Sinn arbeiten ..." In dieser kurzen Passage stehen mindestens drei Metaphern: 'Es geht hier' - im wörtlichen Sinn 'geht' hier überhaupt nichts. 'Grob' kann eigentlich nur Dinglich-Materielles sein - eine 'grobe Unterteilung' ist also ebenfalls ein Tropus, und ein 'übertragener' Sinn genauso, denn hier wird ja in Wirklichkeit nichts getragen. Als ich diese Passage geschrieben habe, war ich mir aber nicht bewußt, daß ich *rhetorisch* geschrieben habe. Das heißt: Die Existenz von Begriffen, Wendungen etc. in einem Text, die mit rhetorischen Termini *klassifizierbar* sind, besagt noch nichts darüber, daß oder ob ein Autor sie bewußt und nach rhetorischen Regeln verwendet hat. Im Mittelalter ist die Wahrscheinlichkeit einer bewußten Handhabung allerdings immer sehr groß, und zwar aus folgendem Grund: Wer immer bis ins 14. Jh. hinein Schreiben und Lesen lernt, macht dies in einer kirchlichen Bildungseinrichtung, in einer Klosterschule oder an einer Dom- oder Kathedralschule. Weltliche Bildungseinrichtungen gibt es zunächst noch nicht. An kirchlichen Bildungseinrichtungen beginnt der Unterricht mit dem erwähnten Trivium, dem 'Dreiweg' aus Grammatik, Dialektik und Rhetorik. Wer schreiben und lesen lernt, lernt also von vornherein auch *rhetorisches* Schreiben. Und daß die eingeprägten Muster dann weiterwirken, wenn ein derart Ausgebildeter selbst Texte schreibt, ist sehr wahrscheinlich. Es gibt noch eine dritte Möglichkeit, rhetorisch zu schreiben, ohne dies entweder unbewußt zu tun oder durch Befolgung gelernter Regeln aus Lehrbüchern: Man kann Figuren und Tropen natürlich auch durch andere Texte kennenlernen und dann nachahmen, ohne den Umweg über direkte Lehrbücher zu nehmen.

Metrik

Hartmanns Text ist als ganzer nicht nur durch den Endreim gekennzeichnet, sondern auch metrisch geformt. Es gibt verschiedene metrische Systeme:[28]

QUANTIFIZIERENDE METRIK: Geregelt wird die Abfolge *langer* und *kurzer* Silben (wie z.B. in der antiken griechischen und lateinischen Metrik).

AKZENTUIERENDE METRIK: Geregelt wird die Abfolge *betonter* und *unbetonter* Silben (wie z.B. in der neuzeitlichen deutschen Metrik).

SILBENZÄHLENDE METRIK: Geregelt ist die Anzahl von Silben pro Verszeile, Betonungen oder Längen spielen in ihrer Abfolge keine Rolle (z.B. in der mittelalterlichen französischen Metrik).

MISCHFORMEN: Eine Mischung von akzentuierenden und quantifizierenden Prinzipien liegt vor in der *mittelalterlichen* deutschen Metrik: Überwiegend verfährt diese akzentuierend; in bestimmten Fällen kann es aber wichtig sein, ob eine Silbe lang oder kurz ist.

Anders als im Fall der Rhetorik, wo wir aus Antike und Mittelalter Lehrbücher überliefert haben und deren Vorschriften mit den Texten vergleichen können, ist die Metrik mittelalterlicher deutschsprachiger Texte nur *rekonstruierbar*; volkssprachliche Metriklehrbücher sind nicht überliefert, waren vielleicht auch gar nicht vorhanden. Man hat also durch Befunde an den Texten und statistische Gewichtung herausfinden müssen, was in der Metrik deutscher Texte als Regel gegolten hat. Bei der Bewertung von Ausnahmen kann man sich aber nie ganz sicher sein, ob sie als Fehler zu werten sind oder ob die Metrik damals nicht einfach freier war. Bei Texten, die mündlich vorgetragen wurden oder gar mit Musik unterlegt waren, kommt als weitere Möglichkeit hinzu, daß durch den musikalischen oder sprachmusikalischen Takt das, was auf dem Papier als Unregelmäßigkeit erscheint, metrisch nicht doch zum 'Funktionieren' gebracht werden konnte. Was *geschrieben* als Unregelmäßigkeit erscheint, kann durch verschiedene Techniken *gesprochen* als metrisch regelhaft erscheinen; man arbeitet dann etwa mit Silben- oder Vokalauslassungen (Synkope - Wegfall im Wortinnern: geschrieben *sehen*, gesprochen *sehn*; Apokope - Wegfall am Wortende: geschrieben *ich fahre*, gesprochen *ich fahr'*), Verschmelzung zweier einsilbiger zu einem einsilbigen Wort (Krasis: geschrieben *auf das*, gesprochen *aufs*) .

In der Metrik mittelalterlicher deutscher Texte lassen sich mindestens drei verschiedene Fälle unterscheiden: Metrik *lyrischer* Texte, Metrik *epischer* Texte in *Strophen*, Metrik *epischer* Texte in *Reimpaaren*.[29] Hartmanns *Armer Heinrich* zeigt die Hauptprinzipien mittelhochdeutscher epischer Reimpaartexte:

Regel ist *Viertaktigkeit*[30] bei *Auftaktfreiheit* (Verse können mit Auftakt beginnen, müssen dies aber nicht) und *Alternation* (regelmäßiger Wechsel von betonter und unbetonter Silbe).

Angestrebt wird, natürliche und metrische Betonung in Übereinklag zu bringen (Gegensatz: *Tonbeugung* - die natürliche Betonung eines Wortes wird 'gebeugt', um die Metrik nicht zu stören: Héxen réiten auf Besén/ úm die Spítze vón Big Bén). Wo von der Alternation abgewichen wird, läßt sich dies oft als Mittel der Hervorhebung erklären (in Vers 4 Hervorhebung des Eigennamens: Hártmàn[31]).

Topik

Topik als Kommunikationsanreiz

Alle Deutschen essen Sauerkraut!

Die Schweizer sind ein kurzes, gedrungenes Bergvolk!

Die Rhetoriklehrbücher geben nicht nur allgemeine Hinweise über Beschaffenheit und Funktion von Textteilen; sie versorgen die Autoren auch schon mit konkreten inhaltlichen Vorschlägen zur Auffüllung dieser Teile. Dafür ist die Lehre von der sog. TOPIK zuständig. Die Topik ist die Lehre von den TOPOI, Singular TOPOS. Dieses griech. Wort bedeutet 'Ort'; der lat. Begriff ist *locus communis*, was eingedeutscht wurde zu ALLGEMEINPLATZ. Für uns bedeutet heute 'Allgemeinplatz' etwas Negatives; wenn einer etwas äußert und ein anderer das als 'Allgemeinplatz' bezeichnet, dann meint das: 'Du sagst da etwas Abgegriffenes, Banales, Unoriginelles'. Auch das ist im Mittelalter anders gemeint: 'Topos' bedeutet, wie schon gesagt, 'Ort'; und man denkt sich in Antike und Mittelalter, daß alle wesentlichen Gedanken schon an bestimmten Orten im Kopf eines jeden Menschen vorhanden seien. Für den Autor heißt das also wieder: *inventio*; er muß diese Gedanken bei sich selbst im Kopf auffinden. Wenn diese Gedanken aber im Kopf jedes Menschen vorhanden sind, dann passiert noch etwas Zweites: In dem Moment, in dem ein Autor einen Topos aus seinem Kopf vor einem Publikum zitiert, ruft er in den Köpfen seiner Rezipienten gleichzeitig den entsprechenden, dort ebenfalls vorhandenen Topos ab - was für uns heute den Topos natürlich in direkte Nähe zum *Vorurteil* bringt!. Die Lehre von der Topik ist aber in Antike und Mittelalter auch eine Art von *Kommunikationsmodell*, das die Möglichkeit bietet, zwischen Autor und Publikum Kontakt herzustellen. Ich erläutere das wieder am Prolog:

Die drei Aufgaben des Prologs

Der Prolog hat die Aufgabe, das Publikum ***attentus, benevolens*** und ***docilis*** zu machen, aufmerksam, wohlwollend (gegenüber Autor und Textinhalt) und belehrbar. Das ist eine rein analytische Trennung; in der Praxis kommt es immer zu Überschneidungen: Wer wohlwollend ist, wird auch eher aufmerksam sein; erst wer aufmerksam ist, ist auch belehrbar usw. Wir können uns also auf die Suche machen nach Bestandteilen in Hartmanns Prolog, die diese Funktionen zu erfüllen imstande waren. Und gleich das erste, was wir eben in anderem Zusammenhang festgestellt haben, konnte in dieser Zeit ein Publikum höchstwahrscheinlich *attentus*, aufmerksam machen: ein *ritter*, der schreiben und lesen konnte, war etwas Außergewöhnliches. 'Wohlwollen' gegenüber dem Autor kann die Behauptung geweckt haben, er habe lange nach einer Quelle für seinen Stoff gesucht; denn das bedeutet: "Ich habe mich an die Regel gehalten, nichts Neues zu erfinden, sondern in der Tradition nach etwas Bewährtem zu suchen!" 'Wohlwollen' gegenüber dem Stoff wird durch den gleichen Zusammenhang hergestellt, aber auch durch die Behauptung, der gewählte Stoff könne schwere Stunden erleichtern und dem Lob Gottes dienen, denn beides ist zur Zeit Hartmanns ein anerkanntes Ziel von Literatur. Schwerer zu deuten fällt von heute aus die Bemerkung, der Autor wolle sich mit seinem Text bei den 'Leuten' angenehm/beliebt machen. Für uns widerspricht das sogar den Anforderungen, die man an einen Autor stellt: Er soll sich nicht beliebt machen, sondern Wahrheiten, u.U. auch unangenehme Wahrheiten verkünden; nicht der Künstler soll sich nach der Gesellschaft richten, sondern die Gesellschaft nach dem Künstler, sofern er nur ein 'guter' Künstler ist. Da wir aber mittlerweile wissen, daß das Mittelalter ein anderes Verständnis von Rolle und Funktion des Künstlers hat und wie dieses Verständnis aussieht, können wir Hartmanns Äußerung nicht als Einschmeichelei mißverstehen - und diese Äußerung wird ja im übrigen ganz offen gemacht, und dann kann sie ja wohl nichts beinhalten, was beim Publikum als negativ gilt. Sich bei der Gesellschaft bzw. der Literaturgesellschaft angenehm/beliebt zu machen heißt: den Ansprüchen dieser Gesellschaft zu entsprechen, sich ihnen unterzuordnen und keine individuellen, privaten Intentionen zu verfolgen. Genau das wird vom mittelalterlichen Künstler verlangt - aber dahinter steht noch mehr als ein Kunstprinzip:

Poets are the unacknowledged legislators of the world
PERCY BYSSHE SHELLY: *A Defense of Poetry* (1821)

Veränderungen in der Wertschätzung von Individualität und Kollektivismus

Die Gesellschaft, das Kollektiv, die Öffentlichkeit dominieren im Mittelalter auch ganz allgemein den Einzelnen. Individualität und Privatheit im neuzeitlichen Sinn sind meist noch keine positiven Werte. Erst seit seit dem 18. Jh. gilt es als Ziel der individuellen wie auch der gesellschaftlichen Bildung, daß jeder seine *persönlichen, einzigartigen Anlagen* zur Entfaltung bringen soll. Aber im Mittelalter ist nicht *das* Individuum das ideale, das möglichst unverwechselbar ist, sondern dasjenige, das den Idealen des ganzen *Standes*, dem es angehört, möglichst vollkommen entspricht. 'Der Einzelne ist nichts, die Gesellschaft/der Staat ist alles!' Diesen Satz kennen Sie, und Sie kennen ihn aus Zusammenhängen, die heute negativ konnotiert sind. Diesen Satz haben sich sehr oft autoritäre Staaten auf ihre

Fahnen geschrieben. Aber wie im Fall der von HANS FOLZ im *Hausratbüchlein* für Männer und Frauen empfohlenen Tugenden (s. Kap. II) darf man wieder nicht alles in einen Topf werfen - nicht um dem Mittelalter in einem abstrakten Sinn Gerechtigkeit widerfahren zu lassen, sondern weil man sonst an der Erkenntnis von Ursachen und Wirkungen auf die eigene Gegenwart vorbeiläuft: Die mittelalterliche Gesellschaft ist technisch noch nicht besonders entwickelt und strukturell noch nicht besonders differenziert. Aus mangelnder technischer Leistungsfähigkeit folgt eine große Unterworfenheit unter die Natur; aus mangelnder gesellschaftlicher Differenzierung folgt die Abwesenheit von Spezialisten und Spezialwissen. Angesichts dieser Situation hat das Kollektiv natürlich sehr wohl eine große reale Bedeutung für das Funktionieren der Gesellschaft. Wenn ein Unwetter die Ernte bedroht, dann kommt es darauf an, daß alle Dorfbewohner schnell, effizient und reibungslos wie eine Maschine zusammenarbeiten - und nicht darauf, daß man die Sense möglichst elegant und unverwechselbar schwingt. Wenn zwei schwergepanzerte Reiterheere aufeinander losdonnern, dann wird dasjenige Heer den Kampf verlieren, dessen Mitglieder ihr Tempo und ihre Bewegung *nicht* aufeinander abstimmen, sondern den Einzelkampf suchen und sich derart profilieren wollen. Und wenn die Besatzung des allegorischen "Schiffs der Kirche" sich nicht gemeinsam dem Sturm der Sünde und den Wogen des Unglaubens entgegenstemmt, wenn nicht jeder an seinem Platz genau das tut, was die anderen von ihm erwarten, dann wird diese Kirche ruderlos zum Spielball der Wellen und geht unter. In Anlehnung an eine römische Fabel werden Staat und Gesellschaft im Mittelalter immer wieder als ein lebender Organismus beschrieben, dessen einzelne Glieder stets im Sinn des Ganzen funktionieren müssen, wenn der gesamte Körper nicht krank werden soll. Und da es noch keine übergeordnete zentrale Macht gibt, die die wichtigsten staatlichen Funktionen - Gewaltausübung und Steuermonopol - an sich gezogen hätte, ist diese Vorstellung z.T. durchaus funktional. Anstelle eines staatlich geregelten und notfalls unparteiisch mit Gewalt durchgesetzten, rechtlich geregelten Zusammenlebens herrscht im Mittelalter zunächst das, was man 'feudale Anarchie' nennt. Feudal meint: eine Wirtschafts- und Gesellschaftsordnung, die auf der Vergabe von *feuda* (Singular *feudum*), von Lehen herrührt. Wer von jemandem ein Lehen empfängt, dient

Die Polizei – Dein Freund und Helfer!

ihm dafür. Herrschaftsverhältnisse sind also noch *persönlich*, nicht *institutionell* geregelt, damit sehr konkret und noch nicht so abstrakt wie heute: Wenn Sie an einer Ampel, neben der ein Polizist steht, bei Rot warten, dann tun Sie das, weil Sie wissen, daß der Polizist Sie für die entgegengesetzte Verhaltensweise bestrafen *darf*, weil er ein Teil der staatlichen Exekutive ist, und daß er sie bestrafen *kann*, weil hinter dem einen Polizisten notfalls diese ganze staatliche Exekutive steht. Vorausgesetzt, es hätte im Mittelalter Ampeln gegeben und Polizisten, die ab und an daneben stehen, dann hätte man, wenn man diese Ampel bei Rot *nicht* überquert hätte, dies deshalb nicht getan, weil man den Polizisten persönlich gekannt und weil man mit ihm etwa einen Vertrag dergestalt geschlossen hätte, daß Sie sich verpflichtet hätten, genau bei *diesem* Polizisten *nicht* bei Rot über die Straße zu gehen (bei anderen vielleicht doch!); und dieser Polizist hätte sich dann Ihnen gegenüber umgekehrt dazu verpflichtet, ihnen Ostern und Weihnachten ein Paar Parkscheine zu schenken. Im Mittelalter gibt es zwar auch schon abstrakte Rechtsvorschriften; aber in der Praxis ist nicht *das* Recht, was als Recht gilt, sondern das, was man (notfalls mit Gewalt) *durchsetzen* kann - daher die Bezeichnung 'feudale *Anarchie*'. Und weil das natürlich auf Dauer für die Gesellschaft existenzbedrohend ist, versucht man, die übersteigerten Formen individuellen Verhaltens dadurch zu bändigen, daß man darauf hinwirkt, den Einzelnen auf sein jeweiliges Kollektiv zu verpflichten. Der eben zitierte Satz: 'Der Einzelne ist nichts, die Gruppe/Gesellschaft/der Staat ist alles' ist also im Mittelalter nicht reaktionär, sondern funktional. Reaktionär wird dieser Satz in Zeiten und in Gesellschaften, die auf kollektives Verhalten dank fortgeschrittener Technik und fortgeschrittener Differenzierung nicht mehr ausschließlich angewiesen sind und die mit diesem Satz eben nicht mehr das ganze Kollektiv begünstigen können und wollen, sondern nur noch die jeweiligen 'Führer'.

Soweit zum mittelalterlichen Autor und zur mittelalterlichen Poetik, zu den Rollen, auf die Autoren von der Gesellschaft festgelegt werden, und zu ihrem Selbstbild. Diese Betrachtungen haben uns weit über das hinausgeführt, was man unter 'Dichtung' oder 'Literatur' versteht: Wir mußten u.a. auch auf das Bildungssystem eingehen und auf das mittelalterliche Verständnis vom Verhältnis zwischen Indi-

Kunst mit und ohne Zweck

viduum und Gesellschaft. Und immer wieder hat sich gezeigt oder sollte sich doch zeigen, daß a) für solches Wissen überwiegend *Texte* das Quellenmaterial bereitstellen und daß b) diese Texte als poetische und ästhetische Hervorbringungen keine Eigenexistenz haben, sondern daß sie einen sog. 'Sitz im Leben' aufweisen; sie treten also nicht, wie später die verschiedenen Ausprägungen des *l'art pour l'art*, neben die gesellschaftliche Realität, sondern suchen sich ihren Platz in ihr bzw. erhalten ihren Platz von der Gesellschaft zugewiesen. "L'art pour l'art", 'Kunst um der Kunst willen', ist eine von Victor Cousin in der Mitte des 19. Jhs. geprägte Formel für die Überzeugung, daß die Kunst eigenen Gesetzen folge. Ähnlich Theophil Gautier ungefähr zur selben Zeit: "Es gibt nichts wirklich Schönes als das, was zu nichts dient. Alles Nützliche ist häßlich."[32] Richtungen, die dem *l'art pour l'art*-Prinzip anhängen, findet man u.a. im Symbolismus, Äthetizismus, dem George-Kreis, bei Autoren wie Baudelaire oder Oscar Wilde. Daß und weshalb dergleichen nicht die Ansicht des Mittelalters sein konnte, wissen wir. Allerdings steht hier nicht prinzipiell Mittelalter gegen Neuzeit. Zwar scheint - zumindest nach den überlieferten literaturtheoretischen Äußerungen - im Mittelalter kein *l'art pour l'art*-Gedanke existiert zu haben; aber in der Neuzeit gibt es seit dem 16. Jh. und bis heute permanent Richtungen in der Kunsttheorie, welche die mittelalterliche Maxime von der Nützlichkeit der Kunst hochhalten (allerdings meist ohne sich dafür auf das Mittelalter zu berufen, oft vielleicht sogar ohne überhaupt zu wissen, daß sie eine Forderung vertreten, die so alt ist). Kunst soll aufklären, belehren, das politische Bewußtsein fördern usw.; in unserem Jahrhundert stehen dafür in der deutschen Literatur Namen wie etwa Brecht, der frühe (!) Handke, Günter Wallraff oder Bernt Engelmann.

Anmerkungen

1 Dazu JOCHEN SCHMIDT: *Die Geschichte des Genie-Gedankens in der deutschen Literatur, Philosophie und Politik 1750-1945*. 2 Bde. Darmstadt 1988.

2 Sehr viele Titel mittelalterlicher Texte stammen nicht von den Verfassern, sondern von den neuzeitlichen Herausgebern. Titel waren im Mittelalter lange Zeit selten - oder die Titelgebung erfolgte nach anderen Prinzipien als heute; so war es

etwa z.T. üblich, Werke nach der ersten oder nach der ranghöchsten darin auftauchenden Person zu benennen. Deutliche Titel wurden erst für nötig gehalten, als man im Mittelalter anfing, Inhaltsverzeichnisse von Handschriften anzulegen. Diese Notwendigkeit deutet dann darauf hin, daß die Menge der Schriftliteratur so angewachsen war, daß man irgendwelche Ordnungs- oder Identifikationsmerkmale benötigte.

3 Das Wort *phaffe*, dessen etymologischen Nachfolger 'Pfaffe' wir ja auch heute noch kennen, hat also eine Bedeutungs*verschlechterung* durchgemacht.

4 9094 Verse; um 1170; 6 überlieferte Handschriften; verfaßt nach frz. Vorlage. **Ausgabe**: *Das Rolandslied des Pfaffen Konrad*. Hrsg. von CARL WESLE. 2. Aufl. bes. von PETER WAPNEWSKI. Tübingen 1967.- **Inhalt**: Auf göttlichen Befehl, der aber eigenem Wunsch entspricht, hat Karl der Große Spanien erobert, um es von den Heiden zu befreien. Der Heidenkönig Marsilies macht ein Unterwerfungsangebot, um Karl zum Rückzug zu bewegen. Herzog Genelun verhandelt in Karls Auftrag mit Marsilies und läßt sich aus Haß auf Karls Stiefsohn Roland zu einem Komplott bewegen. Auf Geneluns Bericht hin verläßt Karl Spanien und läßt nur eine Besatzung unter Führungs Rolands zurück. Diese Besatzung wird im Tal von Runzival (Roncevalles, Pyrenäen) überfallen und bis auf den letzten Mann getötet. Das Hornsignal Rolands, auf das hin Karl mit dem Heer zurückeilt, kam zu spät. Karl besiegt die restlichen Heiden sowie das Heer des Heidenkaisers Paligan, der Marsilies zur Hilfe gekommen ist. In Aachen wird Gericht über Genelun gehalten; nachdem er in einem gottesgerichtlichen Zweikampf unterlegen ist, wird er zum Tod verurteilt; Pferde reißen ihn in Stücke.

5 Außerhalb des literaturwissenschaftlichen Bereichs kennt man im Deutschen *Chanson* nur als aus dem Französischen übernommenes Fremdwort als Bezeichnung für ein heiteres, freches, oft satirisches Lied; in dieser Funktion ist 'Chanson' im Deutschen ein Neutrum ('*das* bekannteste Chanson von Jacques Brel', '*eins* der erst nach 1970 entstandenen Chansons von Georges Brassens' usw.). Als fachsprachliche Bezeichnung für ein großepisches französisches Werk des Mittelalters ist 'Chanson' auch im Deutschen ein Femininum wie im Französischen (*la* chanson) - man sagt also 'd i e *Chanson de Roland*', 'e i n e Chanson aus dem Umkreis der französischen Karlsepik' usw.

6 Der Stricker: *Die Frauenehre*. In: *Die Kleindichtung des Strickers*. Hrsg. von WOLFGANG W. MOELLEKEN [u.a.]. Bd. I. Göppingen 1973, Vers 23ff..

7 Auch diese Bezeichnung stammt schon aus der Antike und wird damit begründet, daß es sich bei den unter diesen Begriff fallenden Tätigkeiten um solche handele, die nur ein freier,

d.h. ökonomisch von anderen Tätigkeiten zum reinen Erwerb des Lebensunterhalts freigestellter Mann ausüben könne. Diese Erklärung wird im Mittelalter oft übernommen.

8 Die Bezeichnung erklärt sich daraus, daß es sich hier um Tätigkeiten handelt, bei denen etwas bewegt wird. Dazu ist Handarbeit nötig. Im Gegensatz von 'mechanischen' und 'freien' *artes* haben wir es also mit einer Vorform des neuzeitlichen Gegensatzes von 'Handarbeit' und 'Kopfarbeit' zu tun.

9 Im Gegensatz zu den beiden anderen *artes*-Katalogen ist hier der Bestand fest; man spricht daher auch von den *septem artes liberales*, den '*sieben* freien Künsten'.

10 Oft wird im Mittelalter unterschieden zwischen 'weißer Magie', bei der man sich erlaubter Mittel bediente, und 'schwarzer Magie', bei der man sich der Hilfe des Teufels versicherte. Verboten war natürlich die letztere.- Man kann übrigens feststellen, daß der Aberglauben im Verlauf des Mittelalters nicht ab-, sondern zugenommen hat. Daß hier zeitliche Entwicklung nicht zu historischem Fortschritt (in unserem Sinn) geführt hat, hängt mit der Entwicklung der Einstellung der Kirche zum Aberglauben zusammen: Die frühmittelalterlichen Kleriker, die sich noch mit der Bekämpfung des einheimischen Heidentums auseinanderzusetzen hatten, versuchten, gewohnte magische Praktiken der Bevölkerung als unwirksam darzustellen - in *dieser* Beziehung hatte die Kirche also zunächst geradezu einen aufklärerischen Impetus, auch wenn es ihr dabei nicht um abstrakten Rationalismus ging, sondern um die Bekämpfung einer ideologischen Konkurrenz. Im Hochmittelalter aber wurde innerhalb der Kirche der Glaube an die Möglichkeit von Zauberei stärker, indem man nämlich versuchte, Ketzer als Teufelsbündner zu disqualifizieren; wenn man Ketzer als gefährlich darstellen wollte, dann war die Beschuldigung, sie bedienten sich der Zauberei, ein besonders probates Mittel. Einen Höhepunkt erreichte der tatsächliche oder fingierte Glaube an Zauberei dann in den 'Hexen'verfolgungen.

11 Wahrsagekunst. Je nachdem, woraus geweissagt wird, kann man weiter differenzieren: *Nekro*mantie (Wahrsagen aus Leichen oder durch die Beschwörung von Toten; von griechisch νεκροσ = tot), *Chiro*mantie (Wahrsagen aus der Hand; von griech. χειρ = Hand), *Onomato*mantie (Wahrsagen aus Personennamen: von griech. ονομα = Name) u.a.m. (Leider weiß ich nicht, was 'Kaffeesatz' auf Griechisch heißt, sonst könnte ich daraus auch noch eine -mantie machen ...).

12 Fertigkeiten, die man benötigt, um sich an Formen geselligen Umgangs betätigen zu können (etwa Tanzen, Fechten, Reiten).

13 Die Bezeichnung nach GERHARD EIS: *Mittelalterliche Fachliteratur*. Stuttgart [1]1967. Gemeint sind Techniken und Verfahren wie das Falschspiel, aber auch Betrügereien in durchaus nor-

malen Berufen (Betrugsmethoden beim Pferdeverkauf, Weinpanscherei, Materialbetrug bei Münzschlägern).

14 Das mittelhochdeutsche Wort wird hier kursiv gesetzt, weil sich - s.u. - sein Bedeutungsgehalt nicht mit dem des nhd. Wortes 'Kunst' deckt (Bedeutungs*verschiebung* und Bedeutungs*verengung*).

15 Zum mittelalterlichen Wissenssystem und zur entsprechenden zeitgenössischen Literatur siehe Eis (wie Anm. 13); PETER ASSION: *Altdeutsche Fachliteratur*. Berlin 1973.

16 Das erscheint durchaus modern, weil in gewisser Beziehung emanzipatorisch: Alle menschlichen Tätigkeiten lassen sich terminologisch unter einen Nenner bringen. Dabei darf man allerdings nicht vergessen, daß es im Mittelalter sehr wohl Differenzierungen gab, die wir auch schon kennen: die *soziale* Differenzierung, die sich ja in dem Begriff 'freie Künste' ausdrückt, und natürlich die *rechtliche* Differenzierung, wenn von 'verbotenen Künsten' gesprochen wird. Die rechtliche Differenzierung existiert heute noch, die soziale wird in modernen Gesellschaften schwächer, wenn der Wert einer Tätigkeit nicht mehr nach sozialer Dignität bemessen wird, sondern danach, wieviel Geld man damit verdienen kann.

17 Eine dem Geniebegriff verwandte Voraussetzung für erfolgreiche Tätigkeit ist im Mittelalter allerdings die 'göttliche Begnadung' - um welche die Autoren auch oft in den Prologen ihrer Texte bitten. Da im Mittelalter aber ohnehin nichts gegen Gottes Willen geschehen oder zustande gebracht werden kann, verliert dieses Element an Bedeutung gegenüber einem handwerklich verstandenen Kunstbegriff.

18 Verwandt ist unser Adjektiv 'trivial' (= banal, platt, abgedroschen), das aber erst im 17. Jahrhundert aus gleichbedeutendem frz. *trivial* entlehnt wurde. Letzteres geht zurück auf lat. *trivialis*, eine Adjektivbildung zu *trivium*. Die negative Bedeutung der Adjektive ergibt sich aus der Grundbedeutung: Ein *trivium* = ein "Ort, an dem mehrere Wege zusammenstoßen," ist allen zugänglich, also gewöhnlich und nichts besonderes.

19 Verfasser wichtiger rhetorischer Lehrbücher im Mittelalter waren etwa MATTHÄUS VON VENDÔME, JOHANNES VON GARLANDIA, GAUFREDUS VON VINSAUF. Eine Sammlung von rhetorischen Schriften bei EDMOND FARAL: *Les arts poétiques du XIIe et du XIIIe siècle*. Paris [1]1924.

20 1520 Verse. Überliefert in 3 vollständigen und 4 fragmentarischen Handschriften; entstanden um 1190. **Inhalt:** Heinrich von Aue ist ein Mitglied des Hochadels und zeichnet sich durch vollkommene weltliche Tugenden aus. Gott läßt ihn am Aussatz erkranken; diese Krankheit führt zu gesellschaftlicher Isolation. Heinrich wendet sich an Ärzte an den bekanntesten mittelalterlichen medizinischen Hochschulen (Salerno, Montpellier); aber alle bis auf einen teilen ihm mit, er sei unheilbar.

Dieser eine kennt zwar ein 'Rezept': Heinrich müsse eine Jungfrau finden, die sich freiwillig für ihn töten lasse, und dann in deren Blut baden. Aber diese Auskunft steigert Heinrichs Resignation nur, denn er glaubt nicht, daß jemand zu diesem Opfer bereit sein wird. Er zieht sich zu einer Bauernfamilie zurück und freundet sich mit der achtjährigen Tochter an. Eines Tages erzählt er ihr im Gespräch von der Heilungsmöglichkeit. Sie ist sofort bereit, für ihn zu sterben, und läßt sich weder durch seine Einwände noch durch Vorhaltungen und Schläge ihrer Eltern von dem Entschluß abbringen. Schließlich willigt Heinrich ein und fährt mit ihr zu dem Arzt. Als er aber sieht, wie der Arzt das Messer zückt, um das Mädchen zu töten, hindert er ihn aus Mitleid und will lieber weiter am Aussatz leiden. Zum Lohn läßt Gott ihn wieder gesund werden. Heinrich heiratet das Mädchen und nimmt seinen Platz in der Gesellschaft wieder ein. Nachdem sie gestorben sind, schenkt Gott beiden die ewige Seligkeit.- **Ausgabe:** Hartmann von Aue: *Der arme Heinrich.* Hrsg. von HERMANN PAUL. 16., neu bearb. Aufl. von KURT GÄRTNER. Tübingen 1996.

21 Ministerialen waren (ursprünglich unfreie) Personen, die im Dienst von Adligen herausgehobene Funktionen am Hof, in der Verwaltung und im Kriegswesen ausübten; vgl. auch Kap. V.5.

22 **Ausgabe**: *Iwein. Eine Erzählung von Hartmann von Aue.* Mit Anmerkungen [hrsg.] von GEORG FRIEDRICH BENECKE und KARL LACHMANN. 6. Ausg. Unveränd. Nachdruck der 5., von Ludwig Wolff durchges. Ausg. Berlin 1962.- Zum **Inhalt** s.u. Kapitel V.5.

23 Ob es sich bei *prologus praeter rem* und *prologus ante rem* um Prolog*teile* oder um zwei verschiedene Prolog*arten* handelt, ist umstritten; siehe ECKART CONRAD LUTZ: *Rhetorica Divina. Mittelhochdeutsche Prologgebete und die rhetorische Kultur des Mittelalters.* Berlin, New York 1984, S. 54 ff.

24 Die Begriffe 'eigentlich' und 'normal' sind in Anführungszeichen gesetzt, da in der modernen Sprach- und Literaturtheorie umstritten ist, ob es solche Bedeutungen angesichts bestimmter Eigenschaften sprachlicher Zeichen überhaupt geben kann.

25 Zum Unterschied zwischen 'Heldenepik' und 'höfischer Epik' s.u. Kapitel V.5.

26 Schlagreim: zwei aufeinander folgende Worte reimen.

27 Literatur: RÜDIGER BRANDT: *Kleine Einführung in die mittelalterliche Poetik und Rhetorik.* Göppingen 1986.

28 Literatur: HELMUT TERVOOREN: *Minimalmetrik zur Arbeit mit mittelhochdeutschen Texten.* 2., erg. und verb. Aufl. Göppingen 1979. WERNER HOFFMANN: *Altdeutsche Metrik.* Stuttgart 1967.

29 In der mittelalterlichen deutschen Literatur existieren ferner oft Unterschiede zwischen der Metrik mittel*hoch*deutscher und mittel*nieder*deutscher epischer Reimpaartexte (was nichts mit der Sprache zu tun hat, sondern mit den in einem Literaturraum gängigen Konventionen).

30 Ein Takt wird gebildet durch eine betonte und eine unbetonte Silbe.

31 Das Zeichen ´ steht über der sog. Haupthebung, das Zeichen ` über der sog. Nebenhebung: Bei zwei direkt aufeinanderfolgenden Betonungen geht man davon aus, daß die zweite etwas schwächer ist als die erste.

32 Zit. nach BROCKHAUS, [17]1970, Bd. 11, 151f.

3. *Adel und Klerus*

Ich habe anläßlich des Themas 'Mündlichkeit/ Schriftlichkeit' folgende Gegensatzpaare gebildet:

Laien	—	Kleriker
mündlich	—	schriftlich
volkssprachlich	—	lateinisch

Wenn nun für Kleriker 'Bildung' immer durch *Schrift* vermittelte und in *Schrift* konservierte Bildung meint, dann müßte sich dieser Stand der Kleriker als Elite fühlen, weil er ja Experte für Schriftlichkeit ist. Das macht er auch - aber er fühlt sich auch noch aus einem anderen Grund als Elite: Gemäß den Vorstellungen der Kirche sind die Laien auf die Kleriker angewiesen, weil nur die Kleriker die sog. kirchlichen Gnadenmittel, die Sakramente, verwalten können, die den Weg in die ewige Seligkeit ebnen. Und die ewige Seligkeit ist in den christianisierten Ländern im Mittelalter tatsächlich für alle Menschen, nicht nur für Kleriker, ein erstrebenswertes Ziel. Denn die christliche Religion ist inzwischen akzeptiert und etabliert, steht weitgehend konkurrenzlos dar. Zwar besteht die mittelalterliche Kultur aus drei Komponenten, aus **einheimisch-vorchristlichen**, aus **christlichen** und aus **antiken**. Aber die christliche Kirche hat es doch weitgehend geschafft, die beiden anderen Komponenten entweder zu verdrängen, umzuinterpretieren oder zu integrieren und in ihrem Sinn auszulegen bzw. einzusetzen.[1] Insofern besteht also zwischen Klerikern und Laien ein hierarchisches Verhältnis - die Kleriker stehen oben, die Laien unten. Das wäre unproblematisch, wenn die Laien sozial homogen wären und durchgängig die Autorität der Kirche anerkennen würden. Die religiöse Lehre der Kirche wird auch im Großen und Ganzen anerkannt. Zwar wird auch im Mittelalter längst nicht alles gemacht, was die Kirche verlangt; aber wenn Laien gegen kirchliche Lehren verstoßen, dann bekommen sie es bezüglich ihres Seelenheils offensichtlich mit der Angst zu tun. Diese Angst ist etwa erschließbar aus den zahlreichen Spenden, die wohlhabende Laien der Kirche testamentarisch machen. Die Rolle einer Elite jedoch, die auf *jedem* Gebiet Elite ist und die deshalb in *alles* hineinreden kann, wird der Kirche streitig gemacht; es existiert nämlich in der mittelalterli-

Die *Mischkultur* des Mittelalters und ihre Bestandteile

chen Gesellschaft noch eine weitere soziale Schicht, die sich als Elite versteht, die realiter auch eine ist, weil man in diese Schicht nur durch Geburt gelangen kann und weil diese Schicht massive Vorrechte genießt. Es handelt sich um den *Adel*; und in diesem Abschnitt wird es darum gehen, wie das Verhältnis dieser beiden Eliten zueinander aussieht und wie es sich literarisch niederschlägt.

Was ein Kleriker ist, ist wohl ungefähr klar: Er ist Mitglied der *Amtskirche*, er kommt nach einer entsprechenden speziellen *Ausbildung* durch offizielle *Ordination* (Weihe, verschiedene Grade) in seine Stellung und nimmt dann im *offiziellen Auftrag* seiner kirchlichen Obrigkeit entsprechend seiner genauen Stellung in der kirchlichen Hierarchie bestimmte Aufgaben wahr. Der Kleriker ist verpflichtet, die Lehre seiner Kirche zu vertreten und weiterzuvermitteln.

Was ist der Adel? Schon in germanischer Zeit hat es Familien gegeben, die sich durch besonderen Einfluß und daher besonderes Prestige ausgezeichnet haben. Bei der Traditionsfixiertheit der Epoche war es nur konsequent, daß dieses Prestige nebst Einfluß innerhalb des Familien- oder Sippenverbandes vererbt wurde. Zum Adligen wird man, so glaubt es die Zeit, nicht gemacht, sondern geboren. Das stimmt allerdings nicht ganz: Es hat bis ins 13. Jh. immer wieder Umschichtungen gegeben dadurch, daß neben die alten weltlichen Führungsschichten neue traten; Nichtadlige etwa, die im Königsdienst zu Macht und Einfluß kamen, stiegen auf und vererbten dann ihrerseits ihre neue Stellung weiter, während Teile der alten Führungsschichten abstarben oder bedeutungslos wurden. Daß jede neue Führungsschicht für sich in Anspruch nehmen konnte, schon 'seit unvordenklichen Zeiten' adlig zu sein, liegt einerseits an der uns schon bekannten Fähigkeit mündlicher Kulturen, zu vergessen, andererseits zum Teil sicher auch an der Findigkeit mittelalterlicher Autoren, Adligen eine alte Tradition zu 'verpassen'.[2]

Wir sehen uns nun zunächst einen Text an, der vorführt, wie man sich im Mittelalter das Zustandekommen der 'real existierenden' Gesellschaftsordnung gedacht hat. Es handelt sich um einen Ausschnitt aus einer mittelhochdeutschen Übersetzung der 5 Bücher Mosis, die im 11. Jh. im Kloster Vorau in der Steiermark entstanden ist. Es geht darin um den Ihnen sicher bekannten Herrn Noah und seine Familie. Wir sehen zunächst in die Bibel, die ja die

Die *Vorauer Bücher Mosis* und die Geschichte von Noahs Söhnen

Vorlage der mittelhochdeutschen Fassung war; sie soll für uns repräsentiert werden durch eine Fassung der Lutherbibel; die Stelle, um die es geht, ist 1Mos 9, 20-27:

> *Die Söhne Noahs, die aus der Arche gingen, sind diese: Sem, Ham und Jafet. Ham aber ist der Vater Kanaans. Das sind die drei Söhne Noahs; von ihnen kommen her alle Menschen auf Erden. Noah aber, der Ackermann, pflanzte als erster einen Weinberg. Und da er von dem Wein trank, ward er trunken und lag im Zelt aufgedeckt. Als nun Ham, Kanaans Vater, seines Vaters Blöße sah, sagte er's seinen beiden Brüdern draußen. Da nahmen Sem und Jafet ein Kleid und legten es auf ihrer beider Schultern und gingen rückwärts hinzu und deckten ihres Vaters Blöße zu; und ihr Angesicht war abgewandt, damit sie ihres Vaters Blöße nicht sähen. Als nun Noah erwachte von seinem Rausch und erfuhr, was ihm sein jüngster Sohn angetan hatte, sprach er: Verflucht sei Kanaan und sei seinen Brüdern ein Knecht aller Knechte! Und sprach weiter: Gelobet sei der HERR, der Gott Sems, und Kanaan sei sein Knecht! Gott breite Jafet aus und lasse ihn wohnen in den Zelten Sems, und Kanaan sei sein Knecht!*

Fassen wir das in seiner Grundstruktur knapp zusammen, dann käme etwa folgendes heraus: Noah betrinkt sich und liegt infolgedessen etwas unmanierlich da; sofern Sie in einer Großstadt wohnen, kennen Sie solche Szenen vom Hauptbahnhof. Dieser Noah hat drei Söhne; einer davon sieht seinen alten Herrn in diesem desolaten Zustand und erzählt seinen beiden Brüdern davon, nimmt also auf die Autorität des Vaters keine Rücksicht, weil er die Schande nicht verschweigt, sondern bei seinen Brüdern publik macht. Diese beiden beseitigen den Skandal, und sie machen das so dezent, daß das Prestige ihres Vaters durch sie keinen Schaden nimmt (sie gehen rückwärts, sehen also selbst ihren Vater nicht in dieser despektierlichen Situation). Dafür werden sie und ihre Nachkommen belohnt; der böse Sohn aber wird bestraft. - In der mhd. Fassung liest sich das etwas anders:

Noe was ein guot man.	Noah war ein guter/frommer/tugendhafter Mensch
uil wole er bowen began.	Er betrieb fleißig Ackerbau.
er ginc an daz uelt	[Einmal] begab er sich auf dem Feld
slafen in sin gezelit.	in sein Zelt, um zu schlafen.
sin same was inthecchet.	Sein Geschlechtsteil war aufgedeckt.
halber lac er nacchet.	Er lag halb nackt da.
do choumen dare gegangen	Da kamen seine
sine sunne junge.	jungen Söhne dahergegangen.
Do ez der altiste gesah,	Als der Älteste das sah,
iz was ime harte ungemah.	war ihm das sehr unangenehm.
shire er darzuo ginc.	Schnell trat er hinzu.
under den mantel er in uinc.	Er deckte seinen Vater unter einen Mantel,
ez was ime innecliche leit.	die Angelegenheit schmerzte ihn sehr.
er dahte sine scameheit.	Er bedeckte die Scham seines Vaters.
Der da stunt in mitteme,	Der mittlere Sohn
der ne wolde niht spoten.	wollte nicht spotten,
ime was daz lahter niht lib.	er hatte keine Freude am Lachen.
doh ne sprah er dawidere niht.	Er sagte aber auch nichts dagegen,
Der dritte begunde ze lahchen,	als der dritte Sohn anfing, zu lachen und
sinen spot ze mahchen	zu spotten
uber den alten herren.	über den alten Herrn.
des inkalt er uil sere.	Das büßte er schwer.
Noe der guote,	Dem guten/ frommen Noah
got ime offenote,	offenbarte Gott,
wi sin sun Cham	wie sein Sohn Ham [= der dritte und jüngste Sohn]
wider ime hete getan.	sich ihm gegenüber verhalten hatte.
sinen slaf er uirlî.	Er wachte auf.
uil michel zorn in ane gî.	Großer Zorn überkam ihn.
Er sprah: "du min hast gelahchet	Er sagte: "Du, der du über mich gelacht
unde dinen spot gemahchet,	und deinen Spott gemacht hast,
uil sere inkiltest du sîn.	wirst dafür schwer büßen.
des must du imer scaleh sîn	Du wirst deswegen immer Knecht sein müssen -
unde allez din geslahte.	du und deine ganze Nachkommenschaft.
dir geshit al rehte.	Dir geschieht ganz recht!
dev rache get ane dich.	Die Strafe kommt über dich.
warumbe honst du mich?	Warum verhöhnst du mich?
Ich sage dir, kint mînez,	Dir, mein Sohn,
nu du darzu hast gesviget,	der du dazu geschwiegen hast, sage ich:
ich wil dich lazen uri wesen.	Ich will, daß du von freiem Stand bist.
dinev dinc solen dir wole irgen.	Es soll dir in allem gut gehen.
generst du di sêle,	Rettest du deine Seele,
daz ist din meist êre.	dann ist das deine größte Ehre.
Der mich hat gedecchet,	Derjenige aber, der mich zugedeckt
uil gutlich irwecchet,	und freundlich aufgeweckt hat,
der scol der edele unde der frige sîn	der soll frei und adelig sein -
unde allez daz chunne sîn	er und alle seine Nachkommen.

êre unde sîn rîche
uil gewaltlîche.
sîn herschaft nimer zergat,
di wile dev werlt stat."
Daz sîn dev drev geslahte.
dev gestent mit durnahte.
einez daz ist edele.
di hant daz hantgemahele.
di andere frige luote.
di tragent sich mit guote.
di driten daz sint dinestman -
also ich uirnomen han -,
darunder wurden chnehte.
daz sint dev geslahte.
svvi wir ez chêren:
ir nist niht mêre.
dev zale nimmer zerget,
di wile so dev werlt stet.

Er soll Ehre haben, großen Besitz
und viel Macht.
Seine Herrschaft wird niemals vergehen,
so lange die Welt besteht."
Das sind die drei Stände.
Die werden ewig existieren.
Der eine, das sind die Adligen.
Die haben die Herrschaftszeichen.
Die anderen sind die Freien.
Die leben von ihrem Besitz.
Die dritten sind die unfreien Dienstleute -
so habe ich es gehört -,
aus denen sind die Knechte entstanden.
Das sind die Stände.
Wie wir es auch drehen und wenden:
es gibt nicht mehr.
Ihre Anzahl wird niemals vergehen,
so lange die Welt besteht.

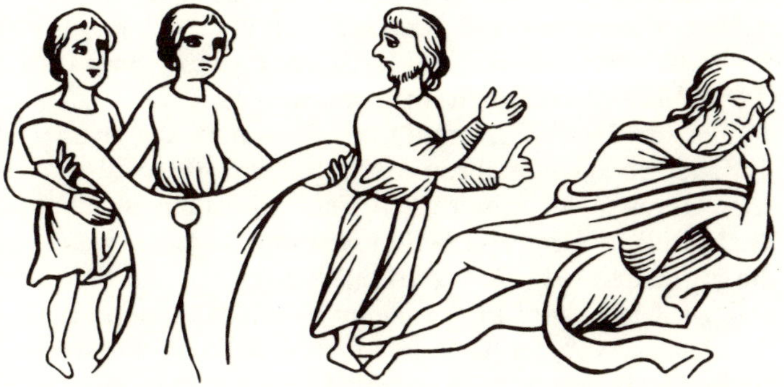

Illustration der Millstätter Handschrift (12 Jh.) zur Geschichte von Noah und seinen drei Söhnen

Im Vergleich mit dem durch die Lutherbibel repräsentierten 'Original' haben wir also einige Veränderungen, Umakzentuierungen und Zusätze vor uns. Zunächst einmal ist der Noah in der mhd. Bearbeitung nicht betrunken, sondern nur müde. Vergegenwärtigt man sich, daß Volkssprachlichkeit im 11. Jh. abzielt auf ein *Laien*publikum, besteht der Sinn dieser Änderung wohl in einer Entschärfung: Die Autorität Noahs soll bei den Laien nicht beschädigt werden; denn als sog. Erzvater ist dieser Noah ein wesentlicher Bestandteil der Menschheits- und Kirchengeschichte; er gilt als Vorbild, da er ja als Sündenloser von Gott ausdrücklich dazu ausersehen wurde, die Sintflut zu überleben. Die zweite Änderung ist nicht nur inhaltlich, sondern auch strukturell: Die Dreizahl der Söhne Noahs wird genutzt, um ein dreifach abgestuftes Verhalten vorzuführen, das dann dazu dienen kann, auch eine dreifach abgestufte Reaktion des Vaters zu schildern. Dies ermöglicht die dritte Änderung: Aus einem *politisch-genealogischen* Modell in der Bibel - aus der Nachkommenschaft der Söhne werden Völker, und diese Völker stehen in einem bestimmten Verhältnis zueinander - wird in der Vorauer Fassung ein *soziales* Modell: Alle Menschen verteilen sich auf drei Stände, und diese Stände sind gekennzeichnet durch verschiedene Rechte und Pflichten. Die vierte Änderung schließlich besteht in einem Zusatz: Die in historischer Zeit entstandene Dreiständeordnung wird explizit noch einmal als überzeitlich, immerwährend und unabänderlich deklariert.

Sehen wir uns nun die Kennzeichnung dieser drei Stände an: Die Charakterisierung des ersten Standes ist eindeutig durch die Begriffe *edele*, (14, 27, 15, 3), *hantgemahele* (= Herrschaftszeichen; 15,3) und *herschaft* (14,29). Gemeint ist der Adel. Auch die Charakterisierung des 3. Standes ist klar: *schalke* (Plural auch mit Umlaut: *schelke*) bzw. *chnehte* meinen in dieser Zeit eindeutig Personen, die nicht frei sind, d.h. etwa weder ihren Aufenthaltsort frei wählen noch über eigenen Besitz verfügen oder z.B. auch nicht ohne Zustimmung ihrer Herrschaft heiraten können. Das sind die sog. Eigenleute; der Terminus besagt: sie sind *Eigentum* anderer Menschen. In der Theorie unterscheiden sie sich von den Sklaven der Antike dadurch, daß sie rechtlich nicht als Sachen behandelt, also z.B. nicht einfach getötet werden dürfen. In der Realität gibt es dabei große Differenzierungen, wobei am einen Ende Existenzen zu finden sind, die realiter ein Sklavendasein führen, am anderen Ende Personen, die dank verschiedener Fähigkeiten, die für ihren Herrn von großem Nutzen sind, ihre rechtliche Minderstellung überspielen können. Die mittlere Gruppe dagegen bleibt zunächst etwas diffus: Sie ist 'frei', hat also keinen Herrn, der über sie nach Belieben verfügen kann. Aber das sind im Mittelalter einerseits viele, und andererseits gibt es bezüglich der Eigenschaft 'frei' zahlreiche Abstufungen. Die Geschichtswissenschaft hat sich z.B. veranlaßt gesehen, für das Mittelalter so atemberaubende Kategorien wie "freie Unfreiheit" oder "unfreie Freiheit" aufzustellen. Theoretisches Kennzeichen für Freiheit im Mittelalter ist, keinen

Herrn über sich zu haben. In der Praxis haben jedoch die meisten Menschen sehr wohl einen solchen über sich, sogar Adlige. Und da Herrschaft im Mittelalter, wie wir schon gehört haben, *personell* und nicht *institutionell* ausgeübt wird, bedeutet einen Herrn über sich zu haben immer auch, einen Teil seiner persönlichen Freiheitsrechte aufzugeben; manche machen dies sogar freiwillig, wenn sie sich davon Vorteile versprechen - militärischen Schutz etwa oder ein Lehen. In der Neuzeit ist dies seit dem 18. Jh. anders: *Alle* Menschen sind - zumindest theoretisch - frei; Verletzungen der Freiheitsrechte sind natürlich möglich, sie sind aber dann auch justitiabel, d.h. sie können eingeklagt werden. Berufliche oder sonstige subgesellschaftliche Herrschaftsverhältnisse sind spezielle Phänomene, durch die ein verfassungsrechtlich festgelegter Grundbestandteil an persönlichen Freiheitsrechten nicht angetastet wird bzw. zumindest nicht angetastet werden darf. Bekannte Konzepte dieser neuzeitlichen Freiheitsrechte enthalten die Programme der Französischen Revolution oder die amerikanische Unabhängigkeitserklärung. Im Mittelalter aber gibt es kein abstraktes Freiheitsprinzip, das einen unabänderlichen Grundbestand an Freiheiten umfassen würde. 'Freiheit' bedeutet hier immer 'Freiheit von ganz konkreten Pflichten', die für jeden Einzelfall durch *Privilegien* geregelt wird. Es gibt dementsprechend Wissenschaftler, die behaupten, es gebe im Mittelalter überhaupt keine Freiheit, sondern nur Freiheit*en*. Aus all diesen Gründen bleibt der zweite Stand in den 'Vorauer Büchern Mosis' also zunächst unbestimmt. Worauf es den Verfassern wahrscheinlich ankommt, merkt man aber an einer Zusatzbestimmung: Den Mitgliedern dieser Gruppe von 'Freien' ist es als besondere Aufgabe mitgegeben, ihre Seele zu retten; dies sei ihre größte 'Ehre'. Gerade angesichts der christlichen Religion würde auch dies eigentlich nicht für eine Abgrenzung von den Adligen und Unfreien ausreichen: jeder Mensch soll doch seine Seele retten. Die zweite Gruppe muß also Menschen beinhalten, die einerseits *in speziellem Maße* frei sind, andererseits *in spezieller Hinsicht* mit der Rettung der Seele befaßt - und dies trifft auf die K l e r i k e r zu: Der Stand der Kleriker ist im Mittelalter in dem spezifischen Sinn 'frei', daß er unabhängig ist oder doch sein sollte von weltlicher Herrschaft; so unterstehen Kleriker, die etwas verbrochen haben, z.B. nicht weltlicher Jurisdiktion, sondern der geistlichen Gerichtsbarkeit; Kleriker brauchen an weltliche Herren keine *Abgaben* zu zahlen; sie müssen keine *persönlichen Dienste* leisten wie etwa Kriegsdienst oder Frondienst. Daß genau *dies* als Spezifikum für klerikale Freiheit gelten kann, zeigt sich an folgender Regelung: Der Eintritt in den Klerikerstand impliziert die einzige Möglichkeit für einen Unfreien, ohne formelle Freilassung durch seinen Herrn frei zu werden. Im Moment der Priesterweihe wird jeder Unfreie nach Auffassung der Kirche frei - was auch biblisch begründet wird, nämlich mit dem bekannten (?) Satz, daß niemand zwei Herren dienen könne (Mat 6,24); und Herr des Klerikers ist ja Gott.

Wir wissen also jetzt, wie die in den 'Vorauer Büchern Mosis' vorgestellte Gesellschaftsordnung aussieht; und es bleibt sicherheitshalber nur noch darauf hinzuweisen, daß diese Darstellung natürlich eine *Verfälschung* des Original-Bibeltextes ist, daß dieser Originaltext deswegen aber nicht als 'neutrale Information' verstanden werden kann. Er ist genauso ideologisch - nur für einen anderen Zweck und für eine andere Zeit. Der Verfasser des 1. Buches Mosis, der Genesis, nennt Noahs Sohn Ham in Vers 25 "Kanaan", Ham ist also der Stammvater der Kanaaniter; diese Kanaaniter wurden von den Iraeliten später vertrieben, und diese Landnahme wird also ebenfalls *ex post facto*, im Nachhinein, religiös legitimiert.

Die 'Vorauer Bücher Mosis' sind von Geistlichen verfaßt worden, und im 11. Jh. kann man noch ziemlich sicher davon ausgehen, daß ihre Darstellung der Meinung der offiziellen Kirche entspricht. Was resultiert aus dieser Darstellung für unser Thema, das Verhältnis von Adel und Geistlichkeit, dieser beiden Gesellschaftsgruppen, die sich jeweils als Elite verstehen und daher zumindest *potentiell* und *partiell* Konkurrenten sein müssen? Das Modell der Vorauer Bücher stellt zwei *bevorrechtigte* Gruppen einer *benachteiligten* Gruppe gegenüber. Vorrechte und Benachteiligung werden nicht nur akzeptiert, sondern gebilligt, mit höchster, nämlich biblischer und damit göttlicher Autorität legitimiert und als für alle Zeiten gültig und unabänderlich erklärt. Angesichts der quantitativen Verhältnisse im Mittelalter - ca. 10% Kleriker und Adlige stehen 90% der Bevölkerung gegenüber, die in keine der beiden Kategorien gehören - impliziert dies zunächst eine Interessen-*konvergenz* der ersten beiden Gruppen. Das hier von Klerikern entworfene Gesellschaftsmodell kann auch vom Adel insofern akzeptiert werden, als er seine Vorrechte gegenüber den 'restlichen' 90% der Bevölkerung bestätigt und mit höheren Weihen ausgestattet findet. Er kann dies um so mehr akzeptieren, als er sich von der Gruppe der Kleriker auch noch abgegrenzt findet dadurch, daß er als *edel* bezeichnet wird und ihm die Insignien seiner Herrschaft, die *hantgemahele*, zugesprochen werden. Letzteres ist im Mittelalter sehr wichtig: Abstrakte Sachverhalte - wie etwa hier die Herrschaft - müssen, um akzeptiert zu werden, sinnlich-faßbare Gestalt annehmen (vgl. Kap. V.4 zur Zeichenfunktion der Natur). Immaterielles wird durch Materielles verbildlicht und damit konkret erfahrbar; diesen Mechanismus bezeichnet man als REPRÄSENTATION (lat. *repraesentatio* = 'Wiederabbildung').[3] Mit der Erwähnung der *hantgemahele* wird also nicht nur ein sozial-politisches Vorrecht des Adels akzeptiert, sondern auch ein Teil seiner Kultur. Denn diese Adelskultur ist, wie wir wissen, nicht wie die klerikale Kultur in schriftlicher Form abstrakt geregelt, sondern durch *mündliche* Tradition und *konkret-persönlich*. Der Kleriker beruft sich auf seine Bücher; der Adlige weist seine Herschaftszeichen vor.[4] Wir finden also Zeugnisse für einen Deckungsbereich klerikaler und adliger Interessen, der zustandekommt durch eine gemeinsame Position gegenüber den 'Unfreien' - wer immer diese im Einzelfall auch gewesen sein mögen -, bzw. ganz allgemein gegenüber allen, die weder adlig noch Angehörige des Klerus sind.

Der Adel hat für diese Absegnung seiner Vorrechte aber auch einen Preis zu zahlen: Er seinerseits muß anerkennen, daß es eine gesellschaftliche Gruppe gibt, die a) bestimmte religiöse Präferenzen und Vorrechte aufweist und die b) auch *ihm* gegenüber soziale Privilegien genießt. Mit dem ersten hat sich der Adel im 11. Jh. schon längst abgefunden; es kann sein, daß ihm dies von Anfang an dadurch erleichtert wurde, daß schon vor der Christianisierung religiöse Spezialistengruppen existiert haben, Priesterkasten etwa oder ähnliches. Die christlichen Missionare haben bei ihrer Missionierung auch meist 'von oben' angefangen, beim Häuptling eines Stammes oder beim König eines Reiches. Wenn die politische Spitze sich auf die Missionierung einläßt, ist dies stets Beweis dafür, daß sie sich davon etwas verspricht; und wer sich dafür auf Kleriker einläßt, zeigt ja schon, daß er sowohl deren Existenz als auch ihre Funktion akzeptiert. Der germanische König etwa, der sich von einem Priester taufen läßt und vor den Augen seines Volkes dazu das Haupt beugt, ordnet sich in *religiöser* Hinsicht sichtbar unter. Das Miteinander von weltlicher und geistlicher Führungsschicht ist immer dann am erfolgreichsten, wenn beide Seiten davon profitieren. Das kann sogar den Bruch von Traditionen umfassen: Bei den Germanen stabilisierten die Herrscher ihre Herrschaft durch die Ideologie der sog. 'Geblütsheiligkeit': Bestimmte Sippen, die Herrschaftsfunktionen ausübten, galten als vom Schicksal besonders begünstigt; diese Begünstigung übertrug sich angeblich auf ihr Volk, und das sog. 'Sippenheil' wurde genealogisch - durch das 'Blut' - vererbt, wodurch die Herrschaft also innerhalb einzelner Familien bleiben konnte. Herrschaft war erblich, wegen des 'Sippenheils' galt dies auch als funktional, und das änderte sich auch nach der Missionierung zunächst nicht. Als aber im 8. Jh. das Geschlecht der Merowinger - ihr Reich war zu diesem Zeitpunkt schon rund 300 Jahre christianisiert - politisch abgewirtschaftet hatte, übernahmen de facto die Karolinger die Macht - ein neues Herrschaftsgeschlecht also, dem eigentlich das Sippenheil fehlte. Als der Karolinger Pippin der Kurze, der Vater Karls des Großen, dann nicht mehr nur *wie* ein König fungieren, sondern tatsächlich ein König *sein* wollte, sorgte er dafür, daß der letzte Merowinger vom Papst abgesetzt und er selbst vom Papst zum König geweiht und gesalbt wurde. Die althergebrachte Geblütsheiligkeit wurde also überspielt durch den Gedanken des G o t t e s g n a d e n t u m s - der sich zumindest formulierungsmäßig bei noch existenten Herrscherhäusern bis heute gehalten hat (auf englischen Münzen finden Sie etwa auf der Seite mit dem Porträt der Königin in der Umschrift die Abkürzung D+G+REG+ = *DEO GRATIA REGINA*). Pippin konnte zufrieden sein, weil die christliche Kirche ihm eine so wirkungsvolle Ersatzideologie zur Verfügung stellte; die Kirche konnte zufrieden sein, weil sie damit als Sachverwalterin Gottes auf Erden auch von der weltlichen Herrschaft anerkannt worden war.

Größere Schwierigkeiten jedoch hatte der Adel damit, daß der Klerus auch ihm selbst gegenüber soziale Privilegien genießen wollte. Sicher konnte man damit leben, daß Kleriker nicht mit die Ernte einfahren wollten - dafür gab es genug Bauern, und die zahlten auch Abgaben, so daß man vom Klerus keine solchen Abgaben zu kassieren genötigt war. Der Klerus hatte aber die - nicht nur für den Adel - unangenehme Eigenschaft, *prinzipiell* bei allem und jedem mitreden zu wollen; und das ist vom Standpunkt des

Klerus auch nur konsequent: Irdisches Leben ist Vorbereitung auf das jenseitige Leben; dieses jenseitige Leben ist das wichtigere; der Klerus ist der Stand, der weiß, was man im Diesseits tun und lassen muß, um ins Jenseits zu kommen; ergo hat eben der Klerus im Diesseits überall ein Mitspracherecht. Und hier gibt es nun zunächst vor allem zwei Punkte, bei denen Kollisionen zwischen Adel und Kirche verprogrammiert sind: Das 5. Gebot lautet "Du sollst nicht töten", das 6. Gebot lautet: "Du sollst nicht ehebrechen". Der Adel ist aber ursprünglich nichts anderes als ein Berufskriegerstand - und daß im Krieg jemand getötet wird, soll ja ab und zu vorkommen. Krieg und Töten sind außerdem für den Adel nicht nur eine lästige Pflicht; seine Leistungsfähigkeit in diesem Bereich ist auch ein ganz wesentlicher Bestandteil seiner Ethik; *es geht also um konkurrierende Wertesysteme.* In puncto Sexualität ähnliches: 'Ehebruch' ist für die Kirche alles, was sich außerhalb und vor der Ehe sexuell abspielt. Sexualität ist aber auch einer der stärksten menschlichen Triebe; und zu den Privilegien des *männlichen* Adels gehörte es, in dieser Hinsicht recht wenig Restriktionen ausgesetzt zu sein.

Der *Annolied*-Prolog: Hat weltliche Literatur eine Bedeutung?

Wir sehen uns nun wieder einen Prolog an, und zwar den Prolog zum *Annolied*[5]. Das *Annolied* ist entstanden im letzten Viertel des 11. Jhs. und erzählt vom Leben und den Wundern des (historischen) Erzbischofs Anno II. von Köln, gestorben 1075. Die Funktion des wahrscheinlich in Annos Klostergründung Siegburg verfaßten Textes wird als Teil einer breiter angelegten Kampagne gesehen, die Heiligsprechung Annos zu erreichen - die dann 1183 auch erfolgt ist.

VVir hôrten ie dikke singen	Wir haben immer schon singen gehört
von alten dingen:	von alten Themen:
wî snelle helide vuhten,	wie tapfere Helden gekämpft haben,
wî si veste bruge brêchen,	wie sie feste Städte zerstört haben,
wî sich liebin vuniscefte schieden,	wie Liebesverhältnisse getrennt wurden,
wî rîche kunige al zegiengen.	wie mächtige Könige zugrunde gegangen sind.
nû ist cît, daz wir dencken,	Jetzt aber ist es Zeit, daran zu denken,
wî wir selve sulin enden.	wie wir selbst enden werden.
Crist, der unser hêro guot,	Christus, unser guter Herr -
wî manige ceichen her vns vure duot!	wie viele Wunderzeichen wirkt er vor unseren Augen!

Annolied, 1,1-10

Ob Ritter, Offizier oder Detektiv: Literatur lebt von Kampf und Liebe.

Das *Annolied* rekurriert mit dem Wort *singen* offensichtlich auf Dichtung. Die Angabe *immer schon* evoziert eine lange Tradition solcher Dichtung; zusammen mit dem Pronomen *wir* wird damit für Zuhörer und Autor an einen gemeinsamen kulturellen Hintergrund erinnert. Dem 'immer schon', das also Vergangenheit und Gegenwart bezeichnet, wird mit dem *nû* (nun, jetzt) in Vers 7 ein Neubeginn dieser Gegenwart kontrastiert. Dieser Kontrast wird ausgedehnt auf die Inhalte der 'alten' und der 'neuen' Literatur: Bisher hat man 'gesungen' von *Kämpfen* und von *Liebe* - und das sind in der Tat und bis in die heutige Trivialliteratur hinein traditionelle Bestandteile weltlicher Literatur. Wenn demgegenüber in Vers 8 gefordert wird, man möge jetzt daran denken, 'wie wir *selbst* enden werden', dann wird damit behauptet, daß die bisherige Literatur für ihr Publikum keine persönliche Relevanz besessen habe; man hat singen gehört von Kampf und Liebe, man soll jetzt hören von seinem eigenen Ende. Wie man selbst endet, weiß man auch im Mittelalter nicht genau. Man weiß aber im Mittelalter als Christ zumindest, wie die Welt im Ganzen enden wird - nämlich mit dem Wiedererscheinen Christi und dem Jüngsten Gericht; das sind Bestandteile der christlichen Heilsgeschichte, die u.a. in der Offenbarung des Johannes, der sog. Apokalypse, prophezeit worden sind. Da man das *weiß*, kann man auch daran *denken*. Es werden also in den beiden Literaturmodellen nicht nur beliebige Inhalte gegenübergestellt, sondern es werden gegenübergestellt Diesseits und Jenseits, weltliche Literatur und religiöse Literatur. Mit der Behauptung, in der weltlichen Literatur gehe es *nicht* um persönliche Betroffenheit des Publikums, wird ein Bestandteil weltlicher Kultur geleugnet: Gerade der Adel tradierte seine Geschichte, seine Kultur, seine Ethik in Geschichtsdichtung und Geschichtsliedern; schon TACITUS berichtet in der *Germania* (98 n.Chr.):

> C. 1 [Die Germanen] *feiern in alten Liedern Tuisto, den aus der Erde geborenen Gott [...], diese Lieder sind bei ihnen die einzige Art von Erinnerung und Geschichte.*

Zumindest indirekt wird also im *Annolied* nicht nur weltliche gegen geistliche Dichtung gestellt, sondern auch mündliche gegen schriftliche. Eine solche These plausibilisiert sich, wenn man eine Stelle aus der *Kaiserchronik*[6] dazunimmt. Diese Chronik ist ein bis zum Jahr 1148 reichender Zyklus von Kaiserbiographien ab Julius Cäsar; parallel zu den Kaisern werden, seit es solche gibt, die Päpste behandelt. In dieser *Kaiserchronik* wird auch Dietrich von Bern erwähnt, hinter dem sich der historische Ostgotenkönig Theoderich der Große verbirgt. Dietrich war, wie man aus Berichten in lateinischen Werken weiß, Gegenstand einer Reihe von mündlichen Dichtungen; seit dem 13. Jh. wird der Stoff dann auch in Schriftliteratur behandelt; zur Zeit der *Kaiserchronik* ist das noch nicht der Fall. Im Schlußteil des *Nibelungenliedes* (um 1200) tritt Dietrich von Bern ebenfalls auf: er befindet sich dort am Hof des Hunnenkönigs Etzel/Attila. 50 Jahre vor diesem *Nibelungenlied* schreibt die *Kaiserchronik*:

Kannte Dietrich von Bern Attila persönlich?

Swer nû welle bewaeren,	Wer beweisen will, daß
daz Dieterîch Ezzelen saehe,	Dietrich Etzel gekannt hat,
der haize daz buoch vur tragen.	der soll ein B u c h bringen lassen, [in dem das steht].
do der chunic Ezzel ze Ovene wart begraben,	Nachdem König Etzel zu Ofen [Stadt in Ungarn]
dar nâch stuont iz vur war	begraben worden war, dauerte es noch
driu unde fierzech jâr,	43 Jahre,
daz Dieterîch wart geborn.	bis Dietrich geboren wurde.
....	
Hie meget ir der luge wol ain ende haben.	Und damit Schluß mit diesen Lügengeschichten!

Kaiserchronik 14176-14182, 14187

Die apodiktische Aufforderung, man möge zum Beweis für die Wahrheit einer Behauptung ein Buch beibringen, zeigt die Auffassung der klerikalen Autoren der *Kaiserchronik*, daß nur schriftliche Überlieferung Wahrheit garantiert. Das im *Annolied* vorgestellte Kontrastmodell - **weltliche** gegen **geistliche** Literatur, **mündliche** gegen **schriftliche** Literatur, **relevante** gegen **irrelevante** Literatur - wird also erweitert durch das Gegensatzpaar: **wahre** gegen **erlogene** Literatur.

Zu einer solchen Vorstellung kann nur gelangen, wer - wie eben Kleriker - ganz in einer Buchkultur lebt. Eine mündliche Kultur, die in ihrer Überlieferung das eigene Selbstbewußtsein hochhält, kann sich darauf nicht einlassen. Anfang des 13. Jhs. nimmt der Prolog des anonymen *Herzog Ernst*[7] - und zwar jetzt selbst schon in s c h r i f t l i c h e r Form - gegen Vorwürfe der Art Stellung, wie *Kaiserchronik* und *Annolied* sie präsentieren.

Der Herzog Ernst-Prolog: Helden und Stubenhocker.

Nu vernemet alle besunder:	Nun höre jeder genau zu!
ich sage iu michel wunder	Ich erzähle euch viele wunderliche Dinge
von einem guoten knehte.	von einem tapferen Helden.[8]
daz sult ih merken rehte.	Ihr sollt es aufmerksam vernehmen.
ez ist ze hoerenne guot,	Es ist vorteilhaft, es anzuhören,
ez gît vil manigen hôhen muot,	denn hohe Gesinnung wird geweckt,
swâ man von degenheite seit.	wo immer man von Heldentum erzählt.
genuogen ist von herzen leit	Dagegen erdulden viele Kummer im Herzen,
die dâ heime ir lant bûwent	die zu Hause auf ihrem Land sitzen
unde nimmer des getrûwent	und sich niemals das zutrauen,
swaz man von heldes noeten saget.	was man von den Kampfesnöten der Helden erzählt.
die sint an wirdekeit verzaget:	Sie haben den Mut zu ritterlichem Tun verloren.
sie habent der arbeit nihte erliten	Sie haben solche Mühsal nicht erlitten,
und wirt ouch von in gar vermiten,	und sie gehen ihr ganz und gar aus dem Weg,
wan sie dar zuo niht entugen	weil sie dafür nicht geeignet sind, und wo
und velschent die rede swâ sie mugen.	immer sie können, sagen sie, Berichte darüber seien falsch.
sie strîtent vaste dâ wider	Sie bekämpfen [solche Berichte] heftig
und druckent die rede nider,	und unterdrücken sie,
als ez mit alle ein lügene si	als ob das völlig erlogen sei.
den wonet niht guoter tugende bî.	Solche Leute haben keine guten Eigenschaften.
swâ danne guote knehte sint,	Wo aber tapfere Helden sind,
den ist diu rede als ein wint,	die achten nicht auf solches Gerede.
die in fremden rîchen	Die ziehen oft
dicke sorclîchen	unter Gefahren in fremde Länder
varent durch vermezzenheit	aus Tapferkeit und erdulden
und beidiu liep unde leit	Angenehmes und Unangenehmes
lîden undr unkunder diet:	bei fremden Völkern.
die widerredent des niet	Die widersprechen dem nicht,
swaz man dâ von gesagen kan,	was man darüber erzählen kann -
wan des sie selbe versuochet hân.	denn sie haben es selbst ausprobiert.

Herzog Ernst, 1-30

Mit dem Wort 'Lüge' bezeichnet die Kirche oft weltliche Literatur; auch die *Kaiserchronik* hatte den Begriff verwendet. Gegen diesen Lügenvorwurf bezieht der *Herzog Ernst*-Autor Stellung. Er läßt sich aber nicht auf eine Diskussion darauf ein, ob weltliche oder religiöse Literatur wichtiger sei - das wäre schwer (denn wir haben ja gesehen, daß auch der Adel zumindest theoretisch und in vielen Bereichen sogar praktisch die Priorität der Religion akzeptierte). Auch eine Diskussion über die Medien Mündlichkeit und Schriftlichkeit stellt der *Herzog Ernst*-Autor nicht an; das wäre vielleicht ebenfalls riskant, weil weltliche Autoren in bezug auf literarische Bildung noch nicht mit dem Klerus konkurrieren können, und vor allem wohl deshalb, weil der Autor sich ja hier selbst im Medium Schrift äußert. Stattdessen setzt er bei dem Punkt ein, den das Annolied zur Begründung eines qualitativen Unterschieds zwischen geistlicher und weltlicher Literatur aufgeführt hatte: bei der persönlichen Betroffenheit oder Nichtbetroffenheit. Im *Herzog Ernst* wird die Betroffenheit des Adels von weltlicher Literatur behauptet, indem nämlich auf die persönliche Erfahrung abgehoben wird: Kampf und Abenteuer als Inhalte weltlicher Dichtung würden zwar oft als Lüge bezeichnet; aber wer das behaupte, tue das nur, weil er es nicht für möglich halte, daß es in der Wirklichkeit so gefährlich zugeht. Es gebe aber Leute, die das durchaus wüßten - nämlich solche, die derart gefährliche Abenteuer und Kämpfe selbst erlebt haben.

Wir kommen zu einem weiteren Textausschnitt, der das Spannungsverhältnis zwischen Adel und Kirche geradezu programmatisch beleuchtet. Er stammt aus einem Werk mit dem Titel *Von des todes gehugede* = 'Von der Erinnerung an den Tod'.[9] Verfasser ist ein Heinrich von Melk; dieser nennt im Epilog seines Werkes einen Abt *Erchembald* als Auftraggeber. Je nachdem welcher der in Frage kommenden Äbte mit diesem Namen gemeint ist, datiert man Heinrichs Text auf die Mitte oder das Ende des 12. Jahrhunderts. Für den literatur- und geistesgeschichtlichen Stellenwert des Werkes macht das einen erheblichen Unterschied aus:

Deutsche Literatur gibt es seit ca. 750. Diese deutsche Literatur findet um 950 ein vorläufiges Ende und setzt erst 100 Jahre später wieder neu ein; erst seitdem gibt es kontinuierlich deutschsprachige Literatur, aber auch dann kommt es natürlich zu weiteren Epocheneinschnitten. Der nächste dieser Epocheneinschnitte liegt bei ca. 1170: Ab dieser Zeit werden nämlich nun auch weltliche Stoffe verschriftlicht, und außerdem treten jetzt auch Laien, Nichtkleriker als Autoren auf. Die beiden ersten Phasen der deutschen Literaturgeschichte, 750-950 und 1050-1170, weisen eine große Gemeinsamkeit auf: Die in diesen Zeiträumen verfaßte deutschsprachige Schriftliteratur ist fast ausschließlich *religiöse* Literatur. Es gibt aber im Bereich der Literatur*soziologie* auch zwei wichtige *Unterschiede* zwischen den beiden Epochen:

Althochdeutsche und frühmittelhochdeutsche Literatur: Literatursoziologische Veränderungen bei Autoren und Publikum.

	Publikum	Verfasser
750-1050	"alle"	Mönche
1050-um 1170	weltlicher Adel	Weltgeistliche

Die frühmittelhochdeutsche Literatur, also die deutsche Literatur aus der Zeit zwischen 1050 und 1150, hat offenbar zum Ziel eine Art von 'Binnenmissionierung' des Adels. Das Christentum ist inzwischen als Religion fest etabliert; aber nun geht es der Kirche darum, über ein rein formales Christentum hinaus die weltliche Führungsschicht auch *inhaltlich* auf die Lehren der Kirche festzulegen. Noch ist also deutschsprachige Schriftliteratur fast ausschließlich ein von der Kirche zu religiösen Zwecken gehandhabtes Propagandainstrument. Am Ende der Epoche, gegen 1170, wird sich dann aber zeigen, daß diese Bemühungen im Sinne der Kirche auch einen dysfunktionalen Effekt hatten: Der Adel hat sich mittlerweile so an die Existenz deutschsprachiger Schriftliteratur gewöhnt, daß er nun seinerseits dieses Medium auch für seine eigenen Repräsentations- und Unterhaltungsbedürfnisse nutzt; verschriftlicht werden ab jetzt zunehmend w e l t l i c h e Erzählstoffe. Ihr Inhalt ähnelt der traditionellen *mündlichen* Dichtung insofern sehr stark, als er ebenfalls zwei Hauptmotive aufweist: Kampf und Liebe; aber dieser Inhalt wird jetzt *schriftlich* präsentiert, und dadurch nimmt nun auch weltliche Literatur Anteil am Prestige des Mediums Schrift. Sollte also der im folgenden zu besprechende Text von Heinrich von Melk gegen 1150 entstanden sein, dann liegt er noch innerhalb einer literaturgeschichtlichen Epoche, die inhaltlich religiös geprägt und auf die geistliche Belehrung des Adels zugeschnitten ist; sollte der Text gegen *Ende* des 12. Jahrhunderts verfaßt worden sein, wäre er in dieser Zeit schon ein Fremdkörper - denn zwischen 1170 und 1250 wird die religiöse deutschsprachige Schriftliteratur von der weltlichen Literatur anscheinend fast verdrängt. Die religiöse Literatur wird dann erst wieder in der 2. Hälfte des 13. Jhs. einen neuen Boom erleben, als nämlich in den Städten ein zusätzliches Literaturpublikum entsteht; und dieses Publikum wird dann einerseits ebenfalls zum Objekt kirchlicher Belehrung und Propaganda durch religiöse Literatur, hat aber andererseits anscheinend auch selbst ein Interesse an religiösen Texten.

Zum Inhalt von Heinrichs Text: Der Titel *Von des todes gehugede* ist schon Programm, denn vom kirchlichen Standpunkt aus führt die Erinnerung daran, daß man sterben muß, zu der Einsicht, daß das diesseitige Leben nichts wert ist. Erst nach dem Tod geht es für einen Christen sozusagen richtig los; denn dann fängt, wenn man nicht zu viel und zu schwer gesündigt hat, nach dem Jüngsten Gericht das ewige Leben an. Das diesseitige, weltliche Leben hat nur den *einen* Sinn, sich auf das jenseitige Leben vorzubereiten; man soll es nach Ansicht der Kirche nutzen, um ein frommes und Gott wohlgefälliges Leben zu führen. Man kann in ihm also ein Kapital an guten Taten ansammeln für den Tag des Jüngsten Gerichts, damit man bei diesem Gericht nicht verdammt wird und in das ewige Leben eingehen kann. Diese Weltanschauung nennt man DUALISMUS: Zwei Bereiche stehen sich unversöhnlich und unvermittelbar gegenüber, die sog. *civitas Dei* und die *civitas terrena* oder *diaboli*; diese Lehre geht zurück auf die Schrift *De civitate Dei* ('Über den Gottesstaat') des Kirchenvaters Augustinus († 430).

Ausgangssituation des folgenden Textes: Ein Adliger ist gestorben; ein Kleriker führt die Witwe zur Bahre ihres Mannes und versucht, sie anhand des Anblicks, den die Leiche bietet, zu Reflexionen anzuhalten. Uns interessiert, *wie* dieser Kleriker, hinter dem ja der Autor steht, vorgeht, und welche *Bereiche* er anspricht.

"Ihr Mann sieht ganz verändert aus!" Heinrich von Melk: *Erinnerungen an den Tod*

Nu gienc dar, wip wolgetan,	Nun komm her, schöne Frau,
unt scowe dinen lieben man	und schau deinen lieben Mann an
unt nim vil vlizichlichen war,	und beachte genau,
wie sin antluzze si gevar,	wie sein Gesicht jetzt aussieht,
wie sin sceitel si gerihtet,	wie sein Scheitel gezogen,
wie sin har si geslihtet.	wie sein Haar frisiert ist.
scowe vil ernstliche,	Schau ganz sorgfältig hin,
ob er gebar ihr vroelichen	ob er jetzt etwa so fröhlich aussieht wie damals,
als er offenlichen unde tougen	als er dir öffentlich und heimlich
gegen dir spilte mit den ougen.	Blicke zugeworfen hat.
nu sich, wa sint siniu muozige wart,	Schau, wo sind seine belanglosen Worte,
da mit er der frowen hohvart	mit denen er die Eitelkeiten adliger Damen
lobet unt seite?	gelobt und weitererzählt hat?
nu sich, in wie getaner heite	Sieh, in welchem Zustand
diu zunge lige in sinem munde,	die Zunge jetzt in seinem Mund liegt,
da mite er diu troutliet chunde	mit der er es so hübsch verstanden hat,
behagenlichen singen!	Liebeslieder zu singen!

nu nemac si niht fur bringen	Jetzt kann sie weder
weder wort noch die stimme.	Worte noch Töne mehr hervorbringen.
nu sich, wa ist daz chinne	Schau, wo ist das Kinn
mit dem niuwen barthare?	mit der neuen Bartfrisur?
nu sich, wie reht undare	Schau, wie häßlich
ligen die arme mit den henden,	jetzt Arme und Hände daliegen,
da mit er dich in allen enden	mit denen er dich überall
trut undt umbevie!	liebkost und umfaßt hat!
wa sint die fuoze, da mit er gie	Wo sind die Füße, auf denen er
höfslichen mit den frowen?	mit den Damen getanzt hat?
dem muose du diche nach scowen,	Du hast ihm oft hinterhersehen müssen,
wie die hosen stunden an dem beine;	wie gut ihm die Hosen an seinen Beinen standen;
die brouchent sich nu leider chleine.	die zeigen jetzt leider überhaupt kein Profil mehr.
er ist dir nu vil fremde,	Er ist dir jetzt ganz fremd,
dem du e die siden in daz hemde	dem du früher überall
muose in manigen enden witen.	sein Hemd mit Seide verzieren mußtest.
nu scowe in an allen mitten,	Jetzt schau seine Körpermitte an -
da ist er geblaet als ein segel.	er ist dort aufgebläht wie ein Segel.
der boese smach unt der nebel,	Schlimmer Gestank und Dunst
der vert uz dem uberdonen	steigt aus dem Leichentuch auf
unt laet in unlange wonen	und läßt ihn nur noch kurze Zeit
mit samt dir uf der erde.	mit dir zusammen auf dieser Welt.
owe, dirre chlegliche sterbe	Ach, dieses klägliche Sterben
unt der wirsist aller tode,	und der schlimmste aller Tode
der mant dich, mensc, diner broede.	ermahnen dich, Mensch, an deine Hinfälligkeit.

Heinrich von Melk, 597ff.

Fast durchgängiges Argumentationsmuster in diesem Textausschnitt ist der Kontrast: Der Sprecher weist auf bestimmte Dinge, Körperteile, Kleidungsstücke usw. hin, erinnert daran, wie sie im *Leben* ausgesehen haben, und kennzeichnet dann ihr jetziges Aussehen *nach dem Tod*. Die Gesichtsfarbe hat sich verändert, die Haartracht, der Mund, die Paßform der Kleidung. Faßt man all dies zusammen, dann geht es insgesamt um die **Vergänglichkeit** von Schönheit und Lebensfreude (sog. *vanitas*-Motiv[10]). Über die Eigenschaft der Vergänglichkeit werden Schönheit und Lebensfreude disqualifiziert. Dies nun könnte auf alle Menschen bezogen werden; wir haben aber im Text mindestens drei Bereiche, die spezifisch *adlige* Belange betreffen: Angesprochen wird nicht die Kleidung allgemein, sondern *kostbare* Kleidung; der Mund des Toten, der jetzt verstummt ist, hat früher *Minnelieder* gesungen; und es ist die Rede von *vrouwen* - was ja in dieser Zeit nicht schlechthin 'Frauen' bedeutet, sondern 'adlige Frauen', 'Damen'. Es wird also nicht nur allgemein eine Diesseitsfixiertheit attackiert, vielmehr richtet sich der Angriff gezielt auf spezifisch adlige Kulturformen und Kulturmuster. Und davon ist auch das *Selbstverständnis* des Adels betroffen. Denn wenn er sich kostbar kleidet, dann macht er dies nicht nur und vielleicht nicht einmal primär aus Vergnügen an der Sache, sondern weil er mit solchen und anderen Attributen nach unten, gegenüber den von ihm Beherrschten, seine soziale Stellung dokumentieren und innerhalb des *eigenen* Standes seine Zugehörigkeit signalisieren will; die Spezifika seines Lebens und seiner Kultur haben *Repräsentations*funktion (s.o.). Gleiches gilt für den Minnesang: Minnesang ist eine spezifisch adlige Literaturform (→ Kap. IV.6), mit welcher der Adel also ebenfalls primär repräsentiert. Da es dabei *inhaltlich* aber oft um Liebe geht, die sich nicht auf die Ehefrau richtet, ist der Minnesang auch als literarische Erscheinung für die Kirche anstößig.

Sieht man von einigen asketischen Laienbewegungen ab, dann hat die Kirche diesen Kampf gegen adliges Selbstverständnis und adlige Kultur verloren, und zwar nicht nur auf Dauer, sondern von vornherein. Die Kritik der Kirche hört nie auf, aber das Problem erledigt sich in der Praxis von Anfang an dadurch, daß der Adel sich dieser Kritik nicht unterwirft. Daran sind wohl mindestens drei Ursachen beteiligt:

1. Die Kirche war bei all ihrem Einfluß nicht mächtig genug, um auch in diesem Bereich ihre Ansichten durchsetzen zu können.
2. Die Kirche versuchte nicht entschieden genug, diesen Kampf zu gewinnen, weil sie anderes für *noch* wichtiger hielt.
3. Unabhängig von den beschriebenen Interessendivergenzen gab es zwischen Adel und Kirche Gemeinsamkeiten, die es für beide Seiten nicht ratsam erscheinen ließen, Konflikte zur Eskalation zu bringen.

Eine dieser gemeinsamen Interessen haben wir schon erwähnt: Kirche und Adel sind Führungsschichten, die sich einer quantitativ erdrückenden Überzahl von 'Unterschichten' gegenübersehen. Wenn beide weiter Herrschaft ausüben wollen, müssen sie sich wenigstens in gewissem Rahmen untereinander einig sein. Es ergeben sich aber weitere

Interessenverquickungen dadurch, daß man nicht immer strikt zwischen Adel und Klerus unterscheiden kann; vielmehr gibt es viele Kleriker, die selbst adlig sind. So haben etwa seit Otto I. († 973) Bischöfe und Äbte von Reichsklöstern in Deutschland Fürstenstatus; genau das führt dann später zu dem berühmten Investiturstreit: Da die deutschen Könige natürlich ein Interesse daran hatten, daß nur ihnen genehme Kleriker Bischöfe und damit Fürsten wurden, beanspruchten sie auch das Recht, die Bischöfe zu investieren, d.h. sie in ihre Stellung einzusetzen. Nachdem das Papsttum politisch an Macht gewonnen hatte und nicht mehr wie in früheren Zeiten permanent auf Schutz durch die deutschen Könige angewiesen war, machte es den Königen dieses Recht streitig. Personelle Verquickungen zwischen Adel und Geistlichkeit ergeben sich ferner dadurch, daß nicht erbberechtigte Söhne und Töchter des Adels von ihren Eltern gern ins Kloster geschickt werden, weil sie dort annähernd standesgemäß versorgt werden. Innerhalb *einer* Person können sich also die divergenten Interessen und Selbstbilder zweier verschiedener Stände vereinen und müssen auf irgendeine Art zum Austrag gebracht werden. Ein Bischof, der ein Fürst ist und politische Rechte und Pflichten hat, ist etwa darauf angewiesen, auch wie ein Fürst zu repräsentieren - und dabei greift er auf viele Repräsentationsmittel zurück, die auch weltliche Adlige verwenden, u.a. auf weltliche Literatur. Man muß allerdings hinzufügen, daß sich dagegen auch im Klerus selbst immer wieder Stimmen erhoben haben. Auch Heinrich von Melk kritisiert nicht nur die weltlichen Adligen, sondern an anderer Stelle auch Kleriker, die es mit ihrer eigenen Ethik nicht so genau nehmen.[11]

Ich möchte abschließend noch einen Sonderfall gemeinsamer klerikaler und adliger Interessen vorstellen, und zwar deshalb, weil auch er literarisch seinen Niederschlag gefunden hat. Es geht um das Thema der **Kreuzzüge.** Kreuzzüge nennt man eine Reihe militärischer Unternehmungen gegen die Moslems in Palästina oder gegen heidnische Slawen im Osten des Reichsgebietes, Unternehmungen, die eigentlich religiöse Ziele hatten. Die Kirche sieht in diesen Kreuzzügen aber auch die Möglichkeit, das militärische Aggressionspotential des Adels nach außen umzulenken: In den Kreuzzügen *darf* der Adlige nach Meinung der Kirche nicht nur das machen, was die Kirche ihm sonst in Hinsicht auf das 5. Gebot verbieten will, sondern er *soll* es sogar. Wozu das führen kann, zeigt ein Ausschnitt aus dem Ihnen schon bekannten Rolandslied, die Verse 3899 ff.: Bevor die Schlacht zwischen Heiden und Christen losgeht, hält der Bischof Turpin von Reims noch eine Art von Feldgottesdienst; er erteilt nach kollektiver Beichte den Christen die Absolution für ihre Sünden und erklärt: "Eure Buße soll sein, heute so viele Heiden wie möglich zu töten" (3924 f.). Turpin kämpft übrigens auch selbst mit, und in einer Szene gerät er dabei so in Emphase, daß er, der Bischof, ausruft: "Wer hier nicht tapfer mit dem Schwert zuschlägt, der soll doch Mönch bleiben." (Vers 6297f.) Es gibt zwei im Prinzip gleichberechtigte christliche Ideale, die sog. *vita activa* und die sog. *vita contemplativa.* Vita activa meint: man soll aktiv, tätig, Gott dienen; die vita contemplativa, das beschauliche Leben, meint, Gott in Stille, in Gebet und Meditation zu dienen. Ihre Anschauungen über *vita activa* und *vita contemplativa* hat die mittelalterliche Theologie aus einer Evangelienstelle entwickelt:

> *Es begab sich aber, da sie* [= Jesus und seine Jünger] *weiterzogen, kam er in ein Dorf. Da war eine Frau mit Namen Martha, die nahm ihn auf in ihr Haus. Und sie hatte eine Schwester, die hieß Maria; die setzte sich zu Jesu Füßen und hörte seiner Rede zu. Martha aber machte sich viel zu schaffen, ihm zu dienen. Und sie trat hinzu und sprach: Herr, fragst du nicht danach, daß mich meine Schwester allein läßt dienen? Sage ihr doch, daß sie es auch angreife! Der Herr aber antwortete und sprach zu ihr: Martha, Martha, du hast viel Sorge und Mühe. Eins aber ist not: Maria hat das gute Teil erwählt: Das soll nicht von ihr genommen werden.* (Lukas 10, 38-42)

Das 'aktive' Leben wird hier anerkannt, aber das Leben in frommer Versenkung in Gottes Wort findet sich dieser Lebensweise übergeordnet. Speziell den Mönchen ist im Mittelalter die Lebensform der *vita contemplativa* verordnet. Und diese Lebensform wird also im Rolandslied von einem Bischof, hinter dem ein Weltgeistlicher als Autor steht, gegen die abstrakte Lehre als zweitrangig abqualifiziert. Im übrigen sehen Sie am gesamten Rolandslied, das ja zu ca. 80 % aus der Darstellung von Kämpfen besteht, daß auch durch einen Text mit religiöser Zielrichtung der auf der *Kampf*motivik beruhende Unterhaltungs- und Repräsentationsanspruch des weltlichen Adels sehr effizient befriedigt werden kann. Das - laut *Annolied* - zweite traditionelle

Unterhaltungsmotiv, die Liebe, fehlt hier: Im ganzen Text tauchen nur zwei Frauen auf; die eine ist die Frau eines Heidenkönigs, die sich nach dem Tod ihres Mannes taufen läßt, die andere ist Rolands Verlobte, die auf die Nachricht von dessen Tod hin stirbt und nach den Worten des Autors auf diese Weise *umbewollen*, d.h. 'unbefleckt', also als Jungfrau ins ewige Leben eingeht. Wo die Religion im Vordergrund steht, da sind Frauen als *Frauen* eine vernachlässigbare Größe. Allerdings muß man auch hier wieder daran erinnern, daß dergleichen in säkularisierter, verweltlichter Form weiterlebt, etwa im Western. "A man has to do what a man must do" - dies ist eine der Standardbegründungen, wenn Vati nach der Winchester greift und sich mit sanfter Gewalt aus den Armen seiner lieben Frau freimacht, um höheren Aufgaben nachzugehen.

Anmerkungen

1 Beispiele: Eine *Integration* einheimisch-vorchristlicher Gegebenheiten findet statt, indem man christliche Feiertage teilweise in die Nähe 'heidnischer' Termine verlegt (Weihnachten zur Zeit der Wintersonnenwende, Ostern am ersten Sonntag nach Frühlingsvollmond). Eine *Verdrängung* findet - nicht immer ganz erfolgreich - statt in bezug auf althergebrachte magische Praktiken, die entweder als 'teuflisch' oder wirkungslos verdammt werden. Integration durch *Uminterpretation* läßt sich etwa beobachten im Umgang mit antiker Literatur, wenn z.B. eine Ekloge Vergils, in der von der Geburt eines blonden Knaben die Rede ist, der der Welt das Heil bringen wird, als Prophezeiung auf Christus gedeutet wird (während sie historisch auf die Geburt eines Verwandten des Kaisers Augustus bezogen werden muß).

2 In diesen Zusammenhang gehören etwa die zahlreichen Texte, in denen mittelalterliche Adelsgeschlechter als Nachkommen von Trojanern oder Römern dargestellt werden.

3 Literatur: HORST WENZEL/HEDDA RAGOTZKY (Hg.): *Höfische Repräsentation. Das Zeremoniell und die Zeichen*. Tübingen 1990.

4 Allerdings bedient sich auch die Kirche der Repräsentation - durch besondere Kleidung der Kleriker, spezielle Zeremonien, Attribute wie Krummstab, Ring usw.

5 **Ausgabe**: *Das Annolied*. Mittelhochdeutsch und neuhochdeutsch. Hrsg., übers. und komm. von EBERHARD NELLMANN. Stuttgart 1975.

6 **Ausgabe**: *Deutsche Chroniken und andere Geschichtsbücher des Mittelalters*. Hrsg. von der Gesellschaft für ältere deutsche

Geschichtskunde. Erster Band: *Deutsche Kaiserchronik. Trierer Silvester. Annolied*. Unveränd. Nachdr. d. Ausg. 1895. Berlin 1964.

7 **Ausgabe**: *Herzog Ernst*. In der mittelhochdeutschen Fassung B [...] hrsg., übers., mit Anm. und e. Nachw. vers. von BERNHARD SOWINSKI. Stuttgart 1970.- Der *Herzog Ernst* ist ein in mehreren Fassungen vom 12. - 15. Jh. überliefertes Epos; unser Textausschnitt stammt aus dem Anfang des 13. Jhs. **Inhalt**: Ein Herzog von Schwaben bekommt Krach mit seinem kaiserlichen Stiefvater, muß in den Orient fliehen, besteht dort haarsträubende Abenteuer mit Riesen, Zwergen, Kranichmenschen und ähnlichen Fabelwesen, kehrt dann nach Deutschland zurück und versöhnt sich mit seinem Stiefvater; hier mischen sich also historische und fabulöse Erzählstoffe.

8 *kneht* hat also gegenüber der Verwendung in den *Vorauer Büchern* eine Bedeutungsverbesserung erfahren; allerdings kann das Wort auch nach wie vor die alte Bedeutung besitzen.

9 **Ausgabe**: *Die religiösen Dichtungen des 11. und 12. Jahrhunderts.* Nach ihren Formen besprochen und hrsg. von FRIEDRICH MAURER. Bd. III. Tübingen 1970, S. 328-359.

10 Lat. *vanitas* = 'Leere', 'Eitelkeit', 'Nichtigkeit'. Dieses Motiv ist auch später noch verbreitet, z.B. in der Dichtung des Barock, darf aber nicht nur als Topos gewertet werden, sondern steht in verschiedenen Epochen in speziellen Kontexten.

11 Heinrich von Melk: *Das Priesterleben*. In: MAURER (wie Anm. 9), S. 258-301.

4. *Natur und Kosmologie*

In diesem Teil soll es also erneut um etwas gehen, was eine Rahmenbedingung für Art und Ausprägung mittelalterlicher deutscher Literatur und Sprache darstellt - eine Rahmenbedingung, die allerdings kategorial ungleich höher angesiedelt ist als die bisher thematisierten. Wir wollen uns nämlich ansehen, welches Bild das Mittelalter sich von der **Welt**, von der **Natur** und vom **Menschen** macht, und auch einige Beispiele dafür kennenlernen, wo dieses Welt-, Natur- und Menschenbild sich in Literatur niederschlägt bzw. umgekehrt: wo man Äußerungen in Literatur nur verstehen kann, wenn man etwas über die Welt- und Naturvorstellungen des Mittelalters weiß. Wenn ich von 'dem' Bild 'des' Mittelalters spreche, dann ist das natürlich eine gewisse Vereinfachung: Ich darf daran erinnern, daß ich schon einmal erwähnt habe, daß sich mittelalterliche Kultur und Zivilisation aus drei Bestandteilen zusammensetzen: aus **christlichen**, aus **antiken** und aus **einheimisch-vorchristlichen**, die existiert haben, bevor die neue Religion von außen eingeführt wurde, und damit auch bevor die christliche Kirche antikes Erbe in die einheimische Kultur weitervermitteln konnte. Was an einheimischen Vorstellungen den christlichen und den in sie integrierten antiken Konzeptionen widersprach, wurde von der Kirche konsequent als Irrlehre oder Aberglauben disqualifiziert, zum Teil mit Strafen belegt; aber hundertprozentig erfolgreich war man damit nicht: manches hat überlebt. Darüber, w a s überlebt hat, sind wir aber nur in Ausnahmefällen unterrichtet; was im Mittelalter aufs Pergament gelangte und uns heute als Quelle zur Verfügung steht, war in der Regel nur das, was den offiziell gebilligten Vorstellungen entsprach. Und insofern ist es zumindest *einigermaßen* legitim, daß wir uns in Hinsicht auf die Beschäftigung mit mittelalterlicher Literatur mit dem zufriedengeben, was uns die 'offiziellen' Schriften mitteilen - denn deren Inhalt ist dann, wie wir sehen werden, auch in die 'fiktionale' Literatur eingegangen.

Die Natur als Zeichenträger

Nach einer [...] *historischen Anekdote antwortete Pierre-Simon Marquis de Laplace, ein bekannter frz. Astronom und*

> *Mathematiker (1749-1827), als er Napoleon das System der Bewegung von Himmelskörpern erklärt hatte, auf die Frage Napoleons, welche Rolle er in diesem System dem Schöpfer zukommen lasse: "Ich benötige keine solche Hypothese." Die Wissenschaft der Neuzeit kann ohne einen ersten Beweger, eine höhere Vernunft, einen Schöpfer auskommen. Demgegenüber ist der mittelalterliche Mensch ohne diese "Hypothese", die für ihn die Grundlage seiner gesamten Weltanschauung darstellt, unfähig, die Welt zu erklären. Theologie und Naturwissenschaft sind im Mittelalter in weiten Teilen untrennbar* [...].[1]

Allerdings verzichtet auch das Mittelalter nicht auf die empirische Wahrnehmung bestimmter Eigenschaften der Natur und ihrer Bestandteile; die Natur wird natürlich nicht negiert oder etwa g e g e n ihre konkreten Erscheinungsformen beschrieben - vorausgesetzt, man *kannte* diese Erscheinungsformen und war nicht gezwungen, Tiere, Pflanzen, Mineralien etc., die man noch nie gesehen hatte, entsprechend fabulösem Schrifttum zu beschreiben, Schrifttum, das statt empirischer Nachprüfbarkeit sein *Alter* als Wahrheitsgaranten vorweisen konnte. Aber auch empirische Eigenschaften natürlicher Dinge werden im Mittelalter nicht möglichst objektiv beschrieben, sie besitzen auch keinen Selbstzweck, sondern gewinnen ihren Wert nur im Zusammenhang mit übergeordneten Deutungen. Wie man sich diesen Zusammenhang gedacht hat, dafür einige programmatische Aussagen aus mittelalterlichen Texten:

Omnis mundi creatura	Die gesamte Schöpfung der Welt
quasi liber et pictura	ist gleichsam ein Buch und ein Bild
nobis est et speculum,	für uns und ein Spiegel,
nostrae vitae, nostrae mortis,	ist unseres Lebens, unseres Todes,
nostri status, nostrae sortis	unseres Zustandes, unseres Schicksals
fidele signaculum.	getreues Zeichen.

Alanus ab Insulis: *Rhythmus de natura hominis fluxa et caduca,* Str. 1[2]

Alanus ab Insulis († um 1203) war ein französischer Zisterziensermönch, der zur theologisch-philosophischen Richtung der sog. **Scholastik** gezählt wird. Die Scholastik war eine Denkschule in der katholischen Kirche, der es darum ging, Glauben und Rationalität so eng wie möglich zu verbinden. Der Glaube sollte im Leben eines Christen für die Scholastiker wirklich nur den Rest abdecken müssen, der dem Verstand absolut nicht mehr zugänglich war, während umgekehrt der Verstand möglichst viel auch im Bereich der Religion begreifen und verstehen sollte, um diese Religion sozusagen auf eine rationale Basis zu stellen. Wenn also sogar ein Vertreter der Scholastik sagt, daß die äußere Welt ein *Spiegel* sei, in dem der Mensch etwas über sein Leben, sein Schicksal, seinen Stand und seinen Tod sehen könne, dann kann man daraus entnehmen, wie tief dieses Konzept in den Vorstellungen des Mittelalters verankert gewesen sein muß.- Zweites Beispiel:

Got ist geschepfede harte rîch:	Gottes Schöpfung ist sehr reichhaltig:
er schepfet allez ungelîch	alles hat er verschiedenartig geschaffen
an wîbe und an manne.	bei Männern und Frauen.
under ougen eine spanne	Keine einzige Stelle im Gesicht
hat neheinez gelîchen schîn.	sieht gleich aus.
wie möhte ein wunder groezer sîn?	Wie könnte es ein größeres Wunder geben?
an stimmen merket wunder:	[Auch] in bezug auf Stimmen nehmt Wunderbares wahr:
die hellent alle besunder.	alle [Stimmen] klingen verschieden.
manc hundert slahte bluomen stânt,	Viele hundert Blumenarten wachsen,
die ungelîche varwe hânt.	von denen jede eine besondere Farbe hat.
deheiner slahte grüene ist gar	Keine Art Grün ist ganz
gelîch der andern, nemt es war.	so wie eine andere - achtet darauf!
diu erde keiner slahte treit,	Auf der Erde gibt es nichts,
daz gar sî âne bezeichenheit.	das nicht die Eigenschaft besitzt, etwas zu bedeuten.
nehein geschepfede ist sô frî,	Kein Bestandteil der Schöpfung ist so unabhängig,
sin bezeichne anderz, dan si sî.	daß es nicht noch etwas anderes bedeuten würde, als es selbst ist.

Freidank: *Bescheidenheit,* II 23ff.[3]

Dieser Text stammt aus einer Sammlung von 'Weisheiten' zu allen möglichen weltlichen und religiösen Themen; sie wird datiert auf 'um 1230'. Der Autor nennt sich *Vrîdanc,* mit nhd. Lautstand 'Freidank', wobei nicht ganz klar ist, ob es sich dabei um einen richtigen Namen handelt oder um einen sog. 'redenden Namen', eine Art von anspruchsvollem Künstlernamen (*Vrîdanc* = 'freier Gedanke' - also Prätention von Ehrlichkeit und Unbeeinflußbarkeit). Die ganze Sammlung, aus der unser Text stammt, trägt den Titel *Bescheidenheit* - wieder ein Beispiel für einen Fall von

W o r t b e d e u t u n g s w a n d e l, denn dieses mhd. Wort meint noch nicht dasselbe wie unser Wort 'Bescheidenheit', sondern 'Bescheid*wissen*', 'Wissen' i.S.v. 'Informiertheit'. Hinter diesem Titel, der vom Autor selbst stammt, steckt natürlich ebenfalls wieder eine recht selbstbewußte Behauptung: 'Dieser (mein) Text ist Resultat meines Bescheidwissens, meiner Kenntnisse' - oder aus umgekehrter Perspektive: 'Wer diesen (meinen) Text in sich aufnimmt, der weiß Bescheid.' In den letzten vier Versen des Freidank-Zitates (*diu erde keiner slahte treit ...*) finden wir zunächst den Gedanken wieder, den wir schon aus dem Gedicht des Alanus ab Insulis kennen: Alanus sagt: '*Alle* Dinge der Schöpfung sind ein Spiegel und ein Zeichen'; Freidank formuliert negativ: 'Es gibt n i c h t s auf der Erde, das n i c h t *bezeichenheit* besäße, die Eigenschaft, etwas zu bedeuten.' Die Aussagekraft eines Bestandteils der belebten oder unbelebten Schöpfung geht also für beide Autoren über diesen Bestandteil selbst hinaus. Die Natur v e r - w e i s t stets noch auf etwas anderes; in mhd. Terminologie: sie *bezeichenet* oder *bediutet* etwas. (Bei *bediuten* liegt ebenfalls ein Wortbedeutungswandel, und zwar eine Bedeutungs*verschiebung* vor: das mhd. Wort ist noch viel stärker mit seinem Grundwort *diuten* verbunden, meint also ungefähr so viel wie: 'hindeuten, hinzeigen auf'.)

Die ersten 12 Verse des Freidank-Textes zeigen uns das, was ich einleitend erwähnt habe: Daß das Mittelalter der Natur keinen Selbstzweck zuerkennt, sondern sie religiösen Deutungsmustern unterordnet und sie in dieser Hinsicht funktionalisiert, muß nicht bedeuten, daß die Natur in ihren Erscheinungen vereinfacht und im Detail nicht wahrgenommen wird. Auf die Differenziertheit der Naturerscheinungen wird ja hier ausdrücklich abgehoben: Alle Menschen sehen verschieden aus, die Flora ist reichhaltig, die Farbe Grün tritt in zahllosen Varianten auf usw. Nimmt man nun beide Passagen zusammen, die Äußerung über Vielfalt und Differenziertheit der Natur einerseits und die Behauptung, daß *alle* Bestandteile der Natur Bezeichnungsfunktionen besitzen und Bedeutungsträger sind, dann ergibt sich eine dritte Aussage: die Natur muß, da sie so reichhaltig ist und jedes Detail in ihr auf Sachverhalte hinweist, die jenseits seiner selbst liegen, ein enorm *großes* Informationspotential besitzen.

Die Zweibücherlehre

Einen weiteren Aspekt der bisher thematisierten Sachverhalte haben wir eigentlich auch schon kennengelernt - nur ist er vielleicht noch nicht so besonders deutlich geworden: Alanus ab Insulis hatte die Schöpfung mit einem Bild, einem Spiegel und einem *Buch* verglichen. Dieser Vergleich der Natur mit einem Buch taucht im Mittelalter sehr häufig auf. Das hat dazu geführt, daß man in der Mediävistik für das dahinter stehende Konzept einen eigenen Terminus geprägt hat: die Auffassung, daß das für Christen relevante Wissen einerseits in der Bibel, andererseits in der Natur gespeichert und abrufbar sei, wird als 'Zweibücherlehre' bezeichnet. Ich möchte Ihnen noch eine Variante dieser Zweibücherlehre präsentieren - nicht deshalb, weil hier aus zwei Büchern vier gemacht werden, sondern weil darin die Zweibücherlehre in Verbindung steht mit einem anderen Themenbereich, über den wir schon gesprochen haben:

> *Der almehtige got hât uns geben zwei grôziu buoch uns pfaffen, dâ wir an lernen unde lesen unde singen. Alliu diu dinc der uns nôt ist zuo der sêle unde zuo dem lîbe, alle tugende der wir bedürfen ze gote unde ze der werlte, wie wir got minnen süln unde wie wir in loben unde êren süln unde wie wir die sünde lâzen unde fliehen süln unde die untugende und alle bosheit lâzen unde smaehen süln: daz lesen wir pfaffen allez samt an zwein buochen. Daz ein ist von der alten ê unde daz ander von der niuwen ê* [...]. *Wan nû iu leien himelrîches alsô nôt ist als uns pfaffen, dar umbe hat iu got zwei grôziu buoch gegeben, dâ ir an lernen unde lesen sullet alle die wîsheit der iu nôt ist unde die iuch daz himelrîche wîsen sullen: daz ist der himel unde diu erde.*

> Der allmächtige Gott hat uns Geistlichen zwei große Bücher gegeben, in denen wir lesen und aus denen wir lernen und singen sollen. Alles, was wir für die Seele und das Leben/den Körper benötigen, alle Tugenden, derer wir in bezug auf Gott und auf das Leben in der Welt bedürfen - daß wir Gott lieben sollen, wie wir ihn loben und ehren sollen, daß wir von der Sünde ablassen und sie fliehen sollen und von aller Bosheit lassen und sie verschmähen sollen: das lesen wir Geistlichen alles in zwei Büchern. Das eine Buch ist das Alte Testament und das andere ist das Neue Testament [...]. Weil aber nun das Himmelreich für euch Laien genau so notwen-

> dig ist wie für uns Geistliche, darum hat euch Gott ebenfalls zwei große Bücher gegeben, aus denen ihr lernen und in denen ihr lesen sollt über alle Weisheit, die ihr benötigt, und die euch den Weg ins Himmelreich weisen sollen: diese Bücher sind der Himmel und die Erde.
>
> Berthold von Regensburg: aus der Predigt *Von den siben planêten*[4]

Berthold von Regensburg († 1272) war ein bekannter Franziskanermönch des 13. Jhs., dessen Predigten vor allem in den Städten eine überaus große Resonanz gehabt haben sollen. In unserem Textausschnitt wird die Unterscheidung der mittelalterlichen Informationsspeicher in zwei 'Bücher' verbunden mit einer Unterteilung derjenigen, die sich aus diesen Wissensspeichern bedienen, in die beiden Gruppen der *Laien* und der *Kleriker*. Wenn man Bertholds Text wörtlich nimmt, dann benötigen die Kleriker das Buch der Natur nicht, weil sie nämlich fähig sind, die Bibel zu lesen und zu verstehen; die Laien dagegen können die Bibel nicht lesen oder zumindest nicht verstehen und sind daher auf die Natur angewiesen. Die 'Speicher' sind also nicht für beide Gruppen beliebig zugänglich - eine Gruppe benötigt nur den einen, das tatsächliche Buch, die Bibel; die andere Gruppe kann mit diesem tatsächlichen Buch nichts anfangen. Wenn aber die Geistlichen auf das 'Buch der Natur' nicht angewiesen sind, dann rückt die Natur in die Rolle eines nur behelfsweisen Informationsinstruments; damit ist sie dem, was sie bedeutet und worüber sie informiert, unterlegen. Bildung, jedenfalls höherwertige Bildung, stellt sich also aus klerikaler Perspektive erneut so dar, wie wir das bei der Behandlung des Themas 'Mündlichkeit - Schriftlichkeit' kennengelernt haben: nur Lesefähigkeit, die Verfügbarkeit über Literatur, bringt in den Besitz solch höherwertiger Bildung; und somit ersetzt Literatur auch Empirie, eigene Erfahrung. Da die Natur von Gott dahingehend instrumentalisiert worden ist, daß sie dem Menschen dazu dienen soll, transzendente Informationen aus ihr zu entnehmen, hat sie nun aber auch keinen Eigenwert; und ihre Wichtigkeit gewinnt sie nicht aus sich selbst heraus, sondern eben nur aus ihrer Bedeutung. Die Zweibücherlehre, so, wie sie von den Geistlichen verkauft wird, ist natürlich etwas *tricky*: Behauptet wird, auch Laien könnten das für sie religiös Wichtige ohne Buch-

Die Geschichte vom Biber

kenntnis erfahren - aus der Natur. Sieht man sich aber einmal solche Naturauslegungen an, dann wird man schnell bemerken, daß dies nicht funktionieren kann:

> *... ist ein tier und heizit Castor, Piber, unt ist vil milte unde senfte. Sine gemahte sint vil nuzzi zuo arzintuome. Phisiologus zellit sin geslahte, chut: so der Piber gisihet, daz man in jaget, und er inphliehen nemach, so bizzit er die gemahte abe unt fliuhet er. So nimit der jagire die gemahte und nejaget in nieht mere.* [...] *So sculn alle die tuon, die mit gote subirliche wellent leben. si sculn abe selbe sniden alle achuste des herzen unt des lichinamen unt werfen si dem tiefale, der si jage. So mugin si mit gote leben.*
>
> Es gibt ein Tier, das heißt [lat.] *castor*, Biber. Das ist sehr freigebig und sanftmütig. Seine Hoden sind sehr nützlich, um daraus Arznei zu machen. Physiologus behandelt [auch] diese Tiergattung; er sagt [darüber]: Wenn der Biber merkt, daß man ihn jagt, und er nicht fliehen kann, dann beißt er seine Hoden ab und läuft weg. Dann hebt der Jäger die Hoden auf und jagt den Biber nicht weiter. [...] So sollen alle die sich verhalten, die ein keusches Leben in Gemeinschaft mit Gott führen wollen. Sie sollen sich selbst alle Begierde des Herzens und des Leibes abschneiden und sie dem Teufel vorwerfen, der sie jagt. Dann können sie in Gemeinschaft mit Gott leben.
>
> Aus dem *Wiener Prosa-Physiologus*[5]

Das ist ein Kapitel aus der deutschen Fassung einer in Spätantike und Mittelalter in verschiedenen Sprachen weit verbreiteten Schrift, die den Titel *Physiologus* (wörtl: 'Naturkundiger') trägt; der hier zitierte deutsche Text stammt aus dem 12. Jh. Alle Kapitel sind gleich strukturiert: Es werden Äußerungen über ein Tier gemacht, die als naturkundliche Information verstanden worden sind; und diese naturkundliche Information wird dann auf ihren religiösen Sinn hin ausgelegt. Dabei ist nicht das Besondere, daß die naturkundlichen Informationen, wie in unserem Beispiel, vieles enthalten, was wir eher in den Bereich der Fabel verlegen würden. Die Geschichte, die über den Biber erzählt wird, mag tatsächlich auf einer Fabel beruhen oder durch eine fehlinterpretierte Beobachtung zustandegekommen sein - aber dergleichen ist nicht auf das Mittelalter beschränkt; auch hierfür ein Beispiel (sozusagen mitten aus dem Leben

Die Geschichte vom Spinat

gegriffen): Vielleicht sind sie ja auch noch in jungen Jahren mit Spinat zwangsgefüttert worden, weil dieser als besonders eisenhaltig und mithin gesund galt. Die Eisenhaltigkeit des Spinats ist in den zwanziger Jahren unseres Jahrhunderts empirisch festgestellt und gemessen worden. Die Meßergebnisse hat man seitdem offenbar nie mehr überprüft - bis zum Jahr 1994: Da konnte man in den Zeitungen plötzlich lesen, daß Spinat bei weitem nicht so eisenhaltig ist, wie man angenommen hatte. Irgend jemand (aber auch diesmal natürlich ein Wissenschaftler!) hatte festgestellt, daß entweder die damaligen Messungen einen Fehler enthalten hatten oder daß durch einen Druckfehler das Komma bei der Wertangabe eine Stelle zu weit nach rechts gerutscht, der Eisenanteil des Spinats also zehnmal so hoch angegeben worden war, wie er in Wirklichkeit ist. Aus der ersten falschen Veröffentlichung war der Wert dann immer wieder in neue Wertetabellen übernommen worden. In dieser Zeit jedoch waren nicht nur unzählige Kinder teilweise gegen heftigen Widerstand mit Spinat gemästet worden; in dieser Zeit hatte sich der angeblichen besonderen Eisenhaltigkeit des Spinats auch der *Mythos* bemächtigt, nämlich in Gestalt einer Comic-Figur, des amerikanischen Seemanns Popeye, der sich durch Selbstindikation hoher Spinatdosen ('Dosen' im doppelten Sinn: er nimmt das Zeugs aus Dosen zu sich, deren Deckel er durch einfaches Zusammenquetschen zum Aufspringen bringt) in die Lage versetzte, auch die schwierigsten Kraftproben zu bestehen. Es ist statistisch nachweisbar, daß nach Erscheinen der Popeye-Figur der Spinatabsatz in den USA schlagartig nach oben schnellte, ein Effekt, der sich meist dann immer wieder neu einstellte, wenn Popeye-Comics oder später Filme in einem anderen Land erschienen. Mythos und fehlerhafte Empirie haben sich also gegenseitig stabilisiert und hochgeschaukelt - und dies in unserer eigenen Zeit, so daß kein Anlaß besteht, das Mittelalter wegen seiner Äußerungen über den Biber oder wegen ähnlichem für außergewöhnlich beschränkt zu halten. Also nicht die von heutigen Kenntnissen abweichenden Meinungen über den Biber sind in unserem Beispiel das Besondere; mittelaltertypisch ist vielmehr die Art und Weise, wie die Mitteilung naturwissenschaftlicher Erkenntnisse dem Zweck ihrer A u s l e g u n g entsprechend restringiert wird: Mitgeteilt wird nur, was unmittelbar für eine religiöse Deutung verwertet werden kann.

Biber und Jäger: Miniatur aus einer heute verbrannten Smyrnaer Handschrift aus dem 11. oder 14. Jahrhundert.

Um dieses Bild heute verstehen zu können, muß man natürlich die Geschichte vorher schon kennen – sonst würde man etwa meinen, daß im oberen Bildteil ein Transvestit mit einem Autoreifen auf eine etwas zu groß geratene Gans losgeht. Die Darstellung weist übrigens eine verbreitete Eigenart mittelalterlicher Bilder auf, nämlich die, chronologisch aufeinander folgende Ereignisse simultan darzustellen (wenn man so will: eine Art Vorform des Comicstrip.

Reflektiert man nun noch einmal auf die Zweibücherlehre, dann sieht die Sache also offensichtlich in Wirklichkeit etwas anders aus, als etwa Augustinus sie dargestellt hat: Aus sich selbst heraus, aus der puren Naturbetrachtung kommt kein Laie auf die religiöse *Bedeutung* von Naturphänomenen. Die Natur 'redet' nicht selbst zu den Menschen (man spricht im Mittelalter von der *natura loquax*, der redenden, geschwätzigen Natur), sondern die *Kleriker* unterlegen die Naturerscheinungen mit Bedeutungen; diese Bedeutungen vermitteln sie an die Laien weiter, die solche Bedeutungen also nicht der Natur entnehmen, sondern den Interpretationen der Kleriker. Da diese Kleriker ihre Naturdeutung aus Büchern entnehmen, sie in Büchern aufschreiben und immer wieder auch neue Bücher darüber verfassen, da also der wesentliche Diskurs über die Naturbedeutungen in *Literatur* stattfindet, ist mithin auch die sog. Zwei*bücher*lehre eher eine Ideologie: Die Kleriker entnehmen ihre Kenntnisse dem Buch - aber auch die Kenntnisse, welche die Laien der Natur entnehmen sollen, entstammen dem Buch; sie machen eben nur in dem Sinn einen Umweg, daß Laien sich, wenn sie bestimmte Naturerscheinungen wahrnehmen, an die kirchlicherseits vorgegebene *Auslegung* dieser Naturerscheinungen *erinnern* (sollen). Daß Natur einen tieferen religiösen Sinn enthält, wird den Laien von der Kirche also ebenso suggeriert wie dieser jeweilige Sinn selbst. Tatsächlich hat es im Mittelalter auch Theologen gegeben, die eine der o.a. Zweibücherlehre genau entgegengesetzte Meinung vertreten haben: Danach sind durch den Sündenfall die Zeichen der Natur für den Menschen *unlesbar* geworden; als Gnadenakt habe Gott dann die biblische Offenbarung bereitgestellt, um das 'Weltbuch' zu entziffern.[6]

Nun ist dies natürlich eine Erkenntnis, die man erst im nachhinein gewinnen kann. Zur Klarstellung war es nötig, sie zu referieren; festzuhalten gilt aber, daß diese Auffassung von der Natur als Buch, auch wenn sie 'objektiv' für uns nicht stimmen kann, im Mittelalter existiert hat - und daß sie nicht nur existiert hat, sondern daß sie weit verbreitet war.

Allegorie

Im Mittelalter ist man daran gewöhnt, alles (und eben auch die Natur) auf einen höheren Sinn hin auszulegen. Daß - wie ja auch nicht anders zu erwarten - erst die Auslegung über den Sinn von etwas entscheidet und daß dieser Sinn nicht etwa den Dingen immanent ist, merkt man sehr deutlich daran, daß das Verfahren der Allegorese auch in die *weltliche* Literatur überwandert. Die Natur ist nicht allegorisch, sie wird von ihren mittelalterlichen Betrachtern allegorisiert (von griech. αλλεγορειν : 'anders reden'). Das Produkt einer solchen Allegorisierung nennt man **Allegorie**; die Auslegung einer Allegorie, die Entschlüsselung des (wie wir jetzt wissen: vorher hineingelegten) Sinns nennt man **Allegorese**.[7] Sehen wir uns ein Beispiel für die Verwendung der Allegorie an - eines, das Ihnen vielleicht irgendwie bekannt vorkommen wird:

Und noch eine Biber-Geschichte ...

Der biber ist rîlicher vil dan gnuoge herren schînen:
sô man in jagt, sô kan er sich ûf hôhe milte pînen,
durch daz im verswînen
sorg unde er habe zer flühte phliht.
für daz man in niht suoche mêr in holze noch in riete.
wê der edeln diete,
diu niht an sîne tugent siht.
swen des gernden kumber jage, darûf er sich ver- sinne wol
daz er milteclîchen zol
verrêre an dem gejegde,
ê man beginne suochen in mit lasterlîcher clegde.

Der Biber ist freigebiger als viele Adlige.
Wenn man ihn jagt, bemüht er sich, sehr
freigebig zu sein, damit seine Sorgen verschwinden

und er Gelegenheit zur Flucht hat.
Er beißt seine Hoden ab und läßt sie als Bezahlung fallen,
damit man ihn in Wald und Gesträuch nicht länger verfolgt.
Weh dem Adelsgeschlecht,
das nicht auf die Tugend des Bibers sieht!
Wen die Not eines Berufskünstlers jagt, der besinne
sich darauf, reiche Bezahlung
auf der Jagd fallen zu lassen, bevor man
ihn mit schandebringender Klage verfolgt

Konrad von Würzburg, Spruch 32, 331[8]

Der Verfasser dieses Textes, Konrad von Würzburg, ist 1287 gestorben; er war vermutlich ein Berufsautor und hat mehr deutschsprachige Literatur verfaßt als alle anderen Autoren seiner Zeit. Zu Beginn des Spruches spielt er ganz offensichtlich auf die durch den *Physiologus* vermittelte Kenntnis über den Biber an, setzt diese also bei seinen Rezipienten voraus. Er allegorisiert den Biber aber für seine Zwecke noch ein zweites Mal, und diesmal im rein weltlichen Sinn: Im *Physiologus* bedeutete der Biber den keuschen Menschen, die Hoden unzüchtige Gedanken und Werke, der Jäger den Teufel. Bei Konrad von Würzburg bedeutet der Biber dagegen den Adligen, der von Berufsautoren um Lohn angegangen wird; die Hoden bedeuten den Lohn für einen Berufsautor, und der Jäger bedeutet den Berufsautor, der vom Adligen Lohn verlangt. Der Spruch ist also aus der Perspektive eines Berufsautors geschrieben, der sein Publikum auffordert, spendabler zu sein. Zu diesem Zweck bedient der Autor sich einer stofflichen Vorlage, eines - nach den Maßstäben seiner Zeit - naturwissenschaftlichen Faktums; und gemäß der Maxime, daß alles so viele Bedeutungen hat, wie es Eigenschaften besitzt, braucht Konrad anscheinend keine Scheu zu haben, dieses naturwissenschaftliche Faktum aus seinem ursprünglichen religiösen Sinnkontext völlig herauszulösen.

Das Gleichnis

Wie wenn da einer, und er hielte/
ein frühgereiftes Kind, das schielte/
hoch in den Himmel und er bäte/
"Du hörst jetzt auf den Namen Käthe!" –/
Wär dieser nicht dem Elch vergleichbar,/
der tief im Sumpf und unerreichbar/
nach Wurzeln, Halmen, Stauden sucht/
und dabei stumm den Tag verflucht,/
an dem er dieser Erde Licht ...
Nein? Nicht vergleichbar? Na, dann nicht!

(Robert Gernhardt)

Konrad von Würzburg, Miniatur aus der Heidelberger Liederhandschrift C (auch: 'Große Heidelberger' oder 'Manessische' Liederhandschrift). Konrad ist dargestellt beim Diktat; die rechte Figur zeigt einen Schreiber, der als subalterne Person entsprechend der Symbolik mittelalterlicher Ikonographie klein dargestellt ist.

Außen und Innen

Es gibt also in der Natur nichts, was um seiner selbst willen existieren würde; alles existiert nur, um eine solche Bedeutung zu tragen - so sagt es auch unser nächstes Beispiel:

Vür war ich ez iu sagen wil:	Ich werde/will euch wahrheitsgemäß sagen:
Daz man ûzerhalben siht,	Was man außen sieht,
Daz ist ân bezeichenunge niht,	ist nicht ohne Bedeutung,
Wan ez bezeichnet z'aller vrist,	denn es bezeichnet immer das,
Daz ouch innerthalben ist.	was innen ist.

Thomasin von Zirclaria: *Der welsche Gast*, 10436ff.[9]

Thomasin von Zirclaria (mhd. Zerclaere) war ein hoher Geistlicher im nordostitalienischen Aquileja. Sein *Welscher Gast*, entstanden 1215, ist das umfangreichste deutschsprachige Lehrgedicht des 13. Jhs. und informiert sowohl über höfisches Benehmen als auch über diverse andere weltliche und religiöse Tugenden. Seinen Titel *Welscher Gast*, der vom Autor selbst stammt und von ihm auch in diesem Sinn erklärt wird, trägt das Werk daher, daß es als Text eines Italieners sozusagen als 'Fremdling' (so die Grundbedeutung von mhd. *gast*) vor sein Zielpublikum deutscher Adliger tritt.- An anderer Stelle gibt Thomasin aber auch zu erkennen, daß dieses Angewiesensein transzendentaler oder sonstwie abstrakter Sachverhalte auf materielle, sinnlich erfahrbare Verkörperung für den mittelalterlichen Menschen zum Problem werden kann:

[...] ob dem herren geschiht	[...] wenn ein adliger Herr
ze varen in ein ander lant,	in ein anderes Land reisen muß,
dâ er lîhte ist unerkant,	wo er vielleicht unbekannt ist, dann
ich sage iu, daz dâ alsô vil	kann ich euch sagen, daß dort genauso
ûf in iemen ahten wil	wenig jemand auf ihn achten wird
als ûf einen der in dem lant	wie auf einen anderen, der in diesem
ist ouch lîhte unerkant.	Land unbekannt ist.
jâ hât sâ niht diu hêrschaft	Herrschaft hat eben nicht
von ir selber sô vil kraft,	so viel Kraft aus sich selbst, daß sie uns
daz si uns zeig, wer sî der herre,	zeigen könnte, wer ein Herr sei,
er sî uns nâhen oder verre.	unhängig davon, ob er nah oder fern ist.
man muoz uns sagen: 'seht, wâ er ist!'	Man muß uns sagen: "Seht, dort ist er!"

wan diu hêrschaft hât niht den list,	Denn Herrschaft hat nicht die Fähigkeit
daz si uns sage, wer er sî,	uns zu sagen, wer ein Adliger ist,
sî wir im halt vil nâhen bî.	selbst wenn wir ihm ganz nahe sein sollten.

Thomasin von Zirclaria: *Der welsche Gast*, Vers 3182 ff.

Ein mittelalterlicher Adliger kann sich also nach Thomasin nicht darauf verlassen, daß seine Untertanen seine Herrschaftsbefugnis als etwas abstrakt-institutionell Gegebenes akzeptieren; der Adlige muß seine Herrschaftsbefugnis durch materielle Zeichen sichtbar werden lassen, weil Menschen im Mittelalter daran gewöhnt sind, erst durch solche Zeichen Informationen aufzunehmen. Wir haben diesen Verständigungsmodus bereits unter dem Begriff 'Re p r ä s e n t a t i o n' kennengelernt (Kap. V.3, z.B. zum Begriff *hantgemahele* im Text 'Noahs Segen und Fluch' in den *Vorauer Büchern Mosis*). Wenn das Außen und das Innen sich in ihrem Verhältnis zueinander in Ordnung befinden, läßt sich die innere Qualität am Außen ablesen. So wird nun auch die Ansicht der mittelalterlichen Kunsttheorie verständlich, daß eine 'gute' Form ein Kriterium für Schönheit ist.

'Ich bin König!' – 'So siehst Du aus ...'

Welt- und Naturverständnis ist im Mittelalter also gerade dann, wenn es wissenschaftlich betrieben wird, Welt- und Natur*allegorese*. Dies wird zusätzlich durch die Ansicht gerechtfertigt, daß Gott die Welt, die Natur und alle ihre Einzelheiten von vornherein mit der Aufgabe versehen hat, Bedeutungsträger zu sein; auch von daher hat das Äußere der Natur also nur eine untergeordnete Bedeutung:

Invisibilia *[...] ipsus a creatura mundi* ***per ea, quae facta sunt, intellecta conspiciuntur****, sempiterna eius et virtus et divinitas* [...]. 'Sein (=Gottes) **unsichtbares** Wesen, seine ewige Macht und Göttlichkeit, wird seit Erschaffung der Welt **gesehen und wahrgenommen an seinen Werken**.' (Römer 1,20)

> *Alles, was geschaffen ist, ist nicht in sich selbst vollkommen, sondern weist* [für das Mittelalter] *auf den Schöpfer zurück und wird in seiner ganzen Wirklichkeit und seinem Sinn erst verständlich, wenn man es von der Schöpfungsabsicht her betrachtet. Es ergibt sich so eine Doppelgesichtigkeit der ganzen erschaffenen Welt: Alle Dinge besitzen eine irdische Erscheinungsform und eine wichtigere dahinter verborgene Bedeutung.- Die mittelalterliche Naturlehre will nicht wie die moderne Naturwissenschaft primär die Erscheinungen der Natur beschreiben und klassifizieren, sondern sie ausdeuten, den in den Dingen verborgenen göttlichen Sinn erkennen. Der Weg der Erkenntnis dieser göttlichen Wahrheiten verläuft vom Sichtbaren zum Unsichtbaren* (per visibilia ad invisibilia)*. Die Naturallegorese geschieht über die Auslegung der den Naturerscheinungen zugeschriebenen Eigen-*

Jedes Ding hat zwei Seiten - und oft noch mehr: Die Auslegung *in bonam partem* und *in malam partem.*

> *schaften (lat.:* proprietates*). Dabei hat jede Erscheinung ... so viele Bedeutungen wie Eigenschaften. Da es aber gute und schlechte Eigenschaften gibt, kann ein und dasselbe Ding positive und negative Bedeutung haben und entsprechend* [je nach Kontext verschieden] *ausgelegt werden - man spricht davon, daß die Erscheinungen der Welt* in bonam partem *oder* in malam partem *auslegbar sind* ['zum guten Teil' oder 'zum bösen Teil', entsprechend einer guten oder bösen Eigenschaft des allegorisierten Naturbestandteils].[10]

Der Löwe etwa kann Christus bedeuten *oder* den Gerechten *oder* den Ketzer *oder* den Teufel - je nachdem, auf welche Bibelstelle oder auf welchen anerkannten religiösen Lehrtext man sich beruft, in dem ein Löwe erwähnt und charakterisiert wird (Gn 49,9: 'Mein Sohn Juda ist ein junger Löwe': Löwe = Christus; 1 Petr 5,8: 'der Löwe geht brüllend umher und sucht, wen er verschlingen kann': Löwe = Teufel usw.).

Wenn Gott die Natur dazu erschaffen hat, um dem Menschen Erkenntnisse zu ermöglichen, dann verweist das einmal mehr darauf, daß der mittelalterliche Mensch sich die Schöpfung als außergewöhnlich *planvoll* konzipiert vorstellt. Das betrifft die *Sinn*gebung ebenso wie die *Form*gebung oder die zugrundegelegten *Proportionen.* Eine Stelle im alttestamentlichen Buch der Sprüche (*Proverbia Salomonis, Liber sapientiae*) wird, ohne Berücksichtigung des speziellen Kontextes, zur Rechtfertigung dieser Vorstellung herangezogen: *Sed omnia in mensura et numero et pondere disposuisti* (Sap 11₂₀: 'Du aber hast alles nach Maß und Zahl und Gewicht geordnet.'). Diese Stelle kann man nun auch im Nachhinein zur Erklärung für den Zusammenhang zwischen Schönheit, Ordnung und Gutheit heranziehen, den wir kennengelernt haben, als es um die Frage ging, weshalb das Mittelalter in der Literatur so oft für Formen der gebundenen Rede statt für die Prosa optiert (Kap. V.1 im Zusammenhang mit dem Textausschnitt aus Otfrids von Weißenburg *Evangelienbuch*): Gott hat die Welt geschaffen und alles, was darin ist. Gott hat diese Welt nach bestimmten Maß- und Zahlenverhältnissen geschaffen. Da Gott nur etwas Gutes und Schönes geschaffen haben kann, muß bei Gutheit und Schönheit zahlenmäßige Ordnung eine Rolle spielen - denn diese zahlenmäßige Ordnung stammt ja auch von Gott. Diese Vorstellung läßt sich auch aus *ikonographischen* Darstellungen entnehmen:

Die *Meßbarkeit* der Welt

Miniatur aus der ***Bible moralisée***; 'Gott als Architekt der Welt'; Mitte 13 Jh. Der Zirkel verweist auf die mittelalterliche Vorstellung zahlenmäßig erfaßbarer Proportionen der Schöpfung.

Die vier Elemente

Gott hat einen Zirkel in der Hand, mit der er die Welt nach*mißt*. Die Welt ist dargestellt als zusammengesetzt aus den vier Elementen: Der breiförmige Klumpen in der Mitte ist **Erde**, darum lagert sich **Wasser**, darum **Feuer** (erkennbar an den geflammten Ausstülpungen), darum dann **Luft**. Die Vorstellung, daß die Erde aus vier Elementen und proportioniert erschaffen worden ist, stammt aus der Antike; sie findet sich etwa bei Plato (*Timaios* 32 A): *Und so wurde denn* [...] *aus diesen also beschaffenen und ihrer Zahl nach auf vier sich belaufenden Elementen der Körper der Welt geschaffen, so daß er vermittels der Proportion innerlich zusammenstimmte.*

Die Besonderheit der Zahl 4.

Daß Antike und Mittelalter ausgerechnet von vier Elementen ausgingen, mag mit einer besonderen Wertschätzung der Zahl '4' zusammenhängen, die sich daraus ergab, daß die einzelnen Bestandteile dieser Zahl genau '10' ergeben (1+2+3+4) und die Summe der Außenglieder mit der Summe der Innenglieder identisch ist (1+4= 5 = 2+3); 10 galt als Zahl der Vollkommenheit, und da die Zahlen 1 bis 4 zu dieser Vollkommenheit führten, dachte man sich Bestandteile von irgendetwas gern als Vierergruppen (vier Himmelsrichtungen, vier Temperamente, vier Lebensalter, vier Jahreszeiten usw.).

Wenn Ordnung ein konstitutives Element der Schöpfung ist, dann ist es auch Aufgabe der mittelalterlichen Naturwissenschaft, diese Ordnung zu erkennen. Diese Aufgabe stellen sich dann allerdings auch noch die modernen Naturwissenschaften - die ja durchweg darauf aus sind, aus einzelnen Beobachtungen *Gesetzmäßigkeiten* abzuleiten und zur *Berechenbarkeit* von Natur vorzustoßen. Da das Mittelalter davon ausgeht, daß alles, was existiert, in einem bestimmten Verhältnis zu allem anderen steht, ist davon auch der Mensch betroffen. So formuliert es auch Konrad von Megenberg:

> *Got beschuof den menschen an dem sehsten tag nach andern creaturen und hat in beschaffen also, daz seins wesens stück und seins leibes gelider sint gesetzet nach dem satz der ganzen werlt.*
>
> Gott hat den Menschen nach [allen] anderen Kreaturen erschaffen, und er hat ihn so geschaffen, daß die Bestandteile seines Wesens und die Glieder seines Körpers nach dem Baugesetz der ganzen Welt konstruiert sind.
>
> Konrad von Megenberg: 'Von dem Menschen in seiner gemainen natur', aus dem *Buch der Natur*[11]

Wissenschaftliches Schrifttum in deutscher Sprache: Konrad von Megenberg

Konrad von Megenberg († 1374) war ein berühmter Wissenschaftler und Theologe des 14. Jhs.; er hat an der Universität Paris, dem damaligen Zentrum der Theologie, gelehrt, war später Rektor an der Stephansschule in Wien (Vorläuferin der Wiener Universität) und danach bis zu seinem Tod Domherr in Regensburg. An seinen wissenschaftlichen Schriften ist bemerkenswert, daß er einen - wenn auch kleinen - Teil von ihnen auf *Deutsch* verfaßt hat: neben 22 lateinischen Schriften mit hagiographischem, theologischem, moralphilosophischem und naturwissenschaftlichem Inhalt stehen drei deutsche, die durchweg naturwissenschaftlichen Charakter haben. Das ist einer der ersten Schritte der deutschen Sprache auf dem Weg zur *Wissenschafts*sprache. Diese drei deutschsprachigen naturwissenschaftlichen Werke Konrads sind:[12]

1. Causae terrae motus ('Über die Ursachen von Erdbeben'; Thesen über den Zusammenhang von Erdbeben und der Pestepidemie von 1349);
2. 'Die deutsche Sphaera' (astronomisches Lehrbuch);
3. 'Das Buch der Natur', aus dem unser Textausschnitt stammt und das bezeichnet worden ist als das "erste systematisierte deutschsprachige Kompendium" auf seinem Gebiet.[13]

Mit der oben zitierten Äußerung stellt Konrad von Megenberg den Menschen also dar als nach dem Baugesetz der gesamten Welt geschaffen. Für diese Vorstellung gibt es auch wieder ikonographische Belege, z.B. aus der Zeit nach Konrad von Megenberg bei Albrecht Dürer († 1528) - Dürers Darstellungen beruhten aber nicht mehr auf Vorannahmen, sondern auf eigenen Messungen, also auf Empirie!

Mikrokosmos und Makrokosmos

Die Analogie des Menschen zur gesamten Schöpfung geht nach mittelalterlicher Auffassung sehr weit - so weit, daß der Mensch geradezu als Mikrokosmos bezeichnet wird, als 'kleine Welt', die in allem der 'großen Welt', dem Makrokosmos oder Megakosmos, entspricht, sozusagen dessen verkleinertes Abbild ist:

> *Die Geschrift beweiset, daß Gott hab genommen den limum terrae wie eine massam und aus derselbigen den menschen geformiert und gemacht* [...]. *Limus terrae ist maior mundus. Und also ist der mensch gemacht aus Himel und Erden, das ist: aus den obern und untern Geschöpfen* [...]. *Denn der limus terrae ist ein Auszug vom Firmament und allen Elementen.* [...] *Aus diesem limo hat der Schöpfer der Welt die kleine Welt gemacht, den microcosmum, das ist: den Menschen. Also ist der mensch die kleine Welt, das ist: alle Eigenschaften der Welt hat der Mensch in ihm. Darum ist er microcosmus.*
>
> Die Schrift (= Bibel) beweist, daß Gott Lehm von der Erde wie einen Teig genommen und daraus den Menschen geformt und gemacht hat [s. 1. Mose 2,7]. [...] Der Erdlehm ist die größere Welt. Und folglich ist der Mensch aus Himmel und Erde gemacht, also aus den oberen und niederen Geschöpfen. [...] Denn Erdschlamm ist ein Extrakt aus dem Firmament und allen Elementen. [...] Aus diesem Schlamm hat der Schöpfer der Welt die kleine Welt gemacht, den Mikrokosmos; das bedeutet: der Mensch hat alle Eigenschaften der Welt in sich [vereint]. Darum ist er ein Mikrokosmos.
>
> Paracelsus: *Vom Licht der Natur und des Geistes*

Paracelsus († 1541), ein Arzt und Alchemist, gilt als einer der Begründer der neuzeitlichen Naturwissenschaft, der nicht den Autoritäten blind vertraute und ihre Ansichten unhinterfragt weitergab, sondern auf Empirie baute und selbst experimentierte. Aber auch bei ihm ist die Naturwissenschaft letztlich noch theologisch begründet; er geht vom göttlichen Schöpfungsakt aus und teilt u.a. die These seiner Vorgänger, daß der Mensch ein Mikrokosmos sei. Diese Vorstellung ist übrigens noch sehr viel älter als das Mittelalter und das Christentum. Sie findet sich in iranischen Schöpfungsmythen ebenso wie in Mythen anderer Zeiten und Kulturen. Und auch Plato sieht den Menschen als Mikrokosmos, weil er 1. aus denselben Elementen hergestellt wurde wie die Welt und weil 2. seine Struktur am exaktesten die geometrischen Formen und Proportionen widerspiegelt; man vgl. dazu auch wieder Beispiele aus dem zeichnerischen Werk Albrecht Dürers.

Der Mensch *entspricht* aber nicht nur der gesamten Schöpfung und wird in Analogie zu ihr gedacht - er ist in ihrem Rahmen andererseits auch etwas ganz *Besonderes*. Bei Paracelsus haben wir gehört, daß der Mensch eine Mischung 'aus den oberen und niederen Geschöpfen' sei. Darüber, wie das genauer zu denken ist, klärt uns wieder Konrad von Megenberg auf, in der Fortsetzung der eben zitierten Stelle:

> [...] *in dem menschen ist vernunft als in dem engel und kain ander crêatûr hât vernunft ân den engel und den menschen, und dar umb ist kain tier gelernich mit rehter kunst als der mensch ist.*

> ... im Menschen ist Vernunft wie bei einem Engel, und keine andere Kreatur besitzt Vernunft außer dem Engel und dem Menschen, und darum kann kein Tier etwas Künstlerisches/Handwerkliches/Wissenschaftliches lernen wie der Mensch.

Gestufte Ordnung des Seins

Wenn der Mensch in die Schöpfung 'eingeordnet' wird, dann steht dahinter also

> *die Vorstellung, daß alles, was existiert, in einer stufenartigen Gliederung organisiert sei. Alle Erscheinungen haben einen festen Platz im göttlichen "ordo". Es besteht eine Hierarchie vom niedrigsten bis zum höchsten Sein. Das höchste Sein ist das göttliche, aus dem sich die niedrige*[re]*n Seinsstufen herleiten*[...].[14]

Mit der Vorstellung einer hierachisch gestuften Welt trifft sich natürlich das Weltbild des Klerus mit den Vorstellungen der *weltlichen* Führungsschicht, des Adels. Auch er geht ja davon aus, daß die Kompetenzen jedes Standes festgelegt und hierarchisch abgestuft sind. Mit dem Passus über

'Noahs Segen und Fluch' aus den *Vorauer Büchern Mosis* haben wir einen Versuch kennengelernt, dieses Weltbild zweier Stände in bezug auf die *Sozialordnung* auf eine gemeinsame Grundlage zu stellen. Wir können jetzt sagen, daß es sich dabei nicht um eine Art 'Anbiederei' der Kirche an den Adel gehandelt hat; vielmehr läßt sich nun die klerikale Vorstellung davon, daß es auch in der Sozialordnung ein klar geordnetes Oben und Unten gibt, als mehr oder minder konsequente Folge des religiösen Weltbilds überhaupt verstehen. (Bestehen bleibt allerdings: Natürlich liegt dieses Weltbild - gewollt oder ungewollt - auch im direkten Interesse von Klerus und Adel; es sichert die bestehende Ordnung, von der diese beiden Stände gegenüber allen anderen Ständen profitieren, ideologisch ab.) Auf einen Zusammenhang zwischen Weltbild und Sozialordnung verweist auch die Wortgeschichte: Unsere Wörter ordo 'Orden' und 'Ordnung' stammen vom lateinischen Wort ordenunge *ordo* ab. Dieses lateinische Wort *ordo* benutzt der Klerus, um den Zustand des hierarchischen Geordnetseins der Welt zu Ordnung bezeichnen. Das mhd. Wort *orden* aber bedeutet unter an- Orden derem eben auch 'Stand' i.S.v. 'sozialer Stand'. Die Ableitung *ordenunge* meint also ursprünglich einen Zustand, bei dem alles an seinem ihm von Gott verliehenen Platz ist. Da diese *ordenunge* von Gott stammt, ist sie unveränderbar, bzw. wenn sie verändert wird, dann verstößt dies gegen Gottes ausdrücklichen Willen. Das ist sicher ein wesentlicher Grund dafür, weshalb die mittelalterliche Gesellschaft in bezug auf ihre Sozialordnung, aber auch in sonstiger Beziehung weniger flexibel gewesen zu sein scheint als unsere heutige.

Zurück zu dem Bild, das sich die mittelalterliche christliche Gesellschaft vom Menschen macht: Wenn im Mittelalter gesagt wird, der Mensch sei ein Mikrokosmos, dann bedeutet das

> *nicht, er sei ein kleiner Teil des Ganzen; er wird nicht verstanden als ein Element des Weltalls, sondern als dessen verkleinerte, eher nachbildende Replik. Das Gesetz der Schöpfung sah man in der A n a l o g i e. Es wurde eine Analogie hergestellt zwischen der Struktur des Kosmos und der des Menschen. Die Elemente des menschlichen Organismus sind mit den Elementen identisch, die das Weltall bilden.*[15]

Analogie von Ganzem und Teil

Dieser Zusammenhang wird immer wieder beschrieben, thematisiert und an variierenden Beispielen zu verdeutlichen versucht: Der Mensch soll Mikrokosmos sein, weil er seinen Körper aus der Erde hat, sein Blut aus dem Wasser, seinen Atem aus der Luft und seine Körperwärme aus dem Feuer - also ein Rekurs auf die *Elementelehre*; er soll Mikrokosmos sein, weil sein Körper ein Abbild des Kosmos ist: sein Kopf ist rund wie die Erde, in ihm leuchten zwei Lichter (die Augen), die ein Abbild der beiden größten 'Himmelslichter', Sonne und Mond, sind; sein Kopf hat sieben Öffnungen (Mund, zwei Nasenlöcher, zwei Ohren, zwei Augen), so wie sieben Harmonien den Himmel schmücken; die Brust des Menschen mit Atem und Husten entspricht der Luft, in der Wind und Donner erzeugt werden; der Bauch des Menschen nimmt Flüssgkeiten in sich auf wie das Meer das Wasser; die Füße tragen das Gewicht des Körpers, so wie die Erde die Natur trägt; Fingernägel wachsen wie die Äste an Bäumen; die Haare sind prächtig wie das Gras, Knochen hart wie Stein usw.

Der Mensch weist aber nicht nur Analogien zur Natur auf, sondern auch zum Göttlichen. Diese Qualität wird, typisch mittelalterlich, sofort wieder zum Anlaß genommen, daraus moralische Forderungen abzuleiten: wer vernünftig ist, ist ein Mensch; also soll ein Mensch sich auch immer vernünftig verhalten:

Swer gar sînn willen spricht und tuot,	Wer alles sagt und tut, wie es seinem spontanen Willen
Der hât genuoc vihlîchen muot.	entspricht, der ist ganz wie ein Tier.
Der man, der sol sinne hân,	Ein Mensch soll Verstand besitzen,
Wan das vihe ist sinnes ân.	denn Tiere haben keinen Verstand.
anders ist nicht zwischen in	Mensch und Tier sind durch nichts
niwan tugent unde sin.	unterschieden als durch Tugend und Verstand.

Thomasin von Zirclaria: *Der welsche Gast*

Aber der Mensch ist eben nicht nur ein Vernunftwesen, sondern über seinen kreatürlichen Anteil auch mit der materiellen Natur verbunden. Auch das sagt wieder Konrad von Megenberg in seinem *Buch der Natur* im Kapitel "Von dem Menschen in seiner gemainen natur":

> *auch ist der mensch gemischet aus den vier elementen, die dâ heizent feur, luft, wazzer und erd. mit dem geleicht er stainen und geschmeid und allem dem, daz auz den elementen wirt. dar umb, als Aristotiles spricht: sô der mensch ain kindel ist, sô gêt er auf den henden, dar nâch gêt er aufreht auf den füezen unz an das letzt alter, sô pückt er sich dan wider zuo der erden.*

dâ mit bezeugt er im selber, daz er von der erden komen sei und wider zuo der erden werden muoz.

Auch ist der Mensch aus den vier Elementen gemischt, aus Feuer, Luft, Wasser, Erde. Darin gleicht er Steinen und Edelsteinen und allem, was aus den Elementen entsteht. Daher ist es so, wie Aristoteles es formuliert: Wenn der Mensch ein Kleinkind ist, geht er mit Hilfe seiner Hände, danach geht er aufrecht auf den Füßen bis ins letzte Lebensalter, dann beugt er sich wieder zur Erde. Damit bezeugt er sich selbst gegenüber, daß er aus Erde entstanden ist und wieder zu Erde werden muß/und wieder in die Erde muß.

Gewinne und Verluste

Heute fühlt sich der Mensch als Herr der Natur wegen seiner technischen Fähigkeiten, die ihm erst die Möglichkeit bieten, den biblischen 'Auftrag' aus 1 Mos 1,28 wahrzumachen, wo ja steht, daß Gott die Menschen dazu veranlaßt habe, sich 'die Erde untertan' zu machen. Im *Mittelalter* fühlt sich der Mensch als Herr der Natur aufgrund dieses Auftrags, aufgrund seiner ebenfalls biblisch behaupteten Gottebenbildlichkeit (1 Mos 1,26: 'Laßt uns den Menschen machen nach unserem Bilde, uns ähnlich.') und nicht zuletzt aufgrund seines *Weltbildes.* Die Vorstellungen, die sich das Mittelalter (in Anlehnung an die Antike) vom Kosmos machte, schienen die Einzigartigkeit der Erde und des Menschen zu verdeutlichen: denn man dachte sich die Erde als Mittelpunkt des Weltalls (**geozentrisches Weltbild**). Zwar gab es in der Antike auch **heliozentrische** Weltmodelle, bei denen man sich die *Sonne* als Mittelpunkt des Weltalls vorstellte, aber man übernahm aus der Antike eben das Weltbild, das am besten zu den eigenen Vorstellungen paßte.

Bezüglich der Frage, ob die Erde eine Kugel oder eine Scheibe sei, gibt es im Mittelalter verschiedene Ansichten. Für uns ist das in gewissem Sinn zunächst unerheblich, denn wir versuchen ja, uns auf diejenigen Bestandteile des mittelalterlichen Welt-, Natur- und Menschenbildes zu beschränken, die Einfluß auf Literatur genommen haben. Aber immerhin zeigt die Existenz divergenter Meinungen zu diesem Thema, daß auch im Mittelalter unter Autoritä-

In Australien steht alles auf dem Kopf ...

ten durchaus einmal etwas umstritten sein konnte. Ptolemäus, dessen geozentrisches Weltbild man übernahm, hatte die Erde als eine Kugel gesehen, aber dies wurde von den meisten mittelalterlichen Autoritäten abgelehnt; und hier haben wir nun doch etwas, was mit Literatur bzw. mit dem *Umgang* mit Literatur im Mittelalter zu tun hat - nämlich das, was man heute als *Eklektizismus* bezeichnen würde, eine Nebeneinanderverwendung ausgewählter Elemente ohne Rücksicht auf ihren ursprünglichen Zusammenhang und den Kontext, in dem sie gestanden haben (ein Verfahren, das heute im Wissenschaftsbetrieb schon bei Seminararbeiten streng verpönt ist oder doch sein sollte). Man wählt aus, was man brauchen kann, und läßt fort, was man nicht brauchen zu können oder zu dürfen glaubt. Und das stellt nun einen ziemlichen Gegensatz zu dem dar, was wir bisher kennengelernt haben, zur *Traditionsfixiertheit* des Mittelalters. Diese Traditionsfixiertheit geht offenbar nicht so weit, daß man sich von der Tradition auch etwas diktieren ließe, was den eigenen Grundannahmen und Zielsetzungen widerspricht. Die meisten kirchlichen Autoritäten (z.B. Isidor, Honorius, Beda, Lactanz) übernehmen die Lehre von der Kugelgestalt der Erde deshalb nicht, weil für sie das dann entstehende **Antipodenproblem** unlösbar gewesen wäre: Da man von Schwerkraft und Erdbewegung keine Ahnung hatte, hätte die Kugelgestalt der Erde bedeutet, daß 'auf der anderen Seite' die Menschen mit dem Kopf nach unten gehend gelebt hätten. Immerhin haben aber im Mittelalter so profilierte Persönlichkeiten wie der Kirchenvater Augustinus († 430), die Nonne, Mystikerin, Ärztin und Naturwissenschaftlerin Hildegard von Bingen († 1179) oder Guido von Pisa (um 1180) die Kugelgestalt der Erde vertreten.- Die These von der Kugelgestalt der Erde war also im Mittelalter bekannt, auch wenn sie meist abgelehnt wurde. Davon aber, daß sich die Erde im Mittelpunkt des Weltalls befand, ging man fest aus, und man befand sich damit außerdem, wie erwähnt, in Übereinstimmung mit der Antike. Eine Änderung ergab sich erst durch die Forschungen des Nikolaus Kopernikus († 1543), der, angeregt durch antike *helio*zentrische Theorien, durch eigene astronomische Beobachtungen und mathematische Berechnungen bewies, daß nicht die Erde, sondern die Sonne im Mittelpunkt unseres Sternensystems stand. Seine Lehren blieben übrigens zunächst kirchlicherseits unbeanstandet - vielleicht deswegen, weil man mit Hilfe seiner Berechnungen endlich darangehen konnte, eine seit langem nötige Kalenderreform durchzuführen. Erst im Zusammenhang mit den Prozessen gegen GALILEO GALILEI (ab 1614) bezog die Kirche Stellung gegen das neue heliozentrische Weltbild, was aber erfolglos war, wie sich u.a. daran zeigte, daß an den Ergebnissen des Kopernikus laufend weitergearbeitet und Verbesserungen vorgenommen wurden (u.a. durch TYCHO BRAHE, † 1601, und JOHANNES KEPLER, † 1630). Theoretisch scheint klar zu sein, daß dieses neue heliozentrische Weltbild auch massive Spuren im *Menschen*bild hinterlassen mußte; aus der Perspektive des 20. Jhs. spricht SIGMUND FREUD von drei "großen Kränkungen ihrer naiven Eigenliebe", welche

> *die Menschheit im Laufe der Zeiten von der Wissenschaft (hat) erdulden müssen. Die erste, als sie erfuhr, daß unsere Erde nicht der Mittelpunkt des Weltalls ist, sondern ein winziges Teilchen eines in seiner Größe kaum vorstellbaren Weltsystems.* [...] *Die zweite dann, als die biologische Forschung das angebliche Schöpfungsvorrecht der Menschen zunichte machte, ihn auf die Abstammung aus dem Tierreich und die Untilgbarkeit der animalischen Natur verwies* [...]. *Die dritte und empfindlichste Kränkung aber soll die menschliche Größensucht durch die heutige psychologische Forschung erfahren, welche dem Ich nachweisen will, daß es nicht einmal Herr im eigenen Haus, sondern auf kärgliche Nachrichten angewiesen bleibt von dem, was unbewußt in seinem Seelenleben vorgeht.*[16]

Der Mensch als Krone der Schöpfung?

- Er ist winzig.
- Er stammt vom Affen ab.
- Er weiß nicht, warum er das macht, was er macht.

Sieht man sich die Epochen an, in denen diese 'Kränkungen' erfolgt sein sollen, dann ist aber von massiven Erschütterungen des Menschenbildes kaum etwas zu spüren. Die Menschheit ist mit diesen Kränkungen fertiggeworden, wie sie mit allem Neuen fertigzuwerden scheint: Das Neue wird von der Mehrheit und/oder den meinungsbildenden Eliten zunächst einmal entweder verboten oder belächelt oder als Idee von Geisteskranken abgetan oder alles zusammen, so daß es dieses Neue sehr schwer hat, konkrete Folgen hervorzurufen. Die Menschen haben also in der Regel genügend Zeit, neue Erkenntnisse zu verdauen und sich mental darauf einzustellen. Und irgendwann kommt dann der Zeitpunkt, an dem das Neue sich durchgesetzt hat und als das 'Normale' betrachtet wird - und man nun umgekehrt das Alte belächelt und sich nicht vorstellen kann, daß jemals jemand so naiv gewesen sein soll, daran zu glauben. So etwa in bezug auf die Entdeckungen Darwins, wenn man sich darüber totlacht, daß sie in einigen Gegenden der USA heute noch nicht in den Schulbüchern stehen dürfen, so aber auch in bezug auf die mittelalterliche Vorstellung, daß die Erde sich im Mittelpunkt des Weltalls befinde - obwohl die meisten Menschen unserer eigenen Gegenwart an das neue Weltbild ja auch nur g l a u b e n und keinesfalls persönlich b e w e i s e n können, daß es stimmt. Wir haben also letzten Endes auch keinen Grund, die Autoritätsgläubigkeit des Mittelalters p r i n z i p i e l l zu kritisieren; denn in mancher Beziehung verlassen auch wir uns ja auf Autoritäten. Mit der Einsicht, daß nicht die Erde im Mittelpunkt des Kosmos steht, hat der Mensch seine Sonderstellung in seinem Selbstbild jedenfalls so lange nicht verloren, als er keine F o l g e n dieses neuen Wissens zu spüren bekommen hat (also etwa die Begegnung mit außerirdischen Intelligenzen). Solche Folgen neuen Wissens hat der mittelalterliche Mensch in anderer Beziehung zu spüren bekommen, nämlich was die Entdekkung neuer Länder und Menschen betrifft. Die geographischen Vorstellungen des Mittelalters waren wie andere, die wir schon kennengelernt haben, primär als an theologischen Deutungen orientierte *Ordnungsmuster* konzipiert. Entsprechend sehen zunächst die Weltkarten aus. Die Erde wurde - wie gesagt - meist als Scheibe vorgestellt, in deren Mitte Jerusalem lag; umgeben war die Erdscheibe von Wasser.

Die *symbolische* Geographie des Mittelalters

Erstaunlich genau sind dagegen schon die aufgrund der Entdeckungsreisen des 15. und 16. Jhs. zustandegekommenen Seekarten: Hier ergeben sich nicht selten Abweichungen von nur noch 200 Metern (!) gegenüber der tatsächlichen Lage von geographischen Punkten.[17] Diese Entdekkungsreisen selbst führten dann zu Erkenntnissen, die erstmals s p ü r b a r alte Wissenstraditionen in Frage stellten. Als etwa ein spanisches Schiff 1522 nach einer Weltumsegelung an der kapverdischen Insel Santiago anlegte, bemerkten die Spanier, daß die Portugiesen gegenüber der Kalenderrechnung im Bordtagebuch schon einen Tag weiter gezählt hatten. Die Feststellung, "daß ihnen ein Tag fehle, versetzte die frommen Seeleute in große Bestürzung, weil sie [...] [kirchliche Feiertage] falsch gefeiert und an Fasttagen Fleisch genossen hatten. Bei ihrer Rückkehr wollte man an den verlorenen Tag nicht glauben, sondern beschuldigte sie eines Versehens [...]."[18] Das ganze war natürlich eine Folge der durch die Kugelgestalt der Erde verschobenen Zeitrechung. Bei der Begegnung mit fremden Ländern und Menschen dagegen kam es oft zu einem Neben- und Gegeneinander zwischen der Widerlegung traditioneller fabulöser 'Kenntnisse', also einer Horizonterweiterung, und einem durch das Fremdheitserlebnis gesteigerten Beharren auf den eigenen Weltanschauungen: Was man nicht objektiv erklären konnte, weil man nicht in der Lage oder nicht willens war, den Kontext der fremden Zivilisationen und Kulturen mit ins Kalkül zu ziehen, das bog man sich zurecht unter Zuhilfenahme der eigenen Kultur und Vorstellungswelt. So wurde etwa die Nacktheit von Eingeborenen ausgelegt als Beweis für den Status von Nicht-Menschen, der es ermöglichte, gegen sie mit äußerster Grausamkeit vorzugehen.[19]

Anmerkungen

1 KATHARINE PAPPAS, unveröff. Manuskript.

2 **Ausgabe**: RICHARD CHENEVIX TRENCH: *Sacred Latin Poetry*. London 1874, S. 262.

3 **Ausgabe**: *Fridankes Bescheidenheit*. Hrsg. von HEINRICH ERNST BEZZENBERGER. Nachdruck der Ausg. 1872. Aalen 1962.

4 **Ausgabe**: *Berthold von Regensburg*. Vollständige Ausgabe seiner Predigten mit Anm. von FRANZ PFEIFFER. Mit e. Vorwort von KURT RUH. Erster Band. Nachdr. d. Ausg. 1862. Berlin 1965, S. 48-64; der zitierte Passus S. 48.

5 **Ausgabe**: *Der altdeutsche Physiologus. Die Millstätter Reimfassung und die Wiener Prosa (nebst dem lateinischen Text und dem althochdeutschen Physiologus)*. Hrsg. von FRIEDRICH MAURER. Tübingen 1967, S. 44-46.

6 Zu beiden theologischen Auffassungen s. HANS BLUMENBERG: *Die Lesbarkeit der Welt*. Frankfurt/M. 1981, S. 49, 53f.

7 Bei manchen Wissenschaftler/inn/en wird 'Allegorese' aber auch mit 'Allegorie' gleichgesetzt (Allegorese nicht als Auslegung einer Allegorie, sondern als Verfahren, einen Sachverhalt allegorisch zu vermitteln).

8 **Ausgabe**: EDWARD SCHRÖDER: *Konrad von Würzburg. Kleinere Dichtungen III.* Die Klage der Kunst, Leiche, Lieder, Sprüche. Berlin 1926.

9 **Ausgabe**: *Der wälsche Gast des Thomasin von Zirclaria*. Hrsg. von HEINRICH RÜCKERT. Nachdr. d. Ausg. 1852. Mit e. Einl. und e. Register von FRIEDRICH NEUMANN. Berlin 1965.

10 PAPPAS (wie Anm. 1).

11 **Ausgabe**: Konrad von Megenberg: *Das Buch der Natur*. Hrsg. von FRANZ PFEIFFER. Nachdr. d. Ausg. 1861. Hildesheim, New York 1971.

12 Siehe THOMAS CRAMER: *Geschichte der deutschen Literatur im späten Mittelalter*. München 1990, S. 123 f.

13 ebd.

14 PAPPAS (wie Anm. 1).

15 ebd.

16 SIGMUND FREUD: "Eine Schwierigkeit der Psychoanalyse." In (ders.): *Gesammelte Werke*. Studienausgabe. Bd. XII. 6. Aufl. Frankfurt/M., S. 3-12, hier S. 6f.

17 Fußend auf den Seekarten der Portugiesen die Weltkarte PAOLO DAI POZZO TOSCANELLIS († 1482); unter Benutzung von Toscanellis Weltkarte entstand 1492 der erste Erdglobus von MARTIN BEHAIM († 1506); Behaim war auch selbst als Navigator auf portugiesischen Schiffen gewesen. (Zu Toscanelli und Behaim s. WINFRIED FREY/WALTER RAITZ/DIETER SEITZ (u.a.): *Einführung in die deutsche Literatur des 12.-16. Jahrhunderts. Bd. 3: Bürgertum und Fürstenstaat; 15./16. Jahrhundert*. Opladen 1981, S. 211f.)

18 FREY/RAITZ/SEITZ Bd. 3 (wie Anm. 17), S. 224.

19 ebd. S. 215.

5. *âventiure: Poetologie, weltlich-adlige Didaxe und Heilsgeschichte*

Einleitung

Ein wesentliches Ergebnis des letzten Abschnitts war, daß sich der mittelalterliche Mensch Welt und Natur als geordnet vorstellte und daß als ein wesentliches Kennzeichen von Ordnung die Proportion galt, die Entsprechung von Teilen. Diese Vorstellungen sind allerdings keineswegs auf das Mittelalter beschränkt; auch die heutigen Naturwissenschaften haben es sich ja zur Aufgabe gemacht, Ordnungen und Gesetze in den Abläufen der Natur festzustellen und diese Kenntnis für die verschiedensten Bereiche nutzbar zu machen - und nach Ordnungen zu *suchen*, setzt voraus, daß man *erwartet*, auf Ordnungen zu treffen. Im allgemeinen wird diese Erwartung auch nicht enttäuscht, so daß das Bild von der Welt als einer geordneten Größe weiter existieren kann. Allerdings hat gerade die Naturwissenschaft selbst in unserem Jahrhundert den energischsten Angriff auf den in solchen Ordnungen möglicherweise implizierten Determinismus geführt (Determinismus: Welt- und Naturanschauung, nach der alles vorherbestimmt ist, weil alles mit allem zusammenhängt und man daher, wenn man alle Ursachen kennt, auch alle Folgen vorausberechnen kann). 1927 nämlich hat WERNER HEISENBERG seine sog. *Unschärferelation* (oder auch *Unbestimmtheitsrelation*) formuliert: Für einen wesentlichen Bereich der Physik, die Quantenmechanik, mußte der Determinismus ersetzt werden durch das Zugeständnis, daß nur *Wahrscheinlichkeits*aussagen möglich waren. Grund: Es war ausgeschlossen, für ein Teilchen gleichzeitig Impuls *und* Ort beliebig genau zu messen; je genauer man das eine bestimmte, desto ungenauer wurde der Wert für das andere. Mit ähnlichen Phänomenen beschäftigt sich die Chaostheorie: Es gibt offensichtlich Systeme, die zwar im Ganzen determiniert sind, in denen aber kleine Einwirkungen große unvorhersehbare Auswirkungen hervorrufen. Ein Beispiel dafür ist ihnen allen geläufig - der gute alte Wetterbericht. Der Trend geht aber dahin, Chaostheorien auch auf wirtschaftliche und gesellschaftliche Probleme anzuwenden. 'Anwenden' heißt freilich: letztlich *doch* zur Vorhersehbarkeit vorstoßen, also selbst im Chaos noch Ordnung finden zu

Unschärferelation – auch die moderne Naturwissenschaft hat ihre Grenzen.

Aus den Naturwissenschaften ist Gott verschwunden. Aber wie im Mittelalter kommunizieren vor allem Politiker auch heute noch gerne direkt mit ihm:
Zweimal in wenigen Stunden lehnte das Gericht die Gnadengesuche einstimmig und kommentarlos ab. Vor diesem Hintergrund wäre dem Gouverneur von Texas nur noch die Möglichkeit geblieben, die Hinrichtung für die Dauer von dreißig Tagen auszusetzen. Gouverneur George Bush entschied jedoch [...] gegen einen solchen Schritt. Er habe Gott um Rat gefragt und entschieden, daß nicht er, sondern eine höhere Instanz darüber richten müsse, ob ein zum Tode Verurteilter eine ehrliche Wandlung durchgemacht habe (FAZ Nr. 30, 5. Februar 1998, S. 14)

wollen. Das ist vielleicht dann sogar noch extremer als im Mittelalter: Das Mittelalter geht davon aus, daß überall, im Ganzen wie in den Details, Ordnung herrscht; wo man auf Unordnung zu stoßen scheint, da erklärt man sie einfach als Folge menschlicher Unzulänglichkeit in Erkenntnisdingen. Der Hl. Augustinus soll gesagt haben, alle Dinge und Lebewesen auf der Welt hätten ihre von Gott verordnete Funktion - wozu aber Kröten und Spinnen gut seien, wisse er nicht. *Heute* dagegen, nach der Emanzipation der Naturwissenschaften von der Theologie, ist die Stelle für die letzte Ursache aller Dinge, also dort, wo das Mittelalter 'Gott' einsetzte, leer; man hat zwar Ersatzbegriffe geschaffen - Natur, Weltgeist etc. - aber das verschiebt das Problem nur, denn man könnte ja weiter fragen, woher die Natur oder der Weltgeist ihre Gesetze haben. Trotzdem geht man von Ordnungen aus, und man versucht, selbst die *Un*ordnung noch rationaler Erklärung zugänglich zu machen. Das Mittelalter glaubte noch wissen zu können, weshalb es nach Ordnungen suchte; die Neuzeit oder besser: die Moderne *kann* es nicht mehr wissen, tut es aber trotzdem.

Nach diesem kleinen Exkurs, der, wie Werner Enke in "Zur Sache, Schätzchen" sagen würde, "voll ins Philosophische lappt", zu einem etwas bescheideneren Thema, das auch mit dem mittelalterliche Ordnungsbegriff zu tun hat, gleichzeitig aber literarisch-poetologische Implikationen besitzt: Wir haben uns inzwischen eine ganze Reihe von Kenntnissen über *Rahmenbedingungen* mittelalterlicher Literatur erworben. Das erlaubt es uns jetzt, uns etwas spezifisch *Literatur*wissenschaftlichem zuzuwenden, nämlich in den nächsten beiden Teilen zwei Gattungen vorzustellen, das höfische *Epos* und die höfische *Liebeslyrik*, ohne in die Gefahr zu geraten, daß über den literaturwissenschaftlichen Phänomenen der kulturgeschichtliche Fragenzusammenhang in Vergessenheit gerät.

Gattungen
- *Epik*
- *Dramatik*
- *Lyrik*

Zunächst zum Begriff 'Gattung':[1] In der Literaturwissenschaft - so kann man es den einschlägigen Fachwörterbüchern etwa von OTTO F. BEST oder GERO VON WILPERT entnehmen - bedeutet 'Gattung' eine Klasse von Texten, die aufgrund inhaltlicher und formaler Gemeinsamkeiten zusammenfaßbar sind. 'Gattung' meint aber auch das, was Goethe 'Naturgattung' genannt hat: drei ganz *bestimmte* Gruppen von Texten, die grundsätzliche Möglichkeiten des Dichtens darstellen, Möglichkeiten, die nach Goethe von Anfang an vorhanden, die aber andererseits für ihn auch begrenzt waren, d.h. seiner Meinung nach im Lauf der Geschichte und Literaturgeschichte nicht mehr vermehrbar waren. Diese drei Goetheschen 'Naturgattungen' sind die *Epik*, die *Dramatik* und die *Lyrik*. Kennzeichen:

- In der **Epik** wird *Handlung erzählt*.

- In der **Dramatik** *läuft Handlung tatsächlich ab*: Auch wenn der auf der Bühne agierende König kein König ist, sondern nur ein schlecht bezahlter Schauspieler, so *tut* er doch auf der Bühne tatsächlich etwas, und es wird nicht nur *erzählt*, daß er etwas tut.

- In der **Lyrik** geht es schließlich nicht um Handlung, sondern es werden *Gedanken*, *Gefühle*, *Reflexionen* artikuliert.[2]

'Gattungen' oder 'Textsorten'?

Diesem System der *Natur*gattungen lassen sich dann die anderen Gattungen je nach Terminologie als 'Untergattungen' oder 'Genres' subsumieren. Zur Epik gehören Epos, Roman, Novelle, Kurzgeschichte etc.; zur Dramatik Komödie, Tragödie, Schwank, Posse usw.; zur Lyrik Liebeslyrik, Gelegenheitsgedichte, Balladen etc. pp. Die Linguistik bevorzugt statt des Gattungsbegriffs den Begriff der **Textsorte**: Dabei geht es nicht um formal-inhaltliche Kriterien, sondern um *Zweck* und *Funktion* bestimmter Texte; dementsprechend tragen Textsorten Bezeichnungen wie 'belehrende Texte', 'agitierende Texte' usw. Hinzuweisen wäre noch darauf, daß prinzipiell und gerade im Mittelalter die reine Sprach*form*, also die Tatsache, ob ein Text in Prosa oder in gebundener Rede verfaßt ist, grundsätzlich nichts mit der Gattung zu tun hat; wir haben uns an die Gleichsetzung 'Gedicht' = 'Lyrik' gewöhnt, aber im Mittelalter werden nicht nur lyrische, sondern auch dramatische, epische und oft sogar Sach- und Fachtexte, etwa medizinische Abhandlungen, in metrisch und reimtechnisch gebundener Sprache verfaßt (vgl. aber engl. *poetry* = Lyrik!).

Unser nächster Abschnitt befaßt sich mit mittelalterlicher *Groß*epik, also dem, was wir heute 'Roman' nennen. (Zwischen 'Epos' und 'Roman' wird in der Literaturwissenschaft nach verschiedenen Kriterien unterschieden - aber die sollen hier nicht interessieren, weil die Frage ungeklärt ist, ob wir es im Mittelalter noch mit Epen etwa nach Art der antiken Epen Homers zu tun haben oder schon mit Romanen.) Im Titel dieses Abschnitts, der sich mit mittelalterlicher deutscher Großepik befaßt, taucht aber ein Gattungsbegriff gar nicht auf; der Abschnitt nennt sich, wie Sie gesehen haben, "*âventiure* - Poetologie, weltlich-adlige Didaxe, Heilsgeschichte". Das zeigt den Weg an, auf dem wir vorgehen werden: Texte, die einer bestimmten Gattung angehören, sollen daraufhin untersucht werden, 1. inwiefern sie sich poetologischen Anforderungen fügen, 2. welche Funktionen ihnen jenseits einer rein literarischen Existenz zugewiesen werden, 3. ob sich zwischen diesen Texten, die ja vom Inhalt her überwiegend nicht religiös, sondern weltlich sind, und religiösen Konzepten Analogien ergeben. Über das Stichwort 'Didaxe' wird dabei behauptet, daß diese Texte neben der sich wegen ihres fabulösen Charakters für eine neuzeitliche Perspektive möglicherweise aufdrängenden *Unterhaltungs*funktion auch belehrende Aufgaben wahrnehmen. 'Heilsgeschichte' ist ein religiöser Begriff und meint die Abfolge von Ereignissen, die dem göttlichen Weltplan entsprechen - von der *Schöpfung* über den *Sündenfall*, *Geburt*, *Tod* und *Wiederauferstehung Christi* bis hin zum *Weltende* und zum *Jüngsten Gericht*; die Nennung dieses Begriffs 'Heilsgeschichte' im Titel dieses Abschnitts soll darauf hindeuten, daß weltliche Großepik des Mittelalters möglicherweise strukturell an diesem Modell orientiert ist.[3]

In Epik, so hatten wir gesagt, wird *Handlung erzählt*. Das ist reine Definitionssache; wenn in einem Text ein Autor Handlung erzählt, dann nennen wir den betreffenden Text eben einen 'epischen' Text. Was für uns eine nachträgliche Zuordnung ist, stellt den Autor aber vor Probleme: Er muß eine von ihm erfundene oder, wie wir gehört haben, im Mittelalter meist aus einer Quelle übernommene Handlung m o t i v i e r e n. 'Motivieren' im Wortsinn heißt 'bewegen': Damit etwas passiert, muß erst etwas anderes passieren, das die weitere Handlung in Gang setzt. Natürlich kann man mit der Schilderung der Ursachen nicht immer bei Adam und Eva anfangen - sonst würde nie ein Roman zuendegeschrieben werden. Aber wenigstens die für einen Text w e s e n t l i c h e n Handlungen bedürfen anscheinend einer Begründung über mindestens eine Station. Damit ist nicht gesagt, daß das *logisch* so sein *muß* - aber rein empirisch läßt sich feststellen, *daß* mittelalterliche Autoren dies so machen. Bei den im folgenden zu besprechenden Textausschnitten wird uns zunächst interessieren, zu welchen inhaltlichen S t r u k t u r e n solche kausalen Verknüpfungen führen. Von dort ausgehend werden wir dann wieder versuchen, die benutzten Texte in ihrem sozial-, kultur- und mentalitätsgeschichtlichen Umfeld zu verankern.

Hartmann von Aue: *Erec* (Chrétien de Troyes: *Erec*)

Zunächst zu einem Epos, das nach seinem Helden den Namen *Erec* trägt. Verfasser ist der ihnen schon als Autor des 'Armen Heinrich' bekannte HARTMANN VON AUE († Anfang 13. Jh.). Der Anfang des Textes ist nicht überliefert; da aber Fassungen von Hartmanns Quelle erhalten sind, kann man den Anfang zumindest grob rekonstruieren. Es handelt sich bei dieser Quelle um den *Erec* des französischen Autors CHRESTIEN (andere Schreibweise: CHRÉTIEN) DE TROYES († vor 1190).

Der Einfluß des Französischen auf die Sprache des deutschen Adels

Daß Hartmann eine französische Vorlage benutzt, gehört zu einer relativ neuen Entwicklung in der deutschen Literaturgeschichte: Zunächst hatte deutsche Übersetzungsliteratur meist lateinische Vorlagen; aber seit ca. 1120 werden zunehmend französische Texte übersetzt (ein Beispiel dafür kennen Sie ebenfalls schon: das *Rolandslied* des Pfaffen Konrad). Grund für diese zunächst bis ca. 1250 reichende Mode ist die Tatsache, daß der französische Adel für den deutschen Adel zum kulturellen Vorbild wird; Beweis dafür ist u.a. auch die relativ große Zahl französischer Worte, die als *Lehnworte* in den deutschen Wortschatz eingehen und sich oft bis heute gehalten haben: Vertreten sind vor allem die verschiedenen Bereiche des Adelslebens: Waffenbezeichnungen (*Harnisch*, *Lanze*), Namen für Tänze (auch das Wort *Tanz* selbst stammt aus dem Französischen), Worte aus dem Turnier- und Jagdwesen (*Turnier*, *pirschen*), Bezeichnungen für Musikinstrumente (*Flöte*, *Posaune*) oder etwa auch Termini aus der Literatur (*Reim*). Wie tiefgreifend dieser Einfluß gewesen ist, zeigt sich daran, daß nicht nur einzelne Worte aus dem Französischen ins Deutsche übernommen wurden, sondern sogar zwei Suffixe, die heute noch bei der Wortbildung produktiv sind:

frz. Infinitivendung - *ier*
dt. -*ieren* (lack*ieren*, buchstab*ieren*)

frz. Substantivendung -*ie*
mhd. -*îe*, durch Diphthongierung
nhd. -*ei* (Auskunft*ei*, Wortklauber*ei*)

Außerdem gibt es Lehn*prägungen*,[4] etwa mhd. *hövisch* ('höfisch') nach frz. *courtois*, mhd. *ritter* nach frz. *chevalier*. Und die Vorläuferin unserer heutigen Höflichkeitsanrede in der 3. Person Plural ('kommen S i e bitte'), die sich im Deutschen erst seit dem 16. Jh. durchsetzt, stammt ebenfalls auf dem Französischen, wo man nicht s i e z t, sondern 'i h r z t' ('monsieur, vous avez', mhd. *herre, ir habet*).

Chrestien de Troyes, Autor des *Erec* und Stofflieferant für Hartmann von Aue, hat noch eine Reihe anderer Epen verfaßt, die ebenfalls ins Deutsche übertragen worden sind (z.B. *Yvain* - Hartmann von Aue: *Iwein*, *Lancelot* - Ulrich von Zatzikhoven: *Lanzelet*, *Perceval* - Wolfram von Eschenbach: *Parzival*). Die deutschen Texte verwenden aber neben Chrestien oft noch andere Quellen.

Wer ist die Schönste im ganzen Land?

Nach der erhaltenen Vorgeschichte von Chrestiens *Erec*[5] muß auch Hartmanns *Erec*[6] ungefähr folgendermaßen angefangen haben: König Artus veranstaltet nach alter Tradition eine Jagd auf einen weißen Hirsch. Wer diesen Hirsch erlegt, darf die schönste Dame am Hof küssen. Da am Hof ca. 500 Damen anwesend sind, gibt es zwar Stimmen, die heftigen Streit befürchten; aber trotzdem bricht man dann doch zur Jagd auf (die Tradition ist also stärker als aktuelle Probleme!). Der Jagdgesellschaft folgt etwas später Artus' Frau, die Königin Ginover/Ginevra; in ihrer Begleitung befindet sich auch Erec, ein junger Königssohn. Auf ihrem Ausritt sieht die Königin in einiger Entfernung einen Ritter.

Ritter

Ritter – vom 'Dienstmann' zum höfischen Leitbild

Was ist ein Ritter? Davon hat heute fast jeder einige durch Bücher, Fernsehen, Filme etc. hervorgerufene diffuse Vorstellungen - geschichtlich sieht die Sache aber so aus:[7] *ritter* kommt von *rîten*, und das heißt zunächst einmal einfach 'sich fortbewegen' - egal ob zu Fuß oder zu Pferd (vgl. engl. *to r i d e on a bus*). Mit einem *ritter* ist ursprünglich jemand gemeint, der im Auftrag und somit im D i e n s t e i n e s A n d e r e n unterwegs ist; in dieser Hinsicht ist das dt. Wort *ritter* synonym mit dem mlat. *ministerialis*. Ein *ministerialis* oder eingedeutscht: ein *Ministeriale* ist im Mittelalter bis zum 13. Jh. jemand von u n f r e i e m Stand, der im Dienst eines A d l i g e n steht. Es handelt sich also bei mlat. *ministerialis* und dt. *ritter* zunächst um eine Funktionsbezeichnung, die gleichzeitig eine soziale Bezeichnung ist. Um 1190 nun macht dieses deutsche Wort *ritter* einen entscheidenden Bedeutungswandel durch: Von einer reinen Funktions- und Sozialbezeichnung wird es zu einem Prädikat mit ehrendem Charakter; und Hartmanns *Erec* ist der erste deutsche Text, in dem das Wort mit dieser neuen Bedeutung auftaucht: Im *Erec* werden Könige, Herzöge, Grafen, also Adlige jeden Standes unterschiedslos mit dem Wort *ritter* bezeichnet - was eigentlich widersinnig ist: Denn wir wissen ja aus dem Noah-Text in den *Vorauer Büchern*, daß Adlige frei sind, und Ministeriale, *ritter*, sind eben unfrei. Irgend etwas an der Tätigkeit von Ministerialen war also offenbar geeignet, als positives Kennzeichen für einen ganzen Stand zu dienen, und dieses 'Etwas' wird wahrscheinlich die militärische Funktion gewesen sein, in der gerade Ministeriale oft eingesetzt waren. Dergleichen ist auch kein Einzelfall: Nehmen Sie etwa das Substantiv 'Soldat'; von der Etymologie her ist ein *Sold*at jemand, der für Sold, also für Bezahlung kämpft - für Bezahlung, nicht etwa aus Engagement, aus irgendeinem Ethos heraus. Dieses Wort wird aber dann später für jeden verwendet, der Militärdienst leistet, nicht mehr nur für Berufssoldaten, sondern auch für Wehrpflichtige oder Freiwillige; und man kann sprechen von 'soldatischen Tugenden', was das Wort eben etymologisch nicht hergibt; denn für Bezahlung zu kämpfen, ist ja nun nicht unbedingt eine Tugend.- Also: Das Wort *ritter* hat eine Bedeutungs*umwandlung* und eine Bedeutungs*verbesserung* erfahren. Dieser - nach Ausweis der Überlieferung - zuerst in Literatur, nämlich in Hartmanns *Erec* stattfindende Bedeutungswandel findet in der Adelsgesellschaft sehr schnell Resonanz: Der Adel sieht im neuen *ritter* ein Leitbild, das seinem Selbstwertgefühl entspricht; der Adel will sich selbst in einer bestimmten Weise sehen, und er will von anderen in einer bestimmten Weise gesehen werden. Und das Idealbild dieser Selbstvorstellung nennt er eben *ritter*. Dieser aus der Literatur hervorgegangene Ritter wird dann mit einer ganzen Reihe von Ritualen umgeben: Es wird Mode, daß Adlige sich zum Ritter schlagen lassen; d.h.: in einer feierlichen Zeremonie, der sog. *Schwertleite,* wird dem Adligen nach Erledigung einiger Aufgaben sein Schwert umgegürtet, er erhält mit einem Schwert den Ritterschlag auf die Schulter (mit der flachen Seite, versteht sich ...), und dieses Ereignis wird mit einem Fest gefeiert. Auch bei dieser Gelegenheit kann man feststellen, daß weltliche und religiöse Sphäre sich vermischen; ein Priester kann die Waffen des frischgebackenen Ritters segnen; in der Nacht vor dem Ritterschlag muß der Aspirant in einer Kapelle wachen und beten und ähnliches mehr. Kein Wunder, daß auch in einer der bekanntesten Parodien auf Ritterromane, in MIGUEL DE CERVANTES SAAVEDRAS *Don Quixote* (1605/1615), der Ritterschlag als prominentes Motiv mit verwertet wird. Da die Promotion eines Knappen zum Ritter mit einigen Kosten verbunden ist, bricht in diese Idealität sehr schnell die Realität ein: Viele Angehörige des niederen Adels können sich diese Kosten einfach nicht leisten und lassen sich daher nie zum Ritter schlagen. Ihre rechtliche Stellung in der Gesellschaft wird davon nicht berührt; man kann auch ohne Ritterschlag Adliger sein und die Privilegien seines Standes genießen.- 'Ritter' ist also in Hartmanns *Erec* ein Ehrentitel. Ein Adliger verfügt über keine äußeren Attribute, anhand derer man feststellen könnte, ob er ein Ritter ist oder ein Adliger ohne Ritterwürde. Im *Erec* ist aber zu lesen, daß die Königin 'in der Ferne einen *Ritter* sieht', und es wird nicht gesagt, woran sie das erkennt. Das impliziert die Behauptung, daß Angehörige des Adels sich gegenseitig identifizieren können - und das ist symptomatisch. Den Adligen wird einfach ein *feeling* für ihresgleichen zugeschrieben. Symptomatisch ist auch, daß die Königin sofort wissen möchte, wer dieser Ritter ist: Adlige Geselligkeit im Mittelalter setzt Standesgleichheit voraus; Adlige können nicht mit Hinz und Kunz verkehren, sondern nur mit anderen Adligen. Und wenn man einen solchen trifft, dann ist man anscheinend automatisch an Kontakt interessiert. Das ist vielleicht ein Reflex der mittelalterlichen Besiedlungs- und Verkehrsverhältnisse: Kontaktaufnahme setzt einigen Aufwand voraus, der angesichts der beschränkten mittelalterlichen Verkehrsmöglichkeiten nicht gering veranschlagt werden darf. Trifft man unvermittelt auf einen anderen Adligen, will man also sofort Kontakt aufnehmen. Zwecks einer solchen Kontaktaufnahme schickt die Königin eine ihrer Hofdamen los; und diese wiederum wendet sich nicht direkt an den Ritter, sondern ebenfalls an eine subalterne Figur, nämlich an einen Zwerg, der den Ritter und seine Dame begleitet. Dieser Zwerg nun fällt völlig aus dem höfischen Idealbild heraus; er ist un*höf*lich, verweigert die Antwort und schlägt, als die Hofdame insistiert, diese mit der Peitsche. Ein solcher Bruch der Idealität, des ausgewogenen, fried-

und freudevollen Ausgangszustandes, ist ganz offensichtlich ein Konflikt - *und dieser Konflikt erst setzt weitere Handlung in Gang.* Auch das ist sicher nicht die logisch einzige Möglichkeit - Handlung kann sich auch anders entfalten; der Autor könnte beschreiben, wie die Gesellschaft um die Königin reitet, könnte erzählen, was geplaudert wird, wann Rast gemacht wird, was dabei gegessen wird etc.pp.; aber wieder rein empirisch-statistisch kann man feststellen, daß dies offenbar nicht die Handlung ist, an der ein mittelalterliches Publikum und mittelalterliche Autoren primär interessiert waren. Es gibt zwar auch solche Erzählteile und noch nicht einmal selten; aber die eigentliche Handlung basiert immer auf Konflikten. Ein Konflikt setzt Handlung in Gang, und diese folgende Handlung besteht dann in Versuchen, den Konflikt zu lösen - es gibt im Mittelalter kein 'open end'. So auch hier: Erec hat gesehen, was der Zwerg mit der Hofdame gemacht hat, und nimmt zunächst eine moralische Wertung vor. Diese Wertung betrifft aber nicht etwa den Handelnden, den Zwerg; er ist als sozial Subalterner eine Art Unperson. Verantwortlich ist sein Herr. Zitat: "Da meinte Erec, der Ritter könne kein tugendhafter Mensch sein, wenn er es vor seinen Augen habe geschehen lassen, daß sein Zwerg das Mädchen geschlagen habe." (66ff.) Mit Erlaubnis der Königin reitet Erec nun selbst los, um den Namen des Ritters in Erfahrung zu bringen: aber ihm ergeht es genauso: Er wird zunächst mit Worten unhöflich abgefertigt und dann ebenfalls geschlagen. Der dadurch entstehende Konflikt ist für mittelalterliche Begriffe noch größer; denn Erec ist ein *Mann* und ein *Königssohn.*

'Ehre'

Der Erzähler Hartmann berichtet, daß Erec sich sehr schämt - besonders deswegen, weil ihm diese 'Unehre' (107) unter den Augen der Königin und ihrer Damen widerfahren ist. Das läßt zwei Rückschlüsse auf die mittelalterliche Adelsethik zu, wobei man sich immer wieder ins Bewußtsein rufen muß, daß Ethik etwas Theoretisches ist und also mit der Realität nichts zu tun haben muß! Diese zwei Rückschlüsse wären:

Willst du genau erfahren, was sich ziemt,/
so frage nur bei edlen Frauen an./
Denn ihnen ist am meisten dran gelegen,/
Daß alles wohl sich zieme, was geschieht.

Goethe, *Torquato Tasso* (1790) II, 1 (1013ff.)

Bedeutungssubjektivierung: von der *êre* zur 'Ehre'

1. Adlige Frauen gelten als besondere moralische Beurteilungsinstanz. Das könnte - womit wir uns noch in anderem Zusammenhang beschäftigen werden - zunächst überraschen angesichts der in der Realität des Mittelalters vorherrschenden Benachteiligung der Frau in der Gesellschaft.

2. Wenn Erec über diese 'Unehre' klagt, also glaubt, seine Ehre verloren zu haben, dann kann *Ehre* nicht das meinen, was wir heute gewöhnlich darunter verstehen - denn E r e c kann ja nun doch nichts dafür, daß dieser kleine Rüpel ihn geschlagen hat. Das mhd. Wort *êre* bezeichnet keine s u b j e k t i v e, sondern eine o b j e k t i v e Kategorie. Heute wäre es möglich, daß jemand sagt: "Meine Frau hat mich verlassen, meine Kinder haben sich von mir abgewendet, meine Firma ist Pleite, mein Fernseher ist explodiert und mein Dackel ist gestorben - aber auch wenn ihr mich verachtet: ich habe immer noch meine Ehre." Nach mittelalterlicher Auffassung ist dies (auch ohne Fernseher und Dakkel) unsinnig: 'Ehre' ist eine g e s e l l s c h a f t l i c h e Kategorie, die basiert auf bestimmten Voraussetzungen: Stand, Familienverhältnissen, Vermögen usw. Wer über die als Kriterien für Ehre geltenden Eigenschaften verfügt, erhält v o n d e r G e s e l l s c h a f t Ehre zugesprochen; sich selbst kann man keine Ehre zusprechen. Und wenn bestimmte Kriterien fehlen, dann wird die Gesellschaft einem eben keine Ehre zusprechen. Das mhd. Wort *êre* übersetzt man also, um Mißverständnisse zu vermeiden, besser mit 'Prestige', 'Ansehen'. Allerdings hält sich der mittelalterlich-feudale Ehrbegriff noch recht lange: In FONTANES *Effi Briest* (1895) teilt etwa Effis Ehemann einem Freund mit, daß er alte Liebesbriefe seiner Frau an einen Nebenbuhler gefunden habe. Der Freund rät ihm, die Sache auf sich beruhen zu lassen - die Affäre sei erstens schon lange vorbei, und zweitens wisse ja niemand davon. Aber der Ehemann korrigiert ihn: es wisse d o c h jemand davon, nämlich er, der Freund, denn ihm habe er es ja gerade mitgeteilt. Und so tritt denn der alte Ehrbegriff in Kraft: Der Ehemann fühlt sich verpflichtet, sich zu rehabilitieren - sich zu rehabilitieren vor der Gesellschaft, einer Gesellschaft, die nur von einer Person repräsentiert wird, dem Freund. Der ehemalige Nebenbuhler wird zum Duell gefordert und in diesem Duell tödlich verwundet. Oder zwei Beispiele aus der Realität des 20. Jhs.: Als der General WERNER FRHR. VON FRITSCH als potentieller Gegner von Hitlers Plänen

disqualifiziert und von der staatlich-politischen Bühne entfernt werden sollte, da machte man dies, indem man ihn der Homosexualität bezichtigte. In einem Prozeß wurde die Haltlosigkeit der Vorwürfe erwiesen - aber auch hier erwies sich der alte, feudale Ehrbegriff noch als resistent gegenüber solch banalen Sachverhalten wie Faktenwahrheit: Fritsch setzte sich im Krieg absichtlich einer Situation aus, in der er den Tod fand. Anders dann in unserer Zeit: Vor einigen Jahren gab es wieder einen deutschen General, welcher der Homosexualität bezichtigt wurde, Kießling war sein Name. Auch hier wurde die Haltlosigkeit der Vorwürfe gerichtsnotorisch gemacht: und diesmal reichte das offenbar, denn nachdem dieser General mit Zapfenstreich aus seinem Amt verabschiedet worden war, erklärte er öffentlich im Fernsehen, seine Ehre sei dadurch wiederhergestellt. Und dies ist eben neuzeitlich gedacht: Ein Individuum erklärt nach eigenem Ermessen, ob seine Ehre intakt ist oder nicht.

Zurück zum *Erec*: Daß Erec seine Ehre, die durch den fremden Ritter, nicht durch den Zwerg verletzt worden ist, nicht sofort wiederherstellt, wird technisch begründet: Erec ist, da er nur leichte Jagdkleidung trägt, nicht gerüstet, und ein Angriff auf den gepanzerten Ritter wäre einem Selbstmord gleichgekommen. Die Rehabilitation ist aber nur aufgeschoben: Der folgende erste Hauptteil des Epos besteht darin, daß Erec sich daran macht, den Ritter zu verfolgen, sich Waffen und eine Rüstung zu verschaffen, den Ritter zu stellen und zu besiegen. Der Ritter ist mit seiner Dame unterwegs zu einem Schönheitsturnier. Bei diesem Turnier geht es darum, welcher der teilnehmenden Ritter die schönste *amîe* (= Freundin - wieder ein frz. Fremdwort) hat. Als Preis ist ein Jagdvogel, ein Sperber, ausgesetzt. Und schon damals scheint es die Wanderpokal-Dreierregelung gegeben zu haben: Zweimal hat der Ritter, den Erec verfolgt, den Sperber schon gewonnen; beim dritten Mal dürfte er ihn behalten. Für Erec ist diese Turniersituation ein willkommener Anlaß, den Ritter herausfordern zu können. Von einem verarmten Grafen, bei dem er Unterkunft gefunden hat, erhält er Waffen und Rüstung - und glücklicherweise hat dieser Graf auch noch eine schöne Tochter. Diese Tochter 'leiht' Erec sich sozusagen aus, um sie als Grund zu benutzen, den Ritter beim Schönheitsturnier herausfordern zu können. Dies könnte zu der Vermutung führen, das wäre wieder mal a) typisch männlich und b) typisch mittelalterlich, Frauen zu derart eigennützigen Zwecken zu mißbrauchen. Man müßte aber dann relativieren und darauf hinweisen, daß dies zwar auf jeden Fall typisch mittelalterlich ist, daß aber solche Handlungsfunktionalisierungen auch sonst durchaus üblich und nicht auf Frauen beschränkt sind. Außerdem stellt es nach mittelalterliche Auffassung keine Abqualifizierung der Frau dar, wenn man sich ihretwegen prügelt. Und schließlich kommt es ohnehin, wie es kommen muß, wie es auch im Märchen passiert und wie Sie es sicher schon erwartet haben: Da die Grafentochter Enite so schön ist, verliebt sich Erec dann auch noch in sie, wodurch sie vom Status des reinen Rachewerkzeugs zum Liebesobjekt avanciert. Auch im folgenden kommt es so, wie es kommen muß: Erec besiegt natürlich den Ritter und schickt ihn dann an den Artushof, damit er dort von seiner Niederlage und Erecs Sieg erzählt. Hier haben wir nicht nur wieder ein Beispiel für die Wichtigkeit mündlicher Kommunikation, sondern auch eines für die Bedeutung des Kollektivs im Mittelalter: Ein Sieg, der im privaten Rahmen verbleibt, eine lediglich im privaten Rahmen wiederhergestellte Ehre würde nichts nützen; das Kollektiv, die Öffentlichkeit, für die hier der Hof steht, muß sie beglaubigen. Anschließend kehrt Erec mit Enite selbst an den Artushof zurück, wo die beiden getraut werden. Ein prächtiges Turnier mit hochkarätigen Gästen aus aller Welt beschließt diesen ersten Teil des Epos. Auch der Zwerg wird übrigens noch bestraft - aber an ihm macht Erec sich natürlich die Finger nicht schmutzig: er läßt ihn von Knechten verprügeln.

Das **E**nites Name mit dem gleichen Buchstaben anfängt wie der **E**recs, ist sicher kein Zufall: Nach mittelalterlicher Auffassung verweisen äußere Phänomene ja stets auf innere Zusammenhänge und Verhältnisse. Im *Nibelungenlied* heißen die drei burgundischen Könige **G**unther, **G**ernot und **G**iselher. (Und die drei Neffen Donald Ducks heißen **T**ick, **T**rick und **T**rack.)

Die Großstruktur des *Erec*: Dreiteiligkeit

Wenn wir den Inhalt bis hierhin strukturell zusammenfassen und die Strukturen Orten und Personen zuordnen, dann ergibt sich Folgendes: Die Handlung ist dreiteilig. Der erste Teil spielt am ARTUSHOF und ist inhaltlich gekennzeichnet durch einen Zustand von festlicher Hochstimmung, Problemlosigkeit und Ausgeglichenheit. Dieser Zustand der IDEALITÄT wird dadurch verletzt, daß die EHRE DES HOFES über die EHRE EINES SEINER MITGLIEDER angetastet wird. Die betreffende Person gliedert sich aus dem Hof aus, so daß der Hof selbst in unbeschädigter Idealität weiterexistieren kann. Im zweiten Teil, im Hauptteil des ersten Teils, befindet sich die Person, deren Ehre verletzt wurde, mit Ausnahme von Nebenfiguren allein und rehabilitiert sich, stellt ihre Ehre wieder her. Wenn dies erfolgt ist, kehrt die Person an den H o f zurück und wird in diesen r e i n t e g r i e r t.

Und jetzt zum weiteren Fortgang, zum zweiten Hauptteil: Nach der Hochzeit mit Enite kehrt Erec an seinen eigenen Hof zurück und übernimmt von seinem Vater die Königswürde. Er führt aber kein 'ritter'gemäßes, aktives Leben mehr, sondern hält sich vorzugsweise mit Enite im Bett auf; dieses Bett verläßt er nur zum Kirchgang und zu den Mahlzeiten (er *verliget* = 'verliegt' sich, wie es im Text steht).[9] Das bringt die Stimmung seines Hofes auf den Nullpunkt: Der Prestigeverlust des Herrn durch diese Inaktivität färbt nämlich auf den gesamten Hof ab, und viele verlassen ihn. Erec, vor Liebe blind und taub, merkt von all dem nichts - wohl aber seine Frau Enite; sie muß sich anhören, daß man über sie flucht, weil man s i e für das 'Lotterleben' ihres Ehemannes verantwortlich macht. Damit die Handlung weitergeht, muß diese Information irgendwie an Erec gelangen, und dazu bedient sich der Autor eines Tricks: Enite liegt wieder einmal neben Erec im Bett, weil sie sich gerade wieder einmal geliebt haben; Erec scheint zu schlafen. Und da seufzt Enite und beklagt die eben geschilderten Vorgänge. Erec aber schläft nicht - und stellt Enite zur Rede: was es mit ihrer Klage denn auf sich habe? Enite erzählt alles; und dann fackelt Erec nicht lange. Seinem Hofstaat teilt er mit, er wolle zur Jagd ausreiten; in Wirklichkeit aber rüstet er sich und reitet allein weg; nur Enite muß ihn begleiten. Damit beginnt der Hauptteil des zweiten Teils. Da die Ehre verletzt wurde durch Inaktivität, muß jetzt Aktivität demonstriert werden, Aktivität in einem Bereich, der für einen Ritter eben besonders adäquat ist: im K a m p f. Dazu hat Erec reichlich Gelegenheit: Er trifft unterwegs zunächst auf drei Räuber, dann auf fünf Räuber, auf einen kampfbegierigen Zwergenkönig, auf zwei Grafen, die Enite für sich gewinnen wollen, auf zwei brutale Riesen und ganz am Schluß auf einen riesenstarken Ritter, gegen den schon viele andere im Kampf ihr Leben verloren haben. Die aus all diesen Kämpfen resultierenden Bewährungsproben sind nun in besonderer Weise angeordnet, so daß sich wieder eine inhaltliche und gehaltliche STRUKTUR ergibt: Die beiden ersten Kämpfe gegen drei, dann fünf Räuber verlangen Erec nicht viel Leistung ab, und andererseits kämpft er hier nur für sich selbst, zur Verteidigung seines eigenen Lebens. Ähnlich die erste Grafenepisode: Zwar handelt es sich hier schon um einen stan-

Bettgespräche

desgemäßen Gegner, aber Zweck des Kampfes ist 'nur', Enite zu beschützen und zu verhindern, daß jemand Erec seine Frau 'abnimmt'. Es folgt der Kampf mit dem Zwergenkönig Guivreiz; dieser wird als sehr edel, vornehm und tugendhaft dargestellt, und er sucht dauernd Gelegenheit zum Kampf, um seine EHRE - da haben wir das Wort wieder - zu vergrößern. Der Kampf mit Guivreiz ist sehr hart, und seine Darstellung nimmt von den bisherigen den größten Raum ein; nachdem Erec gesiegt hat, schließen die beiden dann sogar Freundschaft. Darauf folgt nun ein Kampf, der erstmals von Erec frei gewählt wird, dessen Zweck nicht mehr Selbstverteidigung ist und der auch nicht mehr bloße Reaktion auf eine Herausforderung ist wie der Kampf gegen den Zwergenkönig: Erec trifft auf zwei Riesen, die einen Ritter gefangengenommen haben und diesen mißhandeln. Erec interveniert zugunsten des Ritters und nimmt, als die Riesen auf seine Worte nicht eingehen, den Kampf gegen sie auf. Dieser Kampf hat also erstmals eine s o z i a l e Funktion: Erec stellt seine ritterlich-kämpferischen Qualitäten in den Dienst eines a n d e r e n. Dies kann man vielleicht als eine d i d a k t i s c h e Komponente des Romans ansehen, wenn man darin einen Appell an die Rezipienten sieht, sich ebenso zu verhalten. Und tatsächlich muß ein Adliger, der sich zum Ritter schlagen lassen will, vorher eine Art Eid ablegen u.a. mit dem Inhalt, Witwen und Waisen zu beschützen, Armen zu helfen, für die Kirche und für Schwache zu kämpfen. Die Fähigkeiten des Ritters, besonders die Fähigkeiten militärischer Art, sollen damit in den Dienst der sozialen Sache gestellt werden.- Auf den (natürlich wieder siegreichen) Kampf mit den Riesen folgt ein Kampf gegen einen weiteren Grafen - allerdings unter etwas speziellen Umständen: Im Kampf gegen den Zwergenkönig ist Erec verwundet worden. Diese Wunde wurde bei einem kurzen Zwischenaufenthalt am Artushof notdürftig versorgt - *zu* notdürftig anscheinend, denn im Kampf gegen die Riesen ist sie wieder aufgebrochen. Erec fällt ohnmächtig um; seine Frau Enite hält ihn für tot. Auf ihr lautes Jammern hin kommt ein Graf vorbei, der sie erst tröstet und sie zusammen mit der vermeintlichen Leiche Erecs auf sein Schloß bringen läßt, sich dann aber in Enite verliebt und versucht, sie zur Heirat zu bewegen. Enite lehnt ab - und als dem Grafen die verbalen Argumente ausgehen, versucht er es handgreiflicher. Enite schreit - und zwar so laut, daß der scheintote Erec wieder aufwacht.[9] Er erschlägt den Grafen, flieht mit Enite aus der Burg und wird von den Leuten des toten Grafen verfolgt. Irgendwie hat der Zwergenkönig Guivreiz davon gehört, daß Erec in Gefahr ist, und macht sich auf, um ihm zu helfen. Er stößt bei Nacht auf die beiden Flüchtigen, hält sie für Feinde, reitet Erec über den Haufen und will ihm dann endgültig den Garaus machen; aber wieder schreit Enite. Guivreiz erkennt ihre Stimme, weiß, wen er vor sich hat, und bringt Erec auf sein Schloß. Dort wird Erecs Wunde endgültig geheilt. Aber damit nicht genug: Erec hört davon, daß in der Nähe ein Park liegt, in dem ein riesenhafter Ritter haust. Jeder, der den Park betreten hat, wird von dem Ritter herausgefordert, und bisher sind alle besiegt worden. Die Köpfe der Besiegten hat der Ritter zur Abschreckung auf Pfähle gespießt und rund um den Park plaziert. Erec will dieser Sache auf den Grund gehen und läßt sich davon auch durch die finstersten Prophezeiungen und Warnungen nicht abhalten. Er betritt also den Park und trifft auf eine wunderschöne Frau. Diese bittet ihn, schleunigst zu verschwinden, bevor ihr Mann ihn hier sehe. Zu spät - der Mann kommt, und es folgt ein Kampf, der an Härte alles Bisherige weit übertrifft. Natürlich siegt auch hier am Schluß Erec. Und dann unterhalten sich die beiden Gegner plötzlich ganz freundlich. Mabonagrin - so heißt der Ritter - erzählt Erec seine Geschichte: Er hat in seiner Jugend ein elfjähriges Mädchen kennengelernt und sich verliebt; die Liebe wurde erwidert. Da man im Mittelalter aber erst mit zwölf Jahren rechtlich heiratsfähig ist, mußten die beiden fliehen. Das Mädchen ließ ihn schwören, immer bei ihr zu bleiben und den Kontakt zur Außenwelt abzubrechen. Dieses Versprechen hat Mabonagrin auch abgelegt, und *deshalb* haben die beiden so lange in dem geheimnisvollen Park gelebt, *deshalb* hat Mabonagrin alle Eindringlinge getötet. Und wenn man das mit dem Beginn des zweiten Hauptteils vergleicht, dann hat Erec mit seinem Sieg Mabonagrin aus einer Lage befreit, die seiner eigenen Ausgangssituation spiegelbildlich entspricht: Ein Mann und eine Frau lieben einander, kapseln sich von der Außenwelt ab und entziehen sich allen gesellschaftlichen Kontakten. Genau dies führt dann zum Ehrverlust. Erec selbst ist es, der Mabonagrin nun kritisiert, und zwar mit folgendem Satz: ***bî den liuten ist so guot.*** "Bei den 'Leuten', d.h. in der Gesellschaft, ist es gut." Also wieder ein Beispiel dafür, daß es im Mittelalter noch keinen selbstverständlichen Wert dar-

Es ist ein alter Fehler, daß er mehr/
Die Einsamkeit als die Gesellschaft sucht.

Goethe, *Torquato Tasso* I, 2 (234f.)

stellt, ein Privatleben zu führen. Auch dies wird dann in der bürgerlichen Literatur ca. seit dem 18. Jahrhundert durch ein anderes Leitbild ersetzt werden: In *dieser* Zeit ist das Privatleben der Fluchtraum, in den sich das von der Außenwelt, dem Staat und der Gesellschaft enttäuschte Individuum zurückzieht, um seinen eigenen Idealen und Wünschen nachzugehen.

Strukturen

Wenn wir auch den zweiten Hauptteil des *Erec* wieder strukturell komprimieren, wie wir das beim ersten Teil gemacht haben, dann kommen wir zum gleichen Ergebnis: Ausgangssituation HOF; Verletzung der Idealität und EHRVERLUST - deshalb ISOLATION DES BETROFFENEN INDIVIDUUMS und eine Kette von Situationen, in denen sich dieses Individuum vor der Gesellschaft REHABILITIERT; und auch die Schlußstation ist gleich: Denn nach dem Sieg über Mabonagrin kehrt Erec an den Hof zurück, erst an den Artushof und dann an seinen eigenen. Dieses Schema - eine d r e i t e i l i g e Struktur wird z w e i m a l durchlaufen, wobei die Wertigkeit des zweiten Teils höher anzusiedeln ist - treffen wir nicht nur im *Erec* an, sondern auch in anderen Artusromanen; das hat dazu geführt, daß man für dieses Phänomen einen eigenen Terminus geprägt hat: **doppelter Kursus.** Und wie sehr hier Struktur und äußere Form im Dienst von Inhalt und Aussage stehen, merkt man daran, daß auch die *Fein*struktur eine eigene Aussagedimension entwickelt: spiegelbildliche Struktur ist auch im Innern des zweiten Hauptteils anzutreffen. Sehen wir uns noch einmal die Abfolge der Kämpfe an (strukturell entsprechende Teile sind durch gleiche Schriftart gekennzeichnet):

Ehrverlust durch zu viel Liebe, die zu gesellschaftlicher Isolation führt	
Räuber	Riesen
Graf 1	*Graf 2*
GUIVREIZ	GUIVREIZ
Befreiung von Personen, die wegen zu viel Liebe in gesellschaftliche Isolation geraten sind, aus dieser Isolation	

Die Ordnung der Welt und die Ordnung der Texte

Was wir als kennzeichnend für das mittelalterliche Weltbild haben identifizieren können (die ganze Welt wird als durch Form, Regeln, Analogien und Proportionen gestaltet aufgefaßt) und was in der mittelalterlichen Ästhetik daher zu der Auffassung führt, Schönheit werde durch Form und Regelhaftigkeit garantiert, läßt sich also auch bei der strukturellen Gestaltung von Texten nachweisen. Anders als die Welt, die das Mittelalter sich als von Gott geschaffen denkt, sind Texte aber Produkte von Menschen. Das heißt also, daß die Autoren von Texten darum bemüht sind, die Gestaltung ihrer Texte *an die Prinzipien anzupassen, nach denen die Welt konstruiert ist*. Damit wird auch der einzelne Text von seinem Autor praktisch zu einer Art von *Mikrokosmos* gemacht, der sich vermittels seiner Konstruktionsprinzipien in den *Makrokosmos* der Welt einfügt.

Hartmann von Aue: *Iwein* (Chrétien de Troyes: *Yvain*)

Sehen wir uns nun den zweiten Artusroman Hartmanns von Aue an, den *Iwein*. Auch er ist nach einer frz. Vorlage verfaßt, nach Chrestiens *Yvain*,[10] und zwar später als der *Erec*. Ich kann mich bei der Inhaltsangabe zunächst kürzer fassen, weil es jetzt erst einmal darum geht, die am Erec entwickelte Struktur im Iwein wiederzufinden:

Bei einem Fest am Hof des Königs Artus erzählt der Ritter Kalogrenant eine Geschichte, die ihm selbst widerfahren ist. Er ist einmal auf *âventiure* ausgeritten - was das heißt, dazu später; hier nur soviel: Von dem Wort *âventiure* kommt unser Wort 'Abenteuer', aber gerade *das* bedeutet es in dieser Zeit noch *nicht*; wir werden darauf zurückkommen. Kalogrenant hat einen wilden Waldmenschen getroffen, und der hat ihm erzählt, daß es ganz in der Nähe eine wunderbare Quelle gebe. Kalogrenant möge doch etwas Wasser aus der Quelle auf einen Stein gießen und dann abwarten, was passiere. Kalogrenant macht das; und als das Wasser den Stein berührt, entsteht ein grandioses Unwetter; der Wald entlaubt sich, die Vögel fallen tot von den Bäumen. Als das Unwetter sich gelegt hat, erscheint ein Ritter. Er brüllt: *wie sihe ich mînen walt stân* - auf gut Neuhochdeutsch: "Wie sieht denn mein Wald aus!?" ('Ich glaub' ich steh ...'), galoppiert mit eingelegter Lanze auf Kalogrenant zu und stößt ihn vom Pferd. Ohne sich um den Gestürzten zu kümmern, reitet er weg. Also wieder: Ausgangsstation ist eine ideale Situation am Hof; die Idealität drückt sich in der Festsituation aus. Diese IDEALITÄT WIRD GESTÖRT dadurch, daß man davon erfährt, daß ein Hofmitglied eine Pleite erlitten hat. Der Weg zur REHABILITATION vollzieht

Gutes Reiten– schlechtes Reiten ...

sich hier allerdings etwas anders: Artus, der die Geschichte mitgehört hat, will nun selbst nach dem Rechten sehen und mit seinem ganzen Hof zur Quelle aufbrechen. Iwein, dem Titelhelden, paßt das nicht ganz: Er will furchtbar gerne das Quellenabenteuer bestehen, befürchtet aber, daß der Musterritter Gawein ihm vorgezogen wird und vom König die Erlaubnis erhält, Wasser auf den Stein zu gießen. Also macht er sich *heimlich* allein auf den Weg - wieder das Motiv der ISOLATION. Alles läuft zunächst wie bei Kalogrenant ab, nur daß der fremde Ritter Iwein nicht besiegen kann und flieht. Iwein verfolgt ihn und bringt ihm *von hinten* eine Wunde bei (was nicht so ganz dem höfischen *comme il faut* entspricht). Tödlich verwundet, kann der Ritter noch durch das Tor seiner Burg flüchten; vor und hinter dem nachsetzenden Iwein rasseln zwei Eisengitter herunter; der Ritter stirbt, Iwein ist gefangen. Die Burgbewohner beklagen ihren toten Herrn und stoßen schlimme Drohungen gegen Iwein aus. Zum Glück für Iwein gibt es in der Burg jemanden, der ihn kennt und ihm wohlgesonnen ist: die Hofdame Lunete. Sie gibt Iwein heimlich einen Zauberring, der ihn unsichtbar macht. Leider aber hat er sich inzwischen in die Witwe des von ihm getöteten Ritters und - wie sich herausstellt - Landesherrn verliebt, in Laudine. Auch hier kann Lunete helfen: Sie suggeriert Laudine, sie müsse unbedingt wieder heiraten, damit sie nicht schutzlos sei, und den passenden Ehemann habe sie auch schon an der Hand. Nach anfänglichem Zögern (was ja wohl irgendwie begreiflich ist) willigt Laudine in die Heirat mit demjenigen ein, der ihren Ehemann getötet hat, und sie verliebt sich sogar in ihn. Ideal wieder hergestellt; es folgt die Hochzeit. Wo? Richtig geraten - am HOF. Bei dieser Hochzeit bahnt sich aber der Konflikt an, der für den zweiten Teil bestimmend ist: Gawein nimmt Iwein beiseite und hält ihm eine Predigt: Ehe habe ihre Gefahren - Iwein möge doch bitte an Erec denken, der durch seine Heirat ja bekanntlich versauert sei, sich *verlegen* habe. Iwein möge also doch bitteschön dafür sorgen, daß ihm dergleichen nicht passiere, und Laudine um Urlaub bitten, um sich Turnieren und anderen statusadäquaten Aktivitäten widmen zu können. Laudine gewährt diesen Urlaub auch, setzt aber eine Frist: Nach einem Jahr müsse Iwein wieder bei ihr erscheinen. Iwein nutzt das Jahr: er kämpft, turniert etc. pp. - vergißt darüber aber den Termin. Daß er diesen Termin verpaßt hat, fällt ihm mitten in einem Fest ein - einem Fest am? Bingo: am Artus*hof*. Es erscheint Lunete, die ihn vor der Öffentlichkeit wegen seiner Pflichtversäumnis verflucht und ihm mitteilt, daß Laudine ihn nicht mehr zu sehen wünsche. Laudines Ehering hat sie praktischerweise gleich mitgebracht: sie gibt ihn Iwein zurück. EHRE natürlich VERLETZT. Kleine Steigerung zur Illustration: Iwein wird vor Schmerz wahnsinnig und irrt nackt durch den Wald. Hilfreiche Damen heilen ihn mit einer Zaubersalbe, und nun kann die Kette der Rehabilitationen beginnen. Der zweite Teil soll hier nicht interessieren; aber zwei Ergänzungen sind noch nötig:

Pflichtenkollisionen: *mâze*

Genauso wie der *Erec* behandelt offenbar auch der *Iwein* das Problem, wie man zwei Pflichtenbereiche miteinander in Einklang bringt: die Pflicht gegenüber dem Liebespartner und die Pflicht gegenüber der Gesellschaft. Nur ist die Pflichtenkollision umgekehrt konstruiert: Im *Erec* zuviel Liebe - im *Iwein* zuviel Gesellschaft. Das hier verletzte *Ausgeglichenheits*ideal wird in der höfisch-adligen Literatur auch in anderen Zusammenhängen thematisiert: Gefordert ist die Tugend der sog. *mâze*, des Maßvoll-Ausgewogenen, des goldenen Mittelweges zwischen zwei Extremen. Hier ergeben sich auch Berührungen mit der antiken Philosophie, etwa mit der Tugendlehre des ARISTOTELES († 322 v.Chr.) : Tugend wird von Aristoteles definiert als die Mitte zwischen zwei Lastern (Freigebigkeit wäre also etwa die Mitte zwischen Geiz und Verschwendung). Allerdings verhält sich das gesamte *Iwein*-Epos nicht ganz spiegelbildlich zum *Erec*; denn es wäre für den Autor kaum möglich, den Rehabilitationsweg als eine Kette von Liebesabenteuern zu gestalten: Das wäre hinsichtlich der Tatsache disfunktional, daß Iwein damit ja nicht sein Verhältnis zu Laudine verbessern, geschweige denn wiederherstellen könnte. Eine gewisse Parallelität ergibt sich aber doch: Auch Iwein hat, wie Erec, zwar im zweiten Teil *Kämpfe zu* bestehen, aber diese Kämpfe stehen eindeutig im Dienst sogenannter *triuwe*-Verpflichtungen.

Vom mhd. Wort *triuwe* kommt natürlich unser Wort 'Treue'; aber ähnlich wie bei dem Wort 'Ehre' hat hier zum Neuhochdeutschen hin eine inhaltliche Subjektivierung des Begriffs stattgefunden: Für uns bedeutet 'Treue' fast nur noch eine Eigenschaft oder ein Verhalten, das

Bedeutungssubjektivierung: von der *triuwe* zur 'Treue'

aufgrund persönlich-subjektiver Entscheidung an den Tag gelegt wird; im allgemeinen Sprachgebrauch wird 'Treue' heute außerdem vorwiegend im emotionalen bzw. sexuellen Kontext verwendet. Das mhd. Wort *triuwe* dagegen ist ein **Rechts**terminus, der ein rechtlich geregeltes Verhalten meint, zu dem man verpflichtet ist.[11]

Iwein ist seiner Frau 'untreu' geworden - nicht dadurch, daß er sie mit einer anderen Frau betrogen hätte, sondern dadurch, daß er den Vertrag hinsichtlich der Rückkehrpflicht mit ihr gebrochen hat. In den Dienst solcher Vertragsverhältnisse und rechtlicher Gegebenheiten nun treten die meisten seiner Kämpfe im zweiten Teil: Er wird als Gerichtskämpfer tätig für Lunete, die inzwischen des Verrates angeklagt worden ist; er wird als Gerichtskämpfer tätig für eine Grafentochter in einer Erbschaftsstreitigkeit; er hilft einem Löwen, der mit einem Drachen kämpft, und führt dadurch herbei, daß dieser Löwe ihm gegenüber in künftigen Kämpfen *triuwe* beweist, indem er ihm nämlich seinerseits hilft.

âventiure

Bedeutungsverschiebung: von der *âventiure* zum 'Abenteuer'

Ich habe schon zweimal den Begriff *âventiure* verwendet und darauf hingewiesen, daß wir uns damit noch genauer beschäftigen werden. Ich hatte auch schon erwähnt, daß von *âventiure* unser Wort 'Abenteuer' kommt, daß es genau dies aber im Mhd. noch nicht bedeute. Auch *âventiure* gehört zu den Fremdwörtern, welche die mhd. Adelssprache aus dem Frz. übernommen hat (afrz. *aventure*). Das frz. Wort seinerseits stammt aus dem Mittellateinischen, kommt nämlich von dem Wort *adventura*, Plural zu *adventurum* = 'das, was kommen wird und muß'. Im Unterschied zum Wort 'Abenteuer' bezeichnet *âventiure* also gerade nicht etwas Zufälliges, sondern etwas Schicksalhaftes. Die Taten der Ritter, von denen im Artusroman berichtet wird, werden häufig als *âventiure* bezeichnet, und damit ist dann gemeint, daß diese Ritter Aufgaben bestehen müssen, die ihnen vorherbestimmt sind. Daß dies so ist, merkt man besonders deutlich an der Vorgeschichte des *Iwein:* Kalogrenant berichtet, daß er eines Tages losgezogen sei, um *âventiure* zu finden; man kann aber eben *âventiure* nicht suchen und finden, wenn sie einem nicht vorherbestimmt ist. Es ist daher kein Zufall, daß Kalogrenants Brunnenabenteuer schiefgeht. Erst als d e r Ritter zum Brunnen kommt, dem es bestimmt ist, die *âventiure* zu bestehen, tritt diese in Kraft.

Man findet *âventiure* auch noch in einer zweiten Bedeutung, nämlich in Formulierungen wie: 'Wie uns die *âventiure* sagt, kam Iwein dann zu einem Brunnen.' Hier bedeutet *âventiure* so viel wie 'Erzählung, Bericht über eine *âventiure*' oder etwa auch '(literarische) Q u e l l e'. Da nun der Inhalt solcher *âventiuren* meist recht farbenprächtig und exotisch ist - Zwerge, Riesen, Zauberbrunnen, Zauberburgen etc. pp. - kommt es schließlich zu der Bedeutungsentwicklung, die unser Wort 'Abenteuer' genommen hat: etwas nicht Alltägliches, Außergewöhnliches, Zufälliges, außerhalb der gewohnten Ordnung Stehendes.

âventiure im Artusroman ist aber nicht nur durch Vorherbestimmtheit gekennzeichnet: Als Kalogrenant bei seiner Suche nach *âventiure* auf den Waldmenschen trifft, fragt er ihn, ob er nicht hier in der Gegend eine Gelegenheit zur *âventiure* wisse. Der Waldmensch - äußerlich als wahres Monstrum und damit als außerhalb der adlig-höfischen Ordnung stehend gekennzeichnet - fragt verwundert: *âventiure - waz ist daz?* Auch diese Frage kennzeichnet ihn natürlich als zivilisatorischen Banausen. Kalogrenants Antwort lautet sinngemäß (528ff.): "Mit *âventiure* hat es Folgendes auf sich: Ich reite durch die Gegend und suche jemanden, der genau so bewaffnet ist wie ich. Wenn ich so einen gefunden habe, dann fordere ich ihn zum Kampf heraus. Wenn ich ihn besiege, gewinne ich dadurch *êre*; wenn er mich besiegt, steht ihm die *êre* zu." Dies nun wäre eine sehr primitive Angelegenheit: 'Ehre' ergäbe sich nur daraus, besser *kämpfen* zu können, und Sinn des Kämpfens wäre nur, andere zu besiegen, um Ehre zu erlangen. Hält man den Inhalt der meisten *âventiuren* in *Erec* und *Iwein* dagegen, dann merkt man, daß diese sehr viel mehr implizieren: Sie sind, wie wir gesehen haben, s o z i a l ausgerichtet, das heißt, sie stehen im Dienst anderer und/oder im Dienst der Gesellschaft; sie demonstrieren den Besitz anerkannter Tugenden - *triuwe*, Mitleid, Hilfsbereitschaft usw. -, einen Besitz, der vorher bei den Protagonisten durch punktuelles Fehlverhalten in Zweifel gezogen werden konnte und jetzt als letztlich doch vorhanden unter Beweis gestellt wird. Durch die Koppelung der *âventiure* an die Ethik des Rittertums wird also die Ritterschaft in die soziale Pflicht genommen; insofern sind diese Romane, auch wenn das aus heutiger Perspektive wegen ihres hypertrophen Fabelcharakters zunächst nicht einleuchtet, didaktisch. Nimmt man nun die Bindung des *âventiure*-Gedankens an diese zwei Komponenten (Vorherbestimmtheit und Ethik), dann läßt sich der weltlich-adlige *âventiure*-Gedanke lesen als eine Transponierung religiöser Heilsgewißheit. Was hat es mit dieser 'religiösen Heilsgewißheit' auf sich?

'Mühsal': Der Weg des Ritters - der Weg des Christen

Der mittelalterliche Mensch, sofern gläubig, wußte über die Zukunft mehr als der heutige. Man wußte, wie die Welt enden würde, und man wußte, unter welchen Bedingungen für den Einzelnen dieses Weltende eintreten würde. Die Welt war von Gott geordnet; die wesentlichen Stationen der Geschichte stellten Stationen auf diesem Weg zum Weltende dar. Diese Stationen waren entsprechend der Lehre der Bibel 1. Schöpfung, 2. Sündenfall, 3. Erscheinen und Tod Christi, 4. Weltende und Jüngstes Gericht. Mit der Schöpfung wurde ein besonderes Verhältnis zwischen Gott und den Menschen installiert; mit dem Sündenfall wurde dieses Verhältnis zerstört mit der Konsequenz, daß alle danach lebenden Menschen der göttlichen Gnade nicht mehr in vollem Maß teilhaftig werden konnten; mit Geburt und Tod Christi schließlich wurde das Verhältnis Gott-Mensch auf eine neue Basis gestellt insofern, als Christus die Sünden der Menschheit auf sich nahm, damit die Folgen des Sündenfalls beseitigte und somit *jeder* Mensch, guten Willen vorausgesetzt, die göttliche Gnade erlangen konnte. Vom Sündenfall übrig geblieben war zwar die Folge, daß danach kein Mensch mehr völlig sündenfrei sein konnte; aber Gott hatte die Mittel bereitgestellt, um diese Sünden relativieren bzw. kompensieren zu können. Und d i e s e s Beziehungsgeflecht spiegelt der eben geschilderte *âventiure*-Weg in gewisser Weise wieder: Aus dem sünden- und problemlosen Anfangszustand des Hofes, der ja in gewisser Weise immer wie ein irdisches P a r a d i e s dargestellt ist, wird ein 'Bewohner' eliminiert, der in Sünde und Schuld gefallen ist. Göttliche Providenz erlaubt ihm jedoch, sich zu rehabilitieren. Diese Rehabilitation setzt Mühsal und Anstrengung voraus; so wie der Christ nach Ansicht der Kirche die irdische Welt als 'Jammertal' durchwandert, so durchwandert der Protagonist der *âventiure* eine Topographie, die für ihn viele Stationen leidhafter Anstrengungen bereithält. So wie ein Christ, der den Anforderungen des Lebens nicht ausweicht und sie als Proben und Bewährungsstationen auf dem Weg in die ewige Seligkeit versteht, sich über Widrigkeiten und Unannehmlichkeiten geradezu freut, so geht auch der isolierte Ritter den Gefahren, die sich ihm entgegenstellen, nicht aus dem Weg. Und so sieht denn auch die Endstation für den guten Christen und den scheinbar herumirrenden, in Wirklichkeit aber von einer höheren Macht absichtsvoll in Bewährungssituationen gelenkten *âventiure*-Ritter ähnlich aus: Für den Christen, der sich bewährt hat, steht am Ende das himmlische Paradies; für den Ritter, der sich bewährt hat, steht am Ende wieder der paradiesische Hof.

Auch in der modernen Zeit möchte man noch gerne wissen, wo's langgeht.

Das sieht nun wieder alles sehr mittelalterlich aus und ist es auch natürlich in den 'konkreten' Vorstellungen, die den providentiellen Rahmen ausfüllen. Nicht spezifisch mittelalterlich dagegen scheint die Vorstellung zu sein, daß Geschichte überhaupt ein *Ziel* und einen *Sinn* hat. Niemand weiß wirklich, worauf die ganze Geschichte hinausläuft und welchen Sinn das Leben hat. Offensichtlich verbreitet ist aber das Bemühen, sich einen solchen Sinn zu besorgen. Sinnmaximen kann sich jeder individuell für sich selbst basteln; die Suche nach Sinn hat aber auch immer wieder - nicht nur im Christentum, nicht nur im Mittelalter - zur Konstruktion ganzer *Geschichts*modelle geführt. Wer aber ein Geschichtsmodell entwirft, der geht eben immer davon aus, daß Geschichte gerichtet verläuft - auf ein Ziel, einen vorherbestimmten Endpunkt gerichtet. Dieses Ziel ist in fast allen Geschichtsmodellen stets *positiv*, es entspricht also in dieser Hinsicht den christlichen Heilsvorstellungen. So legt sich etwa GEORG WILHELM FRIEDRICH HEGEL (1770-1831) in seinem Geschichtsmodell nicht fest, was das *konkrete* Ende der Geschichte angeht; er äußert aber, daß dieses Ende der Geschichte gekennzeichnet sei durch die Negation aller Schwierigkeiten und Unzulänglichkeiten bisheriger Epochen und Weltzustände, und er erwartet, daß genau *darauf* die Geschichte hinausläuft - also ebenfalls auf einen 'Heils'zustand. Und Heilsvorstellungen in einem *teleologischen* Geschichtsmodell (griech. τελοσ = Ende, Ziel), einem Geschichtsmodell, das vorgibt, zu wissen, worauf die Geschichte hinausläuft, findet man selbst dort, wo man sie gerade wegen ihrer Nähe zu religiösen Vorstellungen nicht erwartet: bei KARL MARX († 1883) näm-

Teleologisches Geschichtsmodell

lich - für den Religion zwar bekanntlich Opium fürs Volk war, der aber voraussagt, daß die Geschichte der Menschheit auch auf etwas ganz Bestimmtes hinausläuft. Bei Marx ist dies zwar etwas Säkulares, Weltliches (die Diktatur des Proletariats nämlich); aber da dies etwas Positives für ihn ist und da er überdies mit dieser Meinung etwas macht, was man normalerweise in den Bereich der Prophetie verlegt (nämlich feste Aussagen über die *Zukunft*), hat man mit Recht auch in bezug auf das Marxsche Geschichtsmodell von einem 'säkularisierten (= verweltlichten) Heilsgedanken' gesprochen, einem Heilsgedanken, der damit sowohl mittelalterlichen religiösen als auch mittelalterlichen weltlichen Geschichtsmodellen wie dem, das im *âventiure*-Gedanken impliziert sein könnte, ähnlicher ist, als man *prima vista* annehmen möchte. 'Heilsgeschichtlich' in gewissem Sinn ist natürlich auch die heutige Technikeuphorie, der Fortschrittsglaube, der auf der These beruht, das zunehmende Leistungsvermögen der Naturwissenschaften würde uns in eine von Sorgen, Krankheit und Tod freie Welt führen.

Adelige haben's nicht leicht ...

Glaubt man mittelalterlichen Epen, dann haben Ritter es nicht leicht: permanent sind sie unterwegs, um Leistungen zu erbringen. Daß das Motiv der Mühsal, das ein Ritterleben mit sich bringt, auch sonst für den höfischen Roman, also nicht nur für Hartmanns *Erec* oder *Iwein*, offenbar konstitutiv ist, daß die M ü h s a l aber kein ungewünschtes Schicksal darstellt, sondern einer Ethik entspricht, können Sie der Vorgeschichte des *Parzival* von Wolfram von Eschenbach[12] entnehmen, in der über die Schicksale von Parzivals Vater **Gahmuret** berichtet wird: Gahmuret ist der jüngere von zwei Söhnen eines Königs. Da nach fränkischem Erbrecht der älteste Sohn das gesamte Erbe erhält, steht Gahmuret nach dem Tod seines Vaters völlig besitzlos da.

Der Autor, Wolfram von Eschenbach, benutzt das zu einem Exkurs, in dem er zu dieser Art Erbrecht Stellung nimmt: Er kritisiert es mit der Begründung, daß diese Regelung auch hohe und höchste Adlige in Armut bringen könne. *Mittelalterlich* ist daran also die Vorstellung, daß dem Adel Privilegien zustehen; durchaus weniger mittelalterlich ist aber die Offenheit, mit der hier eine traditionelle Rechtsregel kritisiert wird.

Im Epos selbst müßte sich diese Realität für Gahmuret nicht negativ auswirken; denn die Lehnsleute seines neugekrönten Bruders intervenieren bei diesem für ihn und bitten, der König möge seinem Bruder doch wenigstens einige Ländereien überlassen. Weit darüber hinausgehend macht ihm daraufhin sein Bruder sogar das großzügige Angebot, die Herrschaft mit ihm zu teilen; Gahmuret soll sogar den Sippennamen behalten dürfen - den müßte er nämlich eigentlich aufgeben, weil es sich um den Namen des Herrschergeschlechtes handelt und er eben keine Herrschaft ausübt. Dies alles aber lehnt Gahmuret mit der Begründung ab, er sei nicht an *gemach* interessiert. Dieser mhd. Begriff *gemach* - nhd. etwa 'Bequemlichkeit'[13] - taucht auch im *Erec* und *Iwein* mehrmals auf und ist dort durchgängig negativ besetzt. Wer sich dem *gemach*, der Bequemlichkeit überläßt, verliert seine Ehre und kümmert sich nicht mehr um ritterliche Aktivitäten. Gahmuret vermeidet dies, indem er das Angebot seines Bruders eben nicht annimmt. Er bittet nur um vier Knappen, um sein Gefolge etwas zu vergrößern, und will dann allein in fremde Länder ziehen; finanzieren will er sein Gefolge von dem, was er dort erwirbt. Genausowenig wie Erec oder Iwein oder andere 'positive' Ritter macht Gahmuret es sich also leicht - nur daß er von vornherein und nicht aus Rehabilitationsgründen diese Entscheidung fällt.

Wolfram von Eschenbach in der Handschrift C

Zwei Thesen zur Intention der Artusepik

Daß Protagonisten mittelalterlicher Epen kein bequemes Leben führen, ist der Forschung aufgefallen. Aufgefallen ist ferner, daß die Verfasser dieser Epen in Deutschland zu einem bemerkenswert hohen Prozentsatz Ministerialen waren. Und die Situation dieser Ministerialen ist gegen Ende des 12. Jhs. dadurch gekennzeichnet, daß sie juristisch eigentlich *unfrei* waren, daß sie aber im Dienst hoher Adliger aufgrund besonderer Leistungen zu großem Einfluß kommen konnten und daß sie bemüht waren, deshalb in den Adel aufzusteigen. Diese drei Fakten nun hat man in Teilen der Forschung in Beziehung zueinander gesetzt und daraus ein Erklärungsmodell für die Entstehung des Artusromans abgeleitet, die sog. **Ministerialenthese**. Folgendermaßen hat man dabei argumentiert: FAKT 1: Die Verfasser dieser Epen sind *Ministeriale*. FAKT 2: Die reale Lage dieser Minsterialen ist dadurch gekennzeichnet, daß sie nur durch *Leistung* aufsteigen und *Erfolg* haben können. FAKT 3: In ihren Epen führen diese ministerialischen Verfasser permanent Situationen vor, *die ihre Situation spiegeln*: Ritter *leisten* etwas und haben dadurch *Erfolg*. SCHLUẞFOLGERUNG: Nach den Vertretern der Ministerialenthese sollen die Artusepen ein **Identifikations- und Propagandainstrument** für die Gruppe der Ministerialen sein.

Das klingt zunächst bestechend; aber schon kurz nach Aufstellung der Ministerialenthese wurde ein entscheidender Einwand erhoben: *Auftraggeber* dieser Epen waren Adlige, zumeist Hochadlige. Diese haben den realen Aufstiegsbestrebungen der Ministerialen zunächst Widerstand entgegengesetzt, so daß zu fragen wäre, welches Interesse solche Leute daran gehabt haben sollten, durch ihre literarischen Aufträge Bestrebungen zu fördern, die letzten Endes gegen die eigenen Interessen gerichtet gewesen wären. Dieser Einwand trifft wohl - und so ist als Konkurrenzmodell die sog. **Adelsthese** aufgestellt worden: In den Artusepen will sich der *gesamte* Adel auf eine ganz bestimmte Weise gespiegelt sehen, die dadurch gekennzeichnet ist, daß die Privilegien des Adels als *berechtigt* dargestellt werden. Denn es wird ja vorgeführt, daß Adlige für ihre Vorrechte etwas *tun*, es sich nicht bequem machen, sondern militärische und soziale Leistungen vollbringen. Entsprechend dieser Adelsthese enthielte der Artusroman ein gesamtadliges Identifikationspotential. Unberührt davon bleibt natürlich die Möglichkeit, daß ein Ministeriale in einen Artusroman aufgrund seiner spezifischen gesellschaftlichen Situation speziellere Zusammenhänge hineingelesen hat, die den in der Ministerialenthese implizierten entsprochen haben könnten. *Feststellbar* ist dies nicht; denn es gibt keine zeitgenössischen Belege über eine derartige Rezeption.

Schließlich noch ein letzter Punkt zum höfischen Epos, speziell zum Artusroman, in dem literarisches Ideal und historische Wirklichkeit weit auseinanderfallen, andererseits aber gerade wegen dieser großen Diskrepanz wechselseitige Aussagen übereinander machen; es geht um die sog. TAFELRUNDE, die König Artus um sich geschart hat. Zu dieser Tafelrunde gehören nur Eliteritter, d.h. Ritter, die sich durch Tapferkeit und sonstige Tugenden hervorgetan haben. Die Aufnahme in die Tafelrunde ist eine *Auszeichnung*, und insofern betont das Motiv der Tafelrunde das mittelalterliche 'Leistungsprinzip': Der Adlige wird für seine Tugenden und Taten belohnt; Auszeichnung und Belohnung demonstrieren, daß ein solcher Adliger seine sozialen Privilegien zu Recht besitzt. Die Hierarchisierung der Gesellschaft, die strikte Gliederung dieser Gesellschaft von oben nach unten mit einem fein abgestuften System von Freiheiten, Rechten, Befugnissen usw. (→ Kap. V.3 zum Begriff 'frei' in den Vorauer Büchern Mosis im Gegensatz zum modernen Freiheitsbegriff) gründet sich in der Theorie darauf, was die einzelnen Inhaber solcher gesellschaftlichen Stufen leisten; insofern spiegelt die literarische Existenz des Zustandekommens einer arturischen Tafelrunde zeitgenössische mittelalterliche Theorien über das Zustandekommen gesellschaftlicher *Un*gleichheit. In Literatur betrifft das aber nur das Funktionieren dieser Tafelrunde nach *außen*; *intern* gilt ein ganz anderes Konzept:

Aspekte von Gesellschaftsutopie im Artusroman

Im *Parzival* (309, 3-30) wird erzählt, daß Artus' Hofstaat eine Art Picknick abhält. Auf einer Blumenwiese soll ein Fest zu Ehren Parzivals abgehalten werden. Problem: Man hat den runden Tisch nicht dabei, an dem die Tafelrunde bei solchen Festen zu sitzen pflegt. Situationsangepaßte Lösung: Der Tisch wird ersetzt durch ein rundes Tischtuch. Und angelegentlich der Einführung dieses Tischtuchs in die Handlung erfährt man nun auch, warum die Sache r u n d sein muß. Zitat: "Das Tuch war nicht viereckig, sondern rund geschnitten, wie es der Art der Tafelrunde entsprach. Denn ihre Ordnung [= die Ordnung der Tafelrunde] erforderte es, daß niemand sich beim Reden einem Ehrenplatz zuwenden mußte - alle Plätze waren gleichrangig". An rechteckigen Tischen gibt es Ehrenplätze (die beiden Schmalseiten, die Mitten der Längsseiten) - das ist bis heute so. Da dies nun einmal Konvention ist, sind die Folgen nicht zu umgehen: Menschen schaffen zu bestimmten Zwecken Konventionen; sind diese Konventionen aber erst einmal installiert, dann können sie sich verselbständigen und die Menschen dominieren, die sie geschaffen haben und daher eigentlich auch wieder abschaffen könnten. Weil man bestimmte Personen ehren will, definiert man an rechteckigen Tischen bestimmte Plätze als *Ehren*plätze. Wenn das längere Zeit so praktiziert wird, kehrt sich das Verhältnis um: nicht mehr definieren Menschen bestimmte Plätze als ehrenvoll, sondern auch umgekehrt definieren bestimmte Plätze die an ihnen plazierten Menschen als geehrte. Wenn die Konstruktion der Tafelrunde (der runde Tisch, das runde Tischtuch) diese Möglichkeit bewußt und explizit *aus*schließt, dann heißt das, daß intern in der Tafelrunde die externe Hierarchisierung der Gesellschaft aufgehoben wird. An der Tafelrunde sitzen amtierende Könige, darunter der als Hofherr ohnehin herausgehobene König Artus, Königssöhne, Herzöge, Grafen, die gesamte Skala des mittelalterliche Adels, deren Mitglieder in der Realität selbst darauf bedacht waren, die existierenden Rangunterschiede vermittels Repräsentation (→ Kap. V.3 und V.4) deutlich zu machen. Wenn aber nun eine existierende soziale Regel in Literatur aufgehoben und eine neue Regel installiert wird, die es in der Realität nicht bzw. noch nicht gibt, dann nennt man das gewöhnlich eine U t o p i e. Die Konstruktion der Tafelrunde nebst der ihr beigegebenen Funktion - Ausschluß bevorrechtigter Plätze - impliziert also ein utopisches soziales Moment. Und insofern korreliert diese Tafelrunde mit der Umfunktionalisierung des Wortes 'Ritter', das - seit Hartmanns *Erec* - a l l e Adligen unbeschadet ihres sonstigen genauen Ranges gleichmacht und zusammenschließt.

Eine metafiktionale Ausdeutung des Erzählens im Artusroman

'Metafiktion' (engl. *metafiction*) ist ein Begriff der neueren Literaturtheorie. Er wurde kreiert für den Sachverhalt, daß in moderner und vor allem postmoderner Literatur *hinter* (= griech. *metá*) der fiktionalen Erzählebene verklausulierte Auseinandersetzungen der Autor/inn/en mit Fragen und Problemen des Schreibens, der Literatur, der eigenen Rolle o.ä. stehen. Da auch mittelalterliche Autoren nachweisbar über die spezifischen Möglichkeiten und Probleme ihrer Tätigkeit reflektiert haben, ist es kein Anachronismus, auch in mittelalterlichen Texten nach Stellen zu suchen, die in einem solchen 'metafiktionalen' Sinn gedeutet werden könnten, zumal ja im Mittelalter grundsätzlich hinter dem Äußeren (hier: der fiktionalen Textebene) oft weitergehende Aussagedimensionen vorhanden sind (→ Kap. V.4).

Wenn der Autor uns verhungern ließe ...

In dem bereits erwähnten Textausschnitt 309, 3-30 aus dem *Parzival* erfahren wir: Die Tafelrunde "wurde geleitet von Artus, der eine feststehende Gewohnheit hatte: Kein

Ritter speiste bei ihm an einem Tag, an dem Frau Âventiure vergaß, seinen Hof aufzusuchen." Hier wird also die *âventiure* personifiziert. Personifikationen und Allegorisierungen abstrakter Begriffe sind im Mittelalter sehr häufig, und diese literarische Technik wird sich im späten Mittelalter zur wahren Manie steigern. In mageren Restbeständen leben solche Personifikationsallegorien heute noch weiter, man denke etwa an die JUSTITIA (die allerdings schon aus der Antike stammt). Nicht das ist jedoch hier für uns interessant, sondern der mit Hilfe der literarischen Technik beschriebene Zusammenhang. Gesagt wird: Artus hat es zur Regel gemacht, daß an seinem Hof nicht gegessen werden darf, bevor man nicht von einer *âventiure* gehört hat. Das ist stark! Denn das heißt doch nichts anderes als: Artus macht die biologische Existenz seiner selbst und seines ganzen Hofstaates, das schiere Überleben davon abhängig, ob eine *âventiure* passiert. Nun könnte man zynisch sein und sagen: Wie schön für Artus, daß in mittelalterlichen Epen so viele *âventiuren* passieren - und tatsächlich gibt es kein Epos, in dem berichtet würde, daß jemand durch diese restriktive Regel in Hungersnot gekommen wäre. (Im Gegenteil: Würde man die Regel umdrehen - 'Wenn *âventiure,* dann kräftig zu zulangen!' - müßten die edlen Ritter und Damen recht beleibt gewesen sein). Aber natürlich ist es unsinnig, ein fiktives literarisches Motiv realistisch weiterzuspinnen. Was man aber machen kann und sollte, ist, das Aussagepotential dieses Motivs zu analysieren. Und dabei käme etwa folgendes heraus: Wir haben bei unserer Besprechung von Handlungsmotivation und *âventiure* erfahren, daß die literarische Handlung eines Konfliktes, eines Problems bedarf, um in Gang zu kommen. Dieser Zusammenhang wird in der *Parzival*-Stelle einerseits auf die Spitze getrieben durch die Koppelung von biologischer Existenz und literarischem Geschehen; andererseits wird, da ja eine *âventiure* in einem Text immer eine erzählte, eine literarische *âventiure* ist, damit implizit auch ein Zusammenhang hergestellt zwischen 'Literatur und Leben'. Platt formuliert: Wer nicht ißt, stirbt; und der Autor bringt nun seine fiktionalen Personen in eine Situation, in der die Möglichkeit des Essens von Bedingungen abhängt, die nur er selbst, der Autor erfüllen kann. Damit betont dieser Autor, der ja im Mittelalter, wie wir gehört haben, eigentlich keine besonders herausgehobene Rolle spielt, seine Bedeutung für die Existenz von Literatur.

Und setzt man die fiktionale arturische Hofgesellschaft punktuell gleich mit der realen höfischen Literaturgesellschaft - was ja so abwegig nicht ist, weil beide sich aus der gleichen sozialen Schicht rekrutieren -, setzt man also die *erzählten* Personen gleich mit den Personen, *denen darüber erzählt wird*, dann bedeutet der konstruierte Zusammenhang zwischen Essen und *âventiure* auch: 'Wenn i h r am Hof m i c h, den A u t o r, nicht hättet, würdet ihr verhungern.'

Anhang

I. *Höfische Epik* und *Heldenepik*

Die reine Terminologie könnte verwirren: Auch Heldenepik ist im literatur*soziologischen* Sinn 'höfische' Epik, weil sie für ein höfisch-adliges Publikum verfaßt wurde; auch in höfischer Epik gibt es 'Helden' (im Doppelsinn von 'Hauptperson eines literarischen Textes' und 'tapferer Kämpfer'). Die Unterschiede sind vielmehr folgender Art:

	Heldenepik	**höfische Epik**
Form	meist in Strophen	meist in Reimpaarversen
Stoff	'einheimisch', meist aus der Zeit der Völkerwanderung	antik, französisch
Medium	Verschriftlichung urspr. *mündlicher* Texte	von vornherein Bearbeitung oder Übersetzung schriftlicher Vorlagen
Autoren	meist anonym	meist namentlich bekannt
Beispiele	*Nibelungenlied* *Kudrun* Dietrichepik (*Virginal, Eckenlied* u.a)	Heinrich von Veldeke: *Eneit* Hartmann von Aue: *Erec, Iwein* Wolfram von Eschenbach: *Parzival* Gottfried von Straßburg: *Tristan*

Das Kriterium des 'einheimischen Stoffs' ist auf die sog. 'märchen-' oder '*âventiure*haften' Dietrichepen (z.B. *Ekkenlied, Virginal, Rosengarten, Laurin;* s.u.), die ebenfalls unter 'Heldenepik' rubriziert werden, schwer anwendbar; rechtfertigen läßt sich eine solche Zuordnung dadurch, daß in ihnen mit Dietrich eine Hauptfigur erscheint, die aus den 'historischen' Dietrichepen (z.B. *Dietrichs Flucht, Rabenschlacht;* s.u.) stammt und über diese dann zumindest indirekt noch mit literarischen Traditionen aus der Völkerwanderungszeit in Verbindung steht.- Der Begriff *höfisch* in 'höfische Epik' soll also vermitteln, daß es sich um Texte handelt, die (jeweils) modernen kulturellen und literarischen Standards des adligen Geschmacks entsprechen. Der Begriff *Held* in 'Heldenepik' drückt aus, daß es um Texte geht, die inhaltlich eher auf ein 'archaisches' Kämpferethos bezogen sind. Es ist darauf hinzuweisen, daß das höfisch-adlige Publikum oft zeitgleich nebeneinander Geschmack an höfischen und Heldenepen gefunden hat. Andererseits gibt es einige Belege dafür, daß Heldenepik teilweise als Gattung minderen und sozial niederen Geschmacks gegolten hat; inwieweit das stimmt oder von Autoren nur zum Zweck polemischer Abgrenzung von Konkurrenten gesagt worden ist, die Heldenepik in ihrem Repertoire hatten, läßt sich nicht mehr feststellen.

II. *Inhaltsangaben deutscher Großepik des 12. und 13. Jahrhunderts*

Vorbemerkungen

Die folgenden Darstellungen enthalten den groben Handlungsumriß der vorgestellten Epen sowie Hinweise zum Umfang und zur Überlieferung, ab und an zusätzliche Informationen.- Die Angaben zum **Umfang** sind unterschiedlich genau; teils sind sie den maßgeblichen Ausgaben entnommen; wenn nur eine vollständige Handschrift überliefert ist, geben sie deren Bestand wieder; manchmal ist die die betreffende Vers- oder Strophenzahl auch durch *keine* Handschrift abgedeckt, wenn nämlich eine Edition durch Kontamination (Vermischung) mehrerer Handschriften zustande gekommen ist. Die **Datierungsangaben** können, da die Originaltexte meist nicht mehr erhalten sind, in fast allen Fällen nur als mehr oder minder genaue Schätzungen nach verschiedenen Kriterien gelten (formal: Fortschritt der Reim- und Verstechnik; historisch: Erwähnung geschichtlicher Ereignisse oder Personen; literarhistorisch: Erwähnung anderer Texte durch einen Autor, die dann also vor dem Text, in dem sie erwähnt werden, verfaßt worden sein müssen;[14] inhaltlich-funktional: Rekonstruktion eines 'Aufführungsanlasses';[15] sehr selten macht auch ein Autor selbst Aussagen darüber, wann er seinen Text verfaßt hat). Angaben zur **Überlieferung** (Zahl der erhaltenen oder zumindest belegbaren Handschriften) sind wichtig für die *Rezeption* eines Textes, obwohl der Schluß von schmaler Überlieferung auf geringe Rezeption nicht zwingend ist - Handschriften können ja auch verlorengegangen sein. Will man sich ein Bild von der **Dauer der Rezeption** machen, müßte man sich noch Informationen über das Alter der Handschriften besorgen; Handschriften sind etwa datierbar über die Schriftart (sog. paläographischer Befund), den sprachlichen Entwicklungsstand oder über Datierungsvermerke der Schreiber (meist erst in späterer Zeit). Da - s.o. - die *Entstehungs*daten meist nur Schätzungen darstellen, gibt das Alter der *tatsächlich erhaltenen* Überlieferungsträger den einzig verläßlichen Hinweis auf die Rezeption eines Werkes in einer bestimmten Zeit. Sonstige Hinweise auf die Rezeption eines Textes liefern Erwähnungen, Zitate oder ähnliches in anderen Werken, in selteneren Fällen auch bildliche Überlieferungen (Wandfresken mit Motiven aus der Literatur). Interessant ist ferner auch die sog. **Überlieferungsgemeinschaft**: Feststellungen darüber, welche Texte mit welchen anderen Texten in einer Handschrift zusammen überliefert sind, lassen Schlüsse in bezug auf das mittelalterliche Gattungsbewußtsein, spezielle Interessen des jeweiligen Auftraggebers oder den Gebrauchszweck der Texte zu.- Bei den **Eigennamen** werden in der Regel die Namensformen benutzt, die sich in den Texten finden (also *Eneas* statt *Aeneas*, *Penteselie* statt *Penthesilea* usw.).

Höfische Epik

Der Pfaffe Lamprecht: *Alexanderlied*. (1533 Verse; entst. um 1150; 1 Handschrift) Erzählt wird aus dem Leben Alexanders des Großen von dessen Geburt bis zum Sieg über den Perserkönig Darius: Alexanders Geburt kündigt sich durch ein Erdbeben an; physiognomische Auffälligkeiten (rotes Haar, verschiedenfarbige Augen) deuten ebenfalls auf seine Besonderheit hin. Unterrichtet wird es von sechs Lehrern, darunter von Aristoteles. Nach dem Tod seines Vaters Philipp übernimmt Alexander die Königswürde und startet sofort kriegerische Unternehmungen - gegen Rom, Karthago und schließlich gegen Persien. Nach der Eroberung von Tyrus und dem Sieg über Herzog Mennes kommt es zur entscheidenden Schlacht gegen Darius, den Alexander eigenhändig tötet.- Alexander war im christlichen Mittelalter eine bekannte und wichtige Figur, da er als Herrscher über das sog. 'dritte Weltreich' eine herausragende Stellung im mittelalterlichen Geschichtsmodell eingenommen hat. Nach einer im biblischen *Buch Daniel* geschilderten und ausgelegten Vision zerfällt die Weltgeschichte (oder 'Profangeschichte', im Gegensatz zur durch religiöse Ereignisse gegliederten 'Heilsgeschichte') in vier Epochen, die vier Weltreichen zugeordnet wurden: dem assyrisch-babylonischen, dem persisch-medischen, dem griechischen und dem römischen Reich. Nach dem Ende des letzten Reiches folgte nach damaligem Glauben das Weltende. Das Mittelalter hat, um sich selbst noch einen Platz in der Geschichte zuordnen zu können, das römische Reich in die Gegenwart hinein verlängert; als Argument dafür diente der Umstand, daß die römische Kaiserwürde auf Karl den Großen übergegangen war (sog. 'Translationstheorie'). Damit mußte dann aber die Epoche, die wir das *Mittel*alter nennen, sich selbst als eine Endzeit einstufen.- In der deutschen Literatur des Mittelalters hat es immer wieder epische Bearbeitungen des Alexanderstoffs gegeben, z.B. den ***Straßburger Alexander*** (7302 Verse; entst. um 1170; 1 Hs.) oder die Alexanderepen von **Berthold von Herbolzheim** (verschollen), **Biterolf** (verschollen), **Rudolf von Ems** (vor 1250; über 21.000 Verse, 2 Hss., 1 Fragm.), **Ulrich von Etzenbach** (um 1275/85; rund 28.000 Verse; 6 Hss., 8 Fragm.), den ***Großen*** (oder ***Wernigeroder***) *Alexander* (vor 1397), den ***Alexander*** eines **Meister Babiloth** (oder **Wichwolt**; niederdeutsch; Druck um 1478) und den ***Alexander*** des **Johannes Hartlieb** (um 1450; Drucke seit 1472).

Trierer Floyris (erhalten sind nur 368 Verse des Schlußteils einer Handschrift; entstanden um 1160/70) Der Stoff stammt aus spätgriechischen Liebesromanen; es geht um die Trennung und abenteuerliche Wiedervereinigung eines Liebespaars, was auch später noch ein beliebtes Thema ist (s. etwa unten *Mai und Beaflor*, *Reinfried von Braunschweig*, Heinrichs von Neustadt *Appolonius*, Rudolfs von Ems *Wilhelm von Orlens*). Die älteste mittelalterliche französische Fassung (*Floire et Blancheflor*) dürfte ebenfalls um oder nach 1160 entstanden sein. Über den vollständigen Inhalt ist man außer aus den frz.

Fassungen unterrichtet durch den spätmittelalterlichen Versroman *Flore und Blanscheflur* Konrad Flecks.

Eilhart von Oberg: *Tristrant* (9524 Verse; 3 vollständige und 3 fragmentarische Hss.; entst. um 1170) Älteste deutsche Bearbeitung des französisch-keltischen Tristan-Stoffs. Im Gegensatz zu der heute bekannteren Fassung Gottfrieds von Straßburg (s.u.) ist in ihr auch der Schluß der Geschichte überliefert.- König Marke von Kornevalis (Cornwall) hat eine Schwester namens Blankeflur. Diese heiratet König Rivalin und stirbt bei der Geburt ihres Sohnes Tristrant. Nachdem auch der Vater tot ist, wird Tristrant von Pflegeeltern aufgezogen. Im Jünglingsalter kommt er an den Hof seines Oheims Marke. Dort fällt er unter anderem durch besondere Tapferkeit auf. So besiegt er etwa im Zweikampf den Iren Morolt, der für den irischen König, seinen Schwager, in Cornwall Tribut erheben will. Tristrant wird aber verwundet, und niemand kann die Wunde heilen. Er läßt sich in einem Boot vom Wind aufs Meer treiben und wird in Irland angetrieben, wo er sich als Spielmann ausgibt. Durch ein Pflaster der Prinzessin Isalde schließt sich die Wunde. Tristrant kehrt nach Cornwall zurück. Eines Tages läßt eine Schwalbe ein goldenes Haar in Markes Saal fallen. Dieser schwört, nur diejenige zur Frau zu nehmen, der das Haar gehört. Tristrant läßt sich erneut aufs Meer treiben, gelangt wieder nach Irland und identifiziert Prinzessin Isalde als die Frau mit den goldenen Haaren.- In Irland haust ein Drache; der irische König verspricht demjenigen, der den Drachen tötet, die Hand seiner Tochter. Tristrant gelingt dies, und er wirbt für Marke um Isalde. Auf der Überfahrt nach England trinken Tristrant und Isalde versehentlich von einem Liebestrank, den Isaldes Mutter ihrer Tochter für diese und Marke mitgegeben hatte. Der Trank wirkt, und Tristrant und Isalde schlafen miteinander. Um zu verhindern, daß Marke den Verlust von Isaldes Jungfernschaft bemerkt, wird ihm in der Hochzeitsnacht Isaldes Hofdame Brangene untergeschoben. Tristrant und Isalde setzen ihr Verhältnis am Hof fort; aber ihre Umgebung wird mißtrauisch und findet schließlich einen Beweis gegen die beiden. Sie werden zum Tode verurteilt; Tristrant kann fliehen und auch Isalde befreien. Zwei Jahre lang führen die beiden im Wald ein entbehrungsreiches Leben. Als die Wirkung des Liebestranks etwas nachgelassen hat, folgen sie dem Rat eines Eremiten und trennen sich; Isalde geht zurück zu Marke, Tristrant zieht in die Bretagne. Dort freundet er sich mit Kehenis an und heiratet dessen Schwester, die ebenfalls 'Isalde' heißt (genannt 'Isalde mit den weißen Händen' im Unterschied zur 'blonden Isalde'), schläft aber nicht mit ihr. In verschiedenen Verkleidungen begibt er sich mehrmals an Markes Hof und trifft sich heimlich mit Isalde. In der Bretagne zieht sich Tristrant eine schwere Verletzung zu; durch einen Boten läßt er die blonde Isalde benachrichtigen, die sich sofort zu ihm aufmacht. Als sie ankommt, ist Tristrant aber schon tot. Sie legt sich neben ihn und stirbt auch. Als König Marke erfährt, daß nur der Liebestrank die beiden dazu gebracht hat, ihm untreu zu sein, verzeiht er ihnen und läßt sie nebeneinander bestatten.

Heinrich der Glîchezære: *Reinhart Fuchs* (Bruchstücke einer Hs. von 700 Versen; entstanden um 1170/80) Der Inhalt läßt sich rekonstruieren aus einer Bearbeitung des 13. Jhs., die in 2 Hss. vorliegt und rund 2200 Verse umfaßt: Der Fuchs Reinhart versucht, andere Tiere zu überlisten und zu schädigen. Bei Hahn, Meise, Rabe und Kater gelingt dies nicht, wohl aber bei dem Wolf Isengrin. Als Reinhart schließlich noch Isengrins Frau Hersant vergewaltigt, klagt der Wolf ihn auf einem Hoftag vor dem König, dem Löwen, an. Zwei Vorladungen befolgt der Fuchs nicht; erst nach der dritten erscheint er. Er gibt sich als Arzt aus, der in der Lage sei, den kranken König heilen zu können. Um sich selbst zu retten, geht der König auf Reinharts Vorschläge ein: Alle Tiere, die gegen den Fuchs Partei ergriffen haben, werden getötet oder verstümmelt. Reinhart heilt den König, vergiftet ihn aber anschließend.

König Rother (5197 Verse; 1 vollständige, drei fragm. Hss.; entst. um 1160/70) Der *Rother* gehört zur Gruppe der sog. **'Spielmanns'epen** , die ihren Namen von der (heute überholten) These erhalten haben, sie seien von Spielleuten, umherziehenden beruflichen Unterhaltungskünstlern, verfaßt worden.- König Rother in Bari wird von seinem Hof veranlaßt zu heiraten, um die Thronfolge zu sichern. Er schickt Boten zu König Konstantin von Konstantinopel und läßt sie für sich um dessen Tochter werben. Konstantin hat aber schon viele Werbungen ausgeschlagen und läßt die Boten in den Kerker werfen. Als Rother davon erfährt, zieht er selbst nach Konstantinopel und gibt sich vor Konstantin als flüchtiger Ritter aus. Er kämpft erfolgreich für Konstantin, gewinnt so dessen Vertrauen und kann seine Boten befreien und die Prinzessin entführen. Konstantin gelingt es aber, seine Tochter durch einen Spielmann wieder zurückbringen zu lassen. Da zieht Rother mit einem Heer nach Konstantinopel und besiegt Konstantin und dessen heidnische Verbündete (Kreuzzugsmotivik!). Nach der Rückkehr wird Rother von seiner Frau in Bari ein Sohn geboren - Pippin, der spätere Vater Karls des Großen (Beispiel für das

Bemühen mittelalterlicher Autoren, das Personal ihrer Texte genealogisch in die Geschichte einzubinden).

Herzog Ernst (→ Kap. V.2)

Heinrich von Veldeke: ***Eneit*** (beendet um 1185; 13528 Verse; beendet um 1185; 7 vollst., 7 fragm. Hss.) Vorlage war der frz. *Roman d'Eneas* (um 1160), der auf Vergils *Aeneis* zurückgeht.- Auf Befehl der Götter flieht Eneas mit seiner Familie und 3000 Kämpfern aus dem brennenden Troja. Nach sieben Jahren kommt man nach Karthago, wo Aeneas ein Liebesverhältnis mit der Königin Dido beginnt; als Eneas sie verläßt, tötet sich die Königin. Die Prophetin Sibille führt Eneas in die Welt der Toten; sein Vater Anchises weissagt ihm, daß einer seiner Nachkömmlinge Rom gründen werde. Eneas kommt nach Italien; der dort herrschende König Latinus will ihn zu seinem Erben machen und ihn mit seiner Tochter Lavinia verheiraten, während ihre Mutter gegen Eneas intrigiert - denn Lavinia war schon dem Herzog Turnus versprochen worden. Zwischen dem Heer des Turnus, unterstützt von der Amazonenkönigin Camille, und Eneas' Leuten, unterstützt von Pallas, dem Sohn des Königs, kommt es zum Kampf. Camille und Pallas fallen. Eneas tötet Turnus. Es wird eine glanzvolle Hochzeit gefeiert.- Die Vorliebe für antike Stoffe hat man damit zu begründen versucht, daß das neue höfische Publikum an ihnen seine kulturellen und ethischen Wertvorstellungen ohne Belastung durch religiöse Inhibitionen 'testen' konnte: Die Personen, die in den Epen kämpften, liebten und feierten, waren keine Christen; man konnte dem Interesse an solchen Inhalten nachgeben, ohne sich 'offiziell' mit diesen Personen zu identifizieren. Auch wenn diese These stimmen sollte, kann man aber feststellen, daß solche Epen von der Kirche zum Teil genauso kritisiert wurden wie etwa der Minnesang oder Epen mit einheimischem Stoff. Was speziell Veldekes *Eneit* angeht, so ist sicher das Interesse wichtiger, das das Mittelalter an der von ihm für historisch gehaltenen Person des Aeneas hatte: Er kommt aus Troja und setzt die Gründung Roms in Gang, und auf Troja und/oder Rom versuchten viele Adelsgeschlechter, Länder und später auch Städte ihr Entstehen zu gründen. Es handelt sich also auch um ein Interesse an der *eigenen* Geschichte.

Heinrich von Veldeke in der Liederhandschrift C

Herbort von Fritzlar: ***Liet von Troye*** (1 Hs. aus dem 14. Jh. mit 18.458 Versen; 2 Fragm.; entst. 1190/1210) Herkules, der Jason auf der Suche nach dem Goldenen Vlies begleitet, fühlt sich von den Trojanern schlecht behandelt. Aus Rache zerstört er die Stadt. Nachdem Priamus sie mit seinen Söhnen wieder aufgebaut hat, beschließt er seinerseits, sich an den Griechen zu rächen. Sein Sohn Paris entführt Helena. Daraus entsteht der Trojanische Krieg. Der Hauptteil von Herborts Werk entfällt auf Schlachtdarstellungen (mehr als 10.000 Verse). Der Text endet mit der Tötung des Odysseus durch seinen Sohn Telegonus.

Albrecht von Halberstadt: *Metamorphosen* (668 erhaltene Verse einer fragm. Hs. des 13. Jhs.; entst. 1190/1210) Bearbeitende Übersetzung der *Metamorphosen* des Ovid († um 17 n.Chr.), die direkt auf den lateinischen Text zurückgeht, während alle anderen Berabeitungen antiker Stoffe in Deutschland in dieser Zeit auf französische Übersetzungen der Originale zurückgehen.- Im 16. Jh. hat Jörg Wickram Albrechts Text überarbeitet und 1545 drucken lassen (5 Auflagen bis 1631). Wickrams Vorlage ist nicht erhalten oder verschollen; nur in seiner Bearbeitung ist heute also der ganze Text bekannt.- Die *Metamorphosen* (wörtl.: 'Verwandlungen') enthalten Stoffe aus der antiken Mythologie; König Alfons X. von Kastilien († 1284) hat den Ovid-Text als 'Bibel der Heiden' bezeichnet. Zahlreiche Anspielungen in mittelalterlichen Texten verraten breite Kenntnisse dieses Stoffs in gebildeten Kreisen.

Athis und Prophilias (Bruchstücke von 3 Hss. des 13. und 14. Jhs. mit zus. rd. 1500 Versen; entst. nach 1200) Die Datierung ergibt sich nur aus dem Alter der frz. Vorlage; auch der Gesamtinhalt muß aus dieser rekonstruiert werden: Der Athener Athis und der Römer Prophilias sind Freunde. Prophilias wird aus Liebe zur Braut des Athis krank, und dieser verzichtet zugunsten seines Freundes auf sie; Prophilias kann sich später revanchieren, indem er Athis von dem Vorwurf befreit, ein Mörder zu sein. Dann bewirbt Athis sich um Gayte, die Schwester seines Freundes. Aber diese war bereits dem König Bias als Frau zugesagt worden, so daß die beiden erst um Gayte kämpfen müssen, bevor glanzvoll Hochzeit gehalten werden kann. Vor dem endgültigen *happy end* folgen weitere Kämpfe.

Wolfram von Eschenbach: *Parzival* (16 vollst., 66 fragm. Hss., 1 Druck von 1477; rund 24.810 Verse; entst. um 1200/1210) Traditionell gliedert die Forschung den Text in 'Bücher'; auf diese Zählung beziehen sich zwecks besserer Übersicht die folgenden Angaben.- *Bücher I und II*: Geschichte von Parzivals Vater Gahmuret. Dieser schlägt nach dem Tod seines Vaters ein Angebot seines Bruders auf Erbteilung aus und zieht in den Orient, um selbst sein Glück zu machen. Er kämpft für den obersten Herrscher aller Heiden und heiratet die schwarze Königin Belacane. Nach der Geburt des Sohnes Feirefiz bereut er, eine Heidin geheiratet zu haben, und zieht in die Heimat zurück, wo er Herzeloyde, die Schwester des Gralskönigs Anfortas heiratet. Vor der Geburt seines Sohnes Parzival stirbt Gahmuret bei einem Kampf.- *Bücher III-VI*: Um ihrem Sohn das Schicksal des Vaters zu ersparen, erzieht Herzeloyde Parzival abseits der Zivilisation. Als dieser jedoch einmal im Wald auf Ritter trifft, will er selbst Ritter werden. Seine Mutter versucht als letzten Ausweg, ihn möglichst 'disfunktional' auf die höfische Welt vorzubereiten; sie näht ihm ein Narrengewand, empfiehlt ihm unkonventionelles Verhalten usw., um Frustrationen und damit doch noch eine Abwendung vom Ritterleben vorzuprogrammieren. Als Parzival loszieht, stirbt seine Mutter vor Kummer.- Trotzdem einige ihn verlachen und er manches falsch macht, reüssiert Parzival aber doch sehr schnell am Artushof, wobei ihm seine Kämpferqualitäten, seine schöne Erscheinung und seine naive Gutherzigkeit helfen. Er tötet den Ritter Ither und nimmt dessen Rüstung als Beute. Bei dem Ritter Gurnemanz erhält er eine höfische Erziehung. Er verhilft der Königin Condwiramurs, die Krieg führen muß, zum Sieg und heiratet sie, zieht aber nach einiger Zeit wieder los und gelangt zur Gralsburg Munsalvaesche. Da er bei Gurnemanz gelernt hat, daß man Leute nicht mit Fragen belästigen soll, fragt er den kranken Gralskönig Anfortas nicht nach der Ursache seines Leidens - diese sog. 'Mitleidsfrage' hätte Anfortas aber erlösen können. Wieder am Artushof, wird Parzival in die Tafelrunde aufgenommen. Mitten in einem Fest erscheint die Gralsbotin Cundrie und verflucht Parzival wegen seines Versäumnisses. Dieser hadert mit Gott, sagt ihm sogar Fehde an und zieht aus, um den Gral ein zweites Mal zu finden. Vom Artushof bricht auch der Ritter Gawan auf, der von einem Boten als Gerichtskämpfer geladen wurde.- *Bücher VII und VIII:* Gawan vermittelt im Krieg zwischen König Meljanz und Fürst Lippaut. Er läßt sich im Scherz darauf ein, Ritter der kleinen Obilot, der Tochter Lippauts, zu werden, die sich in ihn verliebt hat. Er selbst verliebt sich in Antikonie, kommt aber nicht zum Ziel, da man ihn eines Verbrechens bezichtigt.- *Buch IX:* Parzival hat viereinhalb Jahre nach dem Gral gesucht. An einem Karfreitag trifft er den Einsiedler Trevrizent, einen ehemaligen Ritter, der - wie sich herausstellt - Bruder von Herzeloyde und Anfortas ist, also Parzivals Oheim. Von Trevrizent erfährt Parzival, wie sehr er sich in Schuld verstrickt hat; jener berichtet ihm vom Tod Herzeloydes auf und auch, daß der von Parzival getötete Ither ebenfalls mit ihm verwandt war. Parzivals Feindseligkeit gegenüber Gott weicht der Verzweiflung; Trevrizent versichert ihm, daß Gott gnädig sei. Er klärt ihn auch über die Geheimnisse des Grals auf. Seelisch wieder aufgerichtet, begibt Parzival sich erneut auf die Suche.-

Bücher X-XIV: Gawan verliebt sich in Orgeluse, wird aber von dieser abgelehnt und verspottet. Er erlöst das Zauberschloß Schastel marveile und dessen Bewohner von einem Fluch. Er kämpft für Orgeluse gegen König Gramoflanz, worauf diese seine Liebe endlich erwidert. Beide heiraten. Gawan richtet ein Fest aus, zu dem auch Artus und sein Hof eingeladen werden. Abseits des Festes trifft Gawan Parzival, erkennt ihn nicht und kämpft mit ihm; wenn der Kampf nicht unterbrochen worden wäre, wäre Gawan besiegt worden. Parzival wird in den Artushof reintegriert, verläßt dann aber allein und heimlich das Fest.- *Bücher XV und XVI:* Parzival trifft auf einen unbekannten Ritter, kämpft mit ihm und erleidet seine erste Niederlage. Es stellt sich heraus, daß der Ritter sein Halbbruder Feirefiz ist (s.o.: Bücher I/II). Auch Feirefiz wird vom Artushof aufgenommen. Die Gralsbotin Cundrie erscheint ein zweites Mal, teilt nun aber mit, daß Parzival zum Gralskönig berufen worden ist. Parzival zieht mit Feirefiz nach Munsalvaesche; Feirefiz kann, da er Heide ist, den Gral nicht sehen. Parzival stellt Anfortas die Mitleidsfrage und heilt ihn dadurch. Feirefiz verliebt sich in Repanse de Schoye, die Schwester des Anfortas, und läßt sich taufen. Auf Munsalvaesche findet auch eine Wiedervereinigung Parzivals mit Condwiramurs statt, die den inzwischen geborenen Sohn Loherangrin mitgebracht hat. Der Schluß des Epos präsentiert noch eine Vorausschau auf die Ereignisse um den 'Schwanritter' Loherangrin (s.u.: *Lohengrin*).

Wolfram von Eschenbach: *Willehalm* (entst. zwischen 1210/1220; rund 14.000 Verse; unvollendet; über 70 Handschriftenzeugen, davon 12 vollständig) Arabel, die Tochter des Heidenkönigs Terramer, wird von Markgraf Willehalm von der Provence entführt und geheiratet. Sie läßt sich taufen und nimmt den Namen 'Gyburc' an. Ihr Vater kommt mit einem Heer, um Rache zu nehmen. Auf der Ebene von Alischanz besiegt er Willehalm, der allein nach Oransche flieht, dann jedoch nach Munleun weiterzieht, um den französischen König Loys (Ludwig) um Hilfe zu bitten - die dieser aber nur widerwillig gewährt. Willehalm führt das Heer nach Oransche, das sich unter dem Befehl Gyburcs gegen ein Belagerung wehren mußte, und dann wieder nach Alischanz. Auch in der zweiten Schlacht sieht es zunächst nach einer Niederlage aus, aber der riesenstarke junge Rennewart, Terramers Sohn, der am Hof des französischen Königs als Küchenjunge gedient und sich Willehalm angeschlossen hatte, führt mit seiner Eisenstange eine Wende herbei: die Christen siegen. Rennewart aber ist verschwunden, worüber Willehalm sehr traurig ist. Er sorgt dafür, daß die Leichen der Heidenkönige einbalsamiert und in ihre Heimat gebracht werden. (Zur Fortsetzung s.u.: **Ulrich von Türheim:** ***Rennewart***, zur Vorgeschichte **Ulrich von dem Türlin:** ***Arabel***.)

Wolfram von Eschenbach: ***Titurel*** (entst. nach dem *Willehalm* oder ungef. gleichzeitig; 2 Fragmente mit zusammen 170 Strophen - der Titurel gehört also zu den wenigen *höfischen* Epen, die nicht in Paarreimversen abgefaßt sind.) Der *Titurel* stellt eine Art Vorgeschichte zum *Parzival* dar. Er enthält eine Genealogie der Gralskönige vom ersten Gralskönig Titurel an. Der größte Teil der überlieferten Strophen erzählt aber die Geschichte der tragisch verlaufenden Liebe von Sigune (der Nichte Herzeloydes) und Gahmurets Knappen Schionatulander. Die beiden müssen sich trennen, als Gahmuret auf Orientfahrt zieht. Später findet aber eine Wiedervereinigung statt. Im Wald finden sie einen Hund, auf dessen Halsband und Leine eine Liebesgeschichte aufgezeichnet ist. Bevor Sigune die Geschichte zuende gelesen hat, läuft der Hund fort. Sie fordert als Liebesbeweis von Schionatulander, den Hund wieder einzufangen, und verspricht als Lohn auch die Gewährung ihrer körperlichen Liebe. (Bei der Jagd nach dem Hund kommt, wie man aus dem *Parzival* weiß, Schionatulander ums Leben, worauf Sigune sich als Einsiedlerin zurückzieht; im *Parzival* wird auch noch von ihrem Tod berichtet.)

Gottfried von Straßburg: ***Tristan*** (entst. nach 1200/vor 1210; rund 19.500 Verse; unvollendet; 27 Handschriftenzeugen, davon 11 vollständig) Zum groben Inhalt s.o. Eilhart von Oberge: *Tristrant*. Neben einigen Unterschieden in bezug auf Örtlichkeiten, geographische und Eigennamen fallen aber besonders inhaltliche Akzentunterschiede auf. So wird bei Gottfried die Wirkung des Liebestranks relativiert, die Liebe zwischen Tristan und Isolde also mehr zu einer Gefühlssache gemacht; und das Waldleben der beiden ist nicht wie bei Eilhart durch Entbehrung gekennzeichnet, sondern trägt idyllisch-paradiesische Züge. In solchen Unterschieden machen sich unterschiedliche Quellen bemerkbar; Gottfried betreibt - für diese Zeit in der volkssprachlichen Literatur außergewöhnlich - im Prolog des *Tristan* auch eine Art von Quellenkritik.- Gottfrieds Epos ist nur als Fragment erhalten, wahrscheinlich auch vom Autor nicht fertigstellt worden; der Text bricht vor der Hochzeit Tristans mit Isolde Weißhand ab. Die Faszination, die Gottfrieds Gestaltung im Mittelalter ausgeübt hat, läßt sich daraus erschließen, daß sein Werk von zwei anderen Autoren fortgesetzt wurde:

Gottfried von Straßburg in der Liederhandschrift C

Ulrich von Türheim: *Tristan* (entst. vor 1243; 3730 Verse; 7 Handschriften); **Heinrich von Freiberg: *Tristan*** (6890 Verse; 5 Hss., 3 vollständig; entst. um 1280/90) Beide Fortsetzungen führen die Handlung entsprechend dem bei Eilhart von Oberge (s.o.) Vorfindbaren zuende. Ulrichs Fortsetzung greift nicht auf Gottfrieds Quelle zurück, sondern benutzt - mit einigen kleineren Abweichungen - Eilhart. Heinrichs Fassung enthält einen längeren Einschub mit einer zweiten Waldepisode; sein Text endet mit einer Absage an die weltliche Liebe, weicht also ganz entschieden von Gottfrieds Tendenz einer Sakralisierung der Liebe ab.

Der Stricker: *Karl der Große* (45 Hss., davon 24 vollständig; rund 12.000 Verse) Dieses Epos ist eine Neubearbeitung des *Rolandsliedes* (s.o.) mit einigen Erweiterungen und inhaltlichen Umakzentuierungen (wahrscheinlich nach frz. Quellen). Hinzugefügt wird vor allem eine Vorgeschichte mit Berichten über Jugendabenteuer Karls (vgl. unten *Karl und Galie*); diese Vorgeschichte bildet zusammen mit einem kleinen Ausblick auf die Auseinandersetzungen von Karls Sohn Ludwig mit dem Heiden Terramer (vgl. Wolframs *Willehalm*) einen Rahmen, der dem gesamten Text in gewisser Beziehung den Charakter einer Vita Karls verleiht. Unter den Zusätzen im Textinneren fällt ein breiter Erzählteil auf, der von einem Fluchtversuch Geneluns berichtet.

Der Stricker: *Daniel vom blühenden Tal* (entst. zwischen 1220 und 1250; 5 Hss.; ca. 8500 Verse) König Matur von Cluse schickt einen Boten an den Artushof, der von Artus verlangt, Maturs Vasall zu werden. Daraufhin sammelt Artus ein Heer. Der Ritter Daniel will diese *âventiure* aber alleine bestehen und macht sich heimlich nach Cluse auf. Unterwegs wird er aber immer wieder in andere *âventiuren* verwickelt, die seinen Zeitplan gefährden, so daß er Hilfesuchende ab und an auch auf später vertrösten muß. Daniel pendelt zwischen Cluse, wo inzwischen der Krieg zwischen Artus und Matur begonnen hat, und anderen Stationen hin und her. Interessant ist, daß er die meisten *âventiuren* nicht nur durch seine Körperkraft, sondern vor allem durch seine Klugheit besteht. Auch Zauberei nimmt er zur Hilfe: Artus hat zwar inzwischen Matur getötet, aber jeden Tag muß gegen ein anderes Heer gekämpft werden, bis Daniel mit magischen Mitteln eingreift. Zum Lohn darf er Maturs Witwe heiraten und wird König von Cluse. Beim Hochzeitsfest entführt ein Riese Parzival und Artus; mit Hilfe eines Zaubernetzes besiegt Daniel auch den Riesen und befreit die Entführten.

Ulrich von Zazikhoven: ***Lanzelet*** (5 Hss., 2 vollst.; ca. 9400 Verse) Lanzelet verbringt seine Jugend auf der Insel einer Fee. Im Alter von fünfzehn Jahren verläßt er sie. Ein Ritter unterweist ihn im Waffenhandwerk. Mit Hilfe seiner neuen Fähigkeiten besteht er einige *âventiuren*, was ihm die Liebe schöner Frauen und die Herrschaft über Länder einbringt. Schließlich verliebt er sich endgültig in Iblis, die Tochter des von ihm besiegten Iweret von Dodone. Dann kommt Lanzelet an den Artushof, wo er Artus' Frau Ginover aus der Gewalt Valerins befreien kann. Valerin entführt Ginover aber noch ein zweites Mal; da seine Burg durch Zaubermittel geschützt ist, muß Artus nicht nur ein Heer aufstellen, sondern auch den Zauberer Malduk um Hilfe bitten. Dieser willigt ein, will aber zur Belohnung von Artus die Ritter Walwein und Erec. Nach dem Sieg über Valerin kann Lanzelet auch die beiden Ritter aus Malduks Gewalt befreien. Er heiratet Iblis und wird König von Dodone, was mit einem großen Fest gefeiert wird.

Prosa-*Lancelot* (7 Hss. aus dem 15. Jh., 1 Fragment aus dem 15., 2 Fragmente aus dem 13. Jh.; vollständiger Text in der Ausgabe über 2200 Seiten). Als *Prosa*roman ist der *Lancelot* in der deutschen Literatur des 13. Jhs. eine große Ausnahme; man nimmt jedoch an, daß die zweite Hälfte des Werkes erst im 14. Jh. hinzugedichtet worden ist.- Der Text beginnt mit der Jugendgeschichte Lancelots, wie sie kürzer auch in Ulrichs *Lanzelet* (s.o.) enthalten ist, besitzt aber als Zentralmotiv die ehebrecherische Liebe zwischen Lancelot und Ginevra, der Frau des Königs Artus. Davon wird freilich nicht durchgängig erzählt; vielmehr wird die Handlung immer wieder unterbrochen von verschiedenen *âventiuren.* Der zweite Teil präsentiert - was inhaltlich gut zur Spätdatierung paßt - einerseits religiöse Züge ('Vergeistlichung' der Ritterkonzeption), andererseits pessimistische Tendenzen: Denn durch die fortdauernde ehebrecherische Liebe wird die Idealität des Artushofes getrübt, und das mündet in den Untergang der Tafelrunde.

Albrecht (von Scharfenberg?): ***Der jüngere Titurel*** (6207 Strophen; anscheinend das am breitesten überlieferte deutsche Epos des 13. Jhs.: 56 Handschriftenzeugen, davon 11 vollständig; ein Druck) Stofflieferant ist Wolframs *Titurel* (s.o.); die Fragmente hat Albrecht wörtlich in seinen Text eingebaut. Auch er beginnt mit der Genealogie der Gralskönige. Titurel wird von einem Engel zum Gralskönig berufen und läßt den Gralstempel bauen; dieser Bau wird detailliert und mit allegorischer Tendenz beschrieben. Es folgt die Geschichte von Sigune, Titurels Urenkelin, und Tschinotulander (bei Albrecht diese Schreibweise), die teilweise in die Geschichte Parzivals übergeht. Besonders interessant ist der Schluß: Der Gral wird von Parzival und Titurel nach Indien in das Reich des Priesterkönigs Johannes gebracht; auch wird über die Herkunft des Grals aufgeklärt - es handelt sich um das Gefäß, aus dem Christus beim Letzten Abendmahl gespeist hat. Joseph von Arimathia hat es aufbewahrt, ein Engel hat es an Titurel weitergegeben. Nach zehn Jahren löst Johannes Parzival als Gralskönig ab.

Der Pleier: *Tandareis und Flordibel* (4 Hss., 1 Fragm.; ca. 18.400 Verse) Prinzessin Flordibel von India verlangt von König Artus, daß er jeden Ritter töten läßt, dem sie ihre Liebe gewährt; Artus willigt ein. Ritter Tandareis verliebt sich in sie, und sie liebt ihn wieder; aber er verspricht, sich ihr nicht sexuell zu nähern. Beide fliehen in Tandareis' Land Tandernas; Artus verfolgt sie. Die beiden trennen sich; Tandareis besteht zahlreiche *âventiuren,* Flordibel geht zurück an den Artushof. Bei einem großen Fest am Artushof kommen die beiden wieder zusammen. Zwei Damen, mit denen Tandareis auf seiner *âventiure* -Fahrt in Kontakt gekommen war, glauben, ein Recht auf die Heirat mit ihm zu haben; er nimmt jedoch Flordibel zur Frau.

Wirnt von Grafenberg: *Wigalois* (13 Hss., 28 Fragmente; rund 11.700 Verse) Wigalois ist der Sohn Gaweins und Flories. Seinen Vater hat er aber nie kennengelernt, so daß er sich auf die Suche nach ihm macht. Dabei gelangt er auch an den Artushof. Gawein kümmert sich um ihn, ohne um seine Identität zu wissen, und bildet ihn zum Ritter aus.- Nereja, Hofdame Laries von Korntin, kommt an den Artushof und bittet um Hilfe: Roaz hat Laries Land erobert. Wigalois macht sich zusammen mit Nereja nach Korntin auf; geleitet wird er von einem Hirsch, unterwegs sind viele *âventiuren* zu bestehen. Einmal wird Wigalois von einem Drachen verwundet, einmal von einer Riesin gefangen; aber immer finden sich Helfer. Christus selbst zeigt den Weg zu Roaz' Burg. Roaz ist mit dem Teufel verbündet, aber Wigalois kann ihn schließlich besiegen. Zum Lohn heiratet Larie ihn, wodurch er König von Korntin wird. Er unternimmt noch einen weiteren Kriegszug gegen Lion von Namur, weil dieser das Geleitrecht gebrochen hat; zum Herrn über das eroberte Namur setzt Wigalois einen seiner Vasallen ein. Anschließend besuchen er und Larie den Artushof und kehren dann nach Korntin zurück.

Konrad von Würzburg: ***Engelhard*** (erhalten nur in einem Druck von 1573; 6504 Verse) Engelhard, der einer kinderreichen, aber finanziell armen Adelsfamilie entstammt, zieht aus, um am Hof des Dänenkönigs Fruote sein Glück zu machen. Sein Vater rät ihm, Personen, die seine Gesellschaft machen wollen, erst auf die Probe zu stellen. Auf diese Weise befreundet er sich mit Dietrich, dem Sohn des Herzogs von Brabant, und zieht mit ihm zusammen zu Fruote. Am Hof erregen die beiden Aufsehen, weil sie äußerlich überhaupt nicht zu unterscheiden sind. Engeltrud, die Tochter des Königs, verliebt sich daher zunächst in beide und wendet dann aufgrund der Namensähnlichkeit ihr Herz Engelhart zu. Nach dem Tod seines Vaters muß Dietrich zurück nach Brabant. Engelhart beginnt ein heimliches Verhältnis mit Engeltrud, das aber von Ritschier, einem Neffen des Königs entdeckt wird. Ritschier ist schon lange neidisch auf das Avancement Engelhards am Hof und klagt ihn beim König an. Engelhard leugnet, daher wird ein Gerichtskampf zwischen ihm und Ritschier beschlossen: Wer siegt, hat damit den Beweis für die Richtigkeit seiner Aussage erbracht (ein solcher Kampf hat gottesgerichtlichen Charakter und ist auch in der Realität des Mittelalters anzutreffen). Engelhard reitet heimlich nach Brabant und bittet Dietrich um Hilfe; dieser tauscht mit ihm die Rollen und kämpft unentdeckt an seiner Stelle. Er kann schwören, daß *er* nicht mit Engeltrud geschlafen hat, und besiegt Ritschier; danach begibt er sich wieder nach Brabant, und Engelhard kehrt an den dänischen Hof zurück. Engelhard und Engeltrud dürfen heiraten; die beiden haben zwei Kinder zusammen; nach Fruotes Tod übernimmt Engelhard die Königsherrschaft.- Nach einiger Zeit wird Dietrich vom Aussatz befallen; er sucht sich ein Refugium auf einer Insel, wo man ihn zunächst bestens versorgt, ihn aber allmählich vernachlässigt. Im Vertrauen auf Engelhards Freundschaft begibt er sich zu diesem und wird auch freundlich aufgenommen. Er berichtet Engelhard zunächst nichts davon, daß ihm ein Engel geweissagt hat, er könne durch das Blut von Engelhards Kindern geheilt werden. Engelhard erfährt aber durch beharrliches Fragen davon, schlägt nach heftigem inneren Kampf seinen Kindern die Köpfe ab, fängt das Blut auf und bestreicht Dietrich damit. Dieser wird sofort gesund. Als man nach dem Mittagsschlaf wie gewohnt die Kinder zu ihrem Vater bringen will, sind diese lebendig. Nur eine feine Narbe zieht sich um den Hals jedes der beiden und erinnert an Gottes Wundermacht.

Konrad von Würzburg: ***Partonopier und Meliur*** (eine Handschrift von 1471 mit 21.784 Versen; 2 Fragmente vom Ende des 13. Jhs.) Partonopier, ein Grafensohn, kommt in die Stadt Schiefdeire, deren Bewohner unsichtbar sind. Er wird aber bestens versorgt, und nachts legt sich eine Frau zu ihm ins Bett - die zauberkundige Meliur, Tochter des Kaisers von Byzanz. Sie verspricht, Partonopier in zwei Jahren zu heiraten, wenn er sie während dieser Zeit nicht anzuschauen versuche. Nach der Hälfte der Frist zieht Partonopier in die Heimat und besiegt Feinde, die nach dem Tod seines Vaters versucht haben, die Herrschaft an sich zu reißen. Seine Mutter versucht, ihn von der Liebe zu Meliur abzubringen, und findet dabei die Hilfe des Pariser Erzbischofs, der teuflische Provenienz der Geliebten befürchtet. Auf dessen Drängen hin macht Partonopier Meliur mit einer magischen Laterne sichtbar, die ihn daraufhin wegen des gebrochenen Versprechens verjagt. Deprimiert zieht er sich in die Wildnis zurück. Meliur wird von der Bevölkerung ihres Landes zur Heirat gedrängt; der Ehemann soll auf einem Turnier ausgewählt werden. Auf Vermittlung Irekels, der Schwester Meliurs, die Mitleid hat, nimmt Partonopier daran teil und besiegt alle anderen, darunter auch den Sultan von Persien. Meliur verzeiht Partonopier; die beiden heiraten. Da greift der Sultan mit einem Heer an, um Meliur doch noch für sich zu gewinnen. Partonopier muß seine Frau im Kampf verteidigen. Während der Schlacht endet der Text.

Konrad von Würzburg: ***Der Trojanerkrieg*** (6 Hss., 9 Fragm. vom 13. bis zum 15. Jh.; außerdem teilweise oder vollständige Aufnahme des Textes in einige Weltchroniken. Rund 50.000 Verse. Die letzten ca. 9400 Verse stammen nicht von Konrad, so daß man annimmt, daß er vor Fertigstellung gestorben ist.) In den von Konrad stammenden Teilen wird die Geschichte des Trojanischen Krieges von der Aussetzung des Paris bis zum Kampf zwischen Hektor und Achill erzählt.- Weitere deutsche Troja-Epen des Mittelalters: **Herborts von Fritzlar** ***Liet von Troye*** (s.o.); sog. ***Göttweiger Trojanerkrieg*** (wohl etwas später als Konrads Fassung); ***Elsässisches Trojabuch*** (vor 1386); **Hans Mairs** ***Buch von Troja*** (1390/92); **Heinrich Gutevrunts** ***Trojaroman*** (1432).

Heinrich von dem Türlin: ***Die Krone*** (1 Hs., 6 Fragm.; 30.041 Verse) Zunächst wird ein Überblick über Artus' Jugend gegeben (Verlust des Vaters mit sechs Jahren, Heirat mit fünfzehn Jahren). Seine Frau Ginover wird Artus von Gasozein streitig gemacht; man vereinbart einen Zweikampf. Alle Ritter der Tafelrunde machen sich mit Artus zum Austragungsort auf, bis auf Gawein. Dieser ist unterwegs, um König Flois im Kampf gegen einen Riesen zu helfen. Auf dem Weg besteht Gawein eine Reihe anderer *âventiuren* , knüpft Liebesbeziehungen mit mehreren Damen an und wird durch Magie dazu gebracht, die Königin Amurfina zu heiraten. Dann besiegt er Gasozein, der inzwischen Ginover entführt hat. Am Artushof bittet Sgoidamur, die Schwester Amurfinas, um Hilfe, da ihre Schwester ihr Herrschaftsrechte vorenthalten will. Gawein wird tätig, entdeckt dann aber, daß er Amurfinas Ehemann ist. Gasozein heiratet Sgoidamur. Gawein besteht neue *âventiuren* , die ihn zum Teil in transzendente Lokalitäten bringen. Auf der Insel der Jungfrauen gewinnt er ewige Jugend. Am Artushof aber trauert man um Gawein, weil fälschlich berichtet worden ist, er sei tot. Nach weiteren *âventiuren* (die z.T. aus Wolframs *Parzival* übernommen sind) läßt er Artus durch Gesandte zu einem Fest einladen - dadurch erfährt man, daß er noch lebt. Als das Fest beendet ist, macht Gawan sich mit anderen Rittern der Tafelrunde auf, um den Gral zu suchen. Nach einer Reihe weiterer *âventiuren* findet man auch die Gralsburg. Gawan stellt die 'Erlösungsfrage', worauf die gesamte Gralsgemeinde verschwindet. Schließlich kehrt man zu Artus zurück und feiert ein großes Fest.

Reinfried von Braunschweig (eine unvollst. Hs. mit 27.627 Versen) Reinfried gewinnt in einem Turnier einen Kuß der dänischen Königstochter Irkane, trennt sich aber von ihr, um auf *âventiure* fahrt zu gehen. Als er erfährt, daß Irkane falschen Beschuldigungen ausgesetzt ist, kehrt er zurück und besiegt den Verleumder in einem Gerichtskampf. Anschließend entführt er Irkane und nimmt ihren Vater, der die beiden verfolgt, gefangen. Dann söhnt er sich mit ihm aus und darf Irkane offiziell heiraten. Im Traum erfährt Reinfried, daß er mit seiner Frau erst Kinder haben werde, wenn er auf einen Kreuzzug gegangen sei. Er bricht mit einem Heer auf und befreit Jerusalem aus der Hand der Heiden. Der König von Persien lädt ihn ein, und im Orient trifft er mit vielen Fabelwesen zusammen. Irkane schenkt inzwischen einem Jungen das Leben. Reinfried erfährt davon und macht sich auf den Heimweg. Er muß gegen Räuber kämpfen und gelangt als Folge eines Schiffbruchs auf eine Insel. Damit endet der überlieferte Text.

Rudolf von Ems: *Der gute Gerhard* (2 Hss.; rund 6900 Verse) Kaiser Otto bittet Gott, ihm für seine guten Taten schon auf Erden himmlischen Lohn zu gewähren. Durch einen Engel erfährt er jedoch, daß seine Ruhmsucht falsch sei; als Vorbild wird ihm der Kölner Kaufmann Gerhard genannt. Unter einem Vorwand begibt Otto sich nach Köln, nimmt Kontakt mit Gerhard auf und läßt sich hinter verschlossener Tür von ihm seine Geschichte erzählen: Gerhard hat in Marokko seinen ganzen Handelsgewinn verwendet, um gefangene Christen freizukaufen; unter diesen befand sich auch Erene, die Tochter des norwegischen Königs, deren zukünftiger Ehemann, der englische Kronprinz Wilhem, verschollen ist. Nach zwei Jahren verheiratet Gerhard Erene mit seinem Sohn - aber bei der Hochzeit taucht Wilhelm wieder auf. Großmütig gibt Gerhard ihm Erene zurück und verzichtet sogar auf die englische Königswürde, die man ihm anträgt.- Otto erkennt, daß Bescheidenheit bei guten Taten anerkennswerter ist als das Prahlen damit.

Rudolf von Ems: ***Wilhelm von Orlens*** (17 Hss., 25 Fragm.; ca. 15.700 Verse) Wilhelm, Sohn des Grafen von Hennegau, wird früh Vollwaise. Seine Erziehung übernimmt Jofrit von Brabant, eigentlich ein Feind seines Vaters. Zur weiteren Erziehung kommt Wilhelm als Knappe an den Hof des Königs von England, wo er sich in dessen Tochter Amelie verliebt. Man verlobt sich sogar heimlich, aber Amelie verlangt von Wilhelm, daß er sich zum Ritter schlagen läßt und auf Turniere zieht. Zu diesem Zweck kehrt er nach Frankreich zurück. Als er erfährt, daß Amelie mit dem König von Spanien verheiratet werden soll, entführt er sie, wird aber gefangengenommen und anschließend aus England verbannt. Ihm wird abverlangt, nicht mehr zu sprechen, bis Amelie das Verbot aufhebt. Wilhelm begibt sich nach Norwegen und reüssiert dort als 'stummer Ritter' in vielen Kämpfen.- Savene, Schwester des englischen Königs und Äbtissin (!), nimmt sich des getrennten Paares an: Sie reist mit Amelie nach Norwegen und arrangiert die Hochzeit. Als Ehepaar kehren Amelie und Wilhelm zuerst nach England zurück und versöhnen sich mit dem königlichen Schwiegervater wider Willen. Dann ziehen sie nach Brabant, wo Wilhelms Ziehvater Jofrit Wilhelm die Herrschaft übergibt. Nach dem Tod seines Schwiegervaters wird Wilhelm auch König von England. Von ihm stammt Gottfried von Bouillon ab. (Hier hat man es mit einem der zahlreichen Versuche zu tun, fiktionale Texte durch Anbindung an geschichtliche Ereignisse oder Personen zu historisieren: Gottfried von Bouillon - → 1100 - war Herzog von Niederlothringen und einer der Führer des 1. Kreuzzuges.)

Lohengrin (3 Hss., ein Fragm.; 767 Strophen; in der Forschung ist umstritten, ob der Text noch im 13. oder schon im 14. Jh. entstanden ist.) Der eigentlichen Handlung ist eine Allegorie vorausgestellt.- Friedrich von Telramunt wird vom Herzog von Brabant kurz vor dessen Tod als Vormund seiner Tochter Elsam und Landesverweser eingesetzt. Für Friedrich steht damit fest, daß er Elsam heiraten soll. Als diese nach dem Tod des Herzogs die Ehe verweigert, erhebt Friedrich dagegen vor dem Kaiser Klage. An Pfingsten soll auf einem Reichstag in

Frankfurt ein Gerichtskampf stattfinden, um die Angelegenheit zu klären - aber niemand ist bereit, gegen den starken Friedrich Elsams Partei zu ergreifen. Da erscheint auf dem Gral eine Schrift, die mitteilt, daß Elsam Hilfe benötigt. Lohengrin, der Sohn Parzivals (bei Wolfram: Loherangrin), soll diese Aufgabe übernehmen. Ein Schwan zieht ihn in einem kleinen Schiff nach Antwerpen. Lohengrin besiegt Friedrich, heiratet Elsam und wird vom Kaiser mit Brabant belehnt. Seiner Frau nimmt er das Versprechen ab, ihn nie zu fragen, woher er komme (eine für ein mittelalterliches Verständnis sehr heikle Angelegenheit - gerade der Adel legt ja zwecks genealogischer Absicherung großen Wert auf den lückenlosen Nachweis seiner Herkunft!). Lohengrin begleitet den Kaiser bei Feldzügen gegen Sarazenen und Ungarn und zeichnet sich durch Tapferkeit aus. In Elsam aber erwachen Zweifel an seiner adligen Herkunft; als er wieder zurückgekehrt ist, stellt sie die verbotene Frage. Lohengrin beantwortet sie bei einer öffentlichen Versammlung; dann aber erscheint der Schwan, und er verläßt seine Frau.

Bertold von Holle: *Crane* (1 Hs. mit 4919 Versen; 3 Fragm.) Der König von Ungarn hat einen Sohn - Gayol. Dieser zieht an den Kaiserhof und nimmt dort das Pseudonym 'Crane' an. Er verliebt sich in Acheloyde, die Tochter des Kaisers, und trifft auf Gegenliebe. Aber Acheloydes zukünftiger Ehemann soll auf einem Turnier bestimmt werden. Gayol/Crane nimmt eine zweite Pseudoexistenz an, indem er nämlich das Turnier in der Rüstung Assundins bestreitet, ehemals Marschall seines inzwischen verstorbenen Vaters und nun neuer König von Ungarn. Folglich gibt der Kaiser, nachdem Crane gesiegt hat, seine Tochter Assundin. Dieser aber möchte, daß Acheloyde ihren Ehemann selbst wählt; und sie entscheidet sich natürlich für Crane. Großmütig übergibt Assundin auch noch die Königsherrschaft an Crane. Assundin begleitet die junge Ehefrau nach Ungarn, während Crane als Gerichtskämpfer für Sekurie tätig wird und gegen den Markgrafen Acurteis antritt. Nach dem Sieg über Acurteis wird Sekurie mit Cranes Freund Valke verheiratet. Dann kehrt Crane in seine ungarische Heimat zurück und übernimmt die Herrschaft. Man bereitet ihm einen prächtigen Empfang.

Ulrich von Türheim: Rennewart (13 Hss., 29 Fragm.; ca 36.500 Verse) Ulrichs *Rennewart* ist die Fortsetzung von Wolfram von Eschenbachs *Willehalm* (s.o.) und findet sich auch oft in Handschriften mit diesem zusammen überliefert: Rennewart, der ja noch Heide ist, wird nach dem Ende der zweiten Schlacht auf Alischanz getauft und zum Ritter geschlagen. Man verheiratet ihn mit Alise, der Tochter des frz. Königs Loys; in Portebaliart, mit dem Loys ihn belehnt hat, tut er sich weiter als tapferer Glaubenskämpfer hervor. Alise jedoch stirbt bei der Geburt eines Jungen, dem man den Namen Malefer gibt. Als dieser auch noch von den Heiden entführt wird, entsagt Rennewart dem Weltleben und geht ins Kloster (sog. *moniage*-Motiv). Zweimal aber verläßt er mit Erlaubnis des Abtes das Kloster, um mit Willehalm gegen den Heidenkönig Terramer zu kämpfen (Terramer ist - s.o. Wolframs *Willehalm* - Rennewarts Vater). Im Heer der Heiden kämpft auch Rennewarts Sohn Malefer; bevor es aber tragisch wird, erkennen sich Vater und Sohn, und Malefer übernimmt von Rennewart die Herrschaft über Portebaliart. Später tut auch er sich als großer Heidenfresser hervor: Er erobert das Reich seines Großvaters Terramer. Vom Hörensagen verliebt er sich in die Amazonenkönigin Penteselie, macht sie ausfindig und heiratet sie. Den gemeinsamen Sohn nennen sie 'Johannes'.- Willehalm und Gyburc gehen im Alter ins Kloster; nachdem seine Frau gestorben ist, zieht Willehalm sich ganz in ein Einsiedlerleben zurück, wird aber noch einmal aktiv, als ein Engel ihm befiehlt, König Loys gegen Matribuleiz (bei Wolfram: 'Matribleiz') zu helfen, den zweiten Sohn Terramers, der mit einem Heer Frankreich angegriffen hat. Kämpfen muß Willehalm freilich nicht mehr: Als die Heiden von seiner Anwesenheit erfahren, rücken sie wieder ab.- Willehalm erbaut ein Kloster in der Nähe von Muntbasiliere (Montpellier) und nimmt dort bis zu seinem Lebensende seinen Aufenthaltsort.

Heldenepik

Nibelungenlied (35 Hss., 11 vollst.; rund 4380 vierzeilige Strophen) Siegfried, Sohn König Siegmunds von Xanten, kommt an den Wormser Königshof, um bei König Gunther und seinen Brüdern Gernot und Giselher um deren Schwester Kriemhild zu werben. Trotzdem er durch seine Tapferkeit einige Kriege für Gunther entscheidet, hat er mit seiner Werbung erst Erfolg, als er Gunther verspricht, ihm bei dessen eigener Werbung um Königin Brunhild zu helfen: deren Hand erhält nämlich nur, wer sie in einem Dreikampf besiegt - und dafür fühlt sich Gunther zu schwach. Durch einen Tarnmantel unsichtbar gemacht, kann Siegfried Gunther unauffällig helfen, Brunhild zu besiegen. (Der Tarnmantel ist ein Attribut, das Siegfried während seiner Jugendabenteuer erworben hat. Diese werden im *Nibelungenlied* nur kurz in Einschüben erwähnt; vollständiger unterrichtet ist man darüber aus - allerdings relativ spät aufgezeichneten - altnordischen Dichtungen.) Nach der Rückkehr

Illustration aus der *Nibelungenlied*-Handschrift b (15. Jh.)

nach Worms heiraten die Paare Gunther - Brunhild und Siegfried - Kriemhild. Da Siegfried am Hof Brunhilds als Vasall Gunthers eingeführt wurde, wundert Brunhild sich über die ihrer Meinung nach unstandesgemäße Ehe. In der Hochzeitsnacht, als Gunther gerade zärtlich werden will, fesselt sie ihn und hängt ihn an einem Wandleuchter auf. Gunther bittet Siegfried um Hilfe, und dieser bändigt, erneut im Schutz des Tarnmantels, Brunhild in der nächsten Nacht. Dann zieht er mit Kriemhild nach Xanten und übernimmt dort die Königsherrschaft. Nach einigen Jahren veranlaßt Brunhild Gunther, Schwester und Schwager zu einem Fest an den Wormser Hof einzuladen. Zwischen Brunhild, die immer noch von Siegfrieds Vasallenstatus ausgeht, und Kriemhild, die ihren Mann als allen anderen überlegen apostrophiert, kommt es zu einem Streit, der infolge öffentlicher Brüskierung Brunhilds durch Kriemhild zum Eklat wird. Auf Initiative Hagens, der um das Prestige des burgundischen Herrscherhauses besorgt ist, wird daraufhin geplant, Siegried zu ermorden; Gunther stimmt zu. Unter dem Vorwand einer Jagd lockt man Siegfried in den Odenwald; als er aus einer Quelle trinken will, durchbohrt ihn Hagen mit einem Speer. (Siegfried ist, wie Hagen weiß, nur an einer Stelle verwundbar; durch eine List hatte er Kriemhild dazu gebracht, diese Stelle auf der Kleidung zu markieren.) Als besonderen Affront legt Hagen die Leiche vor Kriemhilds Tür. Wer der Täter war, wird Kriemhild klar, als die Wunde des Toten beim Erscheinen Hagens wieder aufbricht (magisches Ritual der sog. 'Bahrprobe', die im Mittelalter teilweise auch in der Realität noch gängige Rechtspraxis bei der Täterfeststellung war). Kriemhild trauert exzessiv und sinnt auf Rache. Um ihr die Möglichkeit zu nehmen, sich Anhänger zu verschaffen, raubt Hagen ihr auch noch Siegfrieds Erbe, den Nibelungenschatz, und versenkt ihn im Rhein.- Nach einigen weiteren Jahren erscheinen Gesandte des Hunnenkönigs Etzel in Worms und werben für ihren Herrn um Siegfrieds Witwe. Trotz Hagens Bedenken stimmt der König zu, und auch Kriemhild akzeptiert die Werbung.- Im Land der Hunnen denkt Kriemhild weiter nur an Rache. Sie überredet Etzel, ihre Brüder und Hagen an den hunnischen Königshof einzuladen. Trotz der Warnungen Hagens willigt Gunther ein, folgt aber Hagens Vorschlag, ein Heer mitzunehmen. Unterwegs wahrsagen mythische Wesen Hagen den Untergang der Burgunden. Etzels Markgraf Rüedeger von Bechlarn bereitet auf seiner Burg den Burgunden einen freundlichen Empfang. Seine Tochter und Giselher werden miteinander verlobt. Bei den Hunnen angekommen, warnt Dietrich von Bern, der sich bei Etzel im Exil befindet, die Burgunden vor Kriemhilds Racheplänen. Während die adligen Gäste beim Festmahl mit Etzel zusammen sind, greifen von Kriemhild bestochene Hunnen den Troß der Burgunden an und metzeln ihn nieder. Als die Nachricht in den Festsaal gelangt, schlägt Hagen Etzels kleinem Sohn den Kopf ab. Daraufhin entsteht eine Massenschlacht. Etzel darf mit Kriemhild den Saal verlassen; danach greifen immer neue Truppen die Burgunden an. Kriemhild läßt den Saal in Brand setzen; die durstigen Krieger trinken das Blut der Gefallenen. Auch Rüedeger als Lehnsmann Etzels muß mit seinen Kriegern gegen die neuen burgundischen Verwandten antreten - und wird getötet. Von den Burgunden sind am Schluß nur noch Hagen und Gunther am Leben. Dietrich von Bern greift nun, an die Wohltaten erinnert, die Etzel ihm erwiesen hat, schweren Herzens ein, überwältigt Hagen und Gunther und liefert sie Kriemhild aus. Diese will von Hagen wissen, wo der Nibelungenschatz geblieben ist; Hagen weigert sich, Auskunft zu geben, solange sein Herr noch lebt. Daraufhin schlägt Kriemhild ihrem Bruder eigenhändig den Kopf ab. Hagen verhöhnt sie: von ihm werde sie auch nichts erfahren - worauf er ebenfalls plötzlich ohne Kopf dasteht. Dietrichs Gefolgsmann Hildebrand ist so empört darüber, daß dieser tapfere Held wehrlos 'von Weiberhand' getötet wurde, daß er seinerseits Kriemhild den Kopf abschlägt.

Die Klage (im Anschluß an das *Nibelungenlied* in 10 von dessen vollständigen Handschriften überliefert; rund 4300 Reimpaarverse) Am Beginn steht ein Resümee der Ereignisse des *Nibelungenliedes* ab der Hochzeit von Etzel und Kriemhild. Es folgen Totenklagen auf die Gefallenen beider Parteien mit panegyrischem Charakter, danach ein Bericht über die Bestattung der Toten. Der Eindruck der Endgültigkeit, der sich aus dem abrupten Schluß des *Nibelungenlieds* ergibt, wird beseitigt; es wird erzählt, wie die Nachricht von den Ereignissen am Hunnenhof an die Außenwelt gelangt, in Worms wird Gunthers Sohn zum Nachfolger seines Vaters gekrönt, und Dietrich von Bern kehrt in sein eigenes Reich zurück. Zu dieser Tendenz zu zeigen, daß 'das Leben weitergeht', paßt auch die Tatsache, daß sich die *Klage* um Motivationen des Geschehens bemüht, die im *Nibelungenlied* offen bleiben; besonders interessant ist das Argument, daß die Katastrophe nur Folge eines Informationsdefizits gewesen sei: Hätte man Etzel rechtzeitig über die Pläne Kriemhilds aufgeklärt, hätte er das Ganze verhindern können.

Kudrun (entst. Mitte 13. Jh.; 1 Hs. mit 1705 vierzeiligen Strophen) Die Handlung der *Kudrun* zieht sich über drei Generationen. Erste Generation (Hagen und Hilde d.Ä.): Hagen von

Irland und drei Prinzessinnen, darunter Hilde von India, werden von Greifen auf eine Insel entführt. Sie können sich aus ihrer Situation befreien; Hagen heiratet Hilde und hat mit ihr eine Tochter, die ebenfalls Hilde genannt wird.- Zweite Generation (Hetel und Hilde d.J.): König Hetel von Dänemark entführt Hagens Tochter Hilde und wird verfolgt. Nach einer Schlacht versöhnt man sich, und Hetel darf Hilde heiraten. Beide haben eine Tochter, die sie Kudrun nennen.- Dritte Generation (Herwic und Kudrun): Um Kudrun bewerben sich die Könige Hartmut von Ormanie (Normandie), der Sohn König Ludwigs und Königin Gerlints, Siegfried von Morland und Herwic von Seeland; ihr Vater lehnt alle Bewerber ab, aber Herwic greift mit einem Heer an und bringt Hetel mit Gewalt dazu, einer Heirat zuzustimmen. Bevor jedoch die Ehe geschlossen werden kann, wird Kudrun zusammen mit ihrer Freundin Hiltburc von Hartmut entführt. Zwar wird er verfolgt und es kommt auf dem sog. Wülpensand (mhd. *sant* = 'Strand') zu einer Schlacht, bei der sich besonders der alte Wate rühmlich hervortut; aber Kudruns Vater wird getötet, und Hartmut kann mit Kudrun Ormanie erreichen. Rache und Rückeroberung Kudruns müssen aufgeschoben werden, da man in der Schlacht große Verluste erlitten hat. In Ormanie verweigert Kudrun sich Hartmut; dessen Mutter versucht, sie gegen den Willen ihres Sohnes durch Schikanen zu einer Heirat zu zwingen. Zuletzt muß sie mit Hiltburc sogar die Dienste einer Wäscherin verrichten. Eines Tages - inzwischen sind 13 Jahre vergangen - waschen die beiden am Strand Wäsche; da ankern draußen Schiffe, und Herwic kommt an Land. Er informiert Kudrun darüber, daß die Rettung bevorstehe. Daraufhin wirft Kudrun die Wäsche ins Meer und wird dafür von Gerlint geschlagen. Dann greift Herwics Heer die Burg an; im Kampf findet König Ludwig den Tod, seiner Frau Gerlint schlägt Wate den Kopf ab. Herwic und Kudrun ziehen nach Hause und können heiraten; Hartmut erhält zum Trost Hiltburc zur Frau.

Biterolf und Dietleib (entst. Mitte/Ende 13. Jh.; 1 Hs. mit 13.510 Reimpaarversen; dieses Epos gehört also zu den wenigen nicht-strophischen Heldenepen) König Biterolf verläßt seine Frau und seinen kleinen Sohn Dietleib, um an den Hof König Etzels zu gehen. Später sucht Dietleib nach Biterolf. Über Worms, wo er in einen Kampf mit Hagen und Gunther verwickelt wird, gelangt er zu den Hunnen; Rüdiger bringt ihn zu seinem Vater. Später führt Etzel Krieg gegen Gunther. Nach einer Massenschlacht kommt es zu Einzelkämpfen. Dabei kämpft Gunther gegen Dietleib, Dietrich von Bern aus der

Partei Etzels hat Siegfried zum Gegner. Es sind aber keine Todesfälle zu beklagen: Die burgundischen Damen vermitteln, und man feiert Versöhnung.

Laurin (älterer Name: ***Der kleine Rosengarten***; entst. nach 1250: 13 Hss., 5 Fragm.; 11 Drucke vor 1600; die verschiedenen überlieferten Fassungen, nur eine davon strophisch, haben einen sehr unterschiedlichen Textbestand) Dietrich von Bern und seine Gefährten durchschneiden den Seidenfaden, der den Rosengarten des Zwergenkönigs Laurin umspannt, und zertrampeln die Blumen. Es kommt zu einem heftigen Kampf zwischen Laurin und Dietrich, den letzterer aber schließlich für sich entscheiden kann. Der Zwergenkönig führt die Dietrichhelden in sein Reich und arrangiert ein Gastmahl für sie. Als man bemerkt, daß Laurin Künhild, die Schwester Dietleibs, in seiner Gewalt hat, geht ein neuer Kampf los, der mit der Befreiung Künhilds und der Gefangennahme Laurins endet. Laurin wird nach Bern gebracht; in einer Textfassung wird sogar berichtet, daß er sich dort taufen läßt.

Ortnit (entst. vor 1250; verschiedene Fassungen mit einem Textbestand von ca. 300 bis ca. 600 Strophen; 1 Hss., 1 Fragm.; 6 Drucke vor 1600) König Ortnit von Lamparten (= Lombardei) ist der Sohn des Zwergenkönigs Alberich. Dieser hilft seinem Sohn, die Tochter des Königs Machorel zu entführen, in die Ortnit sich verliebt hat. Aus Rache läßt Machorel Lamparten von zwei Drachen verwüsten. Ortnit will die Drachen töten und sucht nach ihnen; als er schläft, fallen sie über ihn her und fressen ihn auf.

Dietrichs Flucht (entst. nach 1250; 4 Hss., 1 Fragm.; über 10.000 Reimpaarverse) Dietrich von Bern ist der Neffe König Ermenrichs. Dieser plant, Dietrich zu ermorden. Dietrich kann entkommen und besiegt in mehreren Schlachten Ermenrichs Heer. Dabei geraten allerdings einige seiner Kämpfer, darunter sein alter Waffenmeister Hildebrand, in Gefangenschaft. Um sie freizubekommen, überläßt Dietrich Ermenrich die Herrschaft und zieht mit seinen Getreuen an den Hof des Hunnenkönigs Etzel. Mit frischen Truppen zieht er von dort wieder gegen Ermenrich, belagert ihn in Raben (= Ravenna) und besiegt ihn. Der gewünschte Erfolg bleibt aber aus, weil Witege, ein ehemaliger Kampfgenosse, die Partei Ermenrichs ergreift und Verrat begeht. Etzel sponsort ein neues Heer, und Dietrich besiegt Ermenrich zum zweiten Mal, kehrt aber zum Schluß wieder an den Hunnehof zurück.

Das Eckenlied (entst. vor 1250; zwei Hss. und 5 Fragm.; 11 Drucke bis 1600; verschiedene Fassungen mit Textbestand zwischen 244 und 311 Strophen und zum Teil beträchtlichen inhaltlichen Unterschieden) Auf Jochgrim leben drei Königinnen, die den Riesen Ecke beauftragen, Dietrich zu ihnen zu bringen; zu diesem Zweck statten sie Ecke mit einer kostbaren Rüstung und einem vortrefflichen Schwert aus. Ecke zieht aus, um Dietrich zu suchen, und fordert ihn, nachdem er ihn gefunden hat, zum Kampf auf. Dietrich weigert sich zunächst (Begründung in einigen Fassungen: er ist das Töten leid), sieht aber dann keinen Ausweg mehr. Nach langem Kampf tötet er Ecke (in einigen Fassungen wird berichtet, daß er Ecke danach exzessiv beklagt). Auf diese Weise gewinnt er Eckes Schwert, den 'Eckesachs' (sahs: urspr. ein langes Messer, dann als exquisit-altertümliches Wort für 'Schwert' verwendet); es gibt Theorien, die den ursprünglichen Zweck des Eckenliedes darin sehen, den Namen von Dietrichs häufig erwähntem Schwert 'Ekkesachs' zu erklären - 'Ecke' bedeutet aber einfach nur 'Spitze', 'Schneide' ('Eckesachs' also = 'Schwert mit [scharfer] Schneide'). Dann hilft Dietrich einem 'Waldfräulein', das von einem anderen Riesen verfolgt wird. Es handelt sich um Fasolt - den Bruder Eckes. Auch ihn kann Dietrich besiegen, tötet ihn aber zunächst nicht, sondern läßt sich vom ihm Gefolgschaft schwören; erst als Fasolt den Schwur bricht, muß auch er sterben. Das gleiche Schicksal ereilt weitere Riesinnen und Riesen, die z.T. Ecke rächen wollen (wie seine Mutter), z.T. 'einfach so' Dietrichs Weg kreuzen. Am Schluß begibt sich Dietrich nach Jochgrim und - je nach Fassung - befreit die Königinnen aus der Gewalt der Riesen/wirft ihnen verächtlich Eckes Kopf vor die Füße.

Anmerkungen

1 Literaturhinweise: KLAUS MÜLLER-DYES: "Gattungsfragen." In: *Grundzüge der Literaturwissenschaft*. Hg. von HEINZ LUDWIG ARNOLD und HEINRICH DETERING. München 1996, S. 323ff.; GERHARD P. KNAPP: "Textarten - Typen - Gattungen - Formen." In: *Grundzüge der Literatur- und Sprachwissenschaft*. Hrsg. von HEINZ LUDWIG ARNOLD und VOLKER SINEMUS. Bd. 1: Literaturwissenschaft. 2. Aufl. München 1973 (dtv WR 4226), S. 258ff.; WILHELM VOßKAMP: "Gattungen." In: *Literaturwissenschaft. Ein Grundkurs*. Hg. von HELMUT BRACKERT und JÖRN STÜCKRATH. Reinbek 1994, S. 253ff.

2 Wenn GOETHE diese drei Möglichkeiten als *grundsätzlich* und *nicht vermehrbar* bezeichnet hat, dann ist dies eins der zahlreichen Beispiele dafür, wie vorsichtig man (auch) in der Literaturwissenschaft bei der Vermutung von *Konstanten* und bei der Erklärung von Gegebenheiten als *überzeitlich* sein sollte. Technische Erfindungen haben auch in bezug auf die Literatur

und ihre Gattungen zu Entwicklungen geführt, die sehr wohl zeigen, daß das Gattungssystem erweiterbar ist: Im *Hörspiel* etwa wird nicht erzählt - aber es wird auch keine Handlung 'vor Augen gestellt' wird, während andererseits in *Film* und *Fernsehen* zwar sehr wohl Handlung vor Augen gestellt wird, aber die Personen doch nur virtuell vorhanden sind.

3 Der Gegenbegriff zu 'Heilsgeschichte' ist 'PROFANGESCHICHTE'; diese umfaßt die *weltlichen* Ereignisse in ihrer chronologischen Abfolge. Die Profangeschichte ist gegliedert nach den vier sog. WELTREICHEN (assyrisch-babylonisches Reich, persisch-medisches Reich, griechisches Reich, römisches Reich). Die Heilsgeschichte wird - je nach Autor - gegliedert in vier bis sechs WELTALTER (z.B. von der Erschaffung der Welt bis zur Sintflut, von Noah bis Abraham, von Abraham bis David, von David bis zur babylonischen Gefangenschaft der Juden, von der Rückkehr der Juden nach Jerusalem bis zur Geburt Christi, schließlich die Zeit bis zum Weltende). Unsere Bezeichnung *Mittel*alter entspricht also dem Selbstverständnis der Epoche nicht, denn diese befand sich nach eigener Einschätzung sowohl in bezug auf die Gliederung der Profangeschichte als auch nach der Gliederung der Heilsgeschichte in einer ENDZEIT. Der Terminus *medium aevum* = mittlere Zeit, 'Mittelalter' stammt erst aus dem 15. Jh., wurde von den Humanisten geprägt und war von diesen negativ gemeint: Auf die als vorbildhaft empfundenen Antike folgte aus humanistischer Perspektive eine Zeit des Kulturverfalls, der erst durch die Wiederbelebung der Antike - eben durch den Humanismus - beendet worden sei; hier hat das Bild vom 'finsteren' Mittelalter seinen Ursprung.

4 Bei der Lehnprägung wird nicht wie beim Lehnwort das Wort*material* übernommen, sondern nur die *Vorstellung*, der Wort*inhalt*. Für diesen Inhalt wird dann mit dem Material der eigenen Sprache ein neues Wort geschaffen, oder ein bereits existierendes einheimisches Wort übernimmt die Denotation des importierten Begriffs.

5 **Ausgabe:** Chrétien de Troyes: *Erec et Enide*. Altfrz./dt. Übers. u. hrsg. von ALBERT GIER. Stuttgart 1987.

6 **Ausgabe**: Hartmann von Aue: *Erec*. Hrsg. von ALBERT LEITZMANN. 6. Aufl. bes. von CHRISTOPH CORMEAU und KURT GÄRTNER. Tübingen 1985. Zum **Inhalt** s.u.

7 Grundlegend: JOACHIM BUMKE: *Studien zum Ritterbegriff im 12. und 13. Jahrhundert*. 2. Aufl. Heidelberg 1977 (Beihefte zum *Euphorion* 1). Vgl. ferner OTFRID EHRISMANN: *Ehre und Mut, âventiure und Minne. Höfische Wortgeschichten aus dem Mittelalter*. München 1995, S. 169ff.

8 Man fühlt sich hier an die Theorie SIGMUND FREUDS (1856-1939) erinnert, daß die Sublimation von Sexualität zu kultureller, sozialer usw. Leistung führe. Umgekehrt könnte man für den

Erec dann feststellen, daß eine solche Leistung nicht erbracht wird, weil Sexualität ausgelebt wird.

9 Natürlich steht bei diesem Effekt die reine Laut*stärke* im Vordergrund. Es besteht aber durchaus Anlaß, die Szene im weiteren Sinn auch mit dem Themen *Oralität* und *Kommunikation* in Verbindung zu bringen. Denn Enites S t i m m e spielt im Text auch sonst eine große Rolle: Nach seinem Aufbruch vom Hof verbietet Erec ihr zunächst, mit ihm zu sprechen. Da sie in einiger Entfernung vor ihm herreiten muß, ist auch der direkte persönliche Kontakt aufgehoben. Da Enite aus diesem Grund aber auch die heranziehenden Gefahren als erste sieht, überbrückt sie bei solchen Anlässen immer die räumliche Distanz mit ihrer Stimme, indem sie ihren Mann laut warnt.

10 **Ausgabe:** Chrestien de Troyes: *Yvain*. Übers. u. eingel. von ILSE NOLTING-HAUFF. München 1962.

11 Reste dieser juristischen Herkunft haben sich etwa im Beamtenrecht erhalten, wo von der '*Treue* des Dienstherrn' die Rede ist; spezielle juristische Bedeutung kann auch der Negativbegriff 'Untreue' annehmen; ausschließlich juristische Funktion haben heute die Begriffe 'Veruntreuung'/'veruntreuen'.

12 **Ausgabe**: Wolfram von Eschenbach: *Parzival*. Mittelhochdeutsch/Neuhochdeutsch. Mittelhochdeutscher Text nach der Ausgabe von KARL LACHMANN. Übers. und Nachw. von Wolfgang Spiewok. 2 Bde. Stuttgart 1981. Zum **Inhalt** s. den Anhang zu V.5.

13 Ein 'Gemach' ist also eigentlich ein Gebäudeteil, in dem man es sich bequem machen kann, bzw. der Bequemlichkeit bietet.

14 Wird ein historisches Ereignis in einem Text als geschehen vorausgesetzt (z.B. Tod eines bestimmten Königs, Schlachten, Heiraten, aber auch Erwähnungen anderer Texte, die datierbar sind usw.), hat man einen sogenannten **terminus *post* quem** ('Zeitpunkt, *nach* dem [der Text verfaßt worden sein muß]'). Wird aus der Darstellung in einem Text deutlich, daß beim Autor noch keine Kenntnis eines solchen Ereignisses vorgelegen hat (ein Auftraggeber, von dem man weiß, wann er gestorben ist, wird als noch lebend erwähnt o.ä.), liegt ein sog. **terminus *ante* quem** vor ('Zeitpunkt, *vor* dem [der Text verfaßt worden sein muß]'). Von einem **terminus *ad* quem** ('Zeitpunkt, *zu* dem [der Text verfaßt worden sein muß]') spricht man, wenn die Darstellung eines historischen Ereignisses in einer Art erfolgt, die darauf schließen läßt, daß zwischen diesem Ereignis und der Abfassung des Textes enge zeitliche Nähe besteht.

15 Der Begriff '*Aufführungs*anlaß' meint - nicht nur bei dramatischen, sondern auch bei epischen, lyrischen, didaktischen Texten - ein historisches Ereignis, aufgrund dessen für einen bestimmten Text eine besondere konkrete *Funktion* vermutet oder plausibel gemacht werden kann.

6. Minnelyrik - Liebeslyrik - Adelslyrik

Einleitung

Warum gibt es im Mittelalter keine adelige Dramatik?

Im Abschnitt über Adel und Klerus (→ Kap. V.3) hatten wir aus dem *Annolied*-Prolog erfahren, daß die Kirche als konstitutive Elemente weltlicher Literatur *Kampf* und *Liebe* ansieht. Die Inhaltsangaben zu Hartmanns 'Erec' und 'Iwein' und anderes haben gezeigt, daß dies auch tatsächlich so ist, also nicht nur eine Erfindung kirchlicher Propaganda. Neben der Großepik gibt es nun noch eine zweite Hauptgattung höfisch-adliger Literatur mit weltlichen Inhalten, die höfische Lyrik, während es eine adlige Dramatik - die dritte 'Naturgattung' also - im Mittelalter nicht gibt.

Für das Fehlen dieser Gattung 'Drama' im adligen Milieu hat die Forschung zwei Gründe vermutet - die sich gegenseitig nicht ausschließen, sondern ergänzen können: **1.** Es ist der Kirche während des Mittelalters zunächst gelungen, die Gattung 'Drama' für sich zu monopolisieren. Denn das Drama des Mittelalters knüpft im Gegensatz zu anderen mittelalterlichen Gattungen nicht an vorhandene, etwa antike Traditionen an, sondern entsteht ganz neu, und zwar bis ins 14. Jh. hinein ausschließlich als *religiöses* Drama, als dramatische Umsetzung der Liturgie kirchlicher Feste, vor allem des Oster- und Weihnachtsfestes. Solche religiösen Dramen lagen zunächst in der Verantwortung des Klerus, der auch die Schauspieler stellte; und selbst später, als Stadtbewohner es sich zur Ehre anrechneten, bei diesen religiösen Dramen mitzuwirken, lagen Spielleitung und Regie doch meist bei der Geistlichkeit. Der Adel *wollte* oder *konnte* an dieser Gattung also nicht partizipieren und verfügte, als dann eine weltliche Dramatik entstand, über keine entsprechende Tradition. Die traditionellen repräsentativen adligen Literaturgattungen blieben Epik und Lyrik. Das Drama wurde dann zu einer Domäne bürgerlicher Autoren und Rezipienten; und erst in der frühen Neuzeit entdeckte der Adel die Gattung 'Drama' für sich - aber in der Spezialform des 'Musikdramas', der Oper. Offenbar war diese Oper für den Adel wegen ihrer größeren Repräsentativität attraktiver.- **2.** Die *Epik* wurde nicht privat in Einzellektüre gelesen, sondern vor einem größeren Publikum, vor der Hofgesellschaft *vor*gelesen. Dieser verbale

Vortrag inklusive der dabei möglichen Techniken von Stimmführung, Gestik, Mimik etc. nähert ein mündlich vorgetragenes Epos der dramatischen Form an; vielleicht konnte deshalb der Adel auf eine eigene dramatische Literatur verzichten.[1]

Also: Eine adlige Dramatik gibt es im Mittelalter nicht; die adlige Großepik haben wir im letzten Abschnitt kennengelernt; bleibt zu behandeln die *Lyrik*.

Zur Terminologie[2]

Weltliche Adelslyrik im Mittelalter ist durchweg *Liebes*lyrik. Im Jargon der Germanistik bezeichnet man sie als 'Minnesang' - ein Begriff, den Sie sicher schon kannten, bevor Sie angefangen haben, Germanistik zu studieren. Weshalb verwendet man diesen Begriff? Die Verwendung hat zwei Gründe: *wissenschaftsgeschichtliche* und *inhaltliche*: Wissenschaftsgeschichtlich sieht es so aus, daß der Begriff eine lange Tradition hat und außerdem schon ein Terminus des Mittelalters selbst ist; und einen eingeführten Terminus wieder aus der Wissenschaftssprache zu entfernen, ist sehr schwierig - selbst dann, wenn die durch den Begriff suggerierten Inhalte mittlerweile erheblich problematisiert worden sind (vgl. Begriffe wie '*Spielmanns*epik', '*Volks*buch'). Inhaltlich will der Terminus 'Minnesang' statt 'mittelalterliche deutsche Liebeslyrik des Adels' vermitteln, daß es sich bei der damit bezeichneten Literatur um etwas ganz Spezielles handele, das einen eigenen Terminus benötige, weil es sich mit keiner anderen Art von Lyrik ganz zur Deckung bringen lasse. Das stimmt - und stimmt nicht; und daran sehen Sie, daß auch in der Wissenschaft nur mit Wasser gekocht wird, daß also wissenschaftliche Ergebnisse, Meinungen, Begriffe immer nur *kritisch* rezipiert werden dürfen. Es gibt tatsächlich mittelalterliche deutsche Liebeslyrik, die eine anderswo nicht vorhandene Form der Liebeslyrik darstellt. Als Beispiel dafür soll uns ein Lied von ALBRECHT VON JOHANSDORF mit dem Titel '*Ich vant si âne huote*' dienen;[3] mittelalterliche Lieder haben meist keine originalen Überschriften - die Wissenschaft zitiert als Titel den ersten Vers (= Vers*zeile*) der ersten Strophe eines Liedes. Ich paraphrasiere zunächst den Inhalt und gebe dann weiterführende Informationen.

Albrecht von Johansdorf: *Ich vant si âne huote*

Wir haben es mit einem sog. *Dialog*lied zu tun: Bis auf die ersten beiden Verse, die eine kleine epische Einführung in die Situation enthalten, und eine sog. *inquit*-Formel[4] in Vers 3 der ersten Strophe ("Da sagte die Schöne") besteht der ganze Text aus wörtlicher Rede, die auf einen Mann und eine Frau verteilt ist, die *mit*einander reden.

Mithilfe der Tatsache, *wer* in einem Lied redet und gegebenfalls *mit wem*, kann man übrigens mittelalterliche Lieder schon grob klassifizieren. Folgende Hauptformen gibt es:

Genres des Minnesangs: Wer spricht, mit wem und worüber?

1) *Männerlied*: Es redet nur ein Mann.
2) *Frauenlied*: Es redet nur eine Frau.
3) *Dialoglied*: Mann und Frau reden *mit*einander.
4) *Wechsel*: Es reden ein Mann und eine Frau, aber nicht *mit*einander, sondern *über*einander. Dieses Genre trifft man im Mittelalter *nur* in der deutschen Lyrik an.
5) *Botenlieder*: Ein Mann oder eine Frau tragen einem Boten eine Nachricht an den Liebespartner auf bzw. ein Bote überbringt eine solche Nachricht.

Zurück zu unserem Dialoglied '*Ich vânt si âne huote*', das als Beispiel stehen soll für eine ganz bestimmte *inhaltliche* Art von Liebeslyrik, die es außerhalb des deutschen Minnesangs nicht gibt. In diesem Lied trifft ein Mann eine Frau *âne huote*, ohne Aufsicht, d.h. ohne Begleitung, die als eine Art Anstandswauwau fungieren könnte. Das ist schon verdächtig, und die Frau reagiert entsprechend, indem sie fragt, was 'er' denn wolle, daß er so ganz allein daherkomme. Offenbar ist, wer sich einer Frau nähert, ohne daß zumindest eine dritte Person anwesend ist, von vornherein bestimmten Motivinterpretationen ausgeliefert. Der Mann versucht zunächst, die Situation herunterzuspielen - "ist einfach so passiert". Das erscheint wohl kaum glaubhaft, denn die Frau geht darauf nicht ein, sondern wiederholt nur ihre Frage in etwas anderer Form: "Weshalb seid Ihr gekommen?" Jetzt läßt der Mann die Katze aus dem Sack: Er wolle ihr seine Liebessehnsucht klagen. Antwort: Das sei töricht, das solle er doch bleiben lassen. Der Mann insistiert auf seiner Klage - die Frau erklärt, ihn *niemals* erhören zu wollen. Das geht im wesentlichen dann so hin und her. Es gibt eigentlich bis zur vorletzten Strophe nur noch drei weitere neue Aspekte in der Diskussion: Die Frau befürchtet Schande, wenn sie 'ihn' erhört (Str. 4); der Mann glaubt, einen *Anspruch* auf die Liebe der Frau zu haben, weil seine

Liebe schon *lange* andauert (Str. 5); und die Frau versucht ihn dazu zu bringen, sich doch ein *anderes* Objekt seiner Liebe zu suchen (Str. 6). Bisher also nur das Motiv von nicht erwiderter männlicher Liebe - dergleichen soll es geben, und auch in Literatur ist so etwas nicht selten. In der letzten Strophe aber kommt nun etwas qualitativ Neues ins Spiel. Zunächst versucht der Mann noch einmal, einen Anspruch auf die Liebe der Frau zu konstruieren, indem er, schon leicht resigniert oder aber prätentiös schmollend, die Frage stellt, ob denn sein Singen und sein D i e n s t ihm wirklich nichts nützen sollen. Mhd. *dien(e)st* ist u.a. ein Terminus aus dem Lehnswesen: Der Lehnsmann leistet *dienest* und hat dafür Anspruch auf *lôn* seiner Herrin oder seines Herrn. Dieser komplementäre Begriff fällt dann auch in der Antwort der Frau, die nun einen solchen *lôn* verspricht. Das überrascht den Mann - was nach der bisherigen Haltung der Frau ja auch irgendwie verständlich ist; er fragt also nach: 'Äh - wie meinen gnä' Frau das?' ('*wie meinet ir daz, vrouwe guot*?') Und jetzt, in der Antwort, kommt eben das qualitativ Besondere, die Ingredienz, die sich mit den bekannten Motiven 'Liebe' und 'abgelehnte männliche Liebe' zu einem neuen, noch nicht vorhandenen Motiv verbindet: Die Frau verspricht als Lohn für die beständige Liebe des Mannes nicht das Eingehen auf diese Liebe, sondern einen Lohn, der von der G e s e l l s c h a f t und a u s d e m M a n n s e l b s t heraus kommen soll: "Euer Lohn (erg. für eure beständige, von mir nicht erwiderte Liebe) soll sein, daß ihr a n g e s e h e n seid und 'h o c h g e m u t' werdet!" Die Nichterwiderung der Liebe ist also nach Aussage der Frau kein Grund für Depressionen; vielmehr soll die anhaltende Liebe, gerade *weil* sie sich nicht erfüllt, das Ansehen des Mannes in der Gesellschaft steigern und ihm ein Hochgefühl, einen Stolz auf die eigene Leidens- und Erlebnisfähigkeit verleihen. Komprimieren wir das ganze Lied zu einer inhaltlichen Grundstruktur, käme dabei folgendes heraus: 1) Mann liebt Frau; 2) die Liebe wird von der Frau nicht erwidert; 3) der Mann liebt das unerreichbare Objekt weiter und fühlt sich durch das Ertragen dieses Verzichtes emotional gesteigert; das entsagungsvolle Weiterlieben beschert ihm außerdem gesellschaftliches Prestige.

Und *dieses* Grundmuster ist es, das man als sog. 'Hohe Minne' bezeichnet und das dazu geführt hat, den antiquierten Terminus 'Minnesang' als Kennzeichen für etwas inhaltlich Einzigartiges beizubehalten. Daran ist allerdings zweierlei problematisch:

1. Es ist kein anderes Lied überliefert, das *genau* diese Motivkette aufweisen würde.[5] Es gibt zwar jede Menge anderer Lieder, in denen ein Mann klagt, weil seine Liebe nicht erwidert wird, trotzdem aber verspricht, dieser Liebe treu zu bleiben; aber der Hinweis auf eine *erzieherische* und *prestigesteigernde* Funktion des Verzichts wie bei Johansdorf fehlt. Und dieses reduzierte Motiv - nicht erwiderte männliche Liebe plus Versprechen, trotzdem weiterzulieben - gibt es in der Liebeslyrik aller Zeiten und vieler Kulturen, ist also in der deutschen Liebeslyrik des Mittelalters nicht einzigartig.

2. Der Terminus 'Minnesang' stammt, wie erwähnt, schon aus dem Mittelalter selbst (mit Auslautverhärtung: *minnesanc*). Er bezeichnete damals aber meist unterschiedslos *alle* Formen der adligen Liebeslyrik - solche, in denen, wie bei Johansdorf, nichts 'passierte', ebenso wie andere, in denen *in eroticis* allerhand passierte. Dem Mittelalter selbst war also offenbar die Vorstellung nicht vertraut, daß eine spezielle literarische Liebeskonzeption wie bei Johansdorf ein eigenes literarisches Genre ausfüllte und daher eines Spezialterminus bedurft hätte. Es gibt allerdings im Mittelalter (literarische) Diskussionen über die richtige Art zu lieben.

Conclusio: Der Terminus 'Minnesang' deckt also nicht nur Lyrik ab, die Inhalte wie bei Johansdorf präsentiert, sondern im Motivbereich 'Liebe' durchaus verschiedene Inhalte. Dieser Terminus wird bis heute aber leider doppeldeutig verwendet - einmal für die 'Verzichtlyrik', einmal für die deutschsprachige adlige Liebeslyrik des Mittelalters insgesamt. Für letztere ist die Bezeichnung 'Minnesang' brauchbar und gerechtfertigt; sie hat aber gegenüber dem eben zitierten Konkurrenzterminus - 'deutschsprachige adlige Liebeslyrik des Mittelalters' - nur den einen Vorteil, kürzer und weniger umständlich zu sein.

Durch seine zunehmende Verwendung als Euphemismus in erotischen und sexuellen Kontexten ist das Wort *minne* später offensichtlich anstößig geworden und wurde daher durch *liebe* (urspr. allgemein = 'etwas Angenehmes') ersetzt. Im 19. Jahrhundert haben die Romantiker, die ja ein besonderes Faible für das Mittelalter hatten, versucht, das

Albrecht von Johansdorf in der Liederhandschrift B

Wort 'Minne' wiederzubeleben - allerdings, wie man heute im Rückblick weiß, erfolglos.

'*Hohe* Minne' - '*niedere* Minne' - '*ebene* Minne'

Die Art von Liebe, bei der die verehrte Frau nicht als Liebes*partnerin* figuriert, sondern als (oft unerreichbare[6]) Herrin apostrophiert wird, die über dem Mann steht, wird in bezug auf den deutschen Minnesang als 'hohe Minne' bezeichnet (s.o.). Das ist ebenfalls schon ein Begriff aus dem Mittelalter. Dabei meint der Begriff 'hoch' einerseits eine s o z i a l e, andererseits eine e t h i s c h - m o r a l i s c h e Komponente: '*Hohe* Minne' ist die Liebe zu einer Frau von hohem = adligem Stand, denn nur eine solche ist ein würdiges Liebesobjekt für einen Adligen. Insofern die Liebe zu einer Frau von Stand einerseits also einer Liebesethik hinsichtlich der Eignung des Liebesobjekts entspricht, andererseits vom Mann bestimmte Verhaltensweisen verlangt (Zurückhaltung, Höflichkeit, Ergebenheit, Treue auch bei Ablehnung), ist 'hohe Minne' auch die moralisch höherwertige. Selbst wenn es hier nicht um die Realität geht, sondern um l i t e r a r i s c h e Darstellungen, ist daran doch spezifisch die Ineinssetzung von Stand und Tugend, die dem Selbstbild des Adels entspricht. Gemäß diesem Selbstbild ist zwar nicht jede/r Adlige tugendhaft, aber nur ein/e Adlige/r kann wahre Tugend zeigen.

Daß nur die Liebe zu einer Adligen für einen adligen Mann Wert haben kann, ist im Minnesang selbst kritisiert worden, nämlich bei WALTHER VON DER VOGELWEIDE.[7] (Ob diese Kritik einem tatsächlichen 'Anliegen' entsprochen hat oder nur ein literarischer Gag gewesen ist, der die Kenntnis der Konzeption der 'hohen Minne' beim Publikum voraussetzt, um wirken zu können, läßt sich natürlich nicht mehr feststellen.) Walther, der selbst Lieder der 'hohen Minne' verfaßt hat, äußert in anderen Liedern Unmut darüber, immer nur einseitig lieben zu müssen; und in seinem Lied *Maniger grüezet mich alsô*[8] *zieht* HARTMANN VON AUE in ähnlicher Situation daraus die Konsequenz, seine Liebe jetzt nur noch auf *arme wîbe* richten zu wollen - da bekomme er, was er sich wünsche. *arm* bedeutet 'von geringem Stand' (→ Kap. III zu Vers 1 des *Hausratbüchleins* von Hans Folz!). Walther zieht in den erwähnten Liedern die gleiche Konsequenz; komplementär spricht man in bezug auf diese Liebeskonzeption von 'niederer Minne', was dann aber zunächst einmal nur die *soziale* Komponente betrifft und noch nicht die ethische. Der Begriff erscheint sogar bei Walther selbst (mhd. *nidere minne*), aber Walther läßt dem Verlust der sozialen Höhe des Liebesobjekts den Verlust ethischer Qualität folgen. Er macht dies in einem Lied, in dem er einen dritten Terminus prägt: *ebene minne* - 'eben' i.S.v. 'ausgewogen'. In diesem Lied wird die Ansicht vertreten, daß hohe Minne unbefriedigend sei, weil die Dame sich versagt; *nidere minne* dagegen sei unbefriedigend, wenn bzw. weil sie nur auf Sexualität gerichtet sei; bei der *ebenen minne* dagegen kämen Sexualität, Erotik und Tugend zu einem verbindenden Ausgleich. (Für die ideologische Ausrichtung der frühen Hochschulgermanistik seit dem 19. Jahrhundert und bis weit ins 20. Jahrhundert hinein ist es übrigens bezeichnend gewesen, daß man Walther wegen dieses Konzepts oft geradezu hymnisch gefeiert hat. Was er in Literatur und wahrscheinlich nur im Rahmen eines literarischen Diskurses gesagt hatte, wurde als frühe Bestätigung der eigenen bürgerlichen Moral angesehen, gebilligt und gelobt.)

Minnesang als *Adels*kunst

Wir erinnern uns: Der asketische Heinrich von Melk (→ Kap. V.3) hatte als Beispiel für die Vergänglichkeit aller irdischen Freuden gegenüber der adligen Witwe u.a. auch die Zunge ihres verstorbenen Gatten angeführt, mit der dieser (V. 158) *troutliet* gesungen hatte. *troutliet* oder *trûtliet* heißt wörtlich: 'Lied von einer oder einem *trût*, von einem oder einer Geliebten' - also kurz und gut ebenfalls: 'Liebeslied'. Bei Heinrich von Melk wird mithin gesagt, daß ein Adliger selbst Minnesang vorgetragen hat; und das ist literatursoziologisch wichtig. Es gibt zwar auch Berufskünstler, die Minnesang vorgetragen haben, und die genauen Standesverhältnisse vieler Autoren von Minnesang sind ungeklärt; es gilt aber auf jeden Fall: 1. Minnesang gehört zur literarischen Kultur des *Adels*, wird also vom Adel *rezipiert*. 2. Minnesang wird von Adligen zumindest z.T. selbst *vorgetragen*, also *reproduziert*. 3. Minnesang wird von Adligen zumindest z.T. auch selbst *getextet* und *komponiert*, also *produziert*.

Daß im Minnesang Text und Musik ursprünglich zusammengehört haben, ist in der Wissenschaft lange etwas zu wenig beachtet worden. Dafür gibt es zwei Gründe: Erstens ist die deutsche Melodieüberlieferung bis in spätmittelalterliche Zeit noch recht spärlich (im Gegensatz etwa zur frz. Literatur des Mittelalters); und selbst wo die Handschriften Melodien mit überliefern, sind diese doch in einer Art notiert, die heute kaum lesbar ist (mit sog. **Neumen**: ohne Notenlinien, d.h. nur Angabe der *relativen* Höhe der Töne zueinander; keine Taktzeichen und keine festen Zeichen für bestimmte Tonlängen, also keine Rekonstruierbarkeit des Rhythmus). Zweitens hat die Altgermanistik aus der Tatsache, daß sie schwerpunktmäßig eine *Text*wissenschaft ist, den falschen Schluß gezogen, daß an Liedern der Text in jedem Fall das wichtigste sei.

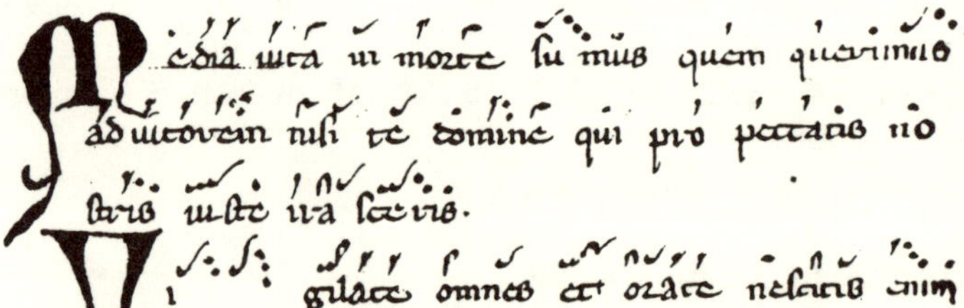

Neumen: Abb. aus einer über den Textzeilen mit Neumen versehenen Handschrift aus dem 12. Jh.

Zum 'Erlebnisgehalt' des Minnesangs

Hat Jürgen Drews wirklich im Kornfeld gelegen – und das auch noch in Begleitung?

Da der Adel sich bevorzugt mit solchen kulturellen und literarischen Gegenständen beschäftigt, mit denen er zumindest *auch* repräsentieren kann, ergibt sich, daß Minnesang keine Erlebnislyrik ist. Erlebnislyrik würde heißen: biographisches Ich (der Autor) und lyrisches Ich (das 'Ich', das im Text in der Ich-Form von sich selbst spricht) sind identisch. Das hat man lange nicht erkannt, und zwar unter dem Einfluß ästhetischer Prinzipien, die in Sturm und Drang, Klassik und Romantik und noch bis weit in unser Jahrhundert hinein gegolten haben. Seit dem Sturm und Drang mußte 'gute' Lyrik 'wahr' sein; für die Wahrheit der Lyrik stand das eigene Erleben des Dichters. Während der genannten Epochen haben sich an dieses Konzept auch viele Autoren gehalten, haben ihre eigenen Liebeserlebnisse oder zumindest Liebesgefühle dichterisch, wie man so schön sagt, 'verarbeitet'. Dies schien die Richtigkeit der vorgegebenen Maxime 'wahre Lyrik = Erlebnislyrik' zu bestätigen, und man wandte diese Maxime nun auch rückwärts, auf vergangene Epochen an, die dieses Konzept gar nicht kannten oder anwenden wollten. Diese Übertragung ist um so heikler, als man über die Biographien mittelalterlicher Autoren meist so gut wie nichts weiß, oft nur Namen kennt, aber sich noch nicht einmal sicher sein kann, daß der Name, der in einer Handschrift über einem Text steht, auch tatsächlich den Verfasser bezeichnet. Um dieses Problem zu lösen, ist man früher z.T. sehr trickreich vorgegangen: Mittelalterliche Lieder, die einem *gefielen*, wurden als Erlebnislyrik definiert, weil gemäß den eigenen Maximen ästhetisches Wohlgefallen stets nur aus Dichtung resultieren konnte, die 'wahrhaft Empfundenes' beinhaltet. Da man aber nun keine biographischen Daten besaß, um zwischen Liedtext und Biographie Zusammenhänge herzustellen, ging man den umgekehrten Weg: Man versuchte, aus den Texten biographische Elemente herauszudestillieren, bzw. bei Autoren, die viele Lieder hinterlassen hatten, sogar eine möglichst komplette Biographie. Wenn also Walther von der Vogelweide einige Lieder verfaßt hat, in denen er sagt, daß er so glücklich sei, weil er liebe; und einige Lieder, in denen er schmollt und grollt, weil die Geliebte ihn verlassen habe; und schließlich ein Lied, in dem zu lesen ist: 'Ich bin so froh, denn ich habe eine neue Liebe gefunden, die mich alles Leid vergessen läßt!' -

dann hat man diese Lieder früher chronologisch und biographisch anzuordnen versucht und daraus entnehmen zu können geglaubt, daß Walther tatsächlich einmal glücklich verliebt gewesen sei, daß der Grund dieser Liebe ihn aber schnöde verlassen habe, woraus große Leidgefühle seinerseits resultiert seien; schließlich aber habe er eine neue Liebe gefunden, sei wieder glücklich geworden und habe sich auch jetzt wieder veranlaßt gesehen, diese Gefühle in Lyrik 'umzugießen'.

Eindeutige Bezüge auf die eigene Biographie in größerer Zahl präsentieren nur wenige Autoren - und auch erst im Spätmittelalter. Die bekanntesten deutschen Verfasser von Liedern, die in ihr Œuvre solche Bestandteile aufnehmen, sind Hugo von Montfort († 1423) und Oswald von Wolkenstein († 1445). Aber auch bei solchen Autoren hat die Forschung mittlerweile festgestellt, daß sie Biographisches eher spielerisch einsetzen, weshalb man selbst hier 'Dichtung und Wahrheit' nicht gleichsetzen kann.

Von heute aus wirken die Bemühungen der älteren Forschung, Liedtexte als 'Ersatzbiographien' zu benutzen, eher belustigend - aber man sollte bei der Bewertung vorsichtig sein: Man kann nicht einfach ganze Wissenschaftsgenerationen als debil ansehen (d.h. man *kann* schon - aber das bringt nicht weiter). Weiter bringt nur die Frage, welche *Interessen* hinter einer solchen Wissenschaftsperspektive gestanden haben. Denn eins ist klar: Auch heute noch gehen Wissenschaftlerinnen und Wissenschaftler nicht interessenlos an ihre Gegenstände heran, und auch heute noch befinden zumindest in den Geisteswissenschaften diese vorgängigen Interessen mit darüber, welche *Ergebnisse* einem sein Gegenstand liefert. Das ist nicht nur unvermeidbar (Neutralität, völlige Objektivität und totale Distanz zu seinen Beobachtungsobjekten kann kein Mensch aufbringen); es ist auch vor allen Dingen überhaupt nicht *wünschenswert*, daß man seine eigenen Interessen *nicht* in seine geisteswissenschaftliche Arbeit mit einbringt. Denn Geisteswissenschaftler/innen haben als Gegenstand letzten Endes *Menschen*, also auch *sich selbst*; Geisteswissenschaftler/innen erwarten von ihren Gegenständen, daß sie von ihnen aufgeklärt werden über Fragen, die immer auch sie selbst betreffen - nicht unbedingt immer direkt persönlich, aber immer *über den Zusammenhang mit menschlicher Kultur und Gesellschaft*. Das heißt allerdings nicht, daß den Geisteswissenschaften damit ein Freibrief für schöngeistige Spekulation und extremste Subjektivität ausgestellt würde: Es gibt zwar in den Geisteswissenschaften keine *Ob*jektivität, aber es gibt die Maxime der *Inter*subjektivität: sowohl die *Gegenstände* wissenschaftlicher Diskurse als auch *diese Diskurse selbst* müssen kommunikabel bleiben, d.h. sie dürfen nicht nur persönliche Interessen betreffen, und sie müssen von Sprache, Gedankenführung, Argumentation her der Kritik von außen, durch andere, zugänglich bleiben. Eine Wissenschaftlerin oder ein Wissenschaftler *kann*, *muß* und *soll* sich nicht in totale Distanz zu seinem/ihrem wissenschaftlichen Gegenstand begeben, sondern soll sich in diesem Gegenstand wiederzufinden versuchen; eine Wissenschaftlerin oder ein Wissenschaftler *kann*, *muß* und *soll* sich aber über diesen Gegenstand und seine eigenen Interessen mit *anderen* Wissenschaftlerinnen und Wissenschaftlern abstimmen.[9]

Eine Wissenschaft, die mittelalterliche Liebeslyrik als Dokumente biographischen Erlebens gedeutet hat, hat dies gemacht, weil zu ihrer Zeit der Zusammenhang zwischen dichterischem Text und dichterischem Erleben a) von allgemeinem Interesse war, b) als legitimer wissenschaftlicher Gegenstand galt. Sie hat über diesen Gegenstand einen wissenschaftsöffentlichen Diskurs geführt und sich intern über die dazu vorgelegten Thesen, Interpretationen, Meinungen abgestimmt. Diese Thesen, Interpretationen, Meinungen wurden der intersubjektiven Kritik zugänglich gemacht - nicht nur im Detail auf dem Hintergrund der *geltenden* Theorie, sondern auch *grundsätzlich*, was diese dahinterstehende Theorie von der sog. 'Einheit von Leben und Werk' selbst betraf. Daß dies so gewesen sein muß, merkt man ganz einfach daran, daß diese Theorie schließlich abgelöst worden ist. Insofern hat der wissenschaftliche Diskurs, hat das 'System Geisteswissenschaft' also funktioniert (was es ja nicht immer tut ...).

Weshalb aber - und so muß ja jetzt konsequenterweise die nächste Frage lauten - weshalb ist die Theorie von der Einheit von Leben und Werk hinfällig geworden, welche Interessen der *heutigen* Wissenschaft stehen hinter dem Paradigmenwandel? Auch hier gibt es zunächst wieder einerseits wissenschaftliche und andererseits unwissenschaftliche, in der Praxis aber gleichfalls sehr wirksame Gründe: Anlaß für einen Paradigmenwandel in den Geisteswissenschaften ist mit Sicherheit auch immer der Reiz des Neuen schlechthin. Irgendwann sehen Forschungsfelder abgegrast aus (ob sie es wirklich sind, ist eine andere Frage); und profilieren kann man sich in der Wissenschaft mit etwas ganz Neuem, ganz Anderem ohnehin immer am besten. Es gibt aber auch wissenschaftliche Gründe dafür, weshalb heute Liebeslyrik des Mittelalters nicht mehr biographisch gedeutet wird; die beiden wichtigsten sind wohl diese: 1. Die Literaturwissenschaft hat das Interesse an biographischer Deutung nicht ganz, aber doch in weiten Bereichen verloren, weil eine individualisierende Textinterpretation den gesellschaftlichen und gesamtkulturellen Kontext dieser Literatur nicht erschließen kann. Literatursoziologie und Kulturwissenschaft sind aber seit ca. Ende der 60er Jahre unseres Jahrhunderts zwei dominante Paradigmen der Literaturwissenschaft. b) Die Literaturwissenschaft hat die biographische Deutung mittelalterlicher Lyrik verlassen auch aufgrund gegenstandimmanenter Kritik, neuer Ergebnisse im Faktenbereich bzw. aufgrund der Umdeutung oder stärkeren Berücksichtigung bereits bekannter Fakten: Nicht nur ist die tatsächliche Biographie mittelalterlicher Autoren, wie bereits mehrfach erwähnt, in den seltensten Fällen zu eruieren, so daß also der Schluß vom Text auf die Biographie heute unzulässig erscheint. Vielmehr gibt es belegbar oft den Fall, daß identische Lieder in verschiedenen Handschriften verschiedenen Verfassern zugewiesen werden. Dem Mittelalter selbst war also offenbar eine biographische Identifikation oft weder möglich noch geläufig, und dadurch wird ein biographischer Kontext vollends zerschlagen. Verbal wird er z.T. noch beibehalten - etwa wenn ich sage: 'In seinem Lied postuliert Albrecht von Johansdorf, daß aus Liebesverzicht eine ethische Steigerung resultiert.' Hier ist der Verfassername aber nur eine Sigle, ein Erkennungszeichen, ein Kurzwort, mit dem man sich in der Wissenschaft darüber verständigt, von welchem Text man überhaupt redet. Die gesellschaftlich-repräsentative Funktion der mittelalterlichen Liebeslyrik habe ich schon kurz erwähnt. Es bleibt noch darauf hinzuweisen, daß auch die Tatsache des öffentlichen Vortrags und der potentiell immer mögliche Wechsel der Rollen von Vortragenden und Rezipienten es nicht plausibel erscheinen lassen, daß es bei den Inhalten der Lieder um die Darstellung privater, individueller Erlebnisse und Empfindungen gegangen ist. Natürlich sind diese Inhalte und Empfindungen als real v o r s t e l l b a r. Aber es gibt keine Hinweise darauf, daß es den Autoren darum gegangen wäre, diese Gefühle als bei ihnen als biographischen Individuen existent zu vermitteln. Natürlich gibt es auch im Mittelalter glückliche und unglückliche Liebe, Liebesfreud und Liebesleid, Eifersucht und Vertrauen etc. pp. - also wohl die ganze Skala von mit Liebe verbundenen Gefühlen und Affekten. Aber der Autor und Vortragende eines Liedes, der in der Ich-Form redet und behauptet, er leide, weil die von ihm verehrte Dame ihn nicht wieder liebe, schlüpft in eine R o l l e, für die es literarische Muster gibt, und er artikuliert sich beim Vortrag seiner Lieder vor einer Gesellschaft, die weiß, daß es hier eben um Kunst und nicht um Biographisches geht. Mit dem Terminus 'Rolle' sind wir auch beim Gegenbegriff zum Begriff 'Erlebnislyrik': mittelalterliche Lyrik ist keine Erlebnislyrik, sondern das, was man als **Rollenlyrik** bezeichnet. (Solche Rollenlyrik gibt es noch geraume Zeit über das Mittelalter hinaus, etwa in der lyrischen Richtung der sog. *Anakreontik*; und natürlich würde auch heute keiner annehmen, daß Schlagersänger das, was sie in ihren Texten erzählen, alles selbst erlebt haben - es sei denn, als Fan *möchte* man dergleichen gerne annehmen ...)

'Erlebnislyrik' und 'Rollenlyrik'

Es kommt noch ein weiteres inhaltliches Element hinzu, das in Verbindung mit den gesellschaftlichen Verhältnissen des Mittelalters dagegen spricht, daß Minnesang in irgendeiner Hinsicht daran interessiert gewesen wäre, biographische Fakten über Autoren zu enthüllen: In der Minnelyrik ist von den ersten überlieferten Texten aus der Mitte des 12. Jhs. bis weit ins 14. Jh. hinein mit wenigen Ausnahmen nie die Rede von Ehefrauen, sondern immer nur von 'Damen', *vrouwen*, d.h. ganz allgemein von adligen Personen weiblichen Geschlechts. Öffentlich zuzugeben, daß man eine Dame, mit der man nicht verheiratet ist, liebe, ist aber im Mittelalter schwer möglich, wenn eine solche Äußerung nicht eindeutig als spielerisch und damit inhaltlich entschärft erkennbar gemacht wird: Sowohl der weltliche als auch erst recht der kirchliche Sittenkodex verdrängt die Möglichkeit vor- und außerehelicher Liebesbeziehungen, sieht sie als illegitim an und belegt sie mit Sanktionen. Auch hier muß man wieder sagen: *Natürlich* hat es auch im Mittelalter vor- und außereheliche Liebe und Sexualität gegeben; da sie aber gegen die offiziellen Normen verstießen, konnte niemand daran interessiert sein, tatsächliche persönliche Vorkommnisse solcher Art öffentlich in Liedform preiszugeben.

Historische Erklärungsversuchen des Minnesangs außerhalb individualbiographischer Ansätze

a) Literatursoziologische Deutungen: In den Liedern ist immer die Rede davon, daß eine *vrouwe* angebetet wird - und *vrouwe* heißt nicht nur 'Dame', sondern auch 'Herrin'. Außerdem erscheinen in Minneliedern der Zeit vor ca. 1190, also vor der Zeit, in welcher der Ritterbegriff von einer sozialen Bezeichnung zu einem überständischen Ehrentitel wurde (→ Kap. V.5), oft Paarkonstellationen *ritter- vrouwe*; in dieser frühen Zeit würde das heißen, daß ein Unfreier eine Adlige liebt. Und schließlich ist im Minnesang in bezug auf das Verhältnis von Mann und Frau oft von *dienest* und *lôn* die Rede; aus unserem Johansdorf-Lied wissen wir, daß dies Termini aus dem Lehnswesen sind. Beides zusammen - das Auftauchen der Konstellation *ritter = ministerialis* und *vrouwe* u n d die terminologische Evozierung eines Lehnsverhältnisses zwischen diesen beiden durch die Verwendung der Begriffe *dienest/lôn* - hat zu folgender These geführt: Der Minnesang sei ein Versuch unfreier Ritter gewesen, ihren sozialen Aufstieg zu befördern durch mit dem Thema 'Liebe' lediglich verkleidete Ergebenheitsadressen an die *vrouwen*, die 'Herrinnen' des jeweiligen Hofes, an dem die Minnesänger als Ministeriale tätig gewesen seien. Die Bitte um Liebe und Liebeslohn sei nur eine verklausulierte Bitte um soziale Erhöhung und Belehnung gewesen, das Insistieren auf dem eigenen Liebesdienst nur ein mehr oder weniger dezenter Hinweis auf den realen *dienest*, den der Ministeriale/Ritter seiner Herrschaft geleistet habe. Diese These wurde 1902 von dem Romanisten EDUARD WECHSSLER vorgetragen und 1966 erneut von einem Romanisten, nämlich ERICH KÖHLER, wieder aufgegriffen. Heute wird sie nicht mehr vertreten, und zwar aufgrund folgender Fakten und Überlegungen: WECHSSLER und KÖHLER gehen aus von der südfrz. Trobadorlyrik. Unter den Autoren dieser Lyrik gab es tatsächlich sehr viele Vasallen - während, so weit feststellbar, die Autoren des deutschen Minnesangs zu einem großen Teil dem Adel, sogar dem Hochadel entstammten; irgendwelche Aufstiegsambitionen sind für letztere also nicht anzusetzen. Außerdem wurde behauptet, neben den Begriffen *dienest* und *lôn* seien nur noch ganz wenige andere Termini aus dem Lehnswesen in den Liedern vorhanden;[10] daher habe man es eher mit einem metaphorischen Gebrauch als mit einer systematischen Analogiesuche zu tun. Hinzu kommt, daß sich die sozialen Strukturen des Adels in Deutschland und Frankreich erheblich unterschieden haben, so daß man nicht automatisch von den französischen auf die deutschen Verhältnisse rückschließen kann. (Die Diskussion ist hier allerdings eher abgebrochen als konsequent zu einem allgemein akzeptierten Ende geführt worden.) In spezifisch *literatur*wissenschaftlicher Hinsicht wäre noch darauf zu verweisen, daß die *vrouwe* in den Liedern nicht Herrin des Mannes i s t, sondern nur als Herrin a n g e r e d e t wird. Außerdem ist *vrouwe* / Herrin nicht nur eine Funktions- und Standesbezeichnung, sondern auch eine H ö f l i c h k e i t s a n r e d e u n t e r S t a n d e s g l e i c h e n, aus deren Verwendung man also nicht unbedingt auf eine tatsächliche soziale Distanz schließen kann.

Literatursoziologisch ausgerichtet ist im Ansatz auch ein Erklärungsversuch, der die Ideologie der 'Hohen Minne' herleitet aus einem Mangel an heiratsfähigen adligen Frauen zur Zeit der Blüte des hohen Minnesangs (wobei der endgültige statistische Beweis für diese These mangels genügender demographischer Daten nicht erbracht werden kann). Insofern der Minnesang dann also als eine literarische Kompensation realer Verlustgefühle betrachtet werden könnte, leitet dieser Erklärungsversuch schon zu psychologischen Deutungen über:

Psychologische Erklärungen: Mit dem Aufschwung der Literaturpsychologie hat es zeitweise auch Versuche gegeben, die Entstehung des Minnesangs aus historischen Gegebenheiten abzuleiten, von denen angenommen wurde, daß sie auf die Psyche der Verfasser Einfluß genommen hätten. Zu nennen ist hier neben dem bereits erwähnten Bezug auf demographische Fakten etwa die These, daß der im Adel verbreitete P a g e n d i e n s t ein psychisches Klima begünstigt habe, in dem der Dienstgedanke des Minnesangs entstehen konnte: Es war üblich, junge Adlige zur Erziehung an fremde Höfe zu schicken. Ein Teil ihres Dienstes an diesen Höfen bestand darin, Damen aufzuwarten und sie zu bedienen. Das pubertäre Alter der Pagen hätte dann im Zusammenhang mit der Verehrung für diese Damen zu einer auf eigene Unterwerfung gerichteten Liebeskonzeption geführt. Auch hier ist zur Relativierung auf den Mehrfachcharakter der Bezeichnung *vrouwe* hinzuweisen sowie darauf, daß die Damen in den Liedern nicht als tatsächliche Herrinnen dargestellt, sondern nur als solche angeredet werden (s.o.)

Psychologisch wurde der Minnesang auch gedeutet als Folge eines gestörten Geschlechterverhältnisses: Dieser These zufolge soll der literarische Unterwerfungsgestus des adligen Mannes eine Art masochistischer Selbstbestrafung dafür gewesen sein, daß sich seine Triebe auf ein Objekt richteten, das unter seiner Sexualität zu leiden hatte. Alternativ wurde vermutet, der Unterwerfungsgestus sei Folge einer Angst vor der Frau, da diese im Mittelalter für sexuell triebhafter als der Mann gehalten wurde. In Verbindung mit der Tatsache, daß für die Verdammung der Sexualität und das negative Image der Frauen im Mittelalter vor allem die Kirche verantwortlich gewesen ist, hat es sogar die These gegeben, Minnesang sei Ergebnis einer "ekklesiogenen Kollektivneurose".[11]

Psychologische Erklärungsversuche dieser Art kranken alle daran, daß man für sie auf Theorien zurückgreifen muß, die nur anhand der Analyse neuzeitlicher Probanden aufgestellt wurden. Die Bedingungen, die auf Wünsche, Ängste, Triebgestaltung usw. Einfluß nehmen, unterscheiden sich aber natürlich in verschiedenen geschichtlichen Epochen und Gesellschaften beträchtlich. Dabei kann man durchaus nicht pauschal davon ausgehen, daß der Mensch der Neuzeit in jeder Beziehung ein 'freieres' Leben führt als der mittelalterliche (wobei Begriffe wie '*der* mittelalterliche/neuzeitliche Mensch' ohnehin Resultate von Verallgemeinerungen sind!). So hatte etwa ein männlicher Adliger im Mittelalter erheblich mehr Gelegenheit, seine Libido auszuleben, als ein Mitglied der bürgerlichen Gesellschaft Wiens um die Wende vom 19. zum 20. Jahrhundert, also der Schicht, anhand derer SIGMUND FREUD seine Theorien entwickelt hat; und Menschen aller Schichten unterlagen im Mittelalter weniger Restriktionen, was das Ausleben gewalttätiger Affekte betrifft. Die Menschen in Mittelalter und Neuzeit unterscheiden sich voneinander wohl nicht so sehr durch das *Ausmaß* ihrer Ängste, Wünsche und Triebe als vielmehr dadurch, *worauf* ihre Ängste, Wünsche und Triebe gerichtet waren.

Vergessen werden darf auch nicht - und dies gilt es bei *allen* außerliterarischen Erklärungsversuchen zu berücksichtigen, nicht nur bei psychologischen -, daß der Minnesang auf jeden Fall ein literarisches Phänomen ist und daß es innerhalb des Minnesangs nicht nur Dienst-, Klage- und Verzichtlieder gegeben hat, sondern auch viele Lieder, in denen glückliche Liebe, sexuelle und erotische 'Erlebnisse' dargestellt werden (z.B. in TAGELIEDERN und PASTORELLEN; s.u.). Verschiedene literarische Liebeskonzepte sind während des gesamten Mittelalters vom Publikum nebeneinander rezipiert und goutiert worden, und wo sich zeitweise Schwerpunkte hergestellt oder neue Konzepte gezeigt haben, da kann man sicher auch die Wirkung literarischer Moden nicht unterschätzen, deren inhaltliche Gegebenheiten als Antwort auf andere, ältere Moden verstehbar sind, mithin also auch als literarische 'Überbietungsversuche'. Auch wenn man die Wirksamkeit außerliterarischer Fakten auf der Produktions- und Rezeptionsseite nicht prinzipiell ausschließen kann und wenn es sich also grundsätzlich lohnt, solche zumindest modellhaft durchzuspielen, stellt sich daher doch die Frage nach der literarischen Genese des Minnesangs:

Theorien zu möglichen literarischen Traditionen des deutschen Minnesangs: Bei der Frage, welche *literarischen* Muster den Minnesang beeinflußt oder gar hervorgerufen haben, muß man zwei Aspekte einbeziehen: Zu suchen ist nach parallelen Inhalten, zu berücksichtigen ist aber auch die Frage, wie und auf welchem Weg entsprechende Inhalte nach Deutschland gelangt sein könnten. Eine reine Parallelensucherei ohne Rücksicht auf die Gegebenheiten, unter denen eine Rezeption erst stattfinden kann (Literaturkontakt) muß entweder Selbstzweck bleiben oder verführt zur Konstruktion überzeitlicher anthropologischer Konstanten - wenn man nämlich aus der Ubiquität von Motiven den Schluß zieht, diese seien halt (gerade in *Liebes*lyrik) 'typisch menschlich'.

Die Lyrik folgender Literaturen wurde im Verlauf der Forschungsgeschichte als einflußreich in bezug auf den Minnesang vermutet:

Theorien der Herkunft des Minnesangs

- aus der antik-lateinischen Liebesdichtung;
- aus der mittellateinischen Liebesdichtung;
- aus der religiösen Lyrik, speziell aus der

- Marienlyrik;
- aus der nordfrz. Liebeslyrik (Trouvèreslyrik);
- aus der südfrz.-provenzalischen Liebeslyrik (Trobadorlyrik);
- aus der sog. mozarabischen Lyrik[12] und über diese dann
- indirekt aus der arabischen Lyrik;
- aus der einheimischen Volkslyrik

Die Theorie einer Herkunft aus der **einheimischen Volkslyrik** nimmt dabei eine gewisse Sonderposition ein: Da diese *vor-* oder *außerschriftlich* produziert worden ist, steht sie für Vergleiche mit dem schriftlich fixierten Minnesang[13] nicht mehr zur Verfügung. Man hat in Minneliedern Bestandteile zu identifizieren versucht, die als 'typisch volkstümlich' gelten (Refrain, formelhafte Wendungen, 'volkstümliche' Ausdrücke), aber das ist eben spekulativ, weil Volkslyrik aus dem Mittelalter nicht mehr erhalten ist. Einflüsse sind gleichwohl möglich; allerdings könnten entsprechende Bestandteile auch in parodistisch-ironisierender Weise verwendet worden oder Produkte bewußter Stilisierung sein, zumal sich der Adel ja in seiner Kunst - wie in anderer Beziehung auch - immer bewußt elitär gegeben hat, eine einfache Übernahme volkstümlicher Elemente also eigentlich dysfunktional gewesen wäre.- In allen anderen in der Tabelle aufgeführten Fällen lassen sich Einflüsse aufgrund von Motivähnlichkeiten vermuten; im einzelnen ist noch folgendes hinzuzufügen: **Antik-lateinische Liebeslyrik** ist im Mittelalter bekannt, kann aber wegen der Sprache fast nur von Klerikern rezipiert werden. Die entsprechenden Inhalte müßten also von Klerikern an die laikalen Autoren des Minnesangs vermittelt worden sein. Das ist durchaus nicht unwahrscheinlich, da trotz der offiziellen Abneigung der Kirche gegenüber weltlichen Inhalten von Literatur (und besonders natürlich erotischen) einzelne Kleriker sich immer wieder als kunstbegeistert gezeigt haben. Von solchen Klerikern oder zumindest von Personen mit (evtl. abgebrochener) klerikaler Ausbildung stammen denn auch die meisten **mittellateinischen** Lieder; der Ort, wo Latein und Volkssprache im Bereich der Kunst zusammenkommen, ist der Adelshof, bevorzugt wohl angelegentlich von Festen. Daß auch dezidiert **religiöse** Lyrik als Quelle für den weltlichen Minnesang ins Spiel gebracht worden ist, scheint demgegenüber zunächst befremdlich. Zu denken ist aber vor allem in bezug auf die 'hohe Minne' daran, daß die dort artikulierte Verehrung eines als höhergestellt betrachteten Objekts eine Parallele findet im lyrischen Gestus der Verehrung Gottes. Diese Parallele wird im Fall der **Marienlyrik** noch dadurch verstärkt, daß dort das Objekt der Verehrung ebenfalls eine Frau ist; und tatsächlich gibt es Lieder, bei denen man schwer oder überhaupt nicht entscheiden kann, ob die darin gefeierte und verehrte *vrouwe* eine adlige Dame oder Maria meint. Und schließlich findet das Verzichtsideal des Minnesangs unter Umständen auch eine Präfigurierung in religiösen Askesegedanken.- Kontakte mit der **spanisch-arabischen** sowie der **nord-** und **südfranzösischen** Kultur und Literatur ergeben sich primär daraus, daß es sich auch in diesen Fällen um Adelskulturen handelt. Ein mittelalterlicher Adliger fühlt sich einem Adligen einer anderen Nationalität in der Regel mehr verbunden als einem Angehörigen niederen Standes aus der eigenen Nation; entsprechend interessiert ist man auch an den Lebens- und Kulturformen 'ausländischer' Adliger, und wir haben ja schon gehört, daß man sich in Deutschland seit der Mitte des 12. Jahrhundert in mehr als einer Beziehung Frankreich als Vorbild gewählt hat (→ Kap. V.5 zum französischen Einfluß auf die deutsche Sprache, Literatur und Kultur des Adels). Gelegenheiten, bei denen sich der Adel aus verschiedenen Ländern trifft und bei denen es sicher auch zum literarischen Austausch gekommen ist, waren einerseits Feste (anläßlich von Hochzeiten, Verträgen, Turnieren etc.), andererseits gemeinsame militärische Unternehmungen - nicht nur, aber besonders auch anläßlich der Kreuzzüge. In bezug auf die **südfranzösisch-provenzalische** Literatur ist noch hinzuweisen darauf, daß die Provence zwischen 1033 und 1481 zum Deutschen Reich gehört hat, woraus sich weitere Kontakte ergeben haben. In Südfrankreich hat es auch einige religiös-asketische Bewegungen gegeben, die man für spezielle Motivausprägungen in der provenzalischen Lyrik verantwortlich gemacht hat und die dann ebenfalls nach Deutschland weitergewirkt haben könnten. Ein tatsächlicher Einfluß der französischen Lyrik auf die deutsche läßt sich etwa daran nachweisen, daß einige deutsche Lieder sich als **Kon-**

trafakturen[14] französischer Lieder herausgestellt haben oder daß Strophenformen von Frankreich nach Deutschland gewandert sind.

Das zeitweise sehr verbreitete Bemühen der Geisteswissenschaften, literarische und sonstige kulturelle Phänomene in ihrer Entstehung aus einer literarischen *Quelle* und damit sozusagen einer *Ursache* abzuleiten, hat man als ein Bemühen der Geisteswissenschaften gedeutet, sich methodisch an die Naturwissenschaften anzuschließen: Gegen Ende des 19. Jhs. war die Stellung der Geisteswissenschaften an den Universitäten zwar noch sehr stark, und sie waren - anders als manche geisteswissenschaftlichen Fächer heute - in ihrem Bestand noch nicht gefährdet. Es war aber damals schon abzusehen, daß das rapide Fortschreiten von Technik und Naturwissenschaften nebst ihrer Bedeutung für die gesamte Gesellschaft zu Umwertungen führen würde. Daraus resultierte vielleicht eine Art von Minderwertigkeitskomplex der Geisteswissenschaften, und man versuchte sich dadurch aufzuwerten, daß man sich *methodisch* eng an die Naturwissenschaften als die sog. 'exakten Wissenschaften' anschloß. Kausalität aber ist ein Hauptprinzip der Naturwissenschaften (Prämisse: 'keine Wirkung ohne Ursache'); und ein Großteil naturwissenschaftlicher Arbeit besteht eben darin, die Ursachen verschiedener Phänomene aufzudecken. Weite Bereiche der Geisteswissenschaften wollten sich Ende des 19. Jahrhunderts in ihrer Arbeit nur auf solche Verfahren und Objekte beschränken, die als objektiv erfaßbar galten: Nur das, was *beweisbar, empirisch nachvollziehbar* war, galt als wissenschaftlich akzeptable Leistung. Den Namen der Methode, die sich auf dergleichen kapriziert hatte, haben wir schon in Kap. IV. kennengelernt: Positivismus - 'Positivismus' deshalb, weil man sich eben auf 'positives' im Sinn von 'objektiv feststellbares' Wissen beschränken wollte. Das Ursache-Wirkung-Schema, auf das dieser Positivismus die Deutung literarischer Phänomene einschränken wollte, kam etwa auch im Bereich der *Sprachwissenschaften* zur Geltung: So wie die Minnesangforschung die Entwicklung des Minnesangs monokausal erklären wollte, so wollte auch die Sprachwissenschaft die Entstehung einzelner Sprachen lediglich als Ableitung aus anderen Sprachen erklären oder Phänomene der Sprachentwicklung wie z.B. die beiden Lautverschiebungen als von *einer* Quelle = Ursache ausgehende Erscheinungen.

Heute ist man sowohl im Bereich der Sprach- als auch im Bereich der Literaturwissenschaften und auch ganz allgemein in den Geisteswissenschaften von solchen **monokausalen** Erklärungsmodellen abgekommen. Statt einer Monogenese setzt man eher eine **Polygenese** an (Entstehung eines Phänomens aus *mehreren* Ursachen) oder hält die Erklärungsmöglichkeit offen, daß identische Phänomene an verschiedenen Orten auch *unabhängig* voneinander entstanden sind.

Das Erklärungsmodell von Norbert Elias: Woran die bisherigen psychologischen Erklärungsversuche des Minnesangs größtenteils scheitern, wurde oben dargestellt. Es gibt aber nicht nur eine Psychologie von Individuen, sondern auch eine Art Psychologie ganzer Gesellschaften oder gesellschaftlicher Gruppen, eine Mentalität, die im allgemeiner leichter erfaßbar und plausibler zu machen ist als die Psychologie einzelner Menschen, da sie sich in kollektiven und damit deutlicher beobachtbarer Verhaltensweisen äußert, Verhaltensweisen, die sich auch für weiter zurückliegende Zeiträume, aus denen keine Zeitzeugen für eine direkte Befragung mehr zur Verfügung stehen, dokumentieren lassen.

Liebe ist zu allen Zeiten und in allen bekannten Kulturen zum Gegenstand mündlicher und schriftlicher Literatur geworden. Auch bestimmte inhaltliche Spielarten, Konstellationen und Situationen in diesem Bereich sind sehr verbreitet und nicht nur im deutschen Minnesang anzutreffen. Eines ist jedoch auffällig: Nach einer Anfangsphase, in der 'realisierte' Liebe im Mittelpunkt der Inhalte deutscher Liebeslieder steht und in der zumindest sehr offen über erotische Wünsche - und zwar auch von Frauen - geredet wird, drängt sich zwischen ca. 1170 und 1250 ein neuer inhaltlicher Typus in den Vordergrund, eben der, den man mit dem Begriff 'hohe Minne' zu fassen pflegt. Dieser Typus ist, auch das wissen wir inzwischen, durch folgendes gekennzeichnet:

- Die Perspektive und die Gefühle des Mannes werden bevorzugt dargestellt.

- Dem korrespondiert eine Hochstilisierung der Frau, die quasi als Herrin über Leben und Tod des Mannes dargestellt und zur obersten moralischen und gesellschaftlichen Bewertungsinstanz gemacht wird.

- Das Ziel dieser Gefühle - das nach wie vor in der Realisierung auch erotischer und sexueller Wünsche besteht - wird nur noch sehr dezent beschrieben: als *lôn* etwa, als 'Erhörtwerden' und dergleichen mehr; die Sprache ist also gedämpfter und verhüllender geworden.
- Die Liebessituationen laufen meistens auf einen Verzicht des Mannes hinaus - er lernt also zumindest in der Literatur, seine Triebe zu beherrschen.

Dieses Modell kann man mit Sicherheit nicht als Spiegel der Realität ansehen. Aber man kann verfolgen, daß einiges aus diesem Modell in die Realität überzugehen scheint - etwa die Zurückhaltung und Höflichkeit gegenüber Frauen, die Maxime, daß man sich Frauen gegenüber 'zusammenzureißen' hat, oder die, daß Frauen das Recht haben, männliches Verhalten zu kritisieren. Und dies findet also in Literatur und zunehmend auch in Realität statt, obwohl die Frauen im Mittelalter gegenüber den Männern juristisch und sozial benachteiligt sind. Gerade wegen dieser Diskrepanz jedoch stellt sich dann die Frage, weshalb besagtes Modell ausgerechnet in der *Adels*gesellschaft attraktiv wird, in einer Gesellschaft, die geprägt ist von militärischer Aggressivität und feudalem Beharren auf ererbten Rechten, Privilegien und Bräuchen. Diese Frage hat Ende der dreißiger Jahre unseres Jahrhunderts der Soziologe NORBERT ELIAS wie folgt beantwortet:[15]

Der Hof und die 'Ver*höf*lichung'

Das Vordringen des neuen Minneideals in Lyrik und z.T. auch Epik seit ca. 1170 korreliert mit einer bestimmten gesellschaftlichen Entwicklung im gleichen Zeitraum: Aus der Menge der vielen kleinen Adelshöfe, die - unabhängig von der konkreten Stellung in der Hierarchie, also unabhängig davon, ob der Herr eines Adelshofes Niederadliger, Graf, Herzog oder König war - weitgehend gleiche Merkmale aufweisen, kristallisieren sich allmählich einige Höfe heraus, die zentralere Funktionen übernehmen. Auch früher schon hatte natürlich ein Graf mehr Macht als ein Niederadliger, ein König mehr Macht als ein Graf usw.; aber die Orte, an denen sich diese Adligen verschiedenen Standes aufhielten, ihre Höfe, waren sich doch oft zum Verwechseln ähnlich: Sie waren klein, selten luxuriös ausgestattet und hatten die Versorgungsbereiche, also etwa bäuerliche Betriebe, meist noch in sich integriert. Dies war möglich, weil die einzelnen Herrschaftsbereiche noch sehr wenig zusammenhingen und weil es nur sehr wenige politische und soziale Funktionen gab, die der Hof eines höheren Adligen für dessen jeweiliges Herrschaftsgebiet auszuüben hatte: Es gab kaum eine zentrale Verwaltung, es gab kaum eine geregelte Finanzpolitik, es gab nur in Ansätzen eine Differenzierung der Gesellschaft nach beruflichen Tätigkeiten, die die Installation eines Leitungs- und Distributionsapparates nötig gemacht hätte. Genau das ändert sich jetzt: Die Gesellschaft differenziert sich, und die hohen Adligen haben ein Interesse daran, ihre theoretische Macht über andere Bereiche realiter dadurch zu stabilisieren, daß sie Verwaltungs- und Leitungsfunktionen wahrnehmen bzw. delegieren. Dadurch steigt ihre Macht - und analog nimmt die Macht der kleineren Adligen ab. Indem die Höfe des Hochadels größer, prunkvoller, repräsentativer werden, weil nun dort eine Vielzahl von militärischen und Verwaltungsaufgaben wahrzunehmen ist, werden diese großen Höfe für zusätzliche Personenkreise attraktiv; dadurch bevölkern sie sich noch mehr, was den Prozeß der Zentralisierung weiter vorwärts treibt. Den Kleinadel zieht es an die großen Höfe, weil man dort Karrierechancen hat, die sich am eigenen Hof nicht ergeben. Und an den großen Höfen kommt es nun zu einer vorher in diesem Ausmaß nicht gekannten Situation: Früher, als der einzelne Adlige noch an seinem eigenen Hof lebte, war er der Mächtigste und Einflußreichste an diesem Hof, war theoretisch und praktisch unumschränkter Herrscher über alle anderen - denn außer ihm und seiner Familie gab es keine anderen Adligen dort, sondern nur Nichtadlige, also überwiegend Bauern. In dieser Situation und bei diesem sozialen Umfeld hatte ein Adliger kaum Veranlassung, sich irgendwelche Restriktionen aufzuerlegen: Wenn er eine Frau sah, die ihm gefiel, konnte er sie sich mit Gewalt nehmen; wenn er sich über einen Mann ärgerte, konnte er ihn erschlagen; wenn ihm danach war und wenn das seine eigene Familie nicht zu sehr störte, konnte er beim Essen rülpsen (von Schlimmerem zu schweigen) - und er konnte all dies, ohne negative Sanktionen erwarten zu müssen; denn es gab in seinem eigenen Herrschaftsbereich einfach *niemanden*, der fähig und berechtigt gewesen wäre, ihn mit solchen Sanktionen zu belegen. An den neuen großen Zentralhöfen aber lebt nun der Adlige mit anderen Adligen zusammen - mit Höherstehenden und Gleichrangigen, und er untersteht nicht mehr nur eigenem Recht, sondern dem Recht des Hofes, an dem er sich befindet, und dem Recht des Hofherrn. Der Adlige ist also nun gezwungen, seine Emotionen, Triebe, Affekte etc. zu dämpfen, wenn er nicht bestraft oder vom Hof entfernt werden will. Das neue Minneideal aber stellt nun genau eine solche Situation dar, in der Triebverzicht geleistet wird; es kommt aber hinzu, daß dieser Verzicht nicht beklagt, sondern emphatisch als Ausweis besonderer Tugend gefeiert wird. In dieser Hinsicht würde also der Minnesang im wahrsten Sinne des Wortes aus der Not eine Tugend machen; er würde der psychischen Kompensation von Verlustgefühlen dienen.

Soweit das kultur- und mentalitätsgeschichtliche Erklärungsmodell des Minnesangs von NORBERT ELIAS. *Beweisen* läßt es sich mit Sicherheit nicht; denn es ist aus dem Mittelalter kein einziger Text erhalten, in dem dergleichen etwa als theoretisches Programm, als Maxime oder didaktisches Konzept vertreten würde. *Aber genau so arbeiten eben die Geisteswissenschaften*: Es liegt ein Befund vor ('Es gibt Minnesang.'); dieser Befund wird näher untersucht und analysiert ('Im Minnesang taucht ab einer gewissen Zeit das Motiv der hohen Minne auf.'); diesen Befund kann ich nicht *erklären* - denn anders als bei den Objekten der Naturwissenschaft bestehen zwischen den Objekten der Geisteswissenschaften keine empirisch meßbaren Beziehungen, die auf Kausalitäten schließen lassen könnten; ich kann den Befund also nicht erklären - aber trotzdem will ich ihn *verstehen*. Zu diesem Zweck bleibt mir nichts anders übrig, als ein oder mehrere Verständnis*modelle* aufzustellen. Als Antwort ergibt sich dann nicht die Aussage: 'So *ist* es gewesen!', aber doch die Aussage: 'So *hätte* es sein *können*!' - und auch mit einer solchen Antwort habe ich meinen Erkenntnishorizont erweitert.

Die Entwicklung des deutschen Minnesangs von 1150/1160 bis um 1300

Vorbemerkung: Der Beginn des o.a. Zeitraums wird festgelegt durch die Überlieferung: Vor 1150/60 hat es keinen Minnesang gegeben - oder Textzeugnisse dafür sind nicht mehr erhalten. Das Ende ('um 1300') ist bestimmt durch die Auffassung dessen, was 'Minnesang' ist: Liebeslyrik und auch adlige Liebeslyrik hat es über diesen Zeitraum hinaus gegeben; aber gegenüber den Liedern der vorherigen Zeit zeigen die späteren inhaltliche und gehaltliche Änderungen, die es sinnvoll erscheinen lassen, um 1300 bezüglich der Lieddichtung einen Epochenschnitt anzusetzen. Der bereits erwähnte Oswald von Wolkenstein wird manchmal als 'der letzte Minnesänger' apostrophiert; literatursoziologisch stimmt das insofern, als er Adliger war und seine Lieder noch selbst getextet und komponiert hat - aber diese Lieder bewegen sich inhaltlich kaum noch in konventionellen Bahnen. Auch der etwas ältere Hugo von Montfort war Adliger; aber bei ihm ist nach eigener Aussage die Einheit von Texter und Kompositeur nicht mehr gegeben: die *wîsen* (Melodien) zu seinen Liedern hat ein anderer komponiert. Es kann sein, daß Hugo noch Lieder in hergebrachter Manier verfaßt hat; so berichtet er es jedenfalls selbst und liefert auch eine kleine Kostprobe. Diese Kostprobe macht sich aber über Konventionen lustig und ist eindeutig eine Parodie, worin sich die Distanz des Autors gegenüber den klassischen Mustern ausdrückt. Auch auf der Rezipientenseite scheint sich seit dem 14. Jh. ein Wandel abzuzeichnen: Wie die Sammelprinzipien der Handschriften zeigen, läßt das Interesse an bestimmten Autoren allmählich nach zugunsten eines Interesses an bestimmten Liedern oder Genres.

Für die formale, thematische und genremäßige Kennzeichnung der folgenden Epochen gilt im Folgenden grundsätzlich, daß es sich jeweils um Generaltendenzen handelt; in jeder Epoche gibt es von fast jeder dieser Tendenzen Ausnahmen!

Der Kürnberger (oben) und Dietmar von Aist / Agiste; Liederhandschrift C

Früher oder 'donauländischer' Minnesang (bis 1170): Die Bezeichnung 'donauländisch' trägt diese Epoche wegen der geographischen Provenienz prominenter Vertreter (Meinloh von Sevelingen, Der Burggraf von Regensburg; ungeklärte Herkunft: Dietmar von Aist/Eist, Der Kürnberger). F o r m a l ist dieser frühe Minnesang gekennzeichnet durch die Einstrophigkeit der Lieder, den Paarreim, sog. Langzeilen (zweiteilige Verse mit 7-8 betonten Silben), 'Halbreimlizenz' (unreine Reime sind noch häufig). T h e m a t i s c h geht es in den Liedern um Werbung, Trennung, Abschied, Verzicht, Entfremdung, Sehnsucht. In den Anfängen des Minnesangs waren auch noch die Gefühle

Kaiser Heinrich (oben) und Friedrich von Hausen; Liederhandschrift C

von *Frauen* häufiger thematisierbar, während sich hinterher bevorzugt die männliche Perspektive in den Vordergrund drängt. Dabei ist allerdings darauf hinzuweisen, daß auch die Lieder, in denen über die Gefühle von Frauen gesprochen wird und in denen Frauen als Sprecherinnen auftreten, von Männern verfaßt worden sind; im Gegensatz zu Frankreich scheint es in Deutschland keine Verfasserinnen von Liebeslyrik gegeben zu haben.- Als Genres sind überwiegend vertreten Männerlieder, Frauenlieder und Wechsel.[16]

***Sog. 'rheinischer' Minnesang (um 1170 bis 1190/1200)*:** "Den Kern bilden Dichter, die am Oberrhein zu lokalisieren sind. Führender Vertreter ist Friedrich von Hausen († 1190) [...]. Er ist der erste mhd. Dichter, der urkundlich bezeugt ist."[17] Weitere Autoren: Bligger von Steinach, Bernger von Horheim, Ulrich von Gutenburg, Kaiser Heinrich (vermutlich Kaiser Heinrich VI.), Heinrich von Veldeke (am Niederrhein), Rudolf von Fenis, Heinrich von Rugge, Albrecht von Johansdorf. In dieser Zeit beginnt nachweislich der Einfluß nord- und südfranzösischer Lyrik auf den deutschen Minnesang, sowohl in bezug auf die Strophenform als auch hinsichtlich einzelner Motive.- Formale Kennzeichen: Mehrstrophigkeit, kompliziertere Reimbindungen (statt Paarreim auch Kreuzreim, umschließender Reim u.a.), Durchsetzung reiner Reime, Stollenstrophen.[18] Genres und Themen: Klagelieder mit Thematik der 'Hohen Minne', Kreuzlieder.[19]

Die folgenden Phasen lassen sich nicht mehr durch prägnante Oberbegriffe kennzeichnen; sie werden dominiert oder sogar erst konstituiert durch einzelne Autoren. Dadurch kommt es zwischen den folgenden Phasen auch zu zeitlichen Überschneidungen.

***1190-1210*:** Diese Phase wird dominiert von drei Autoren, die alle sehr prominent sind, aber besonders in thematischer Hinsicht ein jeweils stark ausgeprägtes Eigenprofil besitzen: Heinrich von Morungen, Reinmar (auch gen. Reinmar von Hagenau oder Reinmar der Alte), Hartmann von Aue. Gemeinsamkeiten: Ausbau der Form (Stollenstrophe, reiner Reim, komplizierte Reimbindungen), thematische Festlegung auf die 'Hohe Minne'. Besonderheiten: *Morungen:* Kennzeichnung der Liebe als einer magischen Macht, Lichtmetaphorik, Einbezug sensualistischer[20] Elemente. *Reinmar:* Reflexion, Betonung des Trauerns und Klagens, zum Teil Rücknahme erotischer Motivik zugunsten eines spirituellen (= geistigen, vergeistigten) Liebesbegriffs. *Hartmann:* Kreuzzugsmotivik, Kritik an (literarischen!) Minnesangritualen, Einbezug ethischer und didaktischer Inhalte.

Heinrich von Morungen (links) und Reinmar der Alte; Liederhandschrift C

***1190-1230*:** Diese Epoche steht unter dem Einfluß von Walter von der Vogelweide, der teilweise auch konventionelle Lieder verfaßt, sich manchmal auch stark an Reinmar angeschlossen hat, aber wichtige thematische Neuerungen aufweist: Kritik am traditionellen Minnesang, Entwürfe neuer Minne'konzeptionen' (*nidere* und *ebene* Minne; s.o.) verbunden mit der Problematisierung eines sozial definierten Begriffs der *vrouwe* (*vrouwe* = 'Minneherrin' kann auch eine Frau sein, die nicht *vrouwe* = adlige Frau ist), parodistische Lieder und Lieder mit ausgeprägter Naturmotivik; bei Walther findet man auch eine auffällige Prätention biographischer Elemente. Walther ist außerdem anscheinend der erste Autor von Minneliedern, der gleichzeitig im zweiten 'lyrischen' Genre des deutschen Mittelalters, dem Spruch, Texte verfaßt hat.

Walter von der Vogelweide; Liederhandschrift C (oben) und B. In beiden Fällen wird Walter in einer Haltung dargestellt, die er in einem seiner Sprüche beschreibt. Er sitzt auf einem Felsen, hat den Kopf in eine Hand gelegt und stützt den Arm auf dem Knie ab. Das ist ein ikonographischer Topos: die Haltung drückt Melancholie und Reflexion aus.

Exkurs: Lied und Spruch

Die Terminologie als solche ist eher irreführend: Sprüche waren, wie Lieder, für einen *Gesangs*vortrag bestimmt; statt von 'Spruch' redet man daher in der Mediävistik heute zunehmend lieber von 'Sangspruch'. Als Abgrenzungskriterien gelten traditionell die folgenden:

	Spruch	**Lied**
Strophenzahl	meist einstrophig	meist mehrstrophig
Strophenbau	meist 'breiter'	meist 'schmaler'
Autoren	meist Berufsautoren	meist adlige Dilettanten
Thematik	prinzipiell zu allen weltlichen und religiösen Themen	überwiegend Thema Liebe

Von allen genannten Kriterien gibt es (oft zahlreiche) Abweichungen, so daß der o.a. Katalog von Unterschieden heute oft kritisiert wird. Als Anhalt ist er jedoch nach wie vor brauchbar; inwieweit auf einen speziellen Text einzelne Kriterien zutreffen oder nicht, ist Sache einer gezielten Einzeluntersuchung.[21]

Neidhart von Reuental; Liederhandschrift C

1210-1240: In dieser Zeit hat Neidhart von Reuental seine Lieder verfaßt. Neidhart gilt als der originellste deutsche Lieddichter des Mittelalters, da er am radikalsten mit allen Traditionen bricht. Er führt in die exklusive adlige Liebeslyrik bäuerliches Personal ein: Bauernmädchen fungieren als Geliebte oder Angebetete des lyrischen Ichs - aber die Liebe wird oft von Bauernlümmeln gestört, die sich zwischen das Paar drängen. Wo die Haupttendenz dieser Lieder liegt - in einer Persiflierung des traditionellen Minnesangs oder in einer Verächtlichmachung des Bauernstands - ist umstritten. Jedenfalls ist Neidharts Lyrik auch von seinen adligen Zeitgenossen goutiert worden, so wie er überhaupt im 13. Jahrhundert *der* deutsche Lieddichter "mit der größten Breitenwirkung" gewesen ist.[22]

1210-1300: In dieser Zeit gibt es kaum noch grundsätzliche Neuerungen, sondern nur je nach Autor speziellere Ausformungen bereits vorhandener Tendenzen. Auf nahezu sämtliche formalen und inhaltlichen Traditionen wird zurückgegriffen, daher entsteht eine bemerkenswerte Differenziertheit von Motiven und Themen selbst bei Autoren, die nur wenige Lieder verfaßt haben. Vers- und Reimbau befinden sich auf höchstem 'technischen' Niveau, dadurch gewinnt für einen neuzeitlichen Geschmack die Form vielleicht oft auch Selbstzweckcharakter (was natürlich gleichzeitig als neues *Kunstprinzip* gewertet werden kann!).- Die handschriftliche Überlieferung erlaubt die Rekonstruktion geographischer Wirkungs- und Verbreitungsgebiete: SCHWEIZ: Ulrich von Singenberg, Konrad von Landeck, Walther von Klingen, Hadlaub, Konrad von Würzburg. SCHWABEN: Burghart von Hohenfels, Gottfried von Neifen, Ulrich von Winterstetten. BAYERN und ÖSTERREICH: Ulrich von Lichtenstein, Reinmar von Brennenberg, Der Tannhäuser. NIEDERRHEIN und OSTDEUTSCHLAND: Johann von Brabant, Otto von Brandenburg, Heinrich von Meißen, Wizlav von Rügen, Wenzel von Böhmen, Heinrich von Breslau.

Gottfried von Neifen; Liederhandschrift C

Abschließender Überblick

Der Minnesang ist vielleicht diejenige deutsche Gattung des Mittelalters, in der sich innerhalb relativ kurzer Zeit die meisten Änderungen verzeichnen lassen. Was wir in bezug auf Epik, Geschichtsschreibung und auch Wissenschaftsliteratur des Mittelalters kennengelernt haben, nämlich eine zunächst sehr große *Traditionsfixiertheit*, gilt also für die Lyrik nicht unbedingt: *Hier* fühlt man sich der Tradition nicht in dem Maße verpflichtet, *hier* finden häufiger Neuerungen statt. Das kann mit zweierlei zusammenhängen:

1. Die deutsche Lyrik des Mittelalters steht bei weitem nicht in einer so alten Tradition wie die anderen Gattungen; als *verschriftlichte* Lyrik des *Adels* ist sie sogar eine anscheinend recht junge, erst im 12. Jh. entstandene Gattung.

2. Das Thema 'Liebe' ist zwar in sich alt und universal; genau wie die Liebe selbst ist aber auch das Thema immer schon sehr facettenreich - in der Liebe passiert bekanntlich vieles, und daher ergibt sich auch gar nicht die Veranlassung, nur *ein* bestimmtes Liebeskonzept inhaltlich für eine Gattung verbindlich zu machen.

Ich referiere - überwiegend nach SCHWEIKLE - mehr oder minder stichwortartig noch einige Hinweise auf solche Facetten, die sich thematisch im Minnesang niederschlagen und eigene Genres ausgebildet haben (zu *Männerlied, Frauenlied, Dialoglied, Wechsel, Botenlied* und *Kreuzlied* siehe schon oben):

MINNE- oder WERBELIED: "Monologische Aussprache eines männlichen lyrischen Ichs, Zentrum der mhd. Minnelyrik. Unterscheiden lassen sich nach Intention, Adressat und Inhalt: 1. das *indirekte Werbe- oder Klagelied,* die *Minne- (oder Mannes-)klage* als häufigste Gattung, 2. das weniger häufige *direkte Werbe oder Minne(klage)-Lied,* das sog. *Anredelied.* Seltener sind 3. das *Frauenpreislied,* 4. das *Minnepreislied.*[23] Diese Gattungen sind nicht immer rein verwirklicht; ihre Grundzüge können sich auch in einem Minnelied, z.T. strophenweise, mischen [...]."[24] (Zu den genannten Unterkategorien s.u.)

MINNEKLAGE: Klage über das Nichtzustandekommen oder die Störung einer Liebesbeziehung. "Im bemerkenswerten Gegensatz zu den üblichen Minnesangdarstellungen sind [...] Minneklagen meist *ohne* ausdrückliche, direkte Adressierung, sind nur selten an eine Umworbene direkt gerichtet [...]."[25]

DIREKTES WERBE- oder KLAGELIED (ANREDELIED): Klage/Werbung richten sich - formal gekennzeichnet durch die entsprechenden Anredepronomina - an die verehrte Frau.

MINNELEHREN: In Liedern, die Didaktisches präsentieren, geht es - zumindest an der Oberfläche - nicht um eine 'konkrete' Liebesbeziehung, sondern allgemein um die richtige Art zu werben, das korrekte Verhalten von Männern und Frauen in Liebesdingen, Warnungen vor der neidischen oder beobachtenden Umwelt u.a.m.

TAGELIEDER: Topische[26] Grundsituation: Ein Paar hat zusammen die Nacht verbracht und wird bei Tagesanbruch - daher '*Tage*lied' - wach oder wird geweckt durch Vogelgezwitscher oder einen Wächter, der von der Zinne ruft (evtl. auch das Paar warnt). Nachdem sie wach geworden sind und der Tag inklusive der damit verbundenen Helligkeit angebrochen ist, müssen die beiden sich *trennen.* Wenn sie sich morgens trennen müssen, heißt das: sie sind nicht miteinander verheiratet. Wenn sie nicht miteinander verheiratet sind und trotzdem die Nacht miteinander verbracht haben, ist das nach mittelalterlichen Normvorstellungen eigentlich Unrecht und Sünde. In den Tageliedern kritisieren aber die Autoren die Liebenden nicht etwa, sondern malen die Liebe in den schönsten Farben aus, freuen sich darüber, daß die beiden so ein Glück gehabt haben, sich treffen zu können, leiden mit ihnen, weil sie sich jetzt trennen müssen etc. pp. Das heißt also: Auch im sog. 'finsteren Mittelalter' kann Literatur die Funktion haben, Sachverhalte, Handlungsweisen, Einstellungen usw. positiv zu bewerten, die nach theoretisch verpflichtender gesellschaftlicher *communis opinio* eigentlich negativ bewertet werden müßten.- Eine bemerkenswerte Variante des Tagelieds taucht bei Wolfram von Eschenbach auf: Er bedauert diejenigen, die sich bei Tagesanbruch trennen müssen, nicht, sondern schwärmt von einer Beziehung, bei der das Paar auch nach Tagesanbruch weiter liegenbleiben darf - also von einer *ehelichen* Beziehung. Das Thema 'Ehe' wird ansonsten im Minnesang bis ins 14. Jh. meist ausgespart.- Tagelieder, in denen Handlung und Situation aus der Perspektive eines Wächters dargestellt werden, werden zum Teil mit dem Sonderbegriff WÄCHTERLIEDER bezeichnet.

PASTORELLEN: In dem Gattungsterminus steckt das lat. Wort *pastor* = 'Hirte', und ursprünglich sind Pastorellen auch antike lyrische Kleinformen, die vom idyllischen Liebesleben zwischen Hirten und Hirtinnen erzählen. Im Mittelalter sieht das meist etwas anders aus: Übernommen wird aus den ursprünglichen Pastorellen das ländliche Ambiente; vorgeführt wird aber meist die Liebe zwischen einem Mann von adligem oder doch zumindest höherem Stand und einem Mädchen resp. einer Frau von niederem Stand - etwa einer Hirtin, Bäuerin, Dienstmagd o.ä. Oft tritt ein *Verführungs*motiv hinzu: Es wird nicht von vornherein von einer *gegenseitigen* Liebe geredet, sondern der Mann verliebt sich in die Frau und verführt sie dann mehr oder minder geschickt, in der Pastorelle aber jedenfalls immer erfolgreich.- Reine Pastorellen sind in der mhd. Lyrik (im Gegensatz etwa zur nordfranzösischen oder provenzalischen) sehr selten; es finden sich aber häufig Pastorellen*motive*.

NATURLIEDER: Auch Lieder, in denen nur von der Natur die Rede ist, sind im deutschen Minnesang selten, und selbst in solchen Liedern läßt sich die Natur zumindest indirekt immer auf das Thema 'Liebe' beziehen. In der Regel hat die Natur (erst recht in den sog. 'Natureingängen'[27] von Liebesliedern) in mittelalterlicher Literatur keinen Eigenwert, sondern dient nur der Illustration menschlicher Befindlichkeiten.

LEICHS (Singular: LEICH): Beim Leich handelt es sich um eine lyrische Großform, die nicht wie die Lieder aus gleichgebauten Strophen besteht, sondern "aus einer Folge von formal unterschiedlichen Komponenten."[28] Neben MINNELEICHS gibt es auch eine Reihe von Leichs mit religiöser Thematik, darunter den Sondertypus des KREUZLEICHS (Kreuzzugsmotivik).

Anmerkungen

1 Zur Geschichte deutscher dramatischer Gattungen in Mittelalter und früher Neuzeit s. DAVID BRETT-EVANS: *Von Hrotsvit bis Folz und Gengenbach. Eine Geschichte des mittelalterlichen deutschen Dramas.* 2 Bde. Berlin 1975.

2 Für Informationen über *Fakten* in diesem und den folgenden Abschnitten verweise ich grundsätzlich auf die Einführung von GÜNTHER SCHWEIKLE: *Minnesang*. Stuttgart 1989.

3 **Ausgabe**: *Des Minnesangs Frühling. Bd. I: Texte.* [...] bearb. von HUGO MOSER und HELMUT TERVOOREN. 38., erneut rev. Aufl. Stuttgart 1988.

5 Lat. *inquit* = "er/sie/es sag(e)", vom verbum defectivum *inquam*.

5 Zur Kontroverse um dieses Johansdorf-Lied und seinen (in der älteren Forschung vielleicht überschätzten) Stellenwert für die Minnesang-Diskussion s. EVA WILLMS: *Liebesleid und Sangeslust. Untersuchungen zur deutschen Liebeslyrik des späten 12. und frühen 13. Jahrhunderts.* München [u.a.] 1990.

6 Wenn in Liedern die Liebe zu einer unerreichbaren Frau gefeiert wird, dann hat dies nichts mit sog. p l a t o n i s c h e r Liebe zu tun: Platonische Liebe nennt man eine Form der Zuneigung, bei der erotische oder sexuelle Gefühle keine Rolle spielen. Daß der Wunsch des Mannes in den Minneliedern aber stets auf Erotik und Sexualität gerichtet ist, wird immer deutlich - erst auf diesem Hintergrund ist die Akzeptierung des Verzichts ja eine Leistung. Die Pointe der literarischen 'Verzichtliebe' beruht auf dem paradoxen Nebeneinander von erotischem *Wunsch* und Bejahung des *Verzichts* auf Erotik bei *Fortdauer* des Wunsches danach, wenn die Dame nicht 'will'.- Der Begriff 'Paradox' hat in der Minnesangforschung immer eine große Rolle gespielt; neben dem Paradox von Sehnsucht

und versagter 'Erfüllung' wurden vor allem noch zwei andere Paradoxa betont: Die Tugenden der Dame werden *gelobt* - aber ihre Identität wird *verheimlicht*; die *Geliebte*, die in den Liedern 'besungen' wird, ist oft *verheiratet*.

7 **Ausgabe**: *Walther von der Vogelweide: Leich, Lieder, Sangsprüche.* 14., völlig neubear. Aufl. der Ausg. KARL LACHMANNS. Hrsg. von CHRISTOPH CORMEAU. Mit Beiträgen von THOMAS BEIN und HORST BRUNNER. Berlin, New York 1996.

8 **Ausgabe**: *Des Minnesangs Frühling* (wie Anm. 3).

9 Zum theoretischen Hintergrund s. JÜRGEN HABERMAS: *Erkenntnis und Interesse*. Frankfurt/M. 1968 [u.ö.]. Aus der Tatsache, daß wissenschaftliches Arbeiten ohne vorgängige Interessen nicht möglich ist, folgt bei Habermas aber die Forderung, daß im wissenschaftlichen Diskurs solche Interessen offenzulegen seien.

10 Dagegen jetzt RÜDIGER BRANDT: "*geniezen - engelten*. Zum Rechtswortschatz des Minnesangs." In (ders.): *Wortgeschichts- und Wortbedeutungsstudien*. Frankfurt/M. 1989, S. 11-86. Daß der Rechtswortschatz im Minnesang m.E. höher ist, als bisher angenommen wurde, spricht aber nicht gegen das Argument, daß dieser Rechtswortschatz in der Lyrik nur metaphorische Verwendung gefunden hat, so daß man also trotzdem nicht auf reale Lehnsbezüge der Autoren rückschließen kann.

11 'Ekklesiogen' = 'aus der Kirche (lat. *ecclesia*) entstanden'. Siehe ULRICH MÜLLER: "Die Ideologie der Minne: eine ekklesiogene Kollektivneurose?" In (ders., Hg.): *Minne ist ein swaerez spil. Neue Untersuchungen zum Minnesang und zur Geschichte der Liebe im Mittelalter*. Göppingen 1986, S. 283-315.

12 'Mozaraber' nennt man die unter arabischer Herrschaft lebenden spanischen Christen zur Zeit der maurischen Besetzung der iberischen Halbinsel. Aus dem Kontakt der arabischen mit der einheimischen Kultur entstanden neue kulturelle Formen, die sich auch in der Literatur, z.T. sogar in der Sprache (in Form von Sprachmischung) niedergeschlagen haben.

13 Aufzeichnungen von Minneliedern aus der Zeit ihrer Entstehung sind vor dem 14. Jahrhundert sehr selten erhalten geblieben. Fast der gesamte Minnesang des 12. und 13. Jahrhunderts ist in drei großen Sammelhandschriften erhalten, die alle frühestens gegen Ende des 13. Jahrhunderts entstanden sind. Es handelt sich um die Minnesang-Sammelhandschriften A (sog. 'Kleine Heidelberger Liederhandschrift'), B ('Stuttgarter' oder 'Weingartner Liederhandschrift') und C ('Große Heidelberger' oder 'Manessische Liederhandschrift'). Die Hss. B und C sind mit Bildern der Autoren versehen, die allerdings keine Individualpoträts darstellen, sondern stilisiert und typisiert sind; man vgl. die oben im Text wiedergegebenen Abbildungen Walthers /in den Hss. B und C..

14 Kontrafaktur: ein auf eine bereits vorhandene Melodie und/oder ein vorhandenes metrisches Schema neugedichteter Text.

15 NORBERT ELIAS: *Über den Prozeß der Zivilisation. Soziogenetische und psychogenetische Untersuchungen.* 2 Bde. 2., um eine Einl. verm. Aufl. Bern, München 1969. Neuausgabe Frankfurt/M. 1976. Zur neueren Kritik s. einzelne Beiträge in REHBERG, KARL-SIEGBERT (Hg.): *Norbert Elias und die Menschenwissenschaften. Studien zur Entstehung und Wirkungsgeschichte seines Werkes.* Frankfurt/M. 1996.

16 Zu einzelnen Genres des Minnesangs s. den "Abschließenden Überblick".

17 GÜNTHER SCHWEIKLE: *Minnesang.* Stuttgart 1989, S. 83.

18 Stollenstrophe (oder Kanzonenstrophe): dreiteilige Strophe aus zwei metrisch gleichgebauten 'Stollen' und einem anders gebauten 'Abgesang'.

19 Lieder, welche die Minnethematik mit der Thematik des Kreuzzugs verbinden (Kreuzzug bedingt die Trennung der Liebenden o.ä.).

20 Sensualistisch = die Empfindungen vermittels der Sinnesorgane betreffend, also in Literatur: Schilderung von Eindrükken, die über die fünf Sinne wirken. Bei einer Verbindung mehrerer Sinneseindrücke spricht man von *Synästhesie.*

21 Beste neuere Gesamtdarstellung: HELMUT TERVOOREN: *Sangspruchdichtung.* Stuttgart 1995.

22 SCHWEIKLE (wie Anm. 17), S. 91.

23 Frauenpreislied: Loblied auf eine Frau oder (vor dem Spätmittelalter seltener) die Frau*en* allgemein, Minnepreislied: Loblied auf die Liebe zu einer Frau oder (ebenfalls erst später häufiger) die Liebe als solche.

24 SCHWEIKLE (wie Anm. 17), S. 119.

25 ebd.

26 Zum Begriff 'Topos' s. Kapitel V.2: "Der mittelalterliche Autor und die mittelalterliche Poetik".

27 Natureingang: Beginn eines Liedes, in dem Bestandteile der Natur wie Bäume, Vögel, Jahreszeiten etc. geschildert werden. Die Naturtopik des Minnesangs wird zum Wirkmittel der Komik in Strickers 'Die Minnesänger' (**Ausgabe:** *Die Kleindichtung des Strickers.* Hrsg. von WOLFGANG W. MOELLEKEN [u.a.]. Bd. V. Göppingen 1978).

28 SCHWEIKLE (wie Anm. 17), S. 149.

7. *Literatur in der Stadt des Spätmittelalters und der frühen Neuzeit*

Einleitung

Wenn Sie sich die bisherigen Kapitelüberschriften dieser Einführung noch einmal vergegenwärtigen, dann ist die Überschrift zu diesem letzten Kapitel - "Literatur in der Stadt des Spätmittelalters und der frühen Neuzeit' - offenbar nach einem neuen Kriterium gebildet worden.

Mündlichkeit/Schriftlichkeit - dieser Abschnitt beschäftigte sich mit dem medialen Aspekt mittelalterlicher Kultur. Der Teil über *Autor und Poetik* hatte zwar schon direkter mit Literatur zu tun, war aber sozusagen immer noch 'metaliterarisch', indem hier zu zeigen versucht wurde, welche vorgängigen literarischen Regeln auf den Inhalt von Texten Einfluß nehmen. 'Metaliterarisch' in diesem Sinn war dann natürlich auch der Abschnitt *Adel und Kirche*: Hier war vorzuführen, wie die sozialen Verhältnisse der bis zum 14. Jh. dominierenden literaturtragenden Gesellschaftsgruppen funktionalen und inhaltlichen Einfluß auf Texte nehmen. Und das gleiche galt schließlich für die Präsentation mittelalterlicher Vorstellungen von *Natur und Kosmos* - nur daß der Ansatz hier noch globaler war, indem nämlich für ein ganzes Weltbild ein solcher Einfluß behauptet wurde. Insofern kann man die Abschnitte V.1 - V.4 zusammenfassen als eine Art von germanistisch-mediävistischer 'Propädeutik' - indem nämlich hier Voraussetzungen geschaffen werden sollten für bestimmte Perspektiven, unter denen man mittelalterliche (und zum Teil natürlich auch andere) Texte betrachten muß, wenn man bei der inhaltlichen Deutung nicht an den zeitgenössischen Implikationen vorbeilaufen und damit Anachronismen riskieren will.

Mit den Abschnitten V.5 und V.6 haben wir uns dann direkt Literatur zugewendet, und zwar Texten, die nach bestimmten inhaltlichen und formalen Merkmalen zwei Gruppen - *Gattungen* - zugeordnet werden konnten: der Großepik und der Lyrik. Ich habe diese Gattungen beschrieben und sowohl das Vorliegen der abstrakten Gattungsmerkmale als auch Facetten, Differenzierungen, Spielarten vorgeführt. Und dann konnte man allerdings sehen, daß mit der Gattungs-Klassifikation allein noch nicht viel gewonnen war: Teils abhängig, teils völlig unabhängig von der formalen Gattungszugehörigkeit stellten sich Merkmale heraus, die wieder etwas über Funktion, Gebrauchssituation, den sogenannten 'Sitz im Leben' solcher Texte verraten haben. Zusätzlicher Schwerpunkt war dann wieder der Rekurs auf die beiden Eigenschaften von *Alterität* und *Modernität* mittelalterlicher Texte: Wir haben auch darauf geachtet, wo sich in verschiedenen Bereichen Unterschiede und Gemeinsamkeiten hinsichtlich vergleichbarer neuzeitlicher Texte zeigten.

Unser letzter Abschnitt ist nichts von alledem in Reinkultur und enthält doch, wie Sie bald merken werden, von allem etwas. "Literatur in der Stadt des Spätmittelalters und der frühen Neuzeit" - das ist eine 'Restklasse'; noch mehr als in anderen Teilen dieser Einführung werfe ich Ihnen hier *Überblicks*wissen an den Kopf. Mit zeitlichen Gründen allein läßt sich das nicht rechtfertigen - denn man könnte ja in anderen Teilen kürzen. Weshalb ich hier geringere Gründlichkeit riskiere, hat vielmehr Ursachen, die aus dem im nächsten Absatz erläuterten Gegebenheiten hervorgehen:

Schriftlichkeit in der Stadt: Allgemeines

Die deutsche Schriftliteratur wächst nach ca. 1300 sprunghaft an; natürlich mußte ich auch für die vorhergehenden Zeiträume eine Auswahl treffen; aber diese Auswahl konnte wenigstens in gewissem Rahmen noch Repräsentativität beanspruchen. Um für die Zeit zwischen 1300 und 1600 Repräsentativität zu erzeugen, müßte ich Ihnen mindestens 100-200 Texte vorstellen. Eigentlich läßt sich das quantitative Verhältnis zwischen den beiden Zeiträumen überhaupt nicht bestimmen, weil jede Menge an Texten aus der Zeit nach 1300 überhaupt noch nicht ediert, ja zu einem großen Teil noch nicht einmal bekannt ist, noch in Archiven, Museen, auf Dachböden etc. schlummert. Diese - wie man gesagt hat - "Literaturexplosion" setzt nicht erst um die Mitte des 15. Jhs. als Folge der Erfindung des Buchdrucks mit beweglichen Lettern ein, sondern schon im 14. Jh.; es wird mehr Literatur verlangt, es wird entsprechend mehr Literatur verfaßt, und wie üblich schaukeln sich Angebot und Nachfrage gegenseitig hoch. Dabei kommt es zu Vorformen von Serienproduktion: In **Schreiberwerkstätten** vervielfältigen Schreiber sozusagen im Akkord Vorlagen.

Das hat auch Auswirkungen auf die Schrift: Statt der sehr zeitaufwendigen *Frakturschriften*[1] geht man jetzt oft über zu sog. *Kurrentschriften*, also fortlaufenden[2] Schriftarten mit Buchstabenformen, die weniger häufiges Absetzen der Schreibfeder verlangen.

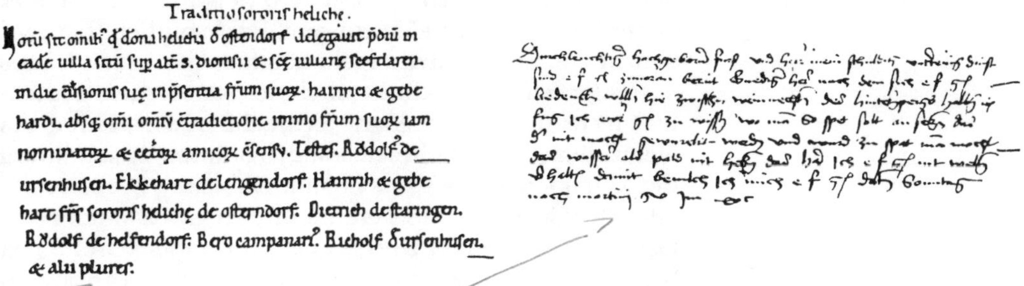

Frakturschrift (links) und Kurrentschrift. Das Aneinanderreihen der Buchstaben und die Vereinfachung der Buchstabenform sparen Zeit, setzen aber routiniertere Leser/innen voraus.

Der Hauptteil dieser vielen Texte des Spätmittelalters entsteht in der S t a d t. Damit und mit der Chronologie nähern wir uns unserer eigenen Zeit und unserer eigenen Gesellschaft. Es gibt zwar immer noch gewichtige Unterschiede, aber im ganzen sind wir von dieser Literatur inhaltlich doch immer mehr betroffen. Das wäre natürlich auch ein Grund dafür, gerade hier genauer und detaillierter in der Darstellung zu werden - man könnte ja sagen, daß es sich um so eher lohnt, sich mit einer Zeit, mit Quellen, mit Literatur zu beschäftigen, je mehr diese Zeit, diese Quellen, diese Literatur mit einem selbst zu tun haben. Das ist sicher nicht falsch. Aber wir waren ja ganz ursprünglich davon ausgegangen, daß es eine Aufgabe der Beschäftigung mit älteren Zeiten ist, sich zu Erkenntniszwecken von der eigenen Gegenwart zu *entfernen*, um diese Gegenwart kritischer betrachten zu können. Wenn man durch vorschnelle Analogien in Literatur des 15. und 16. Jhs. etwas aus der eigenen Gegenwart falsch hineinliest, dann ist dieser Effekt nicht mehr gegeben. Wir brauchen hier also die Kenntnis der vorhergehenden Epochen, des 8.-14. Jhs., um uns vor solchen falschen Analogien zu hüten, um zu erkennen, daß das, was im 15. Jh. neu und modern erscheint, eventuell eine ganz traditionelle Fortsetzung älterer Vorstellungen ist, die in einem anderen Kontext stehen als heute und also gerade *nicht* als modern gewertet werden dürfen. Deshalb habe ich den Schwerpunkt eben vorher gesetzt und riskiere Verkürzungen bei der Darstellung der späteren Zeiträume. Ein Beispiel: In spätmittelalterlicher Literatur erscheinen Geistliche oft als negativ oder als komische Figuren. Wenn man nur diese Literatur kennt, könnte man geneigt sein, dies als recht modern aufzufassen. Geistliche scheinen im Spätmittelalter ein Relikt zu sein, das man belächelt, vor dem man keine Ehrfurcht mehr hat und das man als lebensfremd kritisiert, weil die Ethik dieses Standes mit der Realität nicht mehr in Einklang gebracht werden kann. Erst wenn man die vorhergehende Literatur hinzunimmt, merkt man, daß das so nicht stimmen kann: Ein so relativ schroffer Übergang von verehrender zu kritisierender oder lächerlich machender Darstellung muß andere Gründe haben. Die Geistlichenkritik des Spätmittelalters ist nicht Kennzeichen dafür, daß man die Religion und ihre Vertreter *ad acta* gelegt hat, sie ist keine Kritik am Stand der Geistlichkeit schlechthin und schon gar keine Kritik an der Kirche und der Religion. Es handelt sich vielmehr um Kritik, die zum Ziel hat, den alten Zustand, von dem man annahm, daß er gut gewesen sein, wiederherzustellen. Man sieht die Probleme mit der Kirche allein im Fehlverhalten einzelner ihrer Vertreter begründet und glaubt, wenn man solches Fehlverhalten kritisiert, alle Schwierigkeiten überwinden zu können. Also ist diese Kritik nicht neuzeitlich-modern, sondern restaurativ - und das merkt man erst, wenn man die Zeit vor 1400 mit zum Teil seiner Beobachtungsbasis macht.

Die deutsche Stadt im Spätmittelalter

Gibt es in mittelalterlichen Städten 'Bürgerlichkeit'?

Dritter Grund, weshalb ich mich in diesem Abschnitt mit einem Überblick begnüge: "Literatur *in* der *Stadt*" - das ist für das 15.-16. Jh. im Unterschied zu 'Literatur der *Geistlichkeit*' und 'Literatur des *Adels*' keine Zuordnung mehr nach dem *Stand* der Auftraggeber, Verfasser oder Rezipienten, sondern nur noch eine nach dem sozialen *Ort*, an dem diese Literatur anzutreffen ist und an dem sie entsteht. Für die Neuzeit ist, gerade gegenüber den anderen Ständen, die Gleichung städtisch = bürgerlich erlaubt - genau das aber verbietet sich für unseren Zeitraum; denn: Die Stadt des Spätmittelalters und der frühen Neuzeit ist sozial sehr heterogen; hier leben Adlige, Geistliche, reiche Fernhandelskaufleute, eine Mittelschicht aus Kaufleuten und Handwerkern, wobei die Handwerker aber nach Einkommen und Sozialprestige meist streng hierarchisiert sind, Bauern, Angehörige akademischer Berufe, Unterschichten (z.T. mit Vorformen zur Proletarisierung), dazu Gruppen, die heute meist aus dem öffentlichen Bewußtsein verdrängt werden, auch im Mittelalter zwar nicht sehr angesehen sind, angesichts der strengen Hierarchisierung aber durchaus noch ihren Platz *in* der Gesellschaft finden - etwa Diebe, Bettler, Prostituierte. Das System verkompliziert sich noch dadurch, daß es einen Unterschied macht, ob ein Stadtbewohner oder eine Stadtbewohnerin Bürgerrecht hat oder nicht, ob er oder sie dieses Bürgerrecht schon lange oder erst kurz besitzt, ob er oder sie einen 'ehrlichen' oder einen 'unehrlichen' Beruf ausübt, ob es sich um einen Mann handelt oder eine Frau. Das, was für das 18. Jh. als Kennzeichen für 'Bürgerlichkeit' greift - nämlich eine mehr oder weniger alle, die keine Bauern, keine Adligen und keine Kleriker sind, verbindende Rechts-, Interessen- und Wertelage, ist für die Zeit vorher kaum gegeben. Es gibt ja, ich habe das in anderem Zusammenhang erwähnt (→ Kap. V.6: "Adel und Klerus"), im Mittelalter kein allgemeinverbindliches Recht, sondern nur *Privilegien*: für einzelne Stände, Berufe oder sogar Einzelpersonen; ein Handwerker hat eine andere Ethik als ein Kaufmann; eine akademische Ethik ist ohnehin standesübergreifend - unabhängig davon, welcher sozialen Schicht man ursprünglich einmal angehörte; ein reicher Fernhandelskaufmann, der über die materiellen Mittel verfügt, um repräsentieren zu können, fühlt sich dem Adel näher als einem Kleinkaufmann usw. usf. Hinzu kommt: Der Begriff 'Stadt' läßt sich zwar rein juristisch definieren - eine Stadt ist eine Ansiedlung, die Stadt*recht* besitzt; aber dies trifft auf ein sehr buntes Sammelsurium oft völlig verschiedener und daher untereinander nicht vergleichbarer Typen zu:

> *Nur die allerwenigsten der rund 3000 Ansiedlungen, die auf deutschsprachigem Territorium das Recht haben, sich als Stadt zu bezeichnen, also über bestimmte Privilegien verfügen, etwa eine Mauer zu bauen oder Märkte abzuhalten, haben nach heutigem Verständnis nach Größe, Sozial- und Wirtschaftsstruktur städtischen Charakter. Die meisten von ihnen, die Ackerbürgerstädte, sind größere Dörfer mit fast*

> *ausschließlich agrarischer Bevölkerung. Ihnen fehlen alle Merkmale, die man als bezeichnend für städtische Strukturen aufzählen würde: Konzentration von Kapital und Handel, eine hochspezialisierte Handwerkerschaft, hohe Bevölkerungsdichte* [...] *und ein entwickeltes Verwaltungssystem* [...]. *Auch die vergleichsweise wenigen größeren städtischen Zentren sind nach heutigen Begriffen durchweg Kleinstädte. Die größte von ihnen, Köln, zählt am Ausgang des 15. Jahrhunderts rund 50.000 Einwohner, wenige andere "Großstädte" wie Nürnberg, Augsburg, Basel, Wien bringen es auf Einwohnerzahlen von 20.000 bis höchstens 40.000. Die meisten, wie etwa Mainz mit 7000 Einwohnern, liegen darunter - Verhältnisse, an denen sich bis zum Beginn der Industrialisierung im 19. Jh. nicht viel ändert; die Residenzstadt Weimar etwa hat zur Zeit Goethes ca. 6000 Einwohner.* [...] [Aber selbst die größeren Städte sind kaum] *als einheitlicher Typus darstellbar. Unterschiede in der historischen Entwicklung, der geographischen Lage, der wirtschaftlichen Orientierung,* [...] *der Bevölkerungsstruktur* [und der Verfassung] *lassen fast jede größere spätmittelalterliche Stadt als soziales, politisches und kulturelles Gebilde eigener Prägung erscheinen, das als Umfeld* [sowie Entstehungs- und Rezeptionsort] *von Literatur der gesonderten Beschreibung bedarf.*[3]

Trotzdem kann man mit großer Vorsicht **einige generelle Tendenzen** aufführen:

Städtische Interessen, Normen und Werte

Zwar sind Städte sozial sehr heterogen, und es existieren zwischen den verschiedenen Bevölkerungsgruppen entsprechend große Interessengegensätze; da aber jede Stadt auch eine übergeordnete Institution ist und, wenn sie diesen Charakter behalten will, *funktionieren* muß, ist der Zwang groß, zumindest einen *minimalen* Deckungsbereich der Interessen zu finden. Dieser Deckungsbereich kommt zustande zum einen durch Interessengegensätze zu anderen sozialen Orten wie Hof, Kloster, Dorf, zum anderen durch Ansätze zu einer gemeinsamen Ethik aller Stadtbewohner, die auf die Bedürfnisse einer Stadt bzw. der meisten ihrer Bewohner zugeschnitten ist. Und hier findet sich dann tatsächlich einiges von dem, was später als spezifisch 'bürgerlich' gelten kann: Es herrscht z.B. ein **Bedürfnis nach Rechts*sicherheit*, Rechts*gleichheit* und Ordnung**. Was man heute als konservatives *law and order*-Denken kritisiert oder belächelt, war damals ein relativ neues und durchaus funktionales Konzept, um zu große Heterogenität abzudämpfen und die Weiterexistenz des Sozialgebildes 'Stadt' zu ermöglichen. Angesichts der Wirtschaftssituation vieler Stadtbewohner kommt hier auch ein **Sparsamkeitsideal** auf - das diametral dem adligen *status consumption*-Ethos (NORBERT ELIAS) entgegengesetzt ist: Ein Adliger, der nicht materiell aufwendig repräsentieren kann, also, banal gesagt, nicht viel Geld ausgibt, verliert sein Sozialprestige und damit zwar nicht theoretisch, aber doch praktisch seine Stellung. Ein Handwerker oder ein Kaufmann dagegen, der nicht darauf achtet, daß er die für Investitionen, Rohstoffe, Waren etc. nötigen Mittel zusammenhält, wird in seinem Beruf zugrundegehen und seinerseits Stellung und Sozialprestige verlieren. Das materielle Element kommt auch zum Tragen im Ideal der **Bescheidenheit**: Soziale Gegensätze in der Stadt, die auf unterschiedlichen finanziellen Möglichkeiten beruhen, sollen nicht noch dadurch verschärft werden, daß sie jedem ins Auge fallen; daher gibt es in vielen Städten Verordnungen, die den Aufwand bei Feierlichkeiten (auch bei privaten!) oder den Gebrauch von Luxusgütern regeln. Die gleiche Tendenz haben sog. Kleiderordnungen, "die die Rocklänge ebenso vorschreiben wie die Breite des Pelzbesatzes, die Form der Manschetten oder die Tiefe des Ausschnitts (einen Fingerbreit bei aufrechter Haltung)."[4] Und damit haben wir auch gleich schon einen Punkt, der uns in Verbindung bringt mit L i t e r a t u r:

Konstituentien von Literatur in der Stadt; Traditionen und innovative Tendenzen

Zwar ist "die zunehmende Bedeutung der Schriftlichkeit im 14. und 15. Jahrhundert [...] nicht auf den städtischen Raum beschränkt,"[5] aber zumindest in den größeren Städten ergeben sich doch immer mehr A n w e n d u n g s m ö g l i c h k e i t e n für Schrifttexte - und wenn man die Bevölkerungszahlen und den Grad der Alphabetisierung hinzunimmt, dann entsteht in den *größeren* spätmittelalterlichen Städten mit einem geschätzten Anteil von Lesefähigen von 25-30 %[6] nun neben Hof und Kirche ein neues, quantitativ dann auch gleich sehr viel bedeutsameres Lesepublikum. Und *ein* Grund dafür dürfte wohl sein, daß sich die erwähnten zahlreichen Reglementierungen des öffentlichen und privaten Lebens der Schrift bedienen. Es gibt noch andere Gründe: Kaufleute und Händler, oft auch Handwerker

Alphabetisierungsgrad in der Stadt: 25-30%

Anlässe für pragmatische Schriftlichkeit in der Stadt

müssen *Rechnungsbücher* führen, *Wareneingangsbücher*, *Vermögensverzeichnisse* und dergleichen mehr. Zwischen den Stammhäusern von Handlungsunternehmen und den Dependancen in anderen Städten muß *Korrespondenz* geführt werden. Das *Rechtswesen* wird zunehmend verschriftlicht, so daß nicht nur mündliches Recht schriftlich kodifiziert, sondern auch das Rechts*verfahren* zunehmend auf Schriftlichkeit umgestellt wird (schriftliche statt mündlicher Aussagen werden möglich, Urkunden ergänzen nicht mehr nur den Zeugenbeweis, sondern können ihn ersetzen). 'Literarisch' im engeren Sinn von 'auf «schöne» und / oder «fiktionale» Texte bezogen' ist da auf den ersten Blick wenig zu holen; indem aber die *Unverzichtbarkeit* von Schrift nun immer mehr Bereiche umfaßt, wird das Prestige des Schrifttextes gesteigert - und es kann durchaus das Gefühl entstehen, daß es 'ohne' einfach nicht mehr geht. Das hat Folgen, nämlich die einer wahren Flut von Literatur in den verschiedensten Bereichen, der zunächst einmal nur eins gemeinsam ist: daß es sich nämlich um *Schrift*literatur handelt. Auf diese Weise entstehen dann auch eine ganze Reihe von Gattungen und Genres neu - nicht immer 'neu' in dem Sinn, daß es sie so oder ähnlich nicht schon vorher irgendwo gegeben hätte, neu aber in dem Sinn, daß sie *schriftlich* und auf *Deutsch* bisher nicht existiert haben. Das Bild, das die Literatur des Spätmittelalters und hier besonders das der Literatur *in der Stadt* bietet, ist vor allem gekennzeichnet durch eine extreme inhaltliche und gattungsmäßige Diversifizierung und Differenzierung. Was es bisher im Bereich der weltlichen Literatur gegeben hat, läßt sich ziemlich genau an fünf Fingern abzählen: Großepik, Kleinepik, Lyrik, Didaxe und etwas Fachliteratur. Im Spätmittelalter kommen (unter anderem!) hinzu: als dritte Großgattung die deutschsprachige Dramatik (zuerst mit religiösem, dann aber sehr bald auch mit weltlichem Inhalt); die Stadtchronistik, Städtebeschreibungen, Städtelobschriften und 'Stadtregimentsschriften' (d.h. Schriften, die sich mit der richtigen Regierung und Verwaltung einer Stadt beschäftigen); Didaxe in allen Bereichen - selbst die banalsten Sachverhalte werden als schriftliche Belehrungen artikuliert (so orientiert etwa *Ein regiment von der gesuntheyt des leibs*[7] darüber, daß man, wenn man urinieren müsse, damit nicht zu lange warten solle - worauf man ja vielleicht auch noch selbst gekommen wäre); Satire; Narrenliteratur; Fabeln und Tierdichtung; Wissenschafts- und

Fachliteratur der verschiedensten Bereiche; Reiseliteratur; Biographisches und Autobiographisches. Nimmt man als formales Kriterium die sprachliche Gestaltung hinzu, dann verdoppelt sich die Zahl dieser und anderer neuer Gattungen noch einmal dadurch, daß nun zunehmend die **PROSA** beginnt, sich alle Gattungen und Genres zu erobern; es gibt also Reimchroniken und Prosachroniken, Reimfabeln und Prosafabeln, gereimte Romane und Prosaromane usw. usf.

Diese Tatsache des Vordringens der Prosa ist ein Kriterium für den veränderten Stellenwert der Schriftlichkeit in sich: Als wir uns mit mittelalterlicher Ästhetik beschäftigt haben, hatten wir festgestellt, daß ein guter Text auch schön sein mußte, daß Schönheit Formung und Regelhaftigkeit bedeutete und daß die metrische und reimtechnische Gestaltung der Sprache eben ein Mittel war, der Sprache Form zu verleihen und sie zusätzlichen Regeln zu unterwerfen. Diese ästhetischen Prinzipien stehen im Spätmittelalter eigentlich unverändert in Geltung; wenn die Autoren von Literatur dazu übergehen, Prosa, also *nicht zusätzlich künstlich geformte* Sprache für ihre Texte zu verwenden, müssen sie mithin dafür gewichtige Gründe haben. Mindestens zwei Eigenschaften von Prosa können uns zu diesen Gründen führen: 1. Prosa ist leichter zu schreiben als metrisch und reimtechnisch gebundene Sprache - in gleicher Zeit läßt sich mehr Text produzieren; die Verwendung von Prosa kommt also der gestiegenen Nachfrage nach Schrifttexten entgegen. 2. *Schrift*prosa ist leichter zu lesen, zu verstehen und zu merken als metrisch und reimtechnisch gebundene und daher oft gegen die Alltagssyntax verstoßende Schriftsprache. Während Reim und Metrum in *mündlichen* Texten in gewissem Rahmen noch die Memorierbarkeit unterstützen, kommen Prosatexte den Bedürfnissen einer Schriftgesellschaft entgegen, die Texte nicht mehr *vor*gelesen bekommt, sondern *selbst* liest, über die Schrifttexte verfügt und in ihnen bei Bedarf nachschlagen kann. Es verwundert nicht, daß zur gleichen Zeit immer mehr längere Texte **Inhaltsverzeichnisse** und **Register** erhalten und daß viele Bücher kleiner, handlicher werden, also mitgetragen werden und als Vademecum zum Nachschlagen benutzt werden können.

Mit den letztgenannten Entwicklungen haben wir in der literarischen Landschaft schon einige Veränderungen festgestellt, die innerhalb aller *thematischen* und *formalen* Heterogenität (besonders) städtischer Literatur des Spätmittel-

Das Buch wird vom Luxus- und Repräsentationsgegenstand zum 'Begleiter' und Gebrauchsgegenstand.

alters für homogene Strukturen sorgen. Es gibt aber auch *inhaltliche* Homogenitäten, die daraus resultieren, daß in der Stadt nicht einfach 'drauflosgeschrieben' wird, sondern daß bevorzugt Arten von Literatur entstehen, die auf städtische Interessen stoßen. Das betrifft die Themen, aber auch die Form der Texte.

Eigenschaften und Themen städtischer Literatur

Gliedert man aus der Stadtbevölkerung einmal die Adligen und die Geistlichen aus, die in bezug auf Literaturproduktion und Literaturrezeption praktisch keinen materiellen Einschränkungen unterliegen, dann gilt für die restlichen literaturfähigen Stadtbewohner - also die akademischen Berufe, Ober- und Mittelschicht, in geringem Ausmaß auch Teile der Unterschichten -, daß man solche Einschränkungen ansetzen muß. Jemand, der einen Beruf ausübt, der mit Literatur nichts oder wenig zu tun hat, der hat anders als der rentenbeziehende Adel und die rentenbeziehende Geistlichkeit nicht unbegrenzt Zeit für Literatur zur Verfügung. Es ist also kein Zufall, daß in der Literatur solcher Schichten Gattungen dominieren, evtl. auch erst neu geschaffen werden, die sowohl schnell zu produzieren als auch schnell zu rezipieren sind - platt gesagt also *kurze* Texte: Lieder, Kleinepik, didaktisches Kleinschrifttum. In den patrizischen Oberschichten der Stadt sieht das anders aus: Das Patriziat, zusammengesetzt aus den Stadtadligen und den reichsten Fernhandelskaufleuten, fühlt sich adlig und schließt sich auch in seinen literarischen Ambitionen dem Adel an - hier überlebt die traditionelle Lyrik länger (während das ehemalige Einzellied bei den nichtadligen Städtern meist zum Gesellschaftslied umfunktioniert wird), hier überleben auch die bekannten Formen der Großepik, des Romans. Im Gegensatz zur Adelsliteratur der *Höfe* ist patrizische Literatur in der Stadt aber meist weniger innovativ: Man lehnt sich an das Vorhandene an. Auch die nichtadligen Städter greifen, wo immer ihnen das möglich ist, in ihrer Literatur auf Vorhandenes zurück - vielleicht weil das Entwickeln neuer Formen ebenfalls zu viel Zeit kosten würde.

Ich hatte gesagt, daß in die durch Quantität und Diversifizierung städtischer Literatur bedingte Heterogenität auch dadurch homogenere Züge kommen, daß Themen dominieren, die in der Stadt auf besonderes Interesse stoßen. Welcher Art sind diese Interessen?

Religiöse Literatur: Seit ca. 1250 und hier eben besonders in der Stadt ist eine Renaissance religiöser Literatur zu verzeichnen. Nachdem deutschsprachige Schriftliteratur zwischen ca. 750 und ca. 1150, also rund 400 Jahre lang (!) fast nur religiöse Literatur war, hatte die seit ca. 1150 entstehende neue höfische Literatur des Adels, also hauptsächlich Großepik und Minnesang, die religiöse Literatur bis ca. 1250 sozusagen in den Untergrund gedrängt. Es besteht kein Grund zur Annahme, daß die Kirche nicht weiter versucht hätte, auf den Adel auch mit Literatur Einfluß zu nehmen; aber offenbar hat sie das dann überwiegend mit den bereits existierenden Texten versucht - denn Neues ist aus dem Zeitraum zwischen ca. 1170 und 1250 kaum überliefert. Daß nun die religiöse Literatur ausgerechnet in der *Stadt* ab der 2. Hälfte des 13. Jhs. wieder zu boomen beginnt, hat wohl vor allem zwei Gründe: 1. Die Städte nehmen seit eben dieser zweiten Hälfte des 13. Jhs. einen quantitativen Aufschwung in doppelter Hinsicht: Es entsteht eine Reihe neuer Städte, und die bereits existierenden Städte werden meist größer. Diesem quantitativen Aufschwung entspricht ein materieller: In den Städten sammeln sich Menschen und finanzieller Reichtum; beides zusammen bedingt einen Anstieg literaturfähiger Schichten. Damit entsteht, wie erwähnt, erstmals in der deutschen Geschichte und Literaturgeschichte neben Adel und Klerus ein neues literaturfähiges Laienpublikum von zahlenmäßiger Bedeutung - das dann von Anfang an Klerus und Adel natürlich quantitativ übertrifft. Hier findet die Kirche ein großes und sozusagen 'frisches', noch nicht 'entwöhntes' Publikum für ihre religiösen Texte. 2. Im Verlauf des 13. Jhs. gibt es eine ganze Anzahl von Veränderungen in der Frömmigkeitshaltung. Besonders stark gewirkt hat das sog. *apostolische Armutsideal*: Unter Berufung auf die Apostel, die besitzlos durch die Welt gezogen seien, um entsprechend ihren Idealen zu leben und das Wort Gottes zu verkündigen, wird für die Jetztzeit gleiches propagiert. *Ein* Beweis für die Wirkung dieses Armutsideals sind Entstehen und Ausbreitung der neuen Bettelorden (Franziskaner, Dominikaner, Karmeliten, Augustiner-Eremiten, Serviten, Trinitarier, Mercedarier und wie sie alle heißen). Wenn aber nun daran geglaubt wird, daß der bekannte Satz gilt: 'Eher geht

Neue Frömmigkeitskonzepte als Anlaß für neue religiöse Literatur

Kaufmannskarrieren – Heiliger oder Ketzer:
Franziskus von Assisi († um 1226)
(Petrus?) Waldes (Valdes[ius], † um 1207)

ein Kamel durch ein Nadelöhr, als daß ein Reicher in das Reich Gottes kommt' (Mt 19,24; Lc 18,25; Mc 10,25), dann sind davon gerade in der spätmittelalterlichen *Stadt* immer mehr Menschen betroffen - denn genau hier entsteht ja jetzt zunehmend Reichtum. Wenn man an den o.a. Satz glaubt und reich ist, dann bekommt man Angst - und anscheinend haben viele daran geglaubt; die bekanntesten historischen Beispiele sind etwa der italienische Kaufmannssohn Franziskus von Assisi und der Lyoneser Kaufmann (Petrus?) Waldes - beide haben sich ihrer finanziellen Mittel entäußert und ein Leben in Armut geführt, das nur noch religiösen Zielsetzungen diente. Franziskus war bekanntlich Begründer der Franziskaner, Petrus Waldes Gründer einer später als Ketzer verdammten Gruppe, der nach ihm so genannten *Waldenser*. (Dies sind im übrigen die zwei hauptsächlichsten Verfahren der Kirche gewesen, mit laienreligiösen Bewegungen umzugehen: Entweder man integrierte sie in die kirchliche Organisation und unterstellte sie damit hierarchischer Aufsicht - dies war eben der Fall bei der Bewegung des Franziskus von Assisi, die als Mönchsorden anerkannt wurde; oder aber man erklärte sie, falls sie sich nicht darauf einließen, sich päpstlicher Oberhoheit zu unterstellen, zu Ketzern und bekämpfte sie - dies geschah bei den eben erwähnten Waldensern, aber etwa auch bei radikaleren Richtungen innerhalb des Franziskanertums.) Dominikaner und Franziskaner sind von der Kirche offiziell damit beauftragt worden, in den Städten zu predigen.

Frauen, Ehe, Liebe, Ehebruch: Innerhalb städtischer Familien, die auf Erwerbstätigkeit angewiesen sind, erhält die Rolle der Frau in der Familie einen völlig neuen Stellenwert. Bislang war die Frau im Mittelalter ein Subjekt minderen Rechtes, der sog. *munt*, der Vormundschaft ihres Ehemannes oder, falls unverheiratet, ihres ältesten männlichen Verwandten unterworfen; sie konnte nicht selbständig einen Beruf ausüben, sie konnte nicht selbständig vor Gericht als Klägerin auftreten oder sonstige juristische Angelegenheiten für sich regeln. Natürlich hatte eine Adlige mehr Rechte als ein Bauer, eine Herzogin mehr Rechte als ein Niederadliger usw.; aber innerhalb ihres jeweiligen Standes waren die Frauen gegenüber den Männern stets und umfassend benachteiligt. In der feudal und weitgehend agrarisch strukturierten Gesellschaft des frühen und hohen Mittelalters hatten Frauen lediglich die Funktion, für

Neue Funktionen und Rollen der Frau in der Stadt

Nachwuchs und Kinderbetreuung zu sorgen, bei den Adligen zusätzlich Repräsentationsfunktionen, bei den Bauern zusätzlich die Funktion der Mitarbeit in festgelegten Bereichen. In *Handwerker-* und *Händlerfamilien* ergeben sich nun neben den traditionellen Funktionen 'Mutter' und 'Repräsentantin' neue Tätigkeitsfelder: Die Frau ist zuständig für die innere Organisation des Haushaltes, Versorgung von Lehrlingen und sonstigen Mitarbeitern und die Aufsicht über diese. Außerdem ist es, falls der Mann krank wird, nötig, daß eine Vertretung existiert - sonst bricht der Betrieb sehr schnell zusammen. 'Vertretung' des Mannes impliziert, daß die Frau mit den entsprechenden Rechten ausgestattet wird (Vertragsrecht, Klagerecht). Ferner ergeben sich nun in den Städten Berufsfelder speziell für Frauen, etwa in heilberuflichen oder textilproduzierenden Gewerben. Hier dürfen Frauen erstmals selbständig einen Beruf ausüben; und um den Beruf ausüben zu können, müssen sie die gleichen oder zumindest analoge Rechte haben wie Meister in Männerberufen - wozu dann ebenfalls die selbständige Wahrnehmung juristischer Angelegenheiten gehört: Abschluß von Verträgen, Klage gegen säumige Schuldner u.ä. Entsprechend kann auch der Aufenthalt der Frau nicht mehr grundsätzlich nur an das Haus gebunden sein; die Frauen in der spätmittelalterlichen Stadt gewinnen an Selbständigkeit und Beweglichkeit; die männliche Dominanz wird sehr allmählich, aber offenbar schon für die Zeitgenossen spürbar abgebaut. Mit diesen neuen Frauenrollen setzt sich verstärkt Literatur auseinander - allerdings auf durchaus verschiedenem Niveau und mit einem zunächst überraschenden Ergebnis: Die Frau figuriert in der städtischen Literatur nicht ausschließlich, aber überwiegend als *Negativfigur*. Es gibt die These, daß die größere Selbständigkeit der Frau atavistische männliche Ängste gefördert habe, und diese Angst habe sich dann verbunden mit der traditionellen *klerikalen* Misogynie (= Frauenfeindlichkeit): Die Frau ist aus der Rippe Adams geschaffen worden - also ist sie ein Mensch zweiter Klasse;[8] Eva hat Adam dazu verführt, vom Baum der Erkenntnis zu essen - also bringen Frauen die Männer ins Unglück; mit diesem Sündenfall hat Eva gegen ein explizites Verbot Gottes verstoßen - also sind Frauen ungehorsam und stets darauf aus, sich ihren Männern zu widersetzen; mit ihrem eigenen Sündenfall ist Eva den Einflüsterungen des Teufels erlegen; der Teufel hat sich nicht ohne Grund an sie gewandt und

Die 'böse Frau' als Bedrohung des Mannes

nicht an Adam, weil er von Adam stärkeren Widerstand erwartet hat - also sind Frauen in besonderem Maß den Einflüssen des Teufels zugänglich, der durch *sie* dann auf den Mann wirkt. Frauen provozieren die männliche Sexualität; Sexualität ist, sofern sie sich nicht in der Ehe abspielt und dort nicht ausschließlich der 'Produktion' von Nachwuchs oder der Vorbeugung gegen außerehelichen Geschlechtsverkehr dient, etwas Sündhaftes - also verführt die Frau die Männer zur Sünde. Innerhalb der Gattung des sog. *Märes* (Nominativ: '*das* Märe'), eines seit dem 14. Jh. stetig anschwellenden Genres der Gattung Kleinepik, figuriert die Frau entsprechend überwiegend als sog. *übelez wîp*, als widerborstiges, zänkisches, ungehorsames Wesen und/oder als stets Seitensprüngen zugeneigte Ehebrecherin. Es gibt zwar auch Ausnahmen - aber diesen Ausnahmen kann man entnehmen, wie der Mann sich die Frau als Ehefrau wünscht: treu selbst unter schwierigsten Bedingungen, gehorsam und stets darauf bedacht, Ehre, Wohlergehen und Wohlstand des Ehemannes zu mehren. Die Hochschätzung der (neuen) Familie führt auch zu Relativierungen des alten Ehrenkodex: statt der Exekution einer rigiden Moral wird ab und an propagiert, daß sich die Eheleute auch schon einmal etwas nachsehen müssen; es zählt nicht mehr unbedingt die absolute Moral, sondern Maßstäbe sind relativierbar, wenn sie dem Zusammenleben der Ehepartner dienen.

Klugheit, List, Intellektualität, Rationalität: In beiden Fällen - im Fall der betrügerischen und im Fall der treuen Frau - werden den Frauen bemerkenswert häufig besondere intellektuelle Qualitäten zugeschrieben: Frauen sind klug und listig; diese List setzen sie meist ein, um den Ehemann zu betrügen, seltener, um ihm zu nützen oder sich gegen Nachstellungen anderer Männer zu wehren. Mit diesem Motiv haben wir ebenfalls einen Themenkomplex vor uns, der in städtischer Literatur häufig angesprochen wird. Die Themen List und Klugheit bzw. ihr Gegenteil werden nämlich nicht nur bei Frauen erwähnt. Man hat dies als Folge der Tatsache interpretiert, daß städtisches Leben im Bereich von Handwerk und Handel in besonderem Maß auf Rationalität angewiesen ist: Handwerker, Händler und Kaufleute müssen planen und kalkulieren, und sie müssen vor allem *langfristig* planen; sie müssen sich auf ihre Kunden *einstellen* und deshalb ein Repertoire von dazu tauglichen

Verhaltensweisen entwickeln; sie sind darauf angewiesen, ihre Kunden *einschätzen* zu können und müssen sich daher Menschenkenntnisse aneignen. Dieser interpretative Zusammenhang ist sicher nicht von der Hand zu weisen; allerdings muß man relativierend hinzufügen, daß Rationalität und das Angewiesensein auf Intellektualität nicht nur spezifisch städtisch-bürgerliche Eigenschaften sind, sondern auch andere Stände betreffen, vor allem innerhalb des Bildungsbereiches - und das heißt zunächst: innerhalb des Klerus. Und tatsächlich kann man feststellen, daß in Literatur auch zahlreiche Kleriker mit diesen Eigenschaften ausgestattet werden und daß in der Realität im Rahmen von Philosophie und Theologie fortlaufend sog. 'Rationalitätsschübe' erfolgen. Städtische Literatur liefert auch Beispiele für die Forderung nach F l e x i b i l i s i e r u n g des Wissens: In Schwankliteratur siegt etwa häufig Schlagfertigkeit und Auslegungsfähigkeit über totes akademisches oder auch zu starr gehandhabtes volkstümliches Sprichwortwissen.

Der Adel als literarisches Thema: Da in vielen Städten auch Adlige wohnen, ergibt sich oft zwischen ihnen und den nichtadligen Stadtbewohnern ein engerer Kontakt als vorher. Aus dieser Situation resultiert ein weiterer Themenkomplex städtischer Literatur: In Texten werden solche Situationen des Kontakts zwischen Adligen und Nichtadligen beschrieben oder solche, in denen sich 'Bürger' wie Adlige, Adlige wie 'Bürger' verhalten. Das Spektrum reicht dabei von unverhohlener Bewunderung über neutrale Darstellung oder Ironisierung bis hin zu expliziter Kritik.

Soziales Zusammenleben: Ein fünfter Themenkomplex besteht aus der Thematisierung von Fragen des sozialen Zusammenlebens in der Stadt. Hier werden etwa Konflikte entweder einfach kommentarlos dargestellt oder problematisiert und diskutiert, Kommunikationsprobleme beschrieben, spezifische Tugenden propagiert, die zur Entschärfung sozialer Interessengegensätze dienen sollen; bei letzterem ist besonders wichtig die im Spätmittelalter sehr verbreitete Vorstellung des 'Gemeinnutzes'. Dieser 'Gemeinnutz' ist zumal in den Städten sicher eine Ideologie gewesen insofern, als vom Resultat einer Befolgung dieser Ideologie (Zurückstellen der Interessen von Einzelpersonen oder von Gruppen) in erster Linie die traditionellen Führungsschichten profitiert haben werden. Andererseits war die Verpflichtung auf ein übergeordnetes Ideal tatsächlich ein probates Mittel, um überhaupt ein einheitliches Agieren - etwa gegenüber dem Adel - möglich zu machen.

Reichtum und Armut: Ein sechster Themenbereich setzt sich - wofür der Grund wohl angesichts der beschriebenen ökonomischen Bedingungen in der Stadt einleuchtet - mit den Problemen von Reichtum und Armut auseinander, und zwar durchaus nicht nur in den oben erwähnten religiösen, sondern auch in rein weltlichen Zusammenhängen.

Wer bin ich – was bin ich?

Persönliche und soziale Identität: In bemerkenswert vielen erzählenden Texten wird geschildert, wie Personen an ihrer Identität irre werden bzw. von anderen irre gemacht werden. Ihnen wird z.B. eingeredet, sie seien nicht die, für die sie sich selbst halten, oder sie geben sich als jemand aus, der sie nicht sind. Im *Eulenspiegel* etwa tritt der 'Held' in immer wieder wechselnden Rollen auf - als Arzt, Handwerksgeselle, Milchhändler usw.; und durch seine Biographie steht er an jedem Punkt außerhalb der Gesellschaft (er wird z.B. dreimal getauft und nach seinem Tod senkrecht beerdigt). Auch die Diskrepanz zwischen Schein und Sein wird häufig thematisiert, desgleichen die Schwierigkeit, die Wahrheit eines Sachverhalts ans Licht zu bringen. Im Interesse an solchen Motiven könnte man u.a. einen unbewußten Reflex auf den unklaren Status vieler Stadtbewohner und auf die differenzierter und damit unübersichtlicher gewordene Lebenswirklichkeit in den Städten sehen. In der traditionellen Dreiständeordnung (→ Kap. V.3) ist für den, der weder Adliger noch Kleriker noch Bauer ist, eigentlich kein Platz. Es gibt tatsächlich Fälle, in denen Städter als *gebûren* = Bauern bezeichnet werden oder sich gar selbst so bezeichnen, weil das die einzige Möglichkeit ist, sich in einer angeblich von Gott vorgegebenen Ordnung wiederzufinden. Während des Mittelalters ist immer wieder versucht worden, die von Anfang an eigentlich obsolete Dreiständeordnung durch andere Modelle zu ersetzen (bei dem Ihnen aus Kap. V.4 durch die 'Zweibücherlehre' bekannten Berthold von Regensburg findet man etwa ein sehr differenziertes *berufs*ständisches Klassifikationssystem). Angesichts des Fehlens eines für alle Menschen gleichermaßen verbindlichen Rechts (s. im Kap. V.3 zum Thema 'Freiheiten' und 'Privilegien') sind solche Versuche aber zum Scheitern verurteilt, da sich immer wieder Gruppen und Einzelpersonen klaren Klassifikationsmerkmalen entziehen.

Belehrung und 'Lebenshilfe': Einige der bisher erwähnten Themenkomplexe und noch viele andere, die quantitativ weniger ins Gewicht fallen, lassen sich in einem *siebten Bereich* noch einmal gesondert aufführen: Ganz offensichtlich besteht in der Stadt ein enormes Bedürfnis nach Belehrung und Lebenshilfe in den verschiedensten Bereichen, die man nun, entsprechend dem gestiegenen Prestige von Schriftlichkeit, von *Literatur* erwartet; didaktische sowie Sach- und Fachliteratur entsteht in Hülle und Fülle. Das bedeutet umgekehrt, daß traditionelle Formen und Medien des Lernens langsam zurückgehen: Man kann sich heute kaum vorstellen, was es bedeutet, wenn ein Lehrling nicht mehr durch Zusehen und Nachmachen lernt, sondern durch Literatur; dieser Wechsel impliziert mit Sicherheit ein steigendes Angewiesensein auf Abstraktion - und damit im Endeffekt natürlich auch tatsächlich ein *gesamtgesellschaftlich steigendes Abstraktionsvermögen.* Das Verschwinden traditioneller Vermittlungsmedien von Wissen kann man etwa daraus entnehmen, daß seit dem 16. Jh. große Sprichwortsammlungen entstehen, die ihre Existenz zum Teil explizit damit begründen, daß Sprichwörter in Vergessenheit zu geraten drohen und daher durch schriftliche Konservierung künstlich überlebensfähig gemacht werden müssen. Daß offenbar viele Sprichwörter überhaupt nicht mehr verstanden wurden, kann man daran ablesen, daß die Verfasser solcher Sprichwortsammlungen sich bemüßigt fühlen, zu den aufgenommenen Sprichwörtern auch Kommentare und Erklärungen zu liefern.

Vermittlung von Wissen über Literatur verlangt und fördert das Abstraktionsvermögen. Von da aus führt ein direkter Weg zur 'Akademisierung' des Wissens, der im Spätmittelalter beginnt (wo z. B. der akademisch ausgebildete Arzt dem Praktiker allmählich den Rang abläufe). Dieser Trend setzt sich heute weiter fort:

Parkwächter wird in Norwegen künftig ein Akademiker-Beruf. Die Behörden in Kristiansand hätten die Polytechnische Hochschule mit der Ausarbeitung von Lehrplänen beauftragt, berichtet die Nachrichtenagentur NTB am Mittwoch aus Oslo.

(FAZ Nr. 270, 20. November 1997, S. 11)

Das *mündliche* Sprichwortwissen stirbt – und wird in *Schrift* begraben.

So weit mein Überblick - und Sie werden vielleicht bemerkt haben, daß ich diesmal keine einzelnen Texte besprochen habe: auch dies resultiert aus der eingangs in diesem Punkt dargestellten Forschungssituation, die ich abschließend (weil ich Sie nicht so ganz unvermittelt wieder ins Leben entlassen will ...) noch einmal in Wiederholungsform umreißen möchte:

Da die Mediävistik es sich als *ein* Ziel gesetzt hat, die Alterität des Mittelalters zu beschreiben, um daraus Kontrastwissen für das Verständnis der eigenen Gegenwart zu gewinnen, muß sie sich intensiv mit *den* Zeiträumen auseinandersetzen, die für diese Alterität besonders prägnante Beispiele liefern. Die Vergangenheit ist aber kein statischer Bereich: In jeder Zeit entsteht auch Neues. Mit den Themen 'Spätmittelalter' und 'Stadt' ist dieses Neue in besonderem Maß angesprochen: Hier entstehen Normen, Werte, Gewohnheiten, Denkweisen, die bis heute fortwirken. Obwohl - wie erwähnt - städtisches Leben im Spätmittelalter nicht mit 'bürgerlichem' Leben im Sinn der heutigen Soziologie identisch ist, entstehen doch gerade in dieser Zeit die Vorformen dessen, was man mit 'Bürgerlichkeit' meint. In den Städten des Spätmittelalters und der frühen Neuzeit wird in Deutschland eine Entwicklung in Gang gesetzt, die (wie etwa in England und Frankreich) schon im 16. Jh. zu einem voll entwickelten Bürgertum hätte führen können; diese Entwicklung wird aber durch den Dreißigjährigen Krieg radikal abgebrochen: Die Blüte des städtischen Wirtschaftslebens kommt zum Erliegen, die Bevölkerungszahlen aller Städte sinken, der politische Einfluß der Städte geht zurück. So kommt es, daß die Geschichte des Bürgertums sozusagen noch einmal fast ganz neu anfangen mußte und daß, wie wir ja im Verlauf dieser Einführung wiederholt gesehen haben, erst das 18. Jahrhundert zur sog. 'Schwellenzeit' wird, zu einer Epoche, die nun in allen Bereichen, nicht nur in bezug auf ihre Literatur, entscheidende Änderungen aufzuweisen hat.

Anhang

Die Gattung 'Märe'

Der Terminus 'Märendichtung' ist ein Kunstwort der Wissenschaft. Durch Vergleiche mit anderen Gattungen hat man herausgefunden, daß sich innerhalb der spätmittelalterlichen Literatur recht deutlich eine durch Form und Inhalt gekennzeichnete Gattung abhebt. Definiert wurde sie folgendermaßen:

> [...] *eine in paarweise gereimten Viertaktern* ***versifizierte***[9]*,* ***selbständige***[10] *und eigenzweckliche Erzählung mittleren (d.h. durch die Verszahlen 150 und 2000 ungefähr umgrenzten) Umfangs, deren Gegenstand* ***fiktive***[11]*,* ***diesseitig-profane***[12] *und unter weltlichem Aspekt betrachtete, mit* ***aus-***

> ***schließlich (oder vorwiegend) menschlichem Personal***[13] *vorgestellte Vorgänge sind.*[14]

Die Kriterien 'eigenzwecklich' und 'unter weltlichem Aspekt betrachtet' sind bestreitbar; auch die Zugehörigkeit bestimmter Texte zu dieser Gruppe ist im Einzelfall immer diskutierbar, so daß auch der Gesamtbestand solcher Texte in der Überlieferung nicht ganz feststeht. Klar ist jedoch, daß innerhalb der gesamten Textüberlieferung eine solche Gruppe existiert (daß den *Zeitgenossen* die Besonderheit dieser Gruppe bewußt war, ist damit allerdings nicht gesagt). FISCHER (s.u. Anm. 14) hat die dazugehörigen Texte mit dem Terminus 'Märe' benannt, obwohl das mhd. Wort *maere* selbst kein eindeutiger Gattungsterminus ist. Ein in der Wissenschaft ebenfalls verwendeter Konkurrenzterminus ist 'Versnovelle'; FISCHER hat die Bezeichnung 'Märe' gewählt, damit über einigen Ähnlichkeiten nicht die Unterschiede zur neuzeitlichen Novellistik vergessen werden.

Das Märe bzw. die Versnovelle ist in der spätmittelalterlichen Stadt eine sehr beliebte Erzählgattung gewesen; überliefert sind rund 200 Texte, die z.T. jeweils in mehreren Handschriften erhalten sind (zum geringeren Teil fragmentarisch). Ich liefere hier im Anhang eine größere Auswahl an Inhaltsangaben,[15] um die Möglichkeit zu geben, die o.a. Themen städtischer Literatur nachvollziehen zu können; gleichzeitig wird erkennbar, welche Facetten innerhalb der Oberthemen vorhanden sind. Deutlich werden sollen vor allem das Nebeneinander von traditionellen und neuen Themen, die Gegensätzlichkeit von Perspektiven und Wertungen - und nicht zuletzt der Spielraum, den Literatur trotz aller moralischen Vorgaben von Seiten der geistlichen und weltlichen Obrigkeit im Mittelalter besessen hat. Die in Kap. V.7 vorgestellten Themen städtischer Literatur beschränken sich natürlich nicht auf das Märe; diese Gattung ist aber thematisch so reichhaltig, daß sie einen guten Querschnitt durch die Themen bietet.- Unter den Texten befinden sich auch einige Mären des Strickers; diese können zwar nicht für die spätmittelalterliche Stadt reklamiert werden, zeigen aber, daß bestimmte Thematiken sich schon vorher entwickelt haben, daß also Tendenzen städtischer Literatur nicht völlig im traditionslosen Raum entstanden sind. Darauf verweist auch die Tatsache, daß viele Stoffe deutscher Mären aus antiker, französischer und italienischer Literatur stammen.

Inhaltsangaben von Mären

Die böse Adelheid: *Adelheid, die Frau des Bauern Markhart, macht ihrem Mann das Leben schwer, weil sie stets das Gegenteil von dem tut, was er wünscht und sagt. Eines Tages, als sie ihm das Mittagessen verweigert und ihn hindert, sich selbst etwas einzukaufen, nützt er ihren Widerspruchsgeist auf folgende Weise: Er tadelt die Leute, die nach Augsburg zum Markt gehen - und muß sich selbst dorthin aufmachen. Er tadelt den blauen Rock eines Passanten - und muß sich selbst einen kaufen. Er wünscht sich, Roggenbrot zu essen und Wasser zu trinken - und muß sich zu Weißbrot und Wein bequemen. Auf dem Heimweg bittet er Adelheid, nicht zu dicht am Ufer des Lechs zu gehen. Doch sie tut wieder das Gegenteil, stürzt in den Fluß und versinkt. Weil sie stets so widerspenstig war, nimmt Markhart an, die Ertrunkene sei stromaufwärts geschwommen und sucht weiter oben. Dort stellt er die Suche auf Zuraten eines vorbeireitenden Herrn bald ein und kehrt befriedigt in sein Dorf zurück, wo er noch ein hohes Alter erreicht.*

Das Almosen: *Ein Bauer ist so geizig, daß er alle Nahrungsmittel stets unter Verschluß hält und seiner Frau den Zugang dazu verwehrt. Eines Tages bittet in seiner Abwesenheit ein Bettler die Bäuerin um eine milde Gabe. Die bietet ihm, da sie nichts anderes zu verschenken hat, ihre Minne als Almosen und beglückt ihn zweimal. Der heimkehrende Ehemann hört gerade noch den überschwenglichen Dank des Bettlers und verlangt unter Prügeln die Zusammenhänge zu wissen. Da berichtet die Frau weinend, daß sie dem Armen ihre Minne als "Seelgerät" gespendet habe. Der Bauer bereut seinen Geiz und übergibt seiner Frau die Schlüsselgewalt.- Epimythion: Wer ein solches Almosen spendet, begeht keine Sünde.*

Zweierlei Bettzeug: *Ein Bauer, der einem fahrenden Scholaren Unterkunft gewährt, macht diesem für sein Lager auf der Ofenbank "Bettzeug" aus den Bauchwinden, die er streichen läßt. Der Student vergilt diesen üblen Scherz mit gleicher Münze, indem er anderntags das "Bettzeug" in Gestalt eines Haufens Kot hinter dem Ofen zurückläßt. Der Bauer setzt sich hinein, bemerkt die Bescherung und findet, daß ihm recht geschah. - Epimythion: Wer einen anderen verspottet, muß selbst Spott leiden.*

Der Koch: *Die Frau eines Ritters läßt sich bei einem Spaziergang vom Koch eines Klosters über einen Zaun helfen, bemerkt dabei dessen Leidenschaft zu ihr und verspricht ihm die Erfüllung seiner Wünsche. Am Abend wird dem Koch im Ehebett die Minne der Dame zuteil, doch ängstigt er sich dabei gewaltig, weil der Ehemann nebenan beim Brettspiel sitzt. Als dieser dann schlafen geht, beklagt sich die Dame über die Nachstellungen des - noch anwesenden - Kochs, den die hohen Kissen vor einer Entdeckung schützen. Sie habe* *ihn für diese Nacht in den Garten bestellt; der Ritter solle ihm in ihren Kleidern eine Lektion erteilen. Der Ritter begibt sich hinaus, und nun schickt die Dame auch den Koch in den Garten; er solle dort ihren als Frau verkleideten Ehemann beschimpfen und mit Schlägen bedrohen unter der Vorgabe, er halte ihn für seine buhlerische Frau. Der Koch handelt nach ihrer Anweisung und schilt die "Frau" wegen ihrer Untreue. Da gibt sich der Ritter zu erkennen und lobt die Treue des Kochs, den er nun an seinen Hof zieht, so daß die beiden noch häufig ihr Spielchen treiben können.*

Der Pfaffe im Käskorb: *Eine Bäuerin ist mit dem Dorfpfarrer im Einverständnis. Eines Tages, als der Bauer zur Mühle gefahren ist, ist der Pfaffe wieder bei ihr. Da kommt der Mann unerwartet zurück, und der Liebhaber muß sich in einem Käsekorb verbergen. Bei der Mahlzeit bemerkt die Bäuerin, daß aus einem Loch im Korb das heraushängt, was "dem Pfaffen zwischen den Beinen wuchs". Durch ein keckes Liedchen - angeblich ein Prozessionslied -, das sie ihrem Mann vorsingt, macht sie den Pfarrer auf seine Nachlässigkeit aufmerksam. So bleibt dieser unentdeckt und kann später entfliehen.*

Der Pfaffe mit der Schnur: *Eine junge Ehefrau, die von einem Pfaffen um ihre Minne gebeten wird, verabredet mit diesem, er solle sie mit Hilfe einer Schnur wecken, die sie um ihren Fuß binden wolle; dann werde sie heimlich zu ihm kommen. Der Plan wird ins Werk gesetzt, aber der Ehemann bemerkt die Schnur vorzeitig, bindet sie an den eigenen Fuß und ergreift auf das gegebene Zeichen hin den Liebhaber. Er heißt die Frau ein Licht bringen; doch die will lieber den "Dieb" solange halten, bis der Mann selbst das Licht geholt hat. Inzwischen vertauscht sie den Pfaffen gegen einen Esel. Den Zurückkehrenden versucht sie glauben zu machen, er habe sich geirrt. - Dann veranlaßt die Bäuerin eine alte Frau, ihre Stelle einzunehmen und vor dem Hause zu weinen. Der Bauer, im Glauben, er habe seine Frau vor sich, prügelt die Alte und schneidet ihr das graue Haar ab. Anderntags lädt er die Verwandten der Frau zu sich und führt Klage über ihre Untreue, wobei er das abgeschnittene Haar als Beweisstück vorlegt. Da es aber statt blond grau ist, kann die Frau ihn für unsinnig und die nächtlichen Ereignisse für Einbildung erklären. Man schickt nach einem Priester, der den Bauern einer Beschwörung unterzieht.- Epimythion: Vor den Ränken falscher Frauen ist niemand sicher; eine treue Frau ist Goldes wert.*

Aristoteles und Phyllis: *Aristoteles, von König Philipp zum Lehrer seines Sohnes Alexander bestellt, bemerkt eines Tages, wie die Aufmerksamkeit seines sonst so eifrigen Schülers nachläßt, und er erkennt auch die Ursache: Alexander ist in Phyllis, die schöne Kammerzofe der Königin, verliebt. Da sein Tadel nichts fruchtet, erstattet er dem König Bericht, und die beiden werden gewaltsam*

Drei Darstellungen der Kernszene von 'Aristoteles und Phyllis': Mitte: sog. Meister von Ottobeuren; Bildschnitzerei (1. Viertel 16. Jh.); **Rechts**:Hans Baldung Grien, Holzschnitt (1. Viertel 16 Jh.); **Oben**: Joseph Heintz d. Ä. († 1609). – Bildliche Darstellungen literarischer Stoffe sind natürlich auch Hinweise auf die Rezeption der betreffenden Texte und daher Bestandteil der Rezeptionsgeschichte.

getrennt. Phyllis sinnt auf Rache. Eines Tages schmückt sie sich besonders sorgfältig und schreitet mit lockenden Gesten vor dem Fenster des greisen Philosophen auf und ab. Den ergreift sogleich die Liebe, und in dem brennenden Wunsch, eine Nacht bei Phyllis schlafen zu dürfen, ergibt er sich in ihre Bedingung, sich als Reitpferd gebrauchen zu lassen. Er erhält Sattel und Zaum und kriecht auf allen Vieren durch den Garten, die schöne Phyllis auf seinem Rükken. Diese Szene wird vom ganzen Hof beobachtet. Um dem Spott zu entgehen, entflieht Aristoteles auf die Insel Galicia, wo er ein dickes Buch über die Ränke der Frauen schreibt.- Epimythion: Gegen die Frauen gibt es nur ein Mittel: sie gänzlich zu meiden.

Das Auge: *Ein vortrefflicher, aber häßlicher Ritter hat eine wunderschöne Frau, die ihn trotz seines Aussehens herzlich liebt. Eines Tages verliert er im Turnier ein Auge und scheut sich, entstellt wie er ist, zu seiner Gattin heimzukehren. Er äußert diese Bedenken seinem Knappen gegenüber, und dieser schlägt vor, er wolle seiner Herrin die schlimme Nachricht überbringen; der Herr solle sein weiteres Verhalten dann von ihrer Reaktion abhängig machen. Der Knappe reitet also heim und berichtet der Frau vom Unfall ihres Mannes und von seinem Entschluß, ins Heilige Land zu ziehen, um niemals wiederzukommen. Da sticht sich die Frau mit ihrer Schere ein Auge aus und heißt den Knappen ihrem Manne sagen, er solle getrost zurückkehren, sie trügen ja nun "das gleiche Wappen". Der Knappe richtet die Botschaft aus, und der Ritter kehrt traurig und beschämt auf seine Burg zurück, wo er mit seiner Frau bis an sein Lebensende eine glückliche Ehe führt.*

Die Bärenjagd: *Der Wirt eines Gasthauses im Gebirge verspricht einem Pelzhändler, ihm ein gutes Bärenfell zu verschaffen. Der Bär, der es trage, sei zwar noch nicht erlegt, doch sollten sie beide sich gleich aufmachen, dies zu besorgen. Der Händler läßt sich nur* *ungern auf das Abenteuer ein, und als sie in die Nähe des Tieres kommen, flüchtet er sofort auf einen Baum. Der Wirt tritt dem Bären mit seinem Spieß entgegen, wird aber von ihm jämmerlich zugerichtet und kann sich nur dadurch retten, daß er sich tot stellt und die Luft anhält, sooft der Bär mit seinem Maul prüft, ob er wirklich nicht mehr atme. Als sich das Tier endlich zurückzieht, fragt der Händler den verwundeten Jäger, was ihm das Tier denn ins Ohr geflüstert habe, und vermutet spöttisch, der Bär habe ihm wohl den Rat gegeben, nie mehr ein Fell zu verkaufen, dessen Träger noch nicht erlegt sei.- Epimythion: Töricht ist, wer verspricht, was er nicht besitzt, oder in Besitz nimmt, was ihm nicht zukommt.*

***Der hohle Baum:** Ein einfältiger Mann wagt nicht, seine jungvermählte Braut zur Frau zu machen, aus Sorge, ihr weh zu tun. Diese ist aber mit der keuschen Ehe nicht zufrieden und ersinnt eine List, um ihrem Mann seine Ehepflichten bewußt zu machen. Eines Tages klagt sie über heftige Leibschmerzen und bittet ihn, zu einem hohlen Baum zu gehen und die dort wohnenden "Heiligen" nach einem Mittel zu fragen, das ihr das Leben rette. Der Mann macht sich auf, die Frau aber eilt ihm voraus und verbirgt sich im hohlen Baum. Auf seine besorgte Frage erteilt sie den Rat, er müsse seiner Frau viermal vor dem Hahnenschrei beiwohnen und dreimal danach, dann hätten alle ihre Leiden ein Ende. Auf dem Heimweg überholt die Frau wieder ihren Mann und läßt sich dann zu Hause vom Ergebnis seines Bittgangs berichten. Das Rezept erweist sich als heilkräftig. Von nun an haben beide ein vergnügtes Leben.*

***Berchta:** Promythion: Der Dichter macht sich lustig über den Brauch der Zeugenberufung. - Am Abend des Neujahrstages heißt ein Mann sein Gesinde und sein Kind tüchtig von den reichlich aufgetragenen Speisen essen, damit Berchta nicht über sie komme. Verwundert fragt das Kind, wer denn diese Berchta sei, und der Vater schildert ein Ungeheuer, das den trete, der heute nicht genug esse. Das Kind fragt weiter, ob Berchta nicht etwa wie ein Geistlicher aussehe. Um dem Anlaß zu dieser merkwürdigen Frage auf die Spur zu kommen, stimmt er zu, und das Kind erzählt nun, wie Berchta einmal in seinem Beisein über die Mutter gekommen sei und sie heftig gestoßen und getreten habe. Die Mutter sagt ärgerlich, das sei alles Kindergeschwätz, und der Mann geht der Sache wohlweislich nicht weiter nach. - Epimythion: Wenn eine Frau sich mit einem Pfaffen ins Bett legt, soll sie es vor ihren Kindern verhehlen.*

***Beringer:** Beringer, ein geiziger Ritter, der Frau und Gesinde keinen guten Tag gönnt, reitet gerne zu Turnieren. Heimgekehrt, prahlt er dann mit seinen Ruhmestaten, obwohl er jedem Kampf aus dem Wege geht. Sein unbeschädigter Harnisch läßt aber seine Frau mißtrauisch werden. Deswegen folgt sie ihm, als er wieder einmal zu einem*

Turnier auszieht, als Ritter verkleidet, heimlich nach. Am Turnierort findet sie ihren Mann nicht unter den Wettkämpfern, sondern in einem nahegelegenen Wald, wo er mit gewaltigen Schlägen auf seinen Helm einhaut, den er auf eine Stange gesteckt hat. Zornig reitet sie auf ihn los, sticht ihn aus dem Sattel und zwingt ihn dazu, ihr dreimal die Kehrseite zu küssen. Nach ihrem Namen befragt, nennt sie sich Ritter Wienand von Bösland "mit der langen Arskrinne", wohnhaft zu Harburg. Wieder zu Hause, jammert der Besiegte vor seiner sich besorgt gebenden Frau über seine Wunden und schwört, niemals wieder zu turnieren. Einige Zeit später kommt Beringer seiner Frau wieder grob. Da droht sie ihm mit ihrem Freund, dem Ritter Wienand. Beringer erschrickt und verspricht kleinlaut, in allem ihren Willen zu tun. Fortan leben die beiden in Liebe und Frieden.

Der betrogene Blinde: *Armut zwingt einen Ritter, seine schöne Tochter einem begüterten Blinden zu vermählen. In der Hochzeitsnacht bemerkt der Bräutigam, daß sie, entgegen vorheriger Versicherung, nicht mehr Jungfrau ist. Als sich der Blinde darüber ungehalten zeigt, wirft sie ihm den Verlust seiner beiden Augen als größeren Mangel vor. Er wendet ein, sein Schaden sei ihm von Feinden zugefügt worden und verdiene somit keinen Spott. Sie jedoch erwidert schlagfertig, daß ihr Schaden noch weniger getadelt werden dürfe, da er von Freunden verursacht worden sei. - Epimythion: Wer selbst Anlaß zum Tadel gibt, sollte die Verfehlung eines anderen nicht rügen.*

Der Bürger im Harnisch: *Ein Bürger hat eine eingebildete Frau, die sich als Zeichen ihrer sozialen Stellung stets von zwei Mägden begleiten läßt. Eines Sonntags heißt der Bürger die Mägde ihm das Frühstück bereiten, doch diese weigern sich, das zu tun, weil sie doch die Frau von der Kirche abholen müßten. Da verbietet ihnen der Bürger, das Haus zu verlassen. Während die Frau Stunde um Stunde in der Kirche wartet, bitten die Mägde ihren Herrn, er solle sie doch die Herrin abholen lassen, sie wage sich sonst nicht auf die Straße. Wenn sie sich nicht auf die Straße wage, so müsse sie sich wohl vor Feinden fürchten, bemerkt der Bürger, er wolle sie deshalb bewaffnet nach Hause geleiten. So zieht er denn in voller Rüstung mit drohenden Worten und Gebärden aus und schleppt die Frau zum Gespött der ganzen Stadt eilenden Laufs nach Hause. Obwohl sie sich von Stund an bessert, bleibt ihr doch der Name "die Bürgerin im Harnisch".*

Umgangene Buße: *Ein Bauer bittet den Pfarrer seines Dorfes um die Erlaubnis, in einer anderen Pfarre beichten zu dürfen, da seine Verfehlungen den Pfarrer selbst berührten. Der Pfarrer will das nicht gestatten und muß nun hören, daß der Bauer mit seiner (des Pfar-*

rers) Mutter, Schwester und Wirtschafterin geschlafen hat. Entgegen seiner früheren Versicherung gerät er in heftigen Zorn und legt dem Bauern auf, dasselbe mit einem Igel zu treiben. Der Bauer fragt zurück, ob er nicht auch mit "der Igelin" büßen könne. Das wird ihm zugestanden. Wegen des Beichtgeheimnisses darf der Pfarrer Mutter, Schwester und Wirtschafterin nicht zur Rede stellen, was ihn hart ankommt. Der Bauer aber begibt sich zur Frau eines Bauern im Ries namens Igel ("der Igelin") und vollbringt mit ihr seine Buße. Als er dem Pfarrer von seiner Tat berichtet, bedeutet ihm dieser wütend, er möge künftig beichten, wo er wolle.- Epimythion: Man soll nicht Böses mit Bösem vergelten und über dem Splitter im Auge des andern nicht den Balken im eigenen übersehen.

Die halbe Decke: *Ein verwitweter Bürger übergibt im Alter sein gesamtes Gut seinem Sohn. Dieser aber behandelt ihn so schlecht, daß er schließlich zusammen mit den Schweinen in einem Verschlag unter der Treppe hausen muß. Als der Alte unter der Kälte des Winters leidet und sein Enkel für ihn eine Decke erbittet, teilt der undankbare Sohn diese durch und gibt seinem Vater nur die Hälfte. Das Kind sieht die Freude des Großvaters und erbittet nun von seinem Vater die andere Hälfte der Decke mit dem Bemerken, er wolle sie aufheben, bis auch er alt geworden sei. Bei diesen Worten geht der Vater in sich und läßt den Großvater wieder zu allen Ehren kommen. Danach fragt er das Kind, wie es ihn im Alter behandeln wolle, und bekommt zur Antwort: Wie er den Großvater, so wolle es auch ihn einst im Alter ehren.- Epimythion: Man soll nach Gottes Gebot Vater und Mutter ehren und auch seine Kinder dazu anhalten.*

Dietrich von der Glezze: ***Der Gürtel:*** *Promythion: Das Gedicht heißt 'Der Gürtel'; man soll es nur vor einem höfischen Publikum lesen. - Konrad, ein stolzer Ritter aus Schwaben, hat die schönste Frau zur Gattin. Eines Tages, während er zu einem nahen Turnier reitet, lustwandelt sie im Garten und begegnet einem fremden Ritter, der in Liebe zu ihr entbrennt. Sein Werben hat Erfolg, als er der Dame zum Entgelt für ihre Gunst Habicht, Windhunde, Roß und vor allem einen herrlichen Gürtel verheißt, der die Kraft hat, seinem Träger überall den Sieg zu verleihen. Ein Knecht belauscht das Liebespaar und entdeckt dem heimkehrenden Herrn die Treulosigkeit seiner Gattin. Dieser kehrt auf der Stelle um und begibt sich nach Brabant. Als die Frau zwei Jahre vergeblich auf ihn gewartet hat, verkleidet sie sich als Ritter und zieht mit Roß, Habicht, Windhunden und ihrem Wundergürtel an den Hof des Herzogs von Brabant, wo sie sich als Heinrich von Schwaben ausgibt. Bei einer Jagd zeichnen sich ihre Tiere besonders aus, und der Herzog versucht vergeblich, sie ihr abzukaufen. Danach gelingt ihr ein Turniersieg über einen bis dahin unbesiegten Engländer. Konrad und "Heinrich" begleiten den Herzog auf einer Heerfahrt. Auf einem Kundschaftsritt bittet Konrad* *seinen Gefährten, ihm Windhunde, Habicht oder Roß zu schenken. Heinrich sagt ihm Habicht und Hunde zu, wenn er ihm, der er nur Männer liebe, zu Willen sei. Konrad geht widerstrebend darauf ein. Da gibt sich "Heinrich" als seine Frau zu erkennen und tadelt ihn, daß er sich um eines so kleinen Gewinnes willen mit unnatürlicher Liebe versündigen wolle, während sie in ihrem Bestreben, ihm den siegspendenden Gürtel zu erwerben, nur etwas Menschliches getan habe. Konrad bittet um Verzeihung, sie schenkt ihm die begehrten Gaben, und beide kehren nach Schwaben zurück. - Epimythion: Dietrich von der Glezze hat die Erzählung gedichtet. Er rät allen Männern, die Frauen zu ehren. Wilhelm von Weidenau hat ihn beauftragt; dem Punzinger möge eine geliebte Frau ihren Trost senden.*

Der warnende Ehemann: *Promythion: Frauen sind voller Arglist. - Ein einfältiger Mann hat eine schöne Frau, die ihn unablässig ihrer Liebe versichert. Dabei ist sie aber mit einem anderen im Einverständnis. Dies kommt dem Mann zu Ohren, und um der Sache auf den Grund zu gehen, gibt er eines Tages vor, auf eine Woche zu verreisen. Die Frau läßt sogleich ihren Liebhaber rufen, bewirtet ihn und besteigt mit ihm das Bett. Der Mann aber hat sich in der Schlafkammer versteckt, und als die Frau nun dem Liebhaber beteuert, wie sehr sie ihn liebe, heißt er sie eine Lügnerin, die jeden Mann betrüge, und warnt seinen Nebenbuhler vor ihr. Dieser glaubt ihm und macht sich davon. - Epimythion: Niemand soll einer Frau trauen.*

Hans Folz: ***Die mißverständliche Beichte:*** *Der Dichter ist Zeuge, wie ein Mann scheinbar schwere sexuelle Verfehlungen sodomitischer und blutschänderischer Art beichtet und deshalb vom Beichtiger hart angefahren und zur Gewinnung der Absolution nach Rom gewiesen wird. Da fängt der Mann an zu lachen und erklärt alles für ein Mißverständnis, das entstanden sei durch das falsche Verständnis doppeldeutiger Wörter auf Seiten des Priesters. Er habe auf diese mißverständliche Weise gebeichtet, um die Langmut und Geduld des Beichtvaters auf die Probe zu stellen und ihm wegen seines vorschnellen Zorns eine Lehre zu erteilen. - Epimythion: Wie sich ein guter Beichtiger verhalten soll. Verfassersignatur.*

Hans Folz: ***Der ausgesperrte Ehemann:*** *Eine hübsche Frau, die mit einem Trunkenbold verheiratet ist, hat ihr Herz einem Jüngling zugewendet. Wie die beiden sich eines Abends wieder einmal miteinander vergnügen, kehrt der Ehemann, früher als erwartet, aus dern Wirtshaus zurück und pocht an die Tür. Die Frau rät ihrem Liebhaber, den Betrunkenen in der Rolle des Hausherrn zu verjagen. Der Jüngling poltert also laut schimpfend die Treppe hinab und droht dem Ruhestörer Prügel an. Da glaubt dieser, er habe sich im Haus* *geirrt, und schläft seinen Rausch auf der Auslage eines Schusters aus, während die Liebenden ihr Spiel fortsetzen und sich erst im Morgengrauen trennen. Nun entriegelt die Frau die Haustür und setzt sich dann in die Vorhalle, als wenn sie dort eingeschlafen wäre. Nach einer Weile kommt der Mann, findet die Tür offen und seine Frau auf einem Stuhle schlafend und muß sich überzeugt fühlen, daß er in der Nacht tatsächlich sein Haus verfehlt hat. Die Frau macht ihm Vorwürfe wegen seines langen Ausbleibens, und er verspricht Besserung. - Epimythion: Nur wer baden kann, ohne sich naß zu machen, ist gegen Frauenlist gefeit. Verfassersignatur.*

Hans Folz: *Drei törichte Fragen:* *Ein Straßburger Bürger wundert sich so sehr über sein erstes graues Haar, daß er sich nach Rom aufmacht, um dort den weisen Virgilius über die Ursache zu befragen. Unterwegs wird er in Bozen und Verona von Gastfreunden gebeten, auch ihre Fragen vorzubringen, und zwar will der erste wissen, warum seine Ehefrau trotz täglicher Prügel sich nicht bessere, und der zweite, wie seine Frau während seiner dreijährigen Abwesenheit ihm drei Kinder habe gebären können. In Rom gibt Virgilius dem Straßburger Bürger folgenden Rat: Er solle auf seiner Heimreise die Frage des Veronesers einem gejagten Hasen, die des Bozners einem geprügelten Esel und seine eigene seinem jüngsten Kinde stellen. Der Bürger handelt nach der Empfehlung des weisen Mannes und erfährt, die Frau des Veronesers habe drei Kinder bekommen, weil sie die Männer nicht geflohen habe wie der Hase die Jagdhunde, die Frau des Bozners werde nicht besser, weil sie so wenig gegen ihre Natur handeln könne, wie der Esel, und er selbst habe ein graues Haar bekommen, weil er alt werde. Beschämt muß er sich seine Torheit eingestehen. - Epimythion: Alter soll sich um Weisheit bemühen. Verfassersignatur.*

Hans Folz: *Drei listige Frauen:* *Drei Frauen beschließen, einen gefundenen Gürtel derjenigen zuzuerkennen, die ihren Mann am besten nasführen kann. Die erste bestreicht ihrem schlafenden Gatten das Gesicht mit Ruß und Safran und macht ihn glauben, er sei im Schlafe gestorben. Dann schiebt sie ihn unter eine Bank, auf der sie sich sogleich mit dem Hausknecht Heinz vergnügt, bis der "Tote" abgeholt wird. Die zweite Frau schert ihrem schlafenden Mann eine Tonsur und redet ihm ein, er sei der Pfarrer und müsse dem verstorbenen Nachbarn die Seelenmesse singen. Die dritte Frau holt ihren Ehemann aus dem Bett und schickt ihn, der sich für bekleidet hält, nackt zur Totenmesse. In der Kirche müssen die drei erkennen, daß sie von ihren Frauen zum besten gehalten worden sind. Welcher der drei Frauen der Gürtel gebührt, läßt der Dichter den Leser raten; er selbst würde ihn der ersten zusprechen. - Epimythion der Fassung I: Die drei Frauen bedeuten das Fleisch, den Teufel und die Welt, die drei Männer die drei Stände: Fürsten, Klerus und das Volk. Verfas-*

sersignatur. - Epimythion der Fassung II: Wenn sich die Männer zu sehr vom Weine übermannen lassen, werden sie von ihren Frauen an der Nase herumgeführt. Verfassersignatur.

Hans Folz: *Knecht und Magd:* *Der Dichter, der am Wirtshaustisch eingeschlafen ist, wird erwachend Zeuge eines Gesprächs zwischen Knecht und Magd, in dem sie sich gegenseitig Vorwürfe machen. Knecht: Sie sei morgens nicht aus den Federn zu bringen. Magd: Das komme daher, daß er sie abends nicht in Ruhe lasse. Knecht: Wenn sie schon einmal früh aufstehe, lege sie sich vor dem Tagwerk noch eine Stunde zu den Roßknechten. Magd: Das tue sie nur, weil er selbst versage. Knecht: Beim Abwasch buhle sie, und das Geschirr bleibe schmutzig. Sie bewahre Fisch und Fleisch nicht vor Hunden und Katzen und kehre den Schmutz einfach in die Ecken. Magd: Er trinke heimlich von Wein und Bier und sei unzuverlässig bei der Besorgung des Pferdefutters. Knecht: Mit ihrer Schürze wische sie die Nase wie die Töpfe, sie leere das Nachtgeschirr nicht, sei in jeder Weise unflätig, nasche von allen Speisen und Getränken. Magd: Er bewirte heimlich Gäste, mache sich Liebkind bei der Herrschaft, lasse sich von den Gästen 'schmieren', stehle und verleumde. Knecht: Sie gelobe Wallfahrten in der Fastnachtszeit und gebe sich dann in der Scheune einem Kuttenträger hin. Die Magd wünscht dem Knecht alles Üble an den Hals und rät ihm zu schweigen, sonst werde sie ihm mit gleicher Münze heimzahlen. Der Dichter gibt vor, vom Schlaf zu erwachen, und heißt die beiden schweigen, die eilends das Weite suchen. - Verfassersignatur.*

Hans Folz: *Pfaffe und Ehebrecherin:* *Die junge Frau eines alten Bauern findet an ihrem Mann kein Genügen und gerät deswegen in ihrem Dorf in Verruf. Der Pfarrer bestellt das Paar zu sich und unterzieht die Frau einem strengen Verhör. Doch diese versteht es, teils durch Wortverdreherei, teils durch Argumente des gesunden Menschenverstandes die Vorwürfe so zu parieren, daß alle Umstehenden zu lachen beginnen und der Pfarrer seine Bemühungen aufgibt. - Epimythion: Allegorische Ausdeutung: Pfarrer und Ehemann verkörpern Vernunft und Gedächtnis, denen sich die Frau als Verkörperung des Willens nicht unterordnen will. Mahnung an alte Männer, keine junge Frau zu heiraten. Schilderung des Lebens eines so ungleichen Paares. Verfassersignatur.*

Hans Folz: *Die Wahrsagebeeren:* *Ein Abenteurer wird von einem Marktschreier, der Bisam aus Alexandrien um teures Geld verkauft, auf den Gedanken gebracht, sich auf ähnliche Weise mit so kleiner Handelsware Reichtum zu erwerben. Eines Nachts entdeckt er bei der Flohjagd, daß sich sein Darmausgang als "Bisamgrube" nützen lasse, und versorgt sich mit Ware, die er auf der Frankfurter Messe als Wahrsagebeeren feilhält: wer eine in den Mund und danach in* *ein Nasenloch stecke, habe dadurch die Gabe der Prophetie erworben. Drei Juden gehen ihm auf den Leim. Um tausend Gulden kaufen sie ihrem Rabbi ein Kügelchen, damit er ihnen den Zeitpunkt der Ankunft des Messias verkünde. Unter umständlichen Zeremonien wird die Kraft der Beere vor versammelter Synagoge versucht, doch der Rabbi und nach ihm die drei Juden müssen erkennen, daß sie aus nichts als menschlichen Exkrementen besteht. Als die Betrogenen den Abenteurer beim Bürgermeister verklagen wollen, kann er nachweisen, daß er ihnen die Ware deutlich als "Dreck" angeboten habe, sie aber trotzdem den Kauf vollzogen hätten. - Epimythion der Fassung I: Wie den Juden ergeht es vielen Kranken, die sich lieber einem Quacksalber als einem erprobten Arzt anvertrauen. Auch sie werden schändlich betrogen. Verfassersignatur. Epimythion der Fassung II: Die Juden mögen sich an ihrem "Bisam" satt essen. Verfassersignatur.*

Frau und Magd: *Der Dichter belauscht einen Zank zwischen Herrin und Magd. Die Herrin schilt die Magd, weil sie ständig mit Burschen unter der Tür stehe und sie damit ins Gerede bringe. Die Magd droht darauf ihrer Herrin, sie werde ihre Heimlichkeiten ausbreiten. Als diese sie mit einem Holzscheit verprügeln will, greift sie zu einer Stange und fährt fort: sie habe zwei Liebhaber der Frau entdeckt, aber um des Friedens willen geschwiegen. Da lenkt die Patronin ein, und der Streit ist zu Ende. - Epimythion: Wenn sich alle Leute selbst kritisch betrachteten, würde niemand dem anderen die Ehre abschneiden.*

Frauenlist: *Ein schöner und liebenswerter Scholar entbrennt in Liebe zu einer Dame, der er ihres hohen Standes wegen seine Zuneigung zunächst nicht zu bekennen wagt. Zwischen Zweifel und Zuversicht schwankend, beschließt er endlich, sie zu grüßen, erhält aber nur schnippische Antworten. Einmal begegnet er ihrer entmutigenden Abweisung mit einem Vergleich: Wer einen Vogel fangen will, muß viele Schlingen auslegen, damit dieser sich darin verwirre. Da sie diese Anspielung nicht versteht, läßt sie den Studenten kommen, damit er ihr die rätselhaften Worte erkläre. Nun kann er ihr seine Liebe gestehen und sie in einem kunstreichen Disput von der Tiefe und Aufrichtigkeit seiner Gefühle überzeugen. Die Dame verabschiedet ihn mit dem Trost, sein Anliegen überdenken zu wollen, und läßt sich in einer Zwiesprache mit ihrem Herzen dazu bewegen, seine Liebe zu erwidern, da die Minne über Gut und Ehre stehe. Als ihr Gatte dann aber den Scholaren des öfteren aus dem Frauengemach kommen sieht, wird er mißtrauisch. Die beiden ersten Male glaubt er ihrer Beteuerung, der Student habe ihr nur ein Rezept gegen Zahnschmerzen aufgeschrieben und ihren Husten gelindert. Um seinen Verdacht auch beim dritten Male zu entkräften, beugt sie sich mit ihm über ein Wasser und weist ihm ihr beider Spiegelbild,* *das er zwar sehen, aber nicht greifen könne: Ebenso solle er nicht glauben, was er sehe, bevor er es nicht mit Händen greife.*

Hermann Fressant: ***Der Hellerwert Witz [= 'Für einen Heller Verstand']:*** *Promythion: Der Dichter bittet für dieses sein erstes Gedicht um wohlwollende Aufnahme. - Ein junger Kaufmann, der zum Leidwesen seiner tugendsamen Gattin noch zwei Buhlerinnen unterhält, fragt vor Antritt einer Handelsreise jede der drei Frauen, was er ihr mitbringen soll. Die eine Buhlerin wünscht einen roten Mantel und Rock von Ypern und beteuert, sie werde bis zu seiner Wiederkehr fasten und beten und keinen Schuh mehr anziehen. Die andere, die, als er kommt, geschwind noch einen Liebhaber in einer Kiste verstecken muß, gleichwohl aber beteuert, sie wolle seiner während der Trennung mit Almosen und Messen treulich gedenken, bittet um einen Rock und Mantel aus Gent. Die Ehefrau schließlich gibt ihm eine kleine Münze und bittet ihn, er möge ihr einen Hellerwert Witz aus der Fremde mitbringen. Auf seiner Reise durch Frankreich und Flandern forscht er überall, wer ihm für einen Heller Witz verkaufen könne. Schließlich läßt sich ein weiser Greis die Zusammenhänge erzählen und rät ihm, er solle bei seiner Heimkehr vorgeben, er sei ausgeplündert worden, und als "Verarmter" die drei Frauen auf die Probe stellen. Der Kaufmann gibt ihm den Heller und befolgt seinen Rat. In seiner Heimat angelangt, muß er erleben, daß ihm die zwei Buhlerinnen entgegen allen Treueschwüren schnöde die Tür weisen. Nur seine Frau nimmt ihn freundlich auf und tröstet ihn: sie wolle so lange spinnen und nähen, bis der Verlust wieder wettgemacht sei. Da erkennt der Kaufmann, wo die wahre Liebe zu Hause ist, und gelobt seiner Frau fortan Treue. - Epimythion: Der Dichter Hermann Fressant wünscht allen Männern eine solche Frau.*

Das Gänslein: *In einem Kloster wird die Ordensregel so streng gehalten, daß viele Mönche noch niemals die Klausur verlassen haben. Als sich der Abt eines Tages zu einer Reise rüstet, bittet ein junger Mönch, der seit seiner frühesten Kindheit im Kloster lebt, ihn begleiten zu dürfen. Der Abt ist im Interesse seiner Erziehung einverstanden und lehrt ihn unterwegs alle Tiere benennen, die ihnen begegnen. Als sie in einem Meierhof einkehren, erkundigt sich der Mönch, der noch nie eine Frau gesehen hat, wie man die Tiergattung bezeichne, der die Hausfrau und ihre Tochter angehören. Der Abt nennt sie Gänse. In der Nacht unterweist die hübsche Tochter den unerfahrenen Mönch im vertrauten Umgang mit "Gänsen", verbietet ihm aber, jemals davon zu erzählen. Nach der Rückkehr ins Kloster berät sich der Abt mit Kellermeister und Koch, wie man während der bevorstehenden Weihnachtstage mit ihrem anstrengenden Chordienst die Mönche aufs beste verpflegen könne. Da schlägt der junge Mönch vor, der Abt möge jedem eine Gans zukommen* *lassen. Entrüstet weist der Abt dieses Ansinnen zurück, da man in ihrem Orden doch fleischlos lebe. Beiseite genommen und eindringlich ermahnt, offenbart der Mönch dem Abt, was es mit seinem merkwürdigenWunsch für eine Bewandtnis habe. Der Abt muß erkennen, daß er durch seine falsche Auskunft selbst den Anlaß zu dem peinlichen Vorfall gab. - Epimythion: Lug und Trug führen immer in Sünde und Schande. Im Kloster Drahau gibt es zwei oder drei Mönche, die mit Frauen gut Bescheid wissen. Sie sollen sich um die Verzeihung ihres Abtes bemühen.*

Das Häslein: *Promythion: Der Dichter will ein abentmaerlin in deutschen Versen erzählen. - Ein Ritter fängt auf der Jagd ein Häslein und will es einem Fräulein bringen, um das er schon seit Jahren wirbt. Auf dem Weg zu ihr trifft er ein junges Bauernmädchen, das ihn um das Häslein bittet. Er fordert als Kaufpreis ihre Minne. Da sie nicht weiß, ob sie so etwas besitzt, gestattet sie ihm, danach zu suchen, und beide haben ihre Freude daran. Als sich die Mutter später über den Handel ungehalten zeigt, versucht das Mädchen bei nächster Gelegenheit, den Kauf rückgängig zu machen. Der Ritter ist dazu bereit, genießt ihre Minne zum zweiten Male und läßt ihr schließlich sogar das zurückerworbene Häslein. Ein Jahr später will er ein Edelfräulein heiraten und lädt zu der Hochzeit auch die Bäuerin und ihre Tochter mit dem Häslein ein. Als er sie sieht, beginnt er in Erinnerung an sein Abenteuer herzhaft zu lachen. Die Braut ist neugierig und besteht darauf, den Grund dieser Fröhlichkeit zu erfahren. Als sie ihn kennt, zeiht sie das Mädchen der Torheit, der Kaplan habe es mit ihr wohl hundertmal ebenso getrieben, ohne daß sie je etwas davon ihrer Mutter erzählt habe. Der Ritter erschrickt über dieses Bekenntnis, und auf den Rat seiner Verwandten hin heiratet er an Stelle der vornehmen Braut das Bauernmädchen mit dem Häslein. - Epimythion: Was geschehen soll, das geschieht.*

Heinrich von Pforzen: *Der Pfaffe in der Reuse:* *Promythion: Obwohl Kunst heute nichts mehr gilt, will ich meine Geschichte erzählen. - Ein Fischer hat eine schöne Frau, die mit dem Burgkaplan in heimlichem Einvernehmen ist. Die beiden treffen sich, wenn der Fischer zum Markt gefahren ist, und verspeisen dann zugleich die besten Fische. Der Burgherr jedoch kommt diesem Treiben auf die Spur und heißt den Fischer, seine drei größten Reusen im Ufergebüsch, auf der Straße und über dem Herd auslegen. Was er darin fange, das solle er ihm bringen. Der Fischer legt also, wie befohlen, die Reusen aus, und währenddessen begibt sich der Kaplan zur Fischersfrau. Da der Mann jedoch unerwartet bald zurückkehrt, muß sie den Kaplan schnell, nackt wie er ist, in der Reuse über dem Herd verstecken, in dem der Fischer nun ein Feuer anzündet, so daß der Kaplan im Rauche fast umkommt. Gleich am Morgen sieht der Fischer nach den drei ausgelegten Reusen und findet in der ersten* *den rußgeschwärzten Pfaffen, in den beiden anderen einen Hasen und sieben Rebhühner. Dies alles bringt er auf die Burg. Der Kaplan wird weidlich ausgelacht und muß unter Zurücklassung seiner Habe das Land verlassen.- Epimythion: Wer einem anderen seine Ehre raubt, dem soll es wie dem Pfaffen ergehen. Bosheit führt in Schande.*

Heinrich der Teichner: ***Die Roßhaut:*** *Die Frau eines bayerischen Ritters möchte, obwohl es ihre Verhältnisse nicht erlauben, ebenso schöne Kleider tragen wie ihre Herrin, die Herzogin. Als diese für ein Fest ein Kleid im Wert von hundert Pfund in Auftrag gibt und die Rittersfrau trotz aller Vorhaltungen ihrem Gatten wieder mit ihren Wünschen zusetzt, verspricht er ihr ein ebenso kostbares Kleid, wie es die Herzogin tragen wird. Er läßt ein Pferd, das er für hundert Pfund erworben hat, töten und zwingt am Festtag seine Frau, in der Roßhaut zur Kirche zu gehen, damit sie so ihre Hoffart büße. Der Herzog aber erzeigt beiden seine Gnade und schenkt dem Ritter ein neues Pferd, dessen Gattin aber ein Kleid, wie es die Herzogin trägt. - Epimythion: Frauen sollen nicht hoffärtig sein und sich in der Kirche nicht vordrängen.*

Der Herrgottschnitzer: *Fragment.- In einer Stadt am Rhein lebt ein Bildhauer, der mit einer schönen Frau verheiratet ist. Der Pfarrer, ein entlaufener Mönch, verliebt sich in sie und bietet ihr für eine gemeinsame Nacht vierzig Pfund Pfennige. Da er trotz ihrer abweisenden Haltung nicht von seinem Werben abläßt, unterrichtet sie ihren Mann, und beide beschließen, dem Pfarrer einen Denkzettel zu geben. Unter dem Vorwand, ihr Mann sei abwesend, bestellt die Frau den Pfarrer zu sich, nimmt ihm sein Geld ab und führt ihn in die Werkstatt ihres Mannes, wo ein Bett aufgeschlagen ist ... Plötzlich kommt der Ehemann an die verschlossene Türe und fordert Einlaß. Angeblich um ihn zu verbergen, stellt die Frau den Pfarrer an eines der herumstehenden Kreuze und streicht ihn wie einen Kruzifixus mit Farbe an. Der Bildschnitzer tritt ein und wendet sich gleich diesem Kruzifixus zu. Er lobt ihn als eine gute Arbeit seiner Gesellen, mißbilligt aber das, was unten "zu Tal hängt". Schon wetzt er das Messer, um es zurechtzuschneiden, da rennt der Pfarrer entsetzt davon. Der Künstler verfolgt ihn und klagt allen Leuten, daß ihm ein hölzerner Kruzifixus entlaufen sei. Der Pfaffe entkommt, muß aber aus Stadt und Land weichen und geht seiner Habe verlustig.*

Heinrich Kaufringer: ***Der verklagte Bauer:*** *Promythion: Warnung vor ungetreuen Richtern und Pfaffen. - Ein Dorfpfarrer ärgert sich über einen reichen, aber sparsamen Bauern, der ihm über die schuldigen Abgaben hinaus nichts zukommen läßt, und verbündet sich mit dem Richter, um den Widerspenstigen gefügig zu machen. Als der Bauer einmal ein Unwetter, das trotz des geistlichen Wetter-*

segens die Ernte vernichtet, ein gutes Wetter nennt und dazu noch an einem Feiertag während der Messe auf dem Friedhof Gras mäht, glaubt der Pfarrer, genug Anklagepunkte gegen den verhaßten Mann gefunden zu haben. Er geißelt von der Kanzel aus seine Untaten, wobei er dem ungenannten Übeltäter androht, er werde ihn entlarven, wenn er sich nicht bessere. Da der Bauer auch weiterhin nicht um die Gunst des Pfarrers wirbt, verkündet dieser bei einer Sonntagspredigt, er werde jetzt den Sünder mit einem Steinwurf öffentlich brandmarken. Der Bauer duckt sich und wird nun von dem Richter sogleich verhaftet. Als man ihn anschuldigt, nimmt er nichts zurück und entgegnet dem Pfarrer, der ihm Höllenstrafen androht, Himmel und Hölle habe er selbst im Haus, und seine Ratschläge brauche er auch nicht, da er ein Pferd habe, das klüger als der Pfarrer sei. Er wird nun beim Bischof als Ketzer angeklagt, aber der Bauer fürchtet sich nicht, da er die Güter des Domkapitels stets rechtschaffen und ertragreich verwaltet hat. Auf seine Bitte hin kommt der Bischof mit seinem ganzen Kapitel in das Haus des Bauern, damit er sich dort von der Haltlosigkeit der Anschuldigungen selbst überzeuge. Nach einem reichlichen Essen entkräftet der Bauer alle Vorwürfe: Das Unwetter sei deswegen gut zu nennen, weil es von Gott, der es mit den Menschen nur gut meine, zu ihrer Besserung geschickt worden sei; Himmel und Hölle habe er deswegen im Hause, weil er seine Mutter, die schon seit 32 Jahren krank darniederliege, pflegen könne oder nicht, um sich dementsprechend Himmel oder Hölle zu verdienen; sein Pferd sei klüger als der Pfarrer, weil es einen Graben, in den es einmal gefallen sei, nicht ein zweites Mal überqueren wollte, während der Pfaffe immer wieder zur Frau des Richters schleiche, obwohl er dafür schon dreimal Prügel erhalten habe. Der Bischof läßt sich von den Argumenten des Bauern überzeugen und spricht ihn frei. Der Pfarrer muß dem ungerecht Verleumdeten hundert Pfund Schadenersatz leisten, und der Richter schließlich hat die Zeche des Domkapitels zu bezahlen. - Epimythion: Der Dichter gibt seiner Genugtuung über den Ausgang der Geschichte Ausdruck und klagt über die ungerechten Richter in seiner Zeit.

Heinrich Kaufringer: *Chorherr und Schusterin:* *In Augsburg ist eine Schusterin mit einem Chorherrn im Einverständnis. Ihren einfältigen Mann fürchtet sie so wenig, daß sie mit ihrem Galan daheim in einem verdeckten Zuber badet und dem vorbeikommenden Gatten übermütig mitteilt, sie habe ihren Liebhaber bei sich. Der Schuster hält ihre Worte für einen Scherz und läßt sich nur unwillig herbei, ihre Behauptung nachzuprüfen. Als er das Tuch heben will, spritzt sie ihm Wasser in die Augen, und er glaubt, sie habe wieder einmal nur ihren Scherz mit ihm getrieben. Gutmütig schimpfend kehrt er zu seiner Arbeit zurück. Der Chorherr aber, der große Angst ausgestanden hat, beschließt, der Schusterin bei Gelegenheit das*

Schwitzbad zu vergelten. Als sie eines Morgens, statt in die Messe zu gehen, in das Schlafgemach des Chorherrn einkehrt, läßt er den Schuster kommen, damit er seiner Konkubine, die zugedeckt bei ihm im Bett liegt und nur den Fuß hinausstreckt, ein Paar Schuhe anmesse. Der Schuster wundert sich, daß noch eine andere als die eigene Frau einen solch zierlichen Fuß habe. Während er noch im Weinkeller bewirtet wird, kann die Frau nach Hause eilen. Dort findet er sie hinterm Spinnrad und gesteht ihr, daß er sie beim Anblick des kleinen Fußes einen Augenblick der Untreue verdächtigt habe. Nun muß er selbst die Erzürnte besänftigen und ihr Abbitte leisten, die sie gerechterweise ihm geschuldet hätte. - Epimythion: Die Frauen verstehen sich darauf, ihre Männer ins Unrecht zu setzen.

Heinrich Kaufringer: ***Der zurückgegebene Minnelohn:*** *Promythion: Selig der Mann, der eine treue Frau besitzt. - Ein junger Ritter erhält von einem alten Nachbarn die Mittel zu einer Ritterfahrt und reitet in eine Stadt, wo man ein Turnier ausgeschrieben hat. Unterwegs zwingt ihn einmal die hereinbrechende Dunkelheit, in einem Wald zu nächtigen. Während sein Knecht bei den Pferden bleibt, geht er selbst auf Abenteuer aus. Er gelangt zu einem Burggarten, in dem die Herrin umherwandert und über Zahnweh klagt, während ihr alter Gatte aus einer Tür herableuchtet. Der junge Ritter findet die Pforte offen, tritt ein und genießt im Dunkeln die Gunst der Dame, die ihrem heimlichen Liebhaber zugedacht war. Zu spät bemerkt sie die Verwechslung, ist zunächst tief bestürzt und fordert dann von ihm einen sichtbaren Beweis seines ritterlichen Standes. Da er nichts anderes bei sich hat, gibt er ihr seine sechzig Gulden Reisegeld und empfängt dafür von ihr einen Ring. Als er am Morgen, bar aller Mittel, weiterreitet, trifft er im nächsten Dorf einen alten Ritter, der ihn um seine Begleitung in die Stadt bittet und ihn dafür aushält. Beim Turnier gewinnt der junge Ritter zur Freude seines Reisegefährten den Ehrenpreis. Als sie am Abend in der Herberge beieinander sitzen und Geschichten zum besten geben, erzählt der Turniersieger sein Abenteuer mit der Dame im Burggarten, freilich sehr zum Kummer des Alten, der schnell begreift, daß von seiner eigenen Frau die Rede ist. Er läßt sich jedoch nichts anmerken und nimmt seinen jungen Freund mit zu sich auf die Burg, der beim Herannahen entsetzt erkennen muß, daß es eben jene Burg ist, auf der er sein Liebesabenteuer erlebte. Auch die Dame bekommt einen gewaltigen Schrecken, als sie den Ritter an seinem Ring erkennt. Nach einem gemeinsamen Mahl läßt der Ehemann seine verängstigte Gattin die sechzig Pfund holen und teilt sie, die ganze Geschichte mit einern Brettspiel vergleichend, in drei Teile: einen für die Gattin, die das Brett zum Spiel geliehen, den anderen für den Ritter, der die Würfel beigesteuert, und den dritten für sich, weil er zum Spiel geleuchtet* *habe. Auf die Bitten des jungen Mannes hin gewährt er ihm wie seiner ungetreuen Frau Verzeihung.*

Heinrich Kaufringer: *Die unschuldige Mörderin:* *Promythion: Wer auf Gott vertraut, dem wird von ihm geholfen. - Eine schöne und tugendhafte Gräfin soll einem König vermählt werden. Am Tage vor der Hochzeit verleumdet sie jedoch ein Knecht bei seinem Herrn, der im Dienste des Königs steht, sie sei keineswegs so sittsam, wie man ihr nachsage; wenn er wolle, könne er sich selbst davon überzeugen und die Nacht vor der Hochzeit mit ihr verbringen. Der Ritter gibt vor, er sei der König, und kann so bei der Gräfin eindringen und unerkannt ihre Minne erlangen. Durch eine unvorsichtige Äußerung des Ritters aufmerksam gemacht, entdeckt sie, zu spät, den Betrug und tötet den schlafenden Schänder ihrer Ehre. Um sich der Leiche zu entledigen, bittet sie den Pförtner um seine Hilfe, muß ihm dafür aber auch zu Willen sein. Als er sich anschickt, die Leiche des Ritters in der Zisterne zu versenken, stößt sie ihn in ihrer Verzweiflung mit in die Tiefe. Der Knecht des Ritters, der auf die Rückkehr seines Herrn wartet, wird bei dem herrenlosen Pferd gefunden und als Pferdedieb aufgehängt. In der Hochzeitsnacht bittet die Gräfin eine ihrer Dienerinnen, während der ersten Begegnung ihren Platz beim König einzunehmen. Nachdem der König entschlafen ist, weigert sich das Mädchen aber, seine Rolle wieder aufzugeben. Die Gräfin wartet, bis die ungetreue Dienerin ebenfalls eingeschlafen ist, dann zündet sie das Bett an und rettet den König, während sie die Treulose verbrennen läßt. Nach 32 Ehejahren gedenkt die Königin einmal unter Tränen ihres dreifachen Mordes und muß ihrem Gatten schließlich die ganze Geschichte erzählen. Ergriffen von ihren Leiden verspricht er ihr, sie auch weiterhin in hohen Ehren zu halten. - Epimythion: Die Übeltäter erhielten den gerechten Lohn. Der Königin half Gott selbst aus ihrer Not.*

Heinrich Kaufringer: *Der Zehnte von der Minne:* *Promythion: Männer zu foppen ist der Frauen täglich Brot.- Ein Pfarrer ist in eine Bauersfrau verliebt, deren Sittsamkeit ihn nicht auf die Erfüllung seiner Wünsche hoffen läßt. Er nützt daher ihre Einfalt aus und beschuldigt sie, ihm pflichtwidrig den Zehnten, der ihm auch von ihrer Minne gebühre, vorenthalten zu haben. Um der angedrohten Höllenpein zu entgehen, entrichtet die Bäuerin anderntags die Schuld des verflossenen Halbjahres. Als der Bauer, vom Felde heimkehrend, den Pfarrer vom Hofe gehen sieht, will er den Grund für dessen Anwesenheit wissen und erfährt die ganze Geschichte. Um sich für die ihm zugefügte Schmach zu rächen, lädt er den Pfarrer zu einem Mahle ein und setzt ihm schließlich "Wein" aus einem Fäßlein vor, das die Frau auf sein Geheiß zuvor mit ihrem Wasser gefüllt hatte. Der Pfarrer muß sich beim ersten Schluck übergeben und hört entsetzt, daß der Wein "von der gleichen Rebe" stamme,* *von der er kürzlich den Zehnten eingenommen habe. Er nimmt alle Schuld auf sich und bittet den Bauern um Verzeihung, die ihm dieser auch gewährt.*

Das Kerbelkraut: *Promythion: Eine listige Frau ist imstande, ihren Mann, der sie beim Ehebruch beobachtet hat, glauben zu machen, er habe sich geirrt. - Ein Mann sieht einen Liebhaber von seiner Frau gehen und verbleut sie trotz ihrer Unschuldsbeteuerungen so sehr, daß sie vier Tage das Bett hüten muß. Da sucht sie eine alte Kupplerin auf, die ihr raten soll, wie sie sich künftig vor solcher Züchtigung schützen könne. Die Alte erkundigt sich, ob sie kürzlich etwas Seltenes gegessen habe, und sie bejaht; es sei Kerbelkraut gewesen. Als sie nach Hause kommt, bricht sie einen Streit vom Zaun, indem sie ihren Mann bezichtigt, einer Straßendirne schöne Augen gemacht zu haben. Zornig verläßt der Mann das Haus und trifft auf die Kupplerin, die ihn begrüßt und behauptet, er habe zwei Nasen und vier Füße. Als er sie auslacht, entschuldigt sie sich: das Kerbelkraut, das sie gegessen habe, müsse die Ursache dafür sein, daß sie alles doppelt sehe. Wieder zu Hause, fragt der Mann seine Frau, was sie denn damals gegessen hätten, als er sie wegen des Buhlers im Haus verprügelt habe. Wie mit der Alten verabredet, nennt sie ihm das Kerbelkraut. Da glaubt auch er, der geschilderten Wirkung dieses Krautes erlegen zu sein, und bittet seine Frau um Vergebung. -Epimythion: So werden alle Männer von ihren Frauen getäuscht. Frauen zu beaufsichtigen ist nutzlos.*

Die Kohlen: *Ein Kind wird von seiner Mutter gescholten, weil es Kohlen gegessen und davon einen schwarzen Mund bekommen hat. Als es dann einmal zufällig zwischen den Beinen der Mutter die schwarzhaarige somertocke erblickt, glaubt es, die schwarze Farbe dort habe dieselbe Ursache, und fordert die Mutter auf, auch diesen Kohlenesser zu bestrafen. Die Mutter schämt sich und läßt ihren gerafften Rock wieder fallen.*

Die Meierin mit der Geiß: *Ein Ritter, der der jungen hübschen Frau eines Bauern nachstellt, läßt durch eine Kupplerin mit dieser einen listigen Anschlag vereinbaren, durch den der Bauer nachts aus seinem Hause gelockt wird. In der folgenden Nacht entführen ein im Dienst des Ritters stehender Student und ein Knecht dem Bauern seine Geiß und bringen sie zum Schreien, so daß der Bauer eilig aufsteht, um sie den "Wölfen" wieder abzujagen, was ihm nach langem Hin und Her erst bei Tagesanbruch gelingt. Inzwischen vergnügt sich der Ritter mit der Bäuerin. - Epimythion: Eine Frau streng zu bewachen, ist eine verlorene Mühe.*

Hans Meißner: Die bestrafte Kaufmannsfrau: Eine junge Kaufmannsfrau, deren Gatte sich auf einer Reise nach Venedig befindet, verliebt sich in einen Edelmann, den sie heimlich zu Tisch und Bett lädt. Als sie seine Frage nach ihrem Ehemann damit beantwortet, daß sie nach ihm nicht viel frage und den Edelmann nur um Verschwiegenheit bitte, greift dieser zu seinem mitgebrachten Knüttel und verbleut die Frau jämmerlich. Auf seiner Weiterreise trifft er den Kaufmann und erzählt ihm die Geschichte. Heimgekehrt, findet der Gatte seine Frau krank im Bett; sie gibt vor, die Stiege hinuntergefallen zu sein. Als er ihr den ebenfalls zurückgekehrten Edelmann als 'Arzt' schickt, gesteht sie ihre Schuld ein. - Epimythion: Wenn jeder Mann so wie der Edelmann handelte, würden den Frauen ihre heimlichen Gelüste vergehen. Verfassersignatur.

***Bestraftes Mißtrauen:** Promythion: Täglich ereignen sich die merkwürdigsten Begebenheiten. Eine davon soll hier erzählt werden. - In Österreich lebt ein Ritter, der eine schöne und tugendhafte Frau hat. Um ihre Treue auf die Probe zu stellen, beauftragt er seinen Knappen Henselin, ihr Liebesanträge zu machen. Die Dame weist sie wieder und wieder ab und führt auch - freilich vergeblich - bei ihrem Manne darüber Klage. Schließlich wird sie die Sache leid und bestellt den Knappen eines Nachts zum Stelldichein, um ihn dabei von ihren Kammerfrauen verprügeln zu lassen. Der Ritter tauscht mit dem Knappen Kleider und Rolle und empfängt die diesem zugedachte Strafe, bis er sich zu erkennen gibt und um Gnade bittet. Die Dame schilt ihn wegen seines ungerechtfertigten Mißtrauens und läßt dann seine Wunden versorgen, an denen er ein halbes Jahr darniederliegt. - Titelangabe.*

***Der schwangere Müller:** Der junge Müller Gumprecht will sich eine Frau nehmen. Da er in der Liebe völlig unerfahren ist, schickt ihn sein Freund Albrecht zu einem kundigen Bauernmädchen, das ihn gegen Entlohnung unterweisen soll. Als er aber trotz aller Bemühung die Nacht über wie ein Holzklotz neben ihr liegen bleibt, jagt sie ihn am Morgen erbost davon. Freund Albrecht rät dem Enttäuschten, den Versuch zu wiederholen. Das Mädchen ist einverstanden und läßt den Tölpel nun die "Süße" der Minne kosten, indem sie ihn während der ganzen Nacht mit Honig füttert. Davon bekommt Gumprecht ein so heftiges Bauchgrimmen, daß er sich schwanger wähnt. Auf seine Bitte schickt ihm Albrecht einige alte Frauen, die ihm bei der Niederkunft helfen sollen. Sie spielen die Posse mit und "entbinden" ihn. Als er sein Kind sehen möchte, fangen sie eine junge Schwalbe und sperren sie in einen Topf. Der Tor hebt den Deckel, die Schwalbe fliegt davon, und er kann nun nur noch den Verlust seines Kindes beklagen.*

***Der vertauschte Müller:** Ein Müller ist vom Frankenwein so sehr berauscht, daß ihn sein Knecht heimfahren muß. Unterwegs fällt der Betrunkene unbemerkt vom Wagen. Als der Knecht später nach ihm sucht, hält er in der Dunkelheit den Pfarrer, der unter einer Buche* *eingeschlafen ist, für den Müller und bringt ihn zu seiner Herrin ins Bett. Der Geistliche übernimmt freudig die Rolle des Ehemannes, und die Müllerin kann sich nicht genug darüber wundern, wie die Kraft des Weins ihren sonst so trägen Gatten beflügelt. Später in der Nacht kommt der Müller nach Hause, wird aber vom Knecht, der seinen Herrn ja daheim weiß, nicht eingelassen. Der Ausgesperrte klagt sein Leid darauf den Nachbarn, die ihm schließlich Einlaß in die Mühle verschaffen. Als jetzt die Müllerin die Verwechslung merkt, behauptet sie, der Pfarrer sei so betrunken gewesen, daß er reglos neben ihr gelegen habe. Und dieser mimt nun auch wacker den Betrunkenen und tut so, als ob er den Hausherrn für seinen Mesner halte und des Glaubens sei, er müsse jetzt den Müller begraben. Die Umstehenden gehen auf dieses Spiel ein, das sie für eine Ausgeburt der Trunkenheit halten, und stellen dem Pfarrer sogar einen "Beichtvater" in Gestalt der verkleideten Müllerin. Der Pfarrer geht mit diesem vor die Tür und sucht seine - ihre - "Pönitenz", die er mit seiner Minne beglückt. - Epimythion: Einen gelehrten Pfaffen kann niemand zum besten haben.*

Das Nonnenturnier: *Promythion: Der Dichter bittet um Aufmerksamkeit für seine Erzählung. - Ein Ritter verbringt mit einer schönen Dame eine gemeinsame Nacht, sagt ihr aber gleich im voraus, daß er am nächsten Tage Abschied nehmen werde. Aus Rache redet sie ihm nach dem Minnespiel ein, er werde den Frauen doppelt willkommen sein, wenn er sich von "dem zwischen seinen Beinen" trenne. Nach einem Streitgespräch mit seinem zagel entfernt der Ritter diesen anstößigen Körperteil und versteckt ihn unter der Treppe eines Nonnenklosters. Als er aber die geglückte Operation der Dame meldet, jagt sie ihn mit über hundert anderen Frauen aus der Stadt Saraphat, und er verkommt in der Wildnis. Der zagel aber beginnt sein eigenes Leben zu leben und begibt sich in den Kreuzgang des Klosters, wo er bald von den Nonnen entdeckt wird. Heftige Entrüstung vortäuschend, will ihn jede in ihre Zelle treiben. Da sie zu keiner Einigung kommen, tragen sie den Streitfall der Äbtissin vor, die den Nonnen die Abhaltung eines Turniers vorschlägt. Der Kampf um den begehrten Preis wogt heftig hin und her, bis die Streiterinnen schließlich bemerken, daß die Trophäe verschwunden ist. Die Nonnen sind alle jämmerlich zerzaust und beschließen, über den Vorfall Stillschweigen zu bewahren.*

Der Reiher: *Promythion: Ein Dichter kann es nicht allen recht machen; das Verhältnis von vrouwe und wip. - Ein Mann fängt mit Hilfe eines gezähmten Hahns einen Reiher. Auf diesen Erfolg ist er so stolz, daß er den Vogel besonders köstlich zubereiten läßt und dann fortreitet, um seinen Herrn zum Mahle einzuladen. Während er unterwegs ist, verspeist jedoch seine Frau zusammen mit ihrer Gevatterin das kostbare Wild und bestreitet, als der Zurückgekehrte* *den Braten auftragen heißt, etwas von einem Reiher zu wissen. Noch niemals habe man gehört, daß jemand einen Reiher mit einem Hahn erbeutet habe. Der Gast macht der peinlichen Situation ein Ende, indem er seinen Gastgeber zu sich lädt. Während der erneuten Abwesenheit des Gatten stellt sich die Frau krank und bittet ihre Gevatterin, sie in der Nacht im Ehebett zu vertreten; in ihrem Zustand würde sie das Ungestüm ihres Mannes zugrunde richten. Die Gevatterin ist nach anfänglichen Bedenken dazu bereit und wird nun in der Nacht an Stelle der Ehefrau mit drei Stöcken durchgebleut. Damit sie die Züchtigung am Morgen nicht abstreiten kann, schneidet der Mann ihr die Zöpfe ab. Anderntags findet er seine Frau mit heilem Rücken und unversehrten Haaren vor und muß nun wirklich glauben, daß er nicht recht bei Sinnen ist. Auf seine Bitte hin "heilt" sie ihn mittels einiger sinnloser Ratschläge.*

***Der Ritter im Hemde:** Ein Ritter trägt ein modisches Gewand, das hinten und vorne offen ist. Beim Tanz mit seiner Dame widerfährt ihm das Mißgeschick, daß sein verschwitztes Hemd hochrutscht und ihm hinten aus dem Kragen schaut. Als ihn sein Knappe darauf aufmerksam macht, bittet er ihn, es herunterzuziehen. Dieser erwischt aber an Stelle des Hemdes die Hose und zieht sie dem Ritter bis auf die Knie herunter. Die Damen lachen darüber herzlich, bitten aber zugleich den kompromittierten Tänzer um Nachsicht für den Knappen. - Epimythion. Wer zum Tanze geht, soll zuvor seine Kleidung prüfen, damit es ihm nicht wie dem Ritter ergehe.*

Hans Rosenplüt: ***Die Disputation:*** *In einer niederländischen Stadt herrscht ein heftiger Streit zwischen Juden und Christen. Schließlich einigen sie sich auf den Vorschlag eines alten Juden, den Streit durch eine Disputation zwischen zwei gelehrten Vertretern beider Religionen entscheiden zu lassen. Die Christen können jedoch keinen Gelehrten finden, der sich den Sieg bei diesem Glaubensgespräch zutraut, bis sich schließlich ein Landstreicher dazu bereit erklärt. Er wird als Gelehrter eingekleidet und so ehrerbietig behandelt, daß die Juden ihn für einen großen Meister halten. Gleich zu Beginn des Streitgesprächs versteht er es, die Disputation auf drei Fragen oder bedeutsame Gebärden einzuschränken. Da der Jude fürchtet, nicht so deutlich wie der Christ formulieren zu können, entscheidet er sich für die Austragung mittels dreier symbolischer Gesten. Auf die tiefsinnigen Gesten des jüdischen Gegners antwortet der Landstreicher jedesmal mit willkürlichen Gebärden, die aber der Jude so subtil auslegt, daß er sich selbst geschlagen geben muß. Von den versammelten Christen um eine Auslegung seiner Gesten gebeten, gibt der Landstreicher primitiv-handgreifliche Erklärungen. Die überwundenen Juden müssen die Stadt verlassen, der Landstreicher aber wird bis an sein Lebensende in hohen Ehren gehalten.*

Hans Rosenplüt: ***Der fünfmal getötete Pfarrer:*** *Ein Pfarrer, der zu einem Versehgang gerufen wird, bemerkt einen Riß an seiner Stiefelsohle und reitet beim Schuster vorbei, um sich den Stiefel schnell am Fuße flicken zu lassen. Dieser sticht ihm jedoch versehentlich eine Ader auf, und der Pfarrer verblutet. Um sich den Leichnam vom Halse zu Schaffen, setzt ihn der Schuster anderntags wieder auf sein Pferd und führt es in ein Haferfeld. Dessen Besitzer entdeckt das weidende Pferd, und als der Pfarrer auf seine Vorhaltungen nicht antwortet, schleudert er erzürnt einen Stein nach ihm, der den Leichnam aus dem Sattel wirft. Nun liegt es an dem Bauern, die Leiche wegzuschaffen. Er lehnt sie in der Nacht dem Nachbarn an das Gatter. Dieser gerät anderntags in Zorn, als ihm der Pfarrer auf seine Bitte, den Weg freizugeben, nicht antwortet, stößt mit dem Gatter den Toten zu Boden und muß glauben, ihn getötet zu haben. In der Nacht schafft er die Leiche ins Haus des Mesners. Seine Frau setzt sie an den Backtrog und füllt ihr den Mund so mit Teig, daß die Mesnersfrau am nächsten Morgen glaubt, er sei beim Teigessen erstickt. Um sich des Leichnams zu entledigen, stellen ihn die Mesnersleute in den Meßgewändern an den Altar. Als bei der Frühmesse eine alte Frau das Meßgewand küßt, fällt der tote Pfarrer um und erschlägt sie. Man bestattet ihn zusammen mit seinem Opfer. - Verfassersignatur.*

Hans Rosenplüt: ***Spiegel und Igel:*** *Knecht Herolt, der lange Zeit schon vergeblich um die Minne der Magd Diernut wirbt, findet sie eines Morgens neben dem Feuer auf dem Boden eingeschlafen. Er fürchtet, sie könnte ihn in das Feuer werfen, wenn er jetzt sein Verlangen stillte, und aus Rache für die beständige Zurückweisung klebt er ihr einen Spiegel vor die Scham. Als die Magd erwacht und in den Spiegel schaut, glaubt sie zu brennen und ruft ihre Herrschaft um Hilfe. Auch die Bäuerin erschrickt, aber der Bauer erkennt gleich den Schabernack und lobt die listige Rache seines Knechtes. Nun beschließt die Magd, List mit List zu vergelten, und bittet den Knecht in der kommenden Nacht in ihre Kammer. Um sich zu rächen, bindet sie sich einen Igelbalg zwischen die Beine, der den feurigen Liebhaber jämmerlich zersticht. Die beiden sind wett. - Epimythion: In gleicher Weise sollten alle Mägde ihre Ehre vor Nachstellungen bewahren.*

Hans Rosenplüt: ***Die Wolfsgrube:*** *Ein Edelmann entdeckt, daß seine Frau ein Verhältnis mit einem Pfaffen hat. Als sie diesen wieder einmal für die kommende Nacht zu sich bestellt, läßt er von seinen Knechten vor der Hintertür eine Wolfsgrube ausheben, an deren Falltür er als Köder eine Gans bindet. Am Abend begibt er sich mit seinem besten Diener auf den Anstand und beobachtet, wie zuerst ein Wolf in die Falle geht, dann der Pfaffe, dann die Magd, die von der ungeduldigen Herrin nach dem Liebhaber ausgeschickt worden war, und schließlich die Herrin selbst, die aus Furcht, der Pfaffe* *vergnüge sich mit der Magd, nach dem Rechten sehen will. Nun läßt er die Freunde und Verwandten seiner Frau kommen, um ihnen ihre Untreue zu demonstrieren. Diese geben sich alle Mühe, ihn mit seiner Frau wieder zu versöhnen und auch dem Pfaffen das Leben zu retten. Doch muß dieser zur Strafe die Entmannung leiden, und seine Hoden werden zurWarnung der Magd um den Hals und der Frau über das Bett gehängt. - Epimythion: Die Geschichte soll alle anständigen Frauen vor solchen Schandtaten bewahren. Verfassersignatur.*

Rüdeger der Hinkhofer: ***Der Schlegel:*** *Promythion: Rüdeger der Hinkhofer erzählt eine wahre Geschichte; sie lehrt, daß Kinder ihre Eltern ehren sollen und daß Eltern gut daran tun, sich vor dem Undank ihrer Kinder in Acht zu nehmen. - Ein reicher Kaufmänn verteilt nach dem Tode seiner Frau sein ganzes Gut an seine (drei) Söhne und (zwei) Töchter in der Erwartung, bei ihnen seinen Lebensabend zu verbringen. Zunächst wird er von ihnen reihum auch freundlich aufgenommen und mit aller Aufmerksamkeit gepflegt. Als aber die Runde zum zweitenmal beginnt, muß er erleben, wie alle Kinder über sein abermaliges Erscheinen murren und versuchen, den lästigen Alten, der immer mehr herunterkommt, so schnell wie möglich wieder loszuwerden. Ein alter Freund holt ihn in sein Haus und rät ihm, wie er bei seinen Kindern wieder zu Ehren kommen kann. Er läßt ihn eine große, eisenbeschlagene Kiste machen mit fünf Schlössern daran. Einen der Schlüssel muß sich der Alte umhängen. Bei der nächsten Runde bemerken die Kinder den Schlüssel und vermuten, der Vater habe noch einen größeren Schatz in seinem Besitz. Nun übertrumpfen sie sich wieder gegenseitig mit Liebesbeweisen, und er hat fortan das beste Leben. Als der Vater schließlich sein Ende nahen fühlt, übergibt er dem Pfarrer und vier Bürgern die fünf Schlüssel mit der Bitte, sie nach seinem Tode den Kindern auszuhändigen. Nach der Beerdigung öffnen sie voller Erwartung die Kiste und finden darin nichts als einen großen Schlegel und einen Zettel, auf dem steht: Wer so töricht ist, allen Besitz seinen Kindern zu geben und selbst Not zu leiden, den soll man mit diesem Schlegel erschlagen. - Epimythion: Von Freunden erfährt man oft mehr Gutes als von Blutsverwandten. Titelangabe. Wer sich auf ein ungewisses Spiel einläßt, hat oft das Nachsehen.*

Ruprecht von Würzburg: ***Die Treueprobe:*** *Promythion: Der Dichter bittet um Nachsicht für seine geringen poetischen Fähigkeiten. - In Verdun leben zwei befreundete Kaufleute, Gilot und Gillam, die ihre Kinder Irmengart und Bertram miteinander vermählen. Nach zehnjähriger glücklicher Ehe reist Bertram eines Tages zum Jahrmarkt nach Provins. In seiner Herberge dort nimmt er an einem Gespräch teil, bei dem jeder der anwesenden Kaufleute über seine Frau herzieht, nur Bertram lobt die seine überschwenglich. Da* *veranlaßt ihn der Wirt Hogier, mit ihm eine Wette um ihre ganze Habe abzuschließen, daß er binnen eines halben Jahres Irm engart verführen könne. Bertram bleibt unter einem Vorwand in Provins, Hogier begibt sich nach Verdun. Er sendet Irmengart kostbare Geschenke, er besticht das Gesinde, doch alles ist vergeblich. Schließlich läßt er ihr durch ihre Magd Amelin Geld anbieten: hundert Mark, zweihundert Mark, tausend Mark. Die Magd und ebenso alle Verwandten, die sie befragt, sogar der Schwiegervater Gillam raten, diese hohe Summe im Interesse des Gatten nicht auszuschlagen. Dieser Rat stürzt sie in Trauer und Verzweiflung, doch Gott zeigt ihr einen Ausweg. Gegen eine Belohnung von hundert Mark heißt sie Amelin mit ihr Kleider und Rolle tauschen, und Hogier verbringt die Nacht mit der Magd statt mit der Herrin, ohne den Trug zu merken. Am Morgen schneidet er Amelin einen Finger ab als "Andenken" und kehrt dann triumphierend nach Provins zurück. Zusammen mit dem bestürzten Bertram reist er nach Verdun, wo der Ausgang der Wette im Rahmen eines Festes öffentlich entschieden werden soll. Irmengart bemerkt die Niedergeschlagenheit ihres Mannes und erfragt den Grund. Da enthüllt sie ihm die wahren Zusammenhänge. Nach dem Festbankett erzählt Hogier allen Anwesenden von seiner Wette mit Bertram und zeigt zum Beweis seines Sieges den abgeschnittenen Finger. Dagegen weist Irmengart ihre unversehrten Hände vor, und Hogier muß erkennen, daß er einem Trug anheimgefallen ist und Wette und Besitz verloren hat. Als Trost bekommt er Amelin samt ihren hundert Mark.- Epimythion: Die Geschichte lehrt, daß man seine Begierden im Zaum halten soll. Ruprecht von Würzburg hat sie gedichtet. Gott und Maria mögen uns vor den Verlockungen der Welt und vor der Hölle bewahren.*

Das Schneekind: *Ein Kaufmann begibt sich auf eine weite Handelsreise. Als er aber am Ende des vierten Jahres zurückkehrt, empfängt ihn seine Frau mit einem Kind an der Hand. Sie behauptet, sie habe während seiner Abwesenheit einmal aus lauter Sehnsucht im Garten etwas Schnee in den Mund genommen und davon das Kind empfangen. Ihr Gatte gibt sich mit dieser Erklärung scheinbar zufrieden und läßt den Knaben aufs sorgfältigste erziehen, bis er ihn eines Tages mit auf eine Handelsreise nimmt. In einem fernen Land kann er den Bastard für dreihundert Mark, das Doppelte seiner Aufwendungen, an einen reichen Händler verkaufen. Heimgekehrt, erklärt er seiner Frau, das Schneekind sei im Sturm auf dem Meere naß geworden und zerlaufen. Da aber das Wasser in Jahresfrist stets an seinen Ursprung zurückkehre, so werde das zergangene Schneekind, falls sie die Wahrheit gesprochen habe, auch in sie zurückkehren. - Epimythion: Ein Mann, der Frauenlist mit einer zweiten List begegnet und den zugefügten Schaden wieder gutmacht, beweist große Klugheit.*

Hans Schneider: ***Dieb und Henker:*** *Promythion: Falschheit kann sich nicht verbergen. - In Brügge beobachtet der Henker, wie ein Dieb in der Kirche einem Reichen den Geldbeutel abschneidet. Er stellt den Dieb, läßt ihn aber laufen, als dieser ihm den gestohlenen Beutel gibt. Nun eilt der Dieb zu dem Bestohlenen und zeigt ihm den Henker als den Dieb seines Beutels. Der Reiche erhebt lautes Geschrei; der Henker wird gefangengenommen und zum Galgen verurteilt. Da aber das Henkersamt verwaist ist, sieht es so aus, als könnte das Urteil nicht vollstreckt werden. Da bietet sich der Dieb, als Bauer verkleidet, zu diesem Dienst an. Auf der Leiter zum Galgen gibt er sich dem Verurteilten zu erkennen, doch bevor dieser die Zuschauer über den wahren Sachverhalt aufklären kann, hat er ihn schon von der Leiter gestoßen und getötet. - Epimythion: Von Dingen, die einen nichts angehen, soll man die Finger lassen. Verfassersignatur.*

Sibote: ***Frauenerziehung:*** *Promythion: Titelangabe. Verfassernennung. Der Dichter gibt vor, selbst eine böse Frau daheim zu haben. - Ein Ritter ist mit einer widerspenstigen Frau verheiratet. Die Tochter aus dieser Ehe aber ist noch dreimal schlimmer als ihre Mutter. Ein benachbarter Ritter will sie schließlich trotz der Warnung des Vaters zur Frau nehmen. Bevor sie jedoch das elterliche Haus verläßt, schärft ihr die Mutter ein, ihrem zukünftigen Mann das Leben ebenso schwer zu machen, wie sie es stets ihrem Gatten gemacht habe. Doch der Bräutigam schüchtert sie gleich beim Heimritt so nachhaltig ein, indem er seinen Habicht, seinen Windhund und sein Pferd wegen angeblichen Ungehorsams kurzerhand tötet und sie anschließend als sein Pferd gebraucht, daß sie von ihrer Widerspenstigkeit ein für allemal geheilt ist und sich als die beste Ehefrau zeigt. Bei einem Besuch der Schwiegereltern belauschen die beiden Ritter ihre Frauen und hören, wie die Mutter der Tochter heftige Vorwürfe wegen ihrer Fügsamkeit macht. Der jungverheiratete Ritter verspricht daraufhin dem Schwiegervater, auch seine Gattin zu heilen. Er hält der Schwiegermutter ihre Widerspenstigkeit vor und meint, ihre Bosheit rühre von zwei "Zornbraten" in ihrem Leibe her. Als sie ihn deswegen verspottet, läßt er sie durch zwei Knechte niederwerfen und schneidet ihr eine tiefe Wunde in den Schenkel. Dann zieht er eine Schafsniere aus der Tasche und weist sie als den angeblich eben entfernten Zornbraten vor. Um sich vor den Schmerzen einer zweiten Operation zu bewahren, verspricht sie, fortan ihrem Manne gehorsam zu sein. Künftig braucht der alte Ritter nur mit seinem Schwiegersohn zu drohen, um sich seine Frau gefügig zu machen.- Epimythion: Alle Frauen mögen sich die Geschichte zur Lehre dienen lassen und ihrem Manne besser aufwarten, als es jene Frau tat.*

Wie man(n) mit Frauen umgeht: Illustration aus einer Hs. von 1456. Aber noch bis in die fünfziger Jahre unseres Jahrhunderts besaß der Ehemann gegenüber seiner Frau ein gesetzlich verbrieftes "Recht auf maßvolle Züchtigung".

Der Sohn des Bürgers: *Promythion: Dem Rat guter Freunde soll man folgen. - Der Sohn eines reichen Bürgers ist, da ihn der Vater* *allzu sehr verwöhnt hat, ein großer Verschwender. In der Hoffnung, der Sohn werde, auf sich gestellt, zur Vernunft kommen, zahlt ihm der Vater einen Teil seines Gutes aus und gibt ihm eine Frau zur Ehe. Doch bald hat der Sohn mit seinen adligen Freunden alles durchgebracht und kehrt in seiner Not ratsuchend zu seinem Vater zurück. Dieser rät ihm, er solle doch seine Freunde, die sich bislang von ihm hätten aushalten lassen, um Hilfe bitten. Mit einem geliehenen Pferd spricht der Sohn bei seinen Freunden vor, stößt aber auf taube Ohren. Enttäuscht kehrt er zu seinem Vater zurück, der ihn nun zu seinem eigenen (des Vaters) Freunden schickt. Gleich vom ersten, den er aufsucht, wird er freundlich aufgenommen und erhält alle Hilfe, die er sich nur wünschen kann. Der Sohn kehrt heim und erhält von seinem Vater die Lehre, nur solche Freunde zu wählen, wie die des Vaters sind.- Epimythion: Wer sein Gut verschwendet, ist ein Tor.*

Claus Spaun: ***Fünfzig Gulden Minnelohn:*** *Ein reicher Bürger schickt seinen Sohn mit fünfzig Gulden auf eine Hochschule, damit er dort den Doktorgrad erwerbe. Unterwegs sieht er in einer Stadt eine Frau, die ihn so schön dünkt, daß er laut vor sich hinsagt, für eine Nacht mit ihr würde er seine ganze Barschaft geben. Die Magd der Dame hört diese Worte und hinterbringt sie ihrer Herrin. Diese ist bereit, sich auf den Handel einzulassen, und bestellt den jungen Mann auf den Abend zu sich. Er kommt und wird in einer Kammer neben dem Abtritt verborgen. In der Nacht klagt die Frau über Bauchschmerzen und bittet ihren Mann, sie auf den Abtritt zu begleiten und während ihrer Verrichtung auf ein Becken zu schlagen, weil sie sich sonst fürchte. Während er Lärm macht, gibt sie sich in der Kammer neben dem Abtritt dem Scholaren hin, und dieses Spiel wiederholt sich noch zweimal. Dann wird der Liebhaber aus dem Hause gelassen. Als der Bürger am Morgen ausreitet, fällt ihm vor der Stadt ein junger Mann auf, der abwechselnd einmal lacht und einmal weint. Er befragt ihn nach der Ursache seines merkwürdigen Verhaltens und erfährt das Geheimnis des nächtlichen Abenteuers. Da lädt er den Scholaren in sein Haus und läßt sich nach dem Essen von seiner erschrockenen Frau die fünfzig Gulden bringen. Davon heißt er seinen Gast an die Magd zwanzig Pfennige Kupplergeld zahlen, an die Frau dreimal zwei Pfennige Dirnenlohn und an ihn acht Pfennige für die Tanzmusik. Mit dem übrigen Geld und der Mahnung, es künftig besser zusammen zu halten, läßt er den Jüngling ziehen, der nach Abschluß des Studiums fröhlich zu seinem Vater heimkehrt.- Verfassersignatur.*

Der Stricker: ***Der begrabene Ehemann:*** *Zwei Eheleute überbieten sich im Gespräch in Liebesbeteuerungen, bis die Frau ihren Mann beim Wort nimmt und als höchsten Beweis seiner Liebe verlangt, daß er ihr in allem Glauben schenke. Der Gatte schwört, ihrer Rede stets* *zu glauben, aber als sie ihn einmal um die Mittagszeit zum Abendbrot ruft und zum Schlafengehen mahnt, widerspricht er und erntet dafür den Vorwurf des Eidbruches. Er bittet um Verzeihung, gelobt Besserung und nimmt wirklich zwölf Tage später ein kaltes Bad, von dem ihm seine Frau versichert, es sei heiß. Als er etwas später den Pfarrer aus der Scheune schleichen sieht, äußert er abermals Unglauben. Doch die Frau droht, sie werde ihm zürnen und sich von ihm trennen; da zieht er seine Vorwürfe wieder zurück. Schließlich kann sie ihm, der ihr wegen ihres Verhältnisses mit dem Pfarrer im Wege zu stehen beginnt, sogar einreden, er liege im Sterben. Er läßt alle Zeremonien widerspruchslos über sich ergehen und protestiert erst, als das Grab, in dem er liegt, zugeschaufelt wird. Der buhlerische Pfaffe gibt jedoch die Hilfeschreie für die Stimme des Teufels aus, und so muß der Ärmste zugrundegehen, weil er sich seiner Frau blindlings unterordnete.*

Der Stricker: *Ehescheidungsgespräch:* *Ein Mann verkündet seiner Frau, daß er es bei ihr nicht mehr aushalte und sich über ein Jahr von ihr trennen wolle. Doch während er spricht, scheint ihm dieser Zeitpunkt gar zu fern, und er meint, es müsse schon in vierzig, nein, in dreißig, besser in zwanzig Wochen geschehen. Auch diese Frist scheint ihm noch zu lang, und er verkürzt sie weiter, bis er schließlich auf einer sofortigen Scheidung besteht. Alle Reichtümer der Welt wolle er darum geben, sofort von ihrer lästigen Gegenwart befreit zu sein. Die Frau erklärt sich mit der augenblicklichen Scheidung einverstanden, schiebt jedoch dann den Termin bis zum nächsten Tag hinaus, bis über eine Woche, zwei Wochen, drei, vier, fünf ... zwanzig, und versichert schließlich, sie wolle bis zu ihrem Tode bei ihrem Mann beharren, er solle nur ja kein Wort dawider sprechen. Da bittet der Mann um Verzeihung, seine törichtenWorte seien eine Folge reichlichen Weingenusses, sie sei ja doch die Krone aller Frauen. Die Frau verzeiht ihm, und beide söhnen sich im Bette aus.*

Der Stricker: *Das heiße Eisen:* *Eine Frau fordert von ihrem Mann einen gottesgerichtlichen Beweis seiner Treue: er soll das heiße Eisen tragen. Er willigt ein, läßt aber bei der Probe einen Holzspan, den er zuvor im Ärmel versteckt hatte, unbemerkt in seine Hand gleiten und trägt darauf das glühende Eisen unversehrt mehr als sechs Schritte. Nun jedoch fordert er von ihr den gleichen Beweis, dem sie sich mit wortreichen Beteuerungen zu entziehen versucht. Als er bei seiner Forderung beharrt, bittet sie ihn, ihr in Ansehung der allgemein bekannten weiblichen Schwäche zunächst einen Liebhaber, dann zwei weitere und schließlich nochmals drei Buhler "nachzulassen", für die sie ihm beiseite gebrachtes Geld anbietet. Der Mann erläßt ihr diese Fehltritte, dann aber muß sie das Eisen aufheben. Sie verbrennt sich jämmerlich ihre Hand und muß den Zorn ihres Mannes erfahren.*

Striegel: *Eine Königstochter will nur einen solchen Mann zur Ehe nehmen, der das nicht hat, wovon man Kinder bekommt. Da sie von dieser Marotte nicht abgehen will, schickt man Boten aus, die öffentlich bekannt machen, der König suche für seine Tochter einen Mann, der zur ehelichen Vereinigung unfähig sei. Unter den vielen Bewerbern ist auch ein Ritter, dem sein listiger Knecht dadurch zum Erfolg verhilft, daß er seinem Pferd den Schwanz abhaut und es, in der Nähe der Prinzessin vorbeitreibend, ausruft: "Zieh hin, Pferd schwanzlos und dein Herr geschlechtsteillos!" Die Prinzessin fällt darauf dem Ritter um den Hals und bittet den König, sie mit ihm zu verheiraten. In der Hochzeitsnacht macht der Ritter die Prinzessin zur Frau, und auf ihre Frage hin bezeichnet er das Minnespiel als "striegeln". Sie ist davon so angetan, daß sie sich in dieser Nacht gleich neunmal "striegeln" läßt und ihren Mann tagsüber immer wieder fragt, ob er seinen Striegel noch habe. Nach einem Jahr wird der Ritter seiner Frau überdrüssig und will wieder nach Hause reiten, doch die Prinzessin läßt ihn nicht allein ziehen, weil sie den Striegel nicht entbehren will. Um sich ihrer zu entledigen, läßt der Ritter auf Anraten seines Knechtes unterwegs beim Durchreiten eines Sees einen Stein, den er unter seinem Gewand verborgen hatte, ins Wasser fallen und sagt, er habe seinen Striegel verloren. Während er weiterreitet, macht sich die Königstochter auf die Suche nach dem verlorenen Kleinod. Ein vorbeireitender Mönch bietet ihr seine Hilfe an. Als er im Wasser seine Kutte hochhebt und im Besitz eines "Striegels" gefunden wird, bezichtigt ihn die junge Frau des Diebstahls. Auf seine Bitte hin reiten sie zum König, dem der Mönch den Hergang erzählt. Der erzürnte Vater verprügelt seine Tochter und steckt sie in ein Kloster.*

Die Wette: *Anläßlich eines Kirchweihfestes rügt der Pfarrer öffentlich alle Frauen, die ihre Männer betrogen haben. Auch aus einem kleinen Flecken, in dem nur vier Ehepaare wohnen, werden drei Frauen angeprangert. Der vierte Bauer kommt darauf ganz stolz nach Hause und lobt seine Frau wegen ihrer Tugendhaftigkeit. Als sein Knecht das hört, behauptet er, die Bäuerin sei nur deshalb unbescholten, weil sie noch nie in Versuchung geführt worden sei, und bietet eine Wette an, daß es ihm gelingen werde, ihre Tugend zu Fall zu bringen. Der Bauer nimmt an und wird Zeuge eines Verführungsversuchs, der so vor sich geht: Der Knecht gibt der Bäuerin gegenüber vor, er müsse mit den Ochsen zum Markt fahren, um dort zu lernen, wie man bei Frauen liege, weil man seine Unkenntnis öffentlich getadelt habe. Sie rät ihm daraufhin, doch mit der Magd eine Probe zu machen. Doch der Knecht weist das zurück, weil diese zu wenig Erfahrung habe. Da die Bäuerin die Ochsen nicht so lange entbehren möchte, bietet sie sich selbst als Lehrmeisterin an und folgt dem Knecht in die Scheune, wo der Bauer verborgen liegt. Dort stellt* *sich der Knecht jedoch so dumm an, daß sein Patron dem Spiel rechtzeitig ein Ende machen und seine Wette für verloren erklären kann. - Epimythion: Ein kluger Mann soll seine Frau niemals auf die Probe stellen, sonst macht er dieselbe Erfahrung wie der Bauer.*

Die gezähmte Widerspenstige: *Ein Mann beschließt, sich seine aufsässige Frau Liugart gefügig zu machen. Um ihren Widerspruch herauszufordern, lehrt er seinen Hund Willebrecht, im Paßgang zu gehen. Die Frau beginnt wirklich zu keifen, und nun verlangt er von ihr, ebenfalls den Paßgang zu lernen. Als sie gegen dieses Ansinnen aufbegehrt, ruft er seine Knechte zu Hilfe, läßt sie in Seile spannen und zäumt sie auf wie ein wildes Pferd. Schließlich springt er ihr auf den Rücken und zwingt sie, mit Sporen und Trense im Paßgang zu gehen, bis sie ihre Widersetzlichkeit aufgibt. - Epimythion: Gute Frauen soll man in Ehren halten.*

Der Wirt: *Zwei vortreffliche Ritter und ein Knappe, der sich auf Zauberkünste versteht, kommen bei einem Maitanz überein, alles, was sie dort erringen, ehrlich unter sich zu teilen. Dem Knappen sticht die schöne Frau eines Wirts ins Auge, und er erreicht, daß sie ihn in der Nacht - ihr Mann ist außer Hauses - zu ihr einläßt. Die beiden Ritter haben sich auch eingefunden, und so wird die Frau, ohne daß sie es merkt, nacheinander die Bettgefährtin von drei Männern. Bald darauf suchen die drei den ahnungslosen Wirt am Tage auf und bestellen Wein. Während er in den Keller geht, schließen sie im Einverständnis mit der Wirtin eine Wette ab: wer den tollsten Einfall hat, um der Frau vor den Augen ihres Mannes beizuwohnen, braucht seine Zeche nicht zu bezahlen. Der Knappe beginnt. Er steigt auf den Dachboden, schaut durch eine Luke herab und tadelt den Wirt wegen seiner Schamlosigkeit, vor aller Augen bei seiner Frau zu liegen. Als dieser heftig widerspricht, meint der Knecht, der Einfluß der Planeten bewirke hier eine optische Täuschung. Der Wirt will sich selbst davon überzeugen, und während er vom Dachboden herunterschaut, kann der Knappe ungestört sich mit der Wirtin vergnügen. Nun kommt der eine Ritter an die Reihe. Er rühmt seine Körperkraft und hebt zum Beweis die Wirtin auf den Dachboden hinauf, wobei er heimlich-öffentlich ihre Minne kostet. Der andere Ritter will auch eine Kraftprobe ablegen. Er heißt das Ehepaar sich auf eine Bank legen, und während er so tut, als wolle er die beiden samt der Bank hochheben, vereinigt er sich mit der Frau. - Epimythion: Ein höfischer Mann hätte sich nicht so leicht betrügen lassen. Eine Frau soll möglichst die Öffentlichkeit meiden. Wer hat nun die Wette gewonnen?*

Der Zahn: *Die Frau eines einfältigen Mannes redet, um mit ihrem Liebhaber allein zu sein, ihrem Gatten ein, er sei krank und müsse sich ins Bett legen. Als sie dann den Buhlen ihrer unwandelbaren*

Liebe versichert, fordert er von ihr als Liebesbeweis einen gesunden Backenzahn aus dem Munde ihres Ehemannes. Sie klagt daraufhin ihrem Manne, wie sehr sie der Geruch eines faulen Zahns in seinem Munde belästige, und dieser läßt sich aus Liebe zu seiner Gattin den Zahn ziehen. Die Frau bringt ihn ihrem Liebhaber, doch der ist über ihre Skrupellosigkeit so erschrocken, daß er sich von ihr zurückzieht.- Epimythion: Noch heute gibt es solche Frauen; der Teufel möge sie holen.

Anmerkungen

1 'Frakturschrift' = 'gebrochene' Schrift (lat. *frangere* = 'brechen'). Das verwendete Schreibgerät, der Federkiel, bewirkt im Zusammenhang mit bestimmten Buchstabentypen beim An- und Absetzen vor allem bei den Buchstabenschäften Formen, die wie Brüche der fortlaufenden Linien wirken.
2 Von lat. *currere* = 'laufen'.
3 THOMAS CRAMER: *Geschichte der deutschen Literatur im späten Mittelalter*. 2. Aufl. München 1993 (Geschichte der deutschen Literatur im Mittelalter 3; dtv 4552), S. 233f.
4 ebd. S. 239.
5 ebd.
6 ebd. S. 240.
7 **Ausgabe:** *Epochen der deutschen Lyrik Bd. 2. Gedichte 1300-1500.* Nach Handschriften und Frühdrucken in zeitlicher Folge hrsg. von EVA und HANSJÜRGEN KIEPE. 2. Aufl. München 1982, S. 377-379, Vers 23.
8 Hier zeigt sich übrigens, daß die Frauenfeindlichkeit nicht dem Christentum schlechthin angelastet werden kann, sondern nur den *Interpreten* des Christentums: Die Vertreter der These von der Zweitrangigkeit der Frau beziehen sich auf den Schöpfungsbericht im 1. Buch Mose 2,21-23. Es gibt aber noch einen zweiten Schöpfungsbericht: *Und Gott schuf den Menschen ihm zum Bilde, zum Bilde Gottes schuf er ihn; und schuf sie einen Mann und ein Weib* (1. Mose 1,27); nach *dieser* Darstellung erscheinen Mann und Frau als gleichwertige Spezies der Obergattung 'Mensch' und sind überdies beide durch Gottesebenbildlichkeit gekennzeichnet. Es gibt also keine 'typisch christliche' Einstellung gegenüber der Frau, sondern allenfalls eine 'typisch mittelalterliche', 'typisch männliche', 'typisch feudale' usw.- Das Nebeneinander zweier (und z.T. gegensätzlicher) Schöpfungsberichte ist im übrigen ein typisches Phänomen der Verschriftlichung mündlicher Überlieferungen, wie wir es in bezug auf das Mittelalter ja bereits kennengelernt haben (→ Kap. V.2): Schriftlichkeit ist darauf angelegt, möglichst lückenlos alles überlieferte 'Wissen' zu verzeichnen - ohne Berücksichtigung seiner abstrakten 'Richtigkeit', seiner aktuellen Verwertbarkeit oder seiner logischen 'Stimmigkeit' bzw.

Kompatibilität in bezug auf anderes, aber ebenfalls schriftlich fixiertes Wissen.

9 Durch dieses Kriterium abgegrenzt von Prosaerzählungen.

10 Durch dieses Kriterium abgegrenzt von Erzählungen, die in größere Texte (Chroniken, Romane) eingelagert sind.

11 Durch dieses Kriterium abgegrenzt von Geschichtstexten oder Erzählungen mit historischem Anspruch.

12 Durch dieses Kriterium abgegrenzt von Legenden, Mirakelerzählungen u.ä.

13 Durch dieses Kriterium abgegrenzt von Fabeln.

14 HANNS FISCHER: Studien zur deutschen Märendichtung. Tübingen 1968 (2., durchges. u. erw. Aufl. bes. von JOHANNES JANOTA 1983), S. 62f. Hervorhebungen von mir; R.B.

15 Die Inhaltsangaben werden zitiert nach FISCHER (wie Anm. 14), S. 383-485; eckige Klammern bezeichnen meine Auslassungen oder Zusätze. Die Inhaltsangaben bieten natürlich nur einen groben Eindruck und sind im Einzelfall auch immer wieder mit Vorsicht zu genießen, da sie bereits interpretative Elemente enthalten.

16 'Promythion' wörtlich = 'Vorspruch', 'Vorrede' (Gegenbegriff: 'Epimythion'). Promythion und Epimythion sind vergleichbar mit Pro- und Epilog und haben auch ähnliche Funktionen. Oft wird die in der Geschichte erzählte Handlung durch sie unter ein Motto, eine Moral o.ä. gestellt; gerade bei Mären ist aber häufig konstatierbar, daß das Verhältnis zwischen Geschichte und Pro- bzw. Epimythion nicht glatt aufgeht. Besonders was die vorgetragene 'Moral' betrifft, ist teilweise unklar, ob sie ernstgemeint, nur noch alibihaft oder gar schon in bezug auf den traditionell lehrhaften Charakter von Literatur ironisierend ist; vgl. etwa die vor- oder nachgestellten Moralisierungen bei besonders 'deftigen' Schwänken.

17 Das mhd. Wort *schalc* bedeutet ursprünglich '(unfreier) Knecht'; vgl. die Geschichte von Noahs Segen und Fluch in den *Vorauer Büchern Mosis* (→ Kap. V.3). Spezifisch für mittelalterliches Standesdenken ist, daß aus der negativen *sozialen* Denotation eine negative *charakterliche* werden konnte: *schalc* hatte sehr bald auch die Bedeutung 'schlechter' oder 'gesellschaftsschädlicher, böser Mensch'. Erst nachdem (literarisch!) die Darstellung des Handelns 'schlechter Menschen' Mode geworden war und Unterhaltungswert gewonnen hatte (ihr 'böses Tun' nimmt den Charakter von 'Streichen' an) konnte sich die heute gewohnte und eher harmlose Bedeutung von 'Schalk' entwickeln (vgl. 'schalkhaft', 'ihm sitzt der Schalk im Nacken' usw.). Wenn etwa Eulenspiegel im Druck von 1515 des öfteren als 'Schalk' bezeichnet wird, dann hat das noch eine eindeutig negative Bedeutung - die in neuzeitlichen Übersetzungen verharmlost wird, wenn man sie einfach ins Neuhochdeutsche übernimmt.

Literaturhinweise

einschließlich französischer, englischer, spanischer, italienischer Literatur des Mittelalters (Die i.F. aufgeführten Ausgaben sind z.T. mehrfach neu aufgelegt worden!)

Textsammlungen

Altenglische Lyrik. Ausgew., hrsg. und übers. von ROLF BREUER und RAINER SCHÖWERLING. Stuttgart 1972.

Althochdeutsche Literatur. Hrsg. u. übers. von HORST DIETER SCHLOSSER. Erw. Neuaufl. Frankfurt/M. 1980 (u.ö.).

Althochdeutsche poetische Texte. Hrsg. u. übers. von KARL A. WIPF. Stuttgart 1992.

BRANDT, RÜDIGER (Hg.): *Deutsche Literatur des Mittelalters*. 3., veränd. und bibliogr. erg. Aufl. Stuttgart 1996.

Carmina Burana. Die Lieder der Benediktbeurer Handschrift in vollständiger deutscher Übertragung. Übers. d. lat. Texte von CARL FISCHER, d. mhd. Texte von HUGO KUHN nach der von B. BISCHOFF abgeschl. krit. Ausg. von A. HILKA und O. SCHUMANN, Heidelberg 1930-1970. Anm. u. Nachw. von GÜNTER BERNT. Darmstadt 1978.

Deutsche Dichtung des Mittelalters. 3 Bde. Hrsg. von MICHAEL CURSCHMANN und INGEBORG GLIER. Frankfurt/M. 1987.

Deutsche Fachprosa des Mittelalters. Ausgewählte Texte. Hrsg. [...] von WOLFRAM SCHMITT. Berlin, New York 1972.

Deutsche Gedichte des Mittelalters. Hrsg. u. übers. von ULRICH MÜLLER in Zusammenarb. mit GERLINDE WEISS. Stuttgart 1993.

Deutsche Liederdichter des 13. Jahrhunderts. Hrsg. von CARL VON KRAUS. Bd. I: Text. 2. Aufl., durchges. von GISELA KORNRUMPF. Tübingen 1978.

Deutsche Literatur im späten Mittelalter. 1250-1450. 3 Bde. Hrsg. von FRIEDRICH-WILHELM und ERIKA WENTZLAFF-EGGEBERT. Reinbek 1971.

Die deutsche Literatur in Text und Darstellung. Bd. 1: Mittelalter I. Hrsg. von HANS JÜRGEN KOCH. Bd. 2: Mittelalter 2. Hrsg. von HANS JÜRGEN KOCH. Bd. 3: Renaissance, Humanismus, Reformation. Hrsg. von JOSEF SCHMIDT. Stuttgart 1977, 1979.

Deutsche Lyrik des frühen und hohen Mittelalters. Hrsg. u. übers. von INGRID KASTEN und MARGHERITA KUHN. Frankfurt/M. 1995.

Epochen der deutschen Lyrik. Bd. 1: Von den Anfängen bis 1300. Hrsg. von WERNER HÖVER und EVA KIEPE. Bd. 2: 1300-1500. Hrsg. von EVA und HANSJÜRGEN KIEPE. Bd. 3: 1500-1600. Hrsg. von KLAUS DÜWEL. München 1978, 1972, 1978.

Fabliaux. Französische Schwankerzählungen des Hochmittelalters. Hrsg. von ALBERT GIER. Stuttgart 1985.

Fastnachtspiele des 15. und 16. Jahrhunderts. Unter Mitarb. von WALTER WUTTKE ausgewählt und hsrg. von DIETER WUTTKE. 2., verb. u. erg. Aufl. Stuttgart 1978.

Französische 'Schicksalsnovellen' des 13. Jahrhunderts. Hrsg. von FRIEDRICH WOLFZETTEL. München 1986.

Frauenlieder des Mittelalters. Übers. u. hrsg. von INGRID KASTEN. Stuttgart 1990.

Frühmittelhochdeutsche Literatur. Hrsg. u. übers. von GISELA VOLLMANN-PROFE. Stuttgart 1996.

Frühneuhochdeutsches Lesebuch. Hrsg. von OSKAR REICHMANN und KLAUS-PETER WEGERA. Tübingen 1988.

Frühneuhochdeutsche Texte. Ausgew. u. eingel. von GERHARD KETTMANN. Leipzig 1971.

Die kleineren Liederdichter des 14. und 15. Jahrhunderts. 4 Bde. Hrsg. von THOMAS CRAMER. München 1977-1985.

König Artus und seine Tafelrunde. Europäische Dichtung des Mittelalters. In Zusammenarb. mit WOLF-DIETER LANGE hrsg. von KARL LANGOSCH. Stuttgart 1980.

Lust an der Geschichte: Leben im Mittelalter. Ein Lesebuch. Hrsg., eingel. u. übers. von ERNST PITZ. München, Zürich 1990.

Maerendichtung. Hrsg. von THOMAS CRAMER. München 1979.

Minnesang. Mittelhochdeutsche Texte mit Übertragung und Anmerkungen. Hrsg. u. übers. von HELMUT BRACKERT. Frankfurt/M. 1983.

Mittelalter. Texte und Zeugnisse. 2 Bde. Hrsg. von HELMUT DE BOOR. München 1965 (Die deutsche Literatur I, 1.2).

Das Mittelalter. Ein Lesebuch aus Texten und Zeugnissen des 6. bis 16. Jahrhunderts. Hrsg. von HARTMUT BOOCKMANN. München 1988.

Mittelalterliche Lyrik Frankreichs. Bd. 1: Lieder der Trobadors. Bd. 2: Lieder der Trouvères. Hrsg. von DIETMAR RIEGER. Stuttgart 1983.

Mittelenglische Lyrik. Ausgew., übers. und hrsg. von WERNER ARENS und RAINER SCHÖWERLING. Stuttgart 1980.

Novellistik des Mittelalters. Märendichtung. Hrsg. u. übers. von KLAUS GRUBMÜLLER. Frankfurt/M. 1996.

Politische Lyrik des deutschen Mittelalters. Texte. 2 Bde. Hrsg. von ULRICH MÜLLER. Göppingen 1972, 1974.

Tagelieder des deutschen Mittelalters. Ausgew., übers. und komm. von MARTINA BACKES. Einleitung von ALOIS WOLF. Stuttgart 1992.

Wilhelmsepen: Le Couronnement de Louis. Le Charroi de Nîmes. La Prise d'Orange. Frz.-dt. Eingel. von MICHAEL HEINTZE. Übers. von BODO HESSE. München 1993.

Einzelausgaben mit Übersetzungen

Adam de la Halle: Das Laubenspiel. Hrsg. u. übers. von RÜDIGER BORDEL [u.a.]. München 1972.

Dante Aligheri: Monarchia. Studienausgabe. Lat.-Dt. Einl., Übers. und Komm. von RUEDI IMBACH und CHRISTOPH FLÜELER. Stuttgart 1989.

Das altfranzösische Adamsspiel. Hrsg. u. übers. von UDA EBEL. München 1968.

Archipoeta. Lieder. Hrsg. und übers. von KARL LANGOSCH. Stuttgart 1965 (u.ö.)

Berol: Tristan und Isolde. Hrsg. u. übers. von ULRICH MÖLK. München 1962.

Berthold von Regensburg: Vier Predigten. Hrsg. und übers. von WERNER RÖCKE. Stuttgart 1983.

Jean Bodel: Das Spiel vom heiligen Nikolaus. Hrsg. u. übers. von KLAUS-HENNING SCHROEDER, WERNER NITSCH, MARCELLA WENZEL. München 1975.

Chanson de Guillaume. Hrsg. u. übers. von BEATE SCHMOLKE-HASSELMANN. München 1983.

La Chanson de Roland. Hrsg. u. übers. von HANS WILHELM KLEIN. München 1963.

Geoffrey Chaucer: The Canterbury Tales. Die Canterbury-Erzählungen. Ausgew. und erl. von HEINZ BERGNER. Stuttgart 1982.

Chrestien [de Troyes?]*: Guillaume d'Angleterre.* Hrsg. u. übers. von HEINZ KLÜPPELHOLZ. München 1987.

Chrétien de Troyes: Erec und Enide. Frz.-dt. Übers. und eingel. von INGRID KASTEN. München 1979.

Chrestien de Troyes: Yvain. Hrsg. u. übers. von ILSE NOLTING-HAUFF. München 1983.

Chrestien de Troyes: Lancelot. Hrsg. u. übers. von HELGA JAUSS-MEYER. München 1974.

Das Eckenlied. Text, Übers. u. Komm. von FRANCIS B. BRÉVART. Stuttgart 1986.

Friedrich von Hausen: Lieder. Hrsg. u. übers. von GÜNTHER SCHWEIKLE. Stuttgart 1984 (u.ö.).

Gottfried von Straßburg: Tristan. 3 Bde. Hrsg. u. übers. von RÜDIGER KROHN. Stuttgart 1980.

Hartmann von Aue: Der arme Heinrich. Hrsg. u. übers. von HELMUT DE BOOR. Frankfurt/M. [9]1973.

Hartmann von Aue: Erec. Hrsg. u. übers. von THOMAS CRAMER. Frankfurt/M. 1972.

Hartmann von Aue: Gregorius. Übers. von BURKHARD KIPPENBERG. Stuttgart 1959.

Hartmann von Aue: Iwein. Urtext u. Übers. Übers. von THOMAS CRAMER. 2., erg. Aufl. Berlin, New York 1974.

Hartmann von Aue: Lieder. Hrsg., übers. u. komm. von ERNST VON REUSNER. Stuttgart 1985.

Heinrich der Glîchezâre: Reinhard Fuchs. Hrsg. u. übers. von KARL-HEINZ GÖTTERT. Stuttgart 1976.

Heinrich von Melk: Von des todes gehugde. Mahnrede über den Tod. Hrsg. u. übers. von THOMAS BEIN, TRUDE EHLERT, PETER KONIETZKO, STEPHAN SPEICHER, KARIN TRIMBORN UND RAINER ZÄCK. Stuttgart 1994.

Heinrich von Morungen: Lieder. Hrsg. u. übers. von HELMUT TERVOOREN. Stuttgart 1975.

Heinrich von Veldeke: Eneasroman. Hrsg. u. übers. von DIETER KARTSCHOKE, Stuttgart 1886.

Herzog Ernst. Hrsg. u. übers. von BERNHARD SOWINSKI. Stuttgart 1970.

Das Innsbrucker Osterspiel. Das Osterspiel von Muri. Hrsg. u. übers. von RUDOLF MEIER. Stuttgart 1962.

Jacobus de Voragine: Legenda aurea. Ausgew., übers. und hrsg. von RAINER NICKEL. Stuttgart 1988.

Jean Lemaire de Belges: Die Briefe des grünen Liebhabers. Hrsg. u. übers. von HERRAD SPILLING. München 1970.

Johannes von Tepl: Der Ackermann aus Böhmen. Übertr., Anm. und Nachw. von FELIX GENZMER. Bibliographie von WOLFGANG MIEDER. Stuttgart 1994.

Il Novellino. Das Buch der hundert alten Novellen. It.-dt. Übers. und hrsg. von JÁNOS RIESZ. Stuttgart 1988.

Konrad von Würzburg: Heinrich von Kempten. Der Welt Lohn. Das Herzmaere. Hrsg. u. übers. von HEINZ RÖLLEKE. Stuttgart 1968.

Das Leben des Heiligen Alexius. Hrsg. u. übers. von KLAUS BERNS. München 1968.

Ludus de Antichristo. Hrsg. u. übers. von ROLF ENGELSING. Stuttgart 1968.

Marie de France: Äsop. Hrsg. u. übers. von HANS ULRICH GUMBRECHT. München 1973.

Marie de France: Die Lais. Hrsg. u. übers. von DIETMAR RIEGER. München 1982.

Moriz von Craûn. Mittelhochdeutscher Text nach d. Ausg. von ULRICH PRETZEL. Übers., Komm. u. Nachw. von ALBRECHT CLASSEN. Stuttgart 1992.

Neidhart von Reuental: Lieder. Hrsg. u. übers. von HELMUT LOMNITZER. Stuttgart 1966.
Das Nibelungenlied. Hrsg. u. übers. von HELMUT BRACKERT. 2 Bde. 5./7. Aufl. Frankfurt/M. 1979.
Das Nibelungenlied. Hrsg. u. übers. von SIEGFRIED GROSSE. Stuttgart 1997.
Oswald von Wolkenstein: Lieder. Hrsg. u. übers. von BURGHART WACHINGER. Stuttgart 1977
Otfried von Weißenburg: Evangelienbuch. Auswahl. Hrsg., übers. u. komm. von GISELA VOLLMANN-PROFE. Stuttgart 1987.
The Owl and the Nightingale. Die Eule und die Nachtigall. Übers. und hrsg. von HANS SAUER. Stuttgart 1983.
Francesco Petrarca: Sonette an Madonna Laura. It.-dt. Stuttgart 1956.
Das Redentiner Osterspiel. Hrsg. u. übers. von BRIGITTA SCHOTTMANN. Stuttgart 1975.
Reinmar: Lieder. Nach der Weingartner Liederhandschrift (B). Hrsg. u. übers. von GÜNTHER SCHWEIKLE. Stuttgart 1986.
Das Rolandslied des Pfaffen Konrad. Hrsg. u. übers. von DIETER KARTSCHOKE. Stuttgart 1970.
Le Roman d'Eneas. Hrsg. von MONICA SCHÖLER-BEINHAUER. München 1972.
Le Roman de Renart. Hrsg. u. übers. von HELGA JAUSS-MEYER. München 1965.
Ruodlieb. Hrsg. u. übers. von FRITZ PETER KNAPP. Stuttgart 1977.
Sir Gawain and the Green Knight. Sir Gawain und der Grüne Ritter. Übers. und hrsg. von MANFRED MARKUS. Stuttgart 1974.
Der Stricker: Erzählungen, Fabeln, Reden. Hrsg., übers. u. komm. von OTFRID EHRISMANN. Stuttgart 1992.
Der Stricker: Der Pfaffe Amis. Nach der Heidelberger Handschrift cpg 341 hrsg., übers. und komm. von MICHAEL SCHILLING. Stuttgart 1994.
Thomas: Tristan. Hrsg. u. übers. von GESA BONATH. München 1985.
La vie du pape saint Grégoire ou La légende du bon pécheur. Frz.-dt. Übers. und eingel. von INGRID KASTEN. München 1991.
Walther von der Vogelweide: Gedichte. Hrsg. u. übers. von PETER WAPNEWSKI. 7., überarb. Aufl. Frankfurt/M. 1974.
Die Gedichte Walthers von der Vogelweide. Urtext mit Prosaübersetzung von HANS BÖHM. 3. Aufl. Berlin 1964.
Wernher der Gartenaere: Helmbrecht. Hrsg. u. übers. von FRITZ TSCHIRCH. Stuttgart 1994.
Wernher der Gartenaere: Helmbrecht. Hrsg. u. übers. von HELMUT BRACKER [u.a.]. Frankfurt/M. 1976.
Wolfram von Eschenbach: Willehalm. Text nach d. Ausg. von WERNER SCHRÖDER. Völlig neubarb. Übers., Vorwort u. Register von DIETER KARTSCHOKE. Berlin, New York 1989.
Wolfram von Eschenbach: Parzival. Hrsg. u. übers. von WOLFGANG SPIEWOK. 2 Bde. Stuttgart 1981.